신협중앙회

최신기출유형 + 모의고사 4회 + 논술 + 무료NCS특강

시대에듀

2025 최신판 시대에듀 신협중앙회 필기전형
최신기출유형 + 모의고사 4회 + 논술 + 무료NCS특강

Always with you

사람의 인연은 길에서 우연하게 만나거나 함께 살아가는 것만을 의미하지는 않습니다.
책을 펴내는 출판사와 그 책을 읽는 독자의 만남도 소중한 인연입니다.
시대에듀는 항상 독자의 마음을 헤아리기 위해 노력하고 있습니다. 늘 독자와 함께하겠습니다.

머리말 PREFACE

신협중앙회는 신협운동의 이념을 전파하고 조합의 건실한 발전을 위해 지도, 검사, 교육, 홍보 등의 지원업무와 협동조합보험인 공제업무를 수행한다. 이와 함께 조합의 여유자금을 예탁받아 대출과 자금운용 시장에 참여하여 유동성 조절기능을 수행하며, 전국 조합의 결제기능을 지원하는 등 조합의 금융업무를 보완하고 있다.

신협중앙회는 인재 채용을 위하여 인적성검사와 직무능력시험 · 직무상식시험 및 논술시험을 실시하고 있다. 직무능력시험은 NCS 의사소통능력 · 수리능력 · 문제해결능력 · 자원관리능력 · 조직이해능력 · 정보능력이 출제되고, 직무상식시험은 2024년에 30문항에서 40문항으로 문항 수가 늘어나는 변화를 보였으며 일반직군의 경우 금융/경제/경영이 출제된다. 또한 논술시험에서는 금융/경제/경영 관련 시사 주제로 1문항이 출제되고 있다.

이에 시대에듀는 수험생들이 신협중앙회 필기전형의 출제경향을 파악하고 시험에 효과적으로 대비할 수 있도록 다음과 같이 본서를 구성하였다.

도서의 특징

❶ 2024년 기출복원문제를 수록하여 최근 출제경향을 한눈에 파악할 수 있도록 하였다.

❷ 직무능력시험 출제영역별 대표기출유형과 기출응용문제를 수록하여 체계적인 학습이 가능하도록 하였다.

❸ 금융/경제/경영의 빈출키워드별 이론과 기출응용문제를 수록하여 채용 전반에 대비할 수 있도록 하였다.

❹ 최종점검 모의고사를 수록하여 시험 전 자신의 실력을 스스로 평가할 수 있도록 하였다.

❺ 논술 작성법과 기출질문을 수록하여 논술시험을 효과적으로 준비할 수 있도록 하였다.

❻ 신협중앙회 인재상과의 적합도 여부를 판별할 수 있는 인성검사와 합격의 최종 관문인 면접에 대한 기출 자료를 수록하였다.

끝으로 본서가 신협중앙회 필기전형을 준비하는 여러분 모두에게 합격의 기쁨을 전달하기를 진심으로 바란다.

SDC(Sidae Data Center) 씀

신협중앙회 이야기

◇ **소개**

> **신협은 한국의 서민, 중산층을 위한 대표적인 비영리금융기관이다.**

신협은 믿음과 나눔의 정신을 바탕으로 서민과 중산층을 위해 비영리로 운영되고 있는 협동조합 금융기관이다.

지난 64년 이래 신협은 문턱 높은 일반 금융기관의 금융혜택에서 소외된 서민과 영세상공인 등 사회·경제적 약자들의 지위향상에 기여해왔음은 물론 서민·중산층의 따뜻한 이웃으로 서민 경제의 든든한 버팀목이 되어왔다.

조합원들의 한결같은 믿음과 사랑으로 성장한 신협은 2023년 기준 869개 조합, 1,694개 점포 수의 영업점 네트워크를 통해 조합원과 지역민을 위한 금융서비스는 물론 조합별로 차별화된 다양한 사회공헌사업을 펼치고 있다.

신협은 믿음으로 걸어온 64년을 바탕으로 새로운 100년을 향해 힘차게 도약하고 있다.

『국민과 함께 미래를 선도하는 글로벌 금융협동조합』이라는 비전을 바탕으로 서민의 경제 동반자로서의 소명과 더불어 사는 신협의 가치를 실현하는 데 더욱 노력할 것이다.

> **"신협은 서민과 중산층을 위한 대표적인 서민금융기관이다."**

신협의 모든 금융상품은 안전하게 보호된다.
신협은 신협법(제80조의 2)에 따라 신협중앙회가 조합원의 예금지급을 보장한다.
신협의 영업정지로 인해 조합원의 예금을 지급하지 못할 경우에도 조합원의 예금에 이자를 포함해서 1인당 최고 5,000만 원까지 보장해 준다.

조합원의 소중한 예금! 안전한 신협이 지킨다.
신협은 150조 원(2023년 기준)의 자산을 운영하는 우량 금융기관이다.
앞으로도 신협은 알찬 경영을 토대로 서민의 대표금융이 되겠다.

◇ **인재상**

몰입하는 인재	▶	매사에 집중과 몰입을 통해 속도감 있게 업무처리하여 조직에 활력을 불어 넣는 인재
글로벌한 인재	▶	국제금융협동조합인 신협의 국제적인 네트워크 협력 및 교류 확대를 이끌어 갈 글로벌 감각을 지닌 인재
변화하는 인재	▶	톡톡 튀는 아이디어를 제시하여 급변하는 금융환경에 능동적으로 대응하는 인재
협동하는 인재	▶	협동조합으로서의 정체성을 가지고 서민금융 공급과 사회적 역할을 확대하여 지역사회에 도움이 되는 인재
신뢰받는 인재	▶	항상 투명하고 정직한 자세로 신협의 사회적 선명성과 대외신인도를 제고시킬 인재

◇ **인사조직문화**

소통문화 정착	일하는 자가 우대받는 문화 정착	자기계발을 통한 우수 인력 양성
• 타인을 배려하는 문화 • 조합과 조합원의 입장에서 근무하는 인재 양성 • 협동조합의 근본이념 이해	• 능력 있는 직원이 우대받는 문화 정책 • 능력중심의 성과 배분 • 성과주의 정착 • 책임과 권한의 범위 확립	• 지속적인 교육을 통한 전문 지식 함양 • 전문지식을 통한 대조합 서비스 제고 • 조직이 필요한 지식을 보유한 인재 양성

신협중앙회 이야기

◇ 윤리경영

신협중앙회는 협동조합의 가치와 신협운동의 정신을 보존하고 신협의 운영원칙을 준수하며 이를 바탕으로 한 정도경영을 실천해 조합원, 조합 임직원, 국가와 사회 등 모든 이해관계자들에게 사회적 책임을 다함으로써 복지사회건설에 기여하고자 한다.

이에 우리는 신협인으로서 지녀야 할 건전한 직업윤리와 사회구성원으로서 준수해야 할 윤리강령을 제정하고 가치판단과 행동양식으로 삼아 이를 적극 실천한다.

◇ 나눔경영

신협은 조합원이 필요로 할 때 도움을 주고,
이익은 지역과 조합원에게 환원하는 나눔경영을 실천한다.

1960년 우리나라 최초의 순수 민간협동조합으로 태동	신협은 1960년 우리나라 최초의 순수 민간협동조합으로 태동한 이래, "사람이 먼저"라는 민본정신을 바탕으로 조합원의 사회적 경제 지위 향상과 지역사회 기여를 위해 최선의 노력을 다해왔다.
신협사회공헌재단 설립 2023 누적 기부금 534억 원 돌파	신협은 다변화하는 사회문제에 대응하며 어둡고 그늘진 곳에 햇살 같은 역할을 실천하고자 2015년 전국 신협과 그 임직원들이 주축이 되어 신협사회공헌재단을 설립하였다. 재단은 2023년 누적기부금 534억 원을 돌파하는 등 신협의 나눔문화를 확산시킴과 동시에 잘살기 위한 경제운동, 사회를 밝힐 교육운동, 더불어 사는 윤리운동을 주제로 각 분야에서 다양한 사회공헌 활동을 전개하고 있다.
모두가 행복한 내일을 만드는 데 앞장서는 신협	경제운동으로는 청년 일자리 지원, 협동조합 및 사회적 경제 조직 활성화 지원, 교육운동으로는 아동·청소년 등 다음 세대의 건강한 성장 지원, 윤리운동으로는 소외계층에 대한 복지서비스 지원 사업 등을 진행하고 있으며, 이밖에도 지역사회 문제해결을 위한 다양한 사회공헌 활동을 펼치고 있다.

◇ 심볼마크

선과 직선으로 이루어진 심볼의 전체적 형태는 신용협동조합의 3대 과제인 잘살기 위한 경제 운동, 사회를 밝힐 교육운동, 더불어 사는 윤리운동은 상호협동 관계에 의해서만 이루어진다는 이념을 기본으로 표현한 것으로 마치 충분한 영양을 흡수하여 만개하려는 꽃봉오리를 위에서 내려다 본 형태를 중심으로 그 속에 ㅅ,ㅇ,ㅎ 등 신용협동조합의 한글 머릿자를 따서 표현하여 더욱 신용협동조합의 정신에 부합시켰다.

또 기본형태를 감싸고 있는 표현은 꽃받침 이미지와 두 손으로 감싸고 있는 이미지를 연상시켜 신용협동조합의 미래지향적 발전과 성장, 진취적인 사고에 의한 안정된 사회와의 유기적 관계를 나타낸 조형성이 강한 시각적 표상이다.

◇ 색상의 의미

신협금색(Credit Union Gold)
변하지 않는 영원성과 원만한 협동금융 상징

청색(Cerulean Blue)
이상, 발전, 자유와 진취적인 사고형성을 상징(단위조합의 상징)

군청색(Prussian Blue)
자유와 평화, 진실, 설득력 있는 신협운동의 굳건한 기초를 상징

흰색(신협협동조합 토대의 상징)
마크 바탕의 흰색은 인종, 종교 및 정치적 평등이 하나되는 공동체의 의미를 지니고 있음

신규직원 채용 안내

◇ 지원방법

cu.saramin.co.kr에서 온라인 접수(타 양식 및 오프라인 접수 불가)

◇ 지원자격

1 연령/성별/학력/전공에 대한 제한 없음

※ 단, 지원일 현재 기졸업자 또는 2024년 2월 졸업예정자

2 남자의 경우 병역필 또는 면제자

※ 단, 입사일 전일까지 전역 가능한 자 포함

3 당회 인사규정 상 결격사유에 해당하지 않는 자

※ 신협 홈페이지 '채용정보–신협중앙회' 참조

4 2024년 3월부터 당회 근무 가능한 자

◇ 채용절차

| 서류전형 | 필기전형 | 1차 면접전형
(실무진) | 2차 면접전형
(임원진) | 최종 합격자 발표
및 채용건강검진 |

◇ 필기전형

구분	문항 수	시간	출제영역
인적성검사	250문항 (객관식)	30분	근면성, 책임감, 협동성, 자주성, 준법성, 지도성, 집중력, 정서, 감정
직무능력시험	60문항 (객관식)	70분	의사소통능력, 수리능력, 문제해결능력, 자원관리능력, 조직이해능력, 정보능력
직무상식시험	40문항 (객관식)	40분	**일반** 금융 · 경제 · 경영 또는 법 · 행정 중 선택 **IT** 소프트웨어 설계 · 개발, 데이터베이스 구축, 프로 그래밍 언어 활용, 정보시스템 구축 관리
논술시험	1문항 (서술식)	60분	**일반** 금융 · 경제 · 경영 또는 법 · 행정 중 선택 ※ 일반직군의 경우 직무상식시험과 논술시험의 응시 영역을 다르게 선택할 수 없음

※ 2024년도 신협중앙회 신규직원 채용 안내문을 기준으로 구성하였습니다.

❖ 자세한 채용절차는 직무별 채용방침에 따라 변경될 수 있으니 반드시 채용공고를 확인하기 바랍니다.

2024년 기출분석

총평

2024년 신협중앙회 필기전형은 전반적으로 출제 수준이 평이하였고, 문제 유형은 대부분 모듈형 보다는 피듈형으로 출제되었다. 직무능력시험은 지난 시험과 같이 의사소통능력, 수리능력, 문제해결능력, 자원관리능력, 조직이해능력, 정보능력 총 6가지 영역으로 출제되었고, 직무상식시험은 일반 또는 IT 직군에 따라 상이한 범위가 출제된 한편, 지난 시험과 다르게 문항 수가 30문항에서 40문항으로 증가하는 변화를 보였다. 또한 직무능력시험에서는 다른 영역보다 정보능력이 의외로 출제 비중이 높았고, 직무능력시험보다 직무상식시험이 어려웠다는 후기가 많았던 것으로 보아 직무능력시험보다 직무상식시험이 까다로웠다는 것을 예측할 수 있다.

◈ 영역별 출제비중

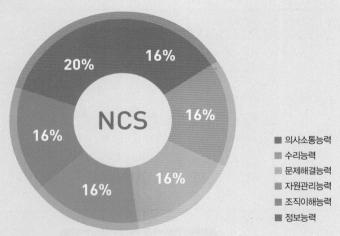

20% 16% 16% 16% 16% 16%

NCS

- ■ 의사소통능력
- ■ 수리능력
- ■ 문제해결능력
- ■ 자원관리능력
- ■ 조직이해능력
- ■ 정보능력

◈ 영역별 출제특징

구분	출제특징
의사소통능력	• 한자성어, 맞춤법, 외래어, 띄어쓰기, 의존명사의 옳고 그름을 가리는 문제가 출제됨 • 피듈형이며, 글을 읽고 논리 오류를 파악하거나 글의 내용을 추론하는 문제가 출제됨
수리능력	• 수열과 도수분포표 등 난도가 낮은 고등학교 수준의 응용수리 문제가 출제됨 • 자료해석 문제는 비교적 응용수리 문제보다 출제비중이 낮음
문제해결능력	• 반드시 참인 것을 고르는 명제나 경우의 수 문제가 빈출됨 • SWOT 문제가 출제됨
자원관리능력	• 주차요금 계산 문제나 물건의 할인 금액을 구하는 문제 등 물적자원관리 위주의 문제가 출제됨
조직이해능력	• 모듈형으로, 기본 이론에 근거하여 풀이해야 하는 경우가 많음
정보능력	• 엑셀과 코딩보다는 정보 상식에 기반한 기초적인 상식 문제가 출제됨

주요 금융권 적중 문제

신협중앙회

의사소통능력 ▶ 띄어쓰기

01 다음 중 밑줄 친 부분의 띄어쓰기가 옳은 것은?

① 이번 회의에 <u>참석하는데</u> 많은 준비가 필요했다.
② 너는 정말 <u>쓸데 없는</u> 일만 하는구나.
③ 이 일을 어떻게 <u>처리해야 할 지</u> 걱정이야.
④ 여행을 <u>다녀온 지</u> 벌써 세 달이 지났어.

수리능력 ▶ 수열

13

| 3　8　25　4　5　21　5　6　( ) |

① 28
② 29
③ 30
④ 31

문제해결능력 ▶ 참·거짓

33 윗마을에 사는 남자는 참말만 하고 여자는 거짓말만 한다. 아랫마을에 사는 남자는 거짓말만 하고 여자는 참말만 한다. 이 마을들에 사는 이는 남자거나 여자다. 윗마을 사람 두 명과 아랫마을 사람 두 명이 다음과 같이 대화하고 있을 때, 반드시 참인 것은?

- 갑 : 나는 아랫마을에 살아.
- 을 : 나는 아랫마을에 살아. 갑은 남자야.
- 병 : 을은 아랫마을에 살아. 을은 남자야.
- 정 : 을은 윗마을에 살아. 병은 윗마을에 살아.

① 갑은 윗마을에 산다.
② 갑과 을은 같은 마을에 산다.
③ 을과 병은 다른 마을에 산다.
④ 이 대화에 참여하고 있는 이들은 모두 여자다.

KB국민은행

의사소통능력 ▶ 내용일치

04 다음은 K은행의 국군희망준비적금 특약 안내문의 일부이다. 이에 대한 내용으로 적절하지 않은 것은?

〈K은행 국군희망준비적금 특약〉

제1조 적용범위
"K은행 국군희망준비적금(이하 '이 적금'이라 합니다)" 거래는 이 특약을 적용하며, 이 특약에서 정하지 않은 사항은 예금거래 기본약관 및 적립식 예금약관을 적용합니다.

제2조 가입대상
이 적금의 가입대상은 실명의 개인인 군 의무복무병(현역병, 상근예비역, 훈련병) 및 대체복무자로 하며, 1인 1계좌만 가능합니다.

제3조 예금과목
이 적금의 예금과목은 정기적금으로 합니다.

수리능력 ▶ 자료변환

Easy
02 다음은 가계 금융자산에 관한 국가별 비교 자료이다. 이 자료를 변환한 그래프로 옳지 않은 것은?

〈각국의 연도별 가계 금융자산 비율〉

국가＼연도	2017년	2018년	2019년	2020년	2021년	2022년
A	0.24	0.22	0.21	0.19	0.17	0.16
B	0.44	0.45	0.48	0.41	0.40	0.45
C	0.39	0.36	0.34	0.29	0.28	0.25
D	0.25	0.28	0.26	0.25	0.22	0.21

※ 가계 총자산은 가계 금융자산과 가계 비금융자산으로 이루어지며, 가계 금융자산 비율은 가계 총자산 대비 가계 금융자산이 차지하는 비율임

직무심화지식 ▶ 금융영업

08 B씨와 그의 동료들은 다음과 같은 〈조건〉으로 조합 예탁금·적금 상품에 가입 후 납입하였다. 납부해야 할 세금이 가장 많은 사람부터 적은 사람 순으로 바르게 나열한 것은?(단, 조합 적금은 모두 비과세 저축용 상품으로 가정한다)

조건
• A씨 : 집 근처에 C은행이 있고 해외에서 근무하며, 출자금 5만 원을 납입하고 출자금통장을 만들었다. 2020년 2월 1일부터 2년 동안 매월 1일에 20만 원씩 납입하는 조합 적금에 가입했다.
• B씨 : 기존 조합원의 자격을 가지고 있으며 출자금통장을 보유하고 있다. 2020년 1월부터 1년 동안 매월 1일에 10만 원씩 납입하는 조합 적금에 가입했다.
• C씨 : 농사를 짓고 있으며 근처 B은행에서 출자금 3만 원을 내고 출자금통장을 만들었다. 2021년 1월부터 1년 동안 매월 1일에 40만 원씩 납입하는 조합 적금에 가입했다.

① A－B－C
② A－C－B
③ B－C－A
④ C－B－A

주요 금융권 적중 문제

IBK기업은행

의사소통능력 ▶ 내용일치

05 다음은 IBK기업은행의 새희망홀씨에 대한 자료이다. 상품에 대한 설명으로 적절하지 않은 것은?

〈새희망홀씨〉

• 상품특징 : 소득금액 확인서류로 증빙된 소득뿐만 아니라 국민연금납부액, 건강보험료납부액 등에 의한 환산인정소득(한국주택금융공사 보금자리론 소득추정방식 준용) 기준으로 대출한도 산출 가능

• 대출신청자격 : 개인신용평가시스템(CSS)에 의해 대출적격자로 판정된 국내거주 국민으로서 연간소득 3천5백만 원 이하(다만, 개인신용평점 하위 20% 이하인 경우에는 연간소득 4천5백만 원 이하)이고 다음 각 항목 중 하나에 해당하는 고객

① 증빙소득서류 제출자(직업 및 소득 확인서류 등으로 증빙된 소득)

② 국민연금보험료 또는 지역건강보험료(세대주에 한함) 3개월 이상 정상 납부액 기준으로 소득금액이 산출되는 고객

• 대출한도 : 무보증대출 최대 3천만 원

문제해결능력 ▶ 문제처리

10 I공장에서 제조하는 화장품 용기의 일련번호는 다음과 같이 구성된다. 일련번호는 '형태 - 용량 - 용기 높이 - 용기 재질 - 용도' 순서로 표시할 때, 다음 중 일련번호로 가능하지 않은 것은?

〈일련번호 구성요소〉

형태	기본형		단지형		튜브형
	CR		SX		TB
용량	100mL 이하		150mL 이하		150mL 초과
	K		Q		Z
용기 높이	4cm 미만	8cm 미만		15cm 미만	15cm 이상
	040	080		150	151
용기 재질	유리		플라스틱A		플라스틱B
	G1		P1		P2
용도	스킨	토너		에멀전	크림
	S77	T78		E85	C26

자원관리능력 ▶ 품목확정

04 I은행은 후문 공지 개발을 위한 시공업체를 선정하고자 한다. 업체 선정방식 및 참가업체에 대한 평가정보가 다음과 같을 때, 최종적으로 선정될 업체는?

〈선정방식〉

• 최종점수가 가장 높은 업체를 선정한다.

• 업체별 최종점수는 경영건전성 점수, 시공실적 점수, 전력절감 점수, 친환경 점수를 합산한 값의 평균에 가점을 가산하여 산출한다.

• 해당 업체의 평가항목별 점수는 심사위원들이 부여한 점수의 평균값이다.

• 다음의 경우에 해당되는 경우 가점을 부여한다.

내용	가점
최근 5년 이내 무사고	1점
디자인 수상 실적 1회 이상	2점
입찰가격 150억 원 이하	2점

하나은행

의사소통능력 ▶ 어법 · 맞춤법

39 다음 중 밑줄 친 부분의 띄어쓰기가 모두 적절한 것은?

① 최선의 세계를 만들기 위해서는 <u>무엇 보다</u> 이 세계에 있는 모든 대상이 지닌 성질을 정확하게 <u>인식해야 만</u> 한다.
② 일과 여가 <u>두가지를</u> 어떻게 <u>조화시키느냐하는</u> 문제는 항상 인류의 관심대상이 되어 왔다.
③ <u>내로라하는</u> 영화배우 중 내 고향 출신도 상당수 된다. 그래서 자연스럽게 영화배우를 꿈꿨고, <u>그러다 보니</u> 영화는 내 생활의 일부가 되었다.
④ 실기시험은 까다롭게 <u>심사하는만큼</u> 준비를 철저히 해야 한다. <u>한 달 간</u> 실전처럼 연습하면서 시험에 대비하자.

수리능력 ▶ 거리 · 속력 · 시간

`Hard`
06 길이 258m인 터널을 완전히 통과하는 데 18초 걸리는 A열차가 있다. 이 열차가 길이 144m인 터널을 완전히 건너는 데 걸리는 시간이 16초인 B열차와 서로 마주보는 방향으로 달려 완전히 지나는 데 걸린 시간이 9초였다. B열차의 길이가 80m라면 A열차의 길이는?

① 320m
② 330m
③ 340m
④ 350m

문제해결능력 ▶ 문제처리

※ 다음은 호텔별 연회장 대여 현황에 대한 자료이다. 이를 보고 이어지는 질문에 답하시오. [3~4]

〈호텔별 연회장 대여 현황〉

건물	연회장	대여료	수용 가능 인원	회사로부터 거리	비고
A호텔	연꽃실	140만 원	200명	6km	2시간 이상 대여 시 추가비용 40만 원
B호텔	백합실	150만 원	300명	2.5km	1시간 초과 대여 불가능
C호텔	매화실	150만 원	200명	4km	이동수단 제공
	튤립실	180만 원	300명	4km	이동수단 제공
D호텔	장미실	150만 원	250명	4km	-

`Easy`
03 총무팀에 근무하고 있는 이대리는 김부장에게 다음과 같은 지시를 받았다. 이대리가 연회장 예약을 위해 지불해야 하는 예약금은?

> 다음 주에 있을 회사창립 20주년 기념행사를 위해 준비해야 할 것을 알려줄게요. 먼저 다음 주 금요일 오후 6시부터 8시까지 사용 가능한 연회장 리스트를 뽑아서 행사에 적합한 연회장을 예약해 주세요. 연회장 대여를 위한 예산은 160만 원이고, 회사에서의 거리가 가까워야 임직원들이 이동하기에 좋을 것 같아요. 행사 참석 인원은 240명이고, 이동수단을 제공해준다면 우선적으로 고려하도록 하세요. 예약금은 대여료의 10%라고 하니 예약 완료하고 지불하도록 하세요.

① 14만 원
② 15만 원

도서 200% 활용하기

2024년 기출복원문제로 출제경향 파악

2024 | 기출복원문제

※ 정답 및 해설은 기출복원문제 바로 뒤 p.012에 있습니다.

01 다음 중 맞춤법이 옳은 것은?

- 이번 일은 (금새 / 금세) 끝날 것이다.
- 이 사건에 대해 (일절 / 일체) 말하지 않았다.
- 새 프로젝트가 최고의 결과를 (낳았다 / 나았다).

① 금세, 일체, 낳았다　　　② 금새, 일체, 나았다
③ 금세, 일절, 나았다

02 다음 글이 설명하는 한자성어로 가장 적절한

걱정거리로 마음이

① 전전반측(輾轉反側)
③ 백아절현(伯牙絕絃)

2024 | 기출복원문제 정답 및 해설

01	02	03	04	05	06	07	08	09	10	11	12	13	14	15	16	17	18	19	20
④	①	④	①	②	③	②	②	③	③	④	③	①	③	②	①	②	③	④	④

01　　　　　　　　　　　　　　　　　　　　　정답 ④
- 금세 : 지금 바로, '금시에'가 줄어든 말로 구어체에서 많이 사용된다.
- 금새 : 물건의 값, 또는 물건 값의 비싸고 싼 정도
- 일절 : 아주, 전혀, 절대로의 뜻으로, 흔히 행위를 그치게 하거나 어떤 일을 하지 않을 때에 사용된다.
- 일체 : 모든 것
- 낳았다 : 어떤 결과를 이루거나 가져오다.
- 나았다 : 감기 등의 병이 나았을 때 사용된다.

02　　　　　　　　　　　　　　　　　　　　　정답 ①
오답분석
② 각골통한(刻骨痛恨) : 뼈에 사무치도록 마음속 깊이 맺힌 원한
③ 백아절현(伯牙絕絃) : 자기를 알아주는 절친한 벗의 죽음을 슬퍼함
④ 곡학아세(曲學阿世) : 정도(正道)를 벗어난 학문으로 세상 사람에게 아첨함

03　　　　　　　　　　　　　　　　　　　　　정답 ④
액셀로드는 팃포탯 전략이 두 차례 모두 우승할 수 있었던 이유가 비열한 전략에는 비열한 전략으로 대응했기 때문임을 알게 되었다고 마지막 문단에서 언급하고 있다.
오답분석
① 네 번째 문단에 의하면, 팃포탯을 만든 것은 심리학자인 아나톨 라포트 교수이다.
② 두 번째 문단에 의하면 죄수의 딜레마에서 자신의 이득이 최대로 나타나는 경우는 내가 죄를 자백하고 상대방이 죄를 자백하지 않는 것이다.
③ 다섯 번째 문단에서 액셀로드는 팃포탯을 친절한 전략으로 분류했음을 확인할 수 있다.

04　　　　　　　　　　　　　　　　　　　　　정답 ①
세 번째 문단에서 '금융시장이 통합되어 있으면 지역 내 국가들 사이에 경상수지 불균형이 발생했을 때 자본 이동이 쉽게 일어날 수 있을 것이며 이에 따라 조정의 압력이 줄어들게 되므로 지역 내 환율 변동의 필요성이 감소하게 된다.'라고 했으나, 금융시장의 통합에 따른 편익의 계산 방식은 나타나지 않는다.
오답분석
② 세 번째 문단에서 확인할 수 있다.
③ · ④ 마지막 문단에서 확인할 수 있다.

▶ 2024년 1월 13일에 시행된 신협중앙회 필기전형의 기출복원문제를 수록하였다.

대표기출유형&기출응용문제로 영역별 체계적 학습

▶ '의사소통 · 수리 · 문제해결 · 자원관리 · 조직이해 · 정보능력'의 대표기출유형과 기출응용문제를 수록하였다.

▶ 출제영역별 유형분석과 유형풀이 Tip을 통해 혼자서도 체계적인 학습이 가능하도록 하였다.

도서 200% 활용하기

직무상식시험까지 완벽 대비

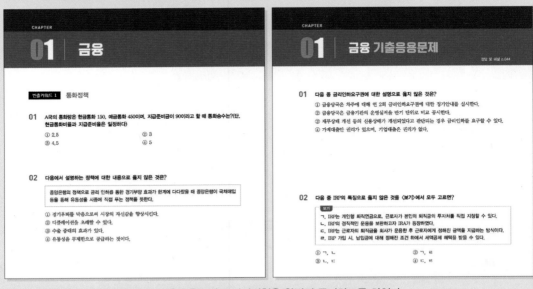

▶ 금융/경제/경영 빈출키워드 및 기출응용문제로 필기전형을 완벽히 준비하도록 하였다.

최종점검 모의고사로 실전 연습

▶ 최종점검 모의고사와 OMR 답안카드를 수록하여 최종 마무리 연습을 하도록 하였다.

논술시험을 위한 효과적 준비

▶ 논술 작성법을 제시하여 논술의 기초부터 다질 수 있도록 하였다.
▶ 2024년 필기전형을 비롯한 과년도 논술 기출질문과 예시답안을 수록하고 금융권 논술 예상문제를 제공하여 학습에 도움이 되도록 하였다.

인성검사와 면접

▶ 인성검사 모의연습과 신협중앙회 실제 면접 기출질문을 통해 한 권으로 채용 전반에 대비하도록 하였다.

학습플랜

1주 완성 학습플랜

본서에 수록된 전 영역을 단기간에 끝낼 수 있도록 구성한 학습플랜이다. 한 번에 전 영역을 공부하지 않고, 한 영역을 집중적으로 공부할 수 있도록 하였다. 필기전형에 대한 기초 학습은 되어 있으나, 학습 계획 세우기에 자신이 없는 분들이나 미리 시험에 대비하지 못해 단시간에 많은 분량을 봐야 하는 수험생에게 추천한다.

ONE WEEK STUDY PLAN

Start!	1일 차 ☐ ____월____일	2일 차 ☐ ____월____일	3일 차 ☐ ____월____일

4일 차 ☐ ____월____일	5일 차 ☐ ____월____일	6일 차 ☐ ____월____일	7일 차 ☐ ____월____일

STUDY CHECK BOX							
구분	1일 차	2일 차	3일 차	4일 차	5일 차	6일 차	7일 차
기출복원문제							
PART 1							
PART 2							
최종점검 모의고사							
논술							
다회독							
오답분석							

스타디 체크박스 활용법

1주 완성 학습플랜에서 계획한 학습량을 어느 정도 실천하였는지 표시하여 자신의 학습량을 효율적으로 관리한다.

구분	1일 차	2일 차	3일 차	4일 차	5일 차	6일 차	7일 차
PART 1	의사소통 능력	×	×	완료			

CONTENTS
이 책의 차례

※ 정답 및 해설은 기출복원문제 바로 뒤 p.012에 있습니다.

01 다음 중 맞춤법이 옳은 것끼리 바르게 짝지은 것은?

> • 이번 일은 <u>금새 / 금세</u> 끝날 것이다.
> • 이 사건에 대해 <u>일절 / 일체</u> 말하지 않았다.
> • 새 프로젝트가 최고의 결과를 <u>낳았다 / 나았다</u>.

① 금세, 일체, 낳았다   ② 금세, 일절, 낳았다

③ 금새, 일절, 나았다   ④ 금새, 일체, 나았다

02 다음 의미를 가진 한자성어로 옳은 것은?

> 걱정거리로 마음이 괴로워 잠을 이루지 못함

① 전전반측(輾轉反側)   ② 각골통한(刻骨痛恨)

③ 백아절현(伯牙絕絃)   ④ 곡학아세(曲學阿世)

03 다음 글의 내용으로 가장 적절한 것은?

미국의 사회이론가이자 정치학자인 로버트 엑셀로드의 저서『협력의 진화』에서 언급된 팃포탯(Tit for Tat) 전략은 '죄수의 딜레마'를 해결할 가장 유력한 전략으로 더욱 잘 알려져 있는 듯하다.

죄수의 딜레마는 게임 이론에서 가장 유명한 사례 중 하나로, 두 명의 실험자가 참여하는 비제로섬 게임(Non Zero-sum Game)의 일종이다. 두 명의 실험자는 각각 다른 방에 들어가 심문을 받는데, 둘 중 하나가 배신하여 죄를 자백한다면 자백한 사람은 즉시 석방되는 대신 나머지 한 사람이 10년을 복역하게 된다. 다만 두 사람 모두가 배신하여 죄를 자백할 경우는 5년을 복역하며, 두 사람 모두 죄를 자백하지 않는다면 각각 6개월을 복역하게 된다.

죄수의 딜레마에서 실험자들은 개인에게 있어 이익이 최대화된다는 가정 아래 움직이기 때문에 결과적으로는 모든 참가자가 배신을 선택하는 결과가 된다. 즉, 자신의 최대 이익을 노리려던 선택이 오히려 둘 모두에게 배신하지 않는 선택보다 나쁜 결과를 불러오는 것이다.

팃포탯 전략은 1979년 엑셀로드가 죄수의 딜레마를 해결하기 위해 개최한 1·2차 리그 대회에서 우승한 프로그램의 짧고 간단한 핵심전략이다. 캐나다 토론토 대학의 심리학자인 아나톨 라포트 교수가 만든 팃포탯은 상대가 배신한다면 나도 배신을, 상대가 의리를 지킨다면 의리로 대응한다는 내용을 담고 있다. 이 단순한 전략을 통해 팃포탯은 총 200회의 거래에서 유수의 컴퓨터 프로그램을 제치고 우승을 차지할 수 있었다.

대회가 끝난 후 엑셀로드는 참가한 모든 프로그램들의 전략을 '친절한 전략'과 '비열한 전략'으로 나누었는데, 친절한 전략으로 분류된 팃포탯을 포함해 대체적으로 친절한 전략을 사용한 프로그램들이 좋은 성적을 냈다는 사실을 확인할 수 있었다. 그리고 그중에서도 팃포탯이 두 차례 모두 우승할 수 있었던 것은 비열한 전략을 사용하는 프로그램에는 마찬가지로 비열한 전략으로 대응했기 때문임을 알게 되었다.

① 엑셀로드가 만든 팃포탯은 죄수의 딜레마에서 우승할 수 있는 가장 유력한 전략이다.

② 죄수의 딜레마에서 자신의 이득이 최대로 나타나는 경우는 죄를 자백하지 않는 것이다.

③ 엑셀로드는 리그 대회를 통해 팃포탯과 같은 대체로 비열한 전략을 사용하는 프로그램이 좋은 성적을 냈다는 사실을 알아냈다.

④ 팃포탯 전략이 우승한 것은 비열한 전략에 마찬가지로 비열하게 대응했기 때문이다.

04 다음 글에서 '최적통화지역 이론'과 관련하여 고려하지 않은 것은?

최적통화지역은 단일 통화가 통용되거나 여러 통화들의 환율이 고정되어 있는 최적의 지리적인 영역을 지칭한다. 여기서 최적이란 대내외 균형이라는 거시 경제의 목적에 의해 규정되는데, 대내 균형은 물가 안정과 완전 고용, 대외 균형은 국제수지 균형을 의미한다.

최적통화지역 개념은 고정환율 제도와 변동환율 제도의 상대적 장점에 대한 논쟁 속에서 발전하였다. 최적통화지역 이론은 어떤 조건에서 고정환율 제도가 대내외 균형을 효과적으로 이룰 수 있는지 고려했다.

초기 이론들은 최적통화지역을 규정하는 가장 중요한 경제적 기준을 찾으려 하였다. 먼델은 노동의 이동성을 제시했다. 노동의 이동이 자유롭다면 외부 충격이 발생할 때 대내외 균형 유지를 위한 임금 조정의 필요성이 크지 않을 것이고 결국 환율 변동의 필요성도 작을 것이다. 잉그램은 금융시장 통합을 제시하였다. 금융시장이 통합되어 있으면 지역 내 국가들 사이에 경상수지 불균형이 발생했을 때 자본 이동이 쉽게 일어 날 수 있을 것이며 이에 따라 조정의 압력이 줄어들게 되므로 지역 내 환율 변동의 필요성이 감소하게 된다는 것이다. 이러한 주장들은 결국 고정환율 제도 아래에서도 대내외 균형을 달성할 수 있는 조건들을 말해 주고 있는 것이다.

이후 최적통화지역 이론은 위의 조건들을 종합적으로 판단하여 단일 통화 사용에 따른 비용 – 편익 분석을 한다. 비용보다 편익이 크다면 최적통화지역의 조건이 충족되며 단일 통화를 형성할 수 있다. 단일 통화 사용의 편익은 화폐의 유용성이 증대된다는 데 있다. 단일 화폐의 사용은 시장 통합에 따른 교환의 이익을 증대시킨다는 것이다. 반면에 통화정책 독립성의 상실이 단일 통화 사용에 따른 주요 비용으로 간주된다. 단일 통화의 유지를 위해 대내 균형을 포기해야 하는 경우가 발생하기 때문이다. 이 비용은 가격과 임금이 경직될수록, 전체 통화지역 중 일부 지역들 사이에 서로 다른 효과를 일으키는 비대칭적 충격이 클수록 증가한다. 가령 한 국가에는 실업이 발생하고 다른 국가에는 인플레이션이 발생하면, 한 국가는 확대 통화정책을, 다른 국가는 긴축 통화 정책을 원하게 되는데, 양 국가가 단일 화폐를 사용한다면 서로 다른 통화정책의 시행이 불가능하기 때문이다. 물론 여기서 노동 이동 등의 조건이 충족되면 비대칭적 충격을 완화하기 위한 독립적 통화정책의 필요성은 감소한다. 반대로 두 국가에 유사한 충격이 발생한다면 서로 다른 통화정책을 택할 필요가 줄어든다. 이 경우에는 독립적 통화정책을 포기하는 비용이 감소한다.

① 시장 통합으로 인한 편익의 계산 방식
② 환율 변동을 배제한 경상수지 조정 방식
③ 화폐의 유용성과 시장 통합 사이의 관계
④ 단일 화폐 사용에 따른 비용을 증가시키는 조건

05 다음과 같이 일정한 규칙으로 수를 나열할 때, 빈칸에 들어갈 수로 알맞은 것을 고르면?

| | 3 | 7 | 15 | 31 | 63 | ( ) | 255 |

① 119 ② 127
③ 135 ④ 143

06 다음은 대학생 300명을 대상으로 한 달 평균 생활비를 조사한 자료이다. 이에 대한 설명으로 옳은 것은?

<대학생 300명 한 달 평균 생활비>

생활비(만 원)	누적도수(명)
$0^{이상} \sim 20^{미만}$	23
$20^{이상} \sim 40^{미만}$	89
$40^{이상} \sim 60^{미만}$	173
$60^{이상} \sim 80^{미만}$	279
$80^{이상} \sim 100^{미만}$	298
$100^{이상}$	300

① 한 달 생활비가 100만 원 이상인 학생의 수가 가장 많다.
② 한 달 생활비가 60만 원 이상인 학생의 수는 전체의 50%를 넘는다.
③ 한 달 생활비가 20만 원 이상 40만 원 미만인 학생의 수는 40만 원 이상 60만 원 미만인 학생의 수보다 적다.
④ 한 달 생활비가 많을수록 불필요한 지출이 많다.

07 A ~ F 6명이 일렬로 된 6개의 좌석에 다음 〈조건〉과 같이 앉아 있다. 좌석은 왼쪽부터 1번으로 시작하는 번호가 매겨져 있고 C가 4번에 앉아 있다면, 항상 옳은 것은?

> **조건**
> • D와 E는 사이에 3명을 두고 있다.
> • A와 F는 인접할 수 없다.
> • D는 F보다 왼쪽에 있다.
> • F는 C보다 왼쪽에 있다.

① A는 C보다 오른쪽에 앉아 있다.
② E는 C보다 오른쪽에 앉아 있다.
③ E는 A보다 왼쪽에 앉아 있다.
④ D는 B보다 왼쪽에 앉아 있다.

08 월요일부터 금요일까지 소연이를 포함한 5명의 직원들이 1명씩 돌아가며 사무실 청소를 하기로 했다. 다음 조건을 바탕으로 지현이가 월요일에 청소를 한다면 승혜는 언제 청소하는가?

> • 주희는 월, 화, 수요일에는 청소를 할 수 없다.
> • 지현이와 승혜는 수요일에 청소를 할 수 없다.
> • 지영이는 금요일에 청소를 할 것이다.

① 월요일   ② 화요일
③ 수요일   ④ 목요일

09 S외식업체는 고객전용 주차장의 공간이 협소하여 외부 주차장을 활용하려고 한다. 외부 주차장을 이용하는 방식은 월 임대료를 내고 사용하는 방법과 주차권을 발행하여 계산하는 방법이 있다. 다음 중 어떠한 방법이 더 경제적이고 그 차액은 얼마인가?

■ 외부 주차장 이용방법

  1) 월 임대료 납부 시 : 월 1,500만 원 1회 납부, 주차 대수 무관

  2) 주차권 발행 시 : 1회 주차권 3시간 이용 가능, 주차권 1장당 3,000원 납부

■ 요일별 방문고객 현황

구분	월요일	화요일	수요일	목요일	금요일	토요일	일요일
방문고객 수(평균)	150명	180명	170명	175명	250명	400명	450명
차량보유비율	62%	55%	50%	68%	80%	92%	88%

※ 휴무일을 고려하여 1개월을 4주와 동일한 것으로 간주함

※ 방문고객 수 및 차량보유비율은 지난 1년간 수집한 통계치를 근거로 작성됨

※ 방문고객 1명당 1장의 주차권을 제공함

	더 경제적인 방법	차액
①	월 임대료 납부	920,000원
②	월 임대료 납부	1,320,000원
③	주차권 발행	920,000원
④	주차권 발행	1,320,000원

10 다음은 국내 최대 규모로 평가받는 S은행의 SWOT 분석 결과를 정리한 것이다. SWOT 분석에 대한 〈보기〉의 설명을 참고할 때, 빈칸 ㉠ ~ ㉣에 들어갈 내용으로 적절하지 않은 것은?

〈SWOT 분석 결과〉

강점 (Strength)	• 전통적인 리테일(소매금융)의 강자로서 3,600만 명 이상의 고객 • 국내 최대의 규모와 높은 고객 만족도·충성도에서 비롯되는 확고한 시장 지배력, 우수한 수익성과 재무 건전성 • 양호한 총자산순이익률(ROA)과 시중은행 평균을 상회하는 순이자마진(NIM)을 유지하는 등 견고한 이익창출 능력 • 국내 최상위권의 시장 지위(예수금 및 대출금 기준 국내 1위)와 다각화된 포트폴리오를 토대로 하는 안정적인 영업 기반 유지 • 사업 기반 및 수익의 다각화를 위한 적극적인 해외 진출로 장기적인 성장 동력 확보 • _____㉠_____
약점 (Weakness)	• 서민층·저소득층 위주의 개인고객 • 노조와 사용자 사이의 해묵은 갈등 • _____㉡_____ • 조직의 비대화에 따른 비효율(점포당 수익 저조, 고정 비용 부담 증가) • _____㉢_____
기회 (Opportunity)	• 빠르게 성장 중인 퇴직연금시장에 의한 자금 유입 증가세 • 유동성 지원 등 유사시 정부의 정책적인 지원 가능성이 높음 • 고령화에 따른 역모기지, 보험 상품 판매 증가로 인한 수익 개선 • _____㉣_____ • 금융 규제 유연화 방안, 금융 시장 안정화 방안 등에 따른 정부 당국의 유동성 규제 완화 조치
위협 (Threat)	• 금융 개방, 국제화의 심화에 따른 경쟁자 증대 • 포화 상태에 도달한 국내 금융 시장의 저성장성 • 사이버 테러의 증가에 따른 고객 정보의 유출 위험 • 중앙은행의 기준금리 인상으로 인한 연체율의 급증과 건전성 악화 가능성 • 글로벌 금융위기 이후 경제 불안 심리의 확산에 따른 금융 시장의 성장성 둔화 지속 • 인터넷전문은행의 영업 확대, 핀테크 활성화, ISA(개인종합자산관리계좌) 등의 등장으로 인한 경쟁 심화

SWOT 분석은 기업의 내부 환경을 분석해 강점(Strength)과 약점(Weakness)을 찾아내고, 외부 환경을 분석해 기회(Opportunity)와 위협(Threat)을 확인한 다음, 이를 토대로 강점은 살리고 약점은 보완하며, 기회는 적극 활용하고 위협은 억제하는 마케팅 전략을 수립하는 것을 말한다.

① ㉠ : 인공지능, 클라우드, 블록체인 등 첨단 ICT 기술을 적극 활용한 디지털 전환(DT)의 안정적인 진행
② ㉡ : 이자수익에 비해 상대적으로 저조한 비이자수익
③ ㉢ : 연착륙을 유도하는 금융 당국의 보수적인 정책으로 인한 부실여신 비율 상승
④ ㉣ : 핀테크 기업과의 제휴를 통한 디지털 혁신에 따른 업무 효율성 향상

11 다음 중 맥킨지의 7S 모형에 대한 설명으로 적절하지 않은 것은?

① 기업, 부서 등 조직의 내부역량을 분석하는 도구이다.
② 전략, 시스템, 조직구조는 경영전략의 목표와 지침이 된다.
③ 하위 4S는 상위 3S를 지원하는 하위 지원 요소를 말한다.
④ 지방자치단체, 국가와 같은 큰 조직에는 적절하지 않다.

12 다음 중 빅데이터 기술을 이용한 분석의 장점이 아닌 것은?

① 예측 분석과 데이터 마이닝 기술 등 다양한 분야에서 활용이 가능하다.
② 데이터의 트렌드와 패턴을 파악할 수 있다.
③ 산출 데이터의 무결성을 보장한다.
④ 기업의 의사 결정에 필요한 정보를 신속하게 제공한다.

13 다음 중 취약한 보안 기능 및 IP주소 부족에도 불구하고 가장 널리 사용되는 인터넷 표준 프로토콜은?

① TCP/IP
② PPP
③ NetBEUI
④ IPX/SPX

14 제시된 자료는 보스턴컨설팅그룹에서 개발한 BCG 매트릭스로, 상대적 시장점유율과 시장성장률을 기준으로 사업의 성격을 유형화하여 사업 포트폴리오를 분석하는 모형이다. 다음 중 빈칸 (가)에 들어갈 말로 가장 적절한 것은?

① Star
② Question Mark
③ Cash Cow
④ Dog

15 다음은 재화의 특성에 따른 분류표이다. 이에 대한 내용으로 옳지 않은 것은?

구분	경합성	비경합성
배제성	㉠	㉡
비배제성	㉢	㉣

① ㉠에 해당하는 재화는 일반적으로 기업이 생산한다.
② ㉡에 해당하는 재화는 공유지의 비극 현상이 나타나기 쉽다.
③ ㉢의 사례로는 혼잡한 무료 고속도로 등이 있다.
④ ㉣에 해당하는 재화는 무임승차 현상이 발생한다.

16 다음 중 현재의 직장이 마음에 들지 않아 발생하는 실업은?

① 마찰적 실업
② 계절적 실업
③ 구조적 실업
④ 경기적 실업

17 다음 중 높은 성장률을 기록하면서도 물가상승 압력이 거의 없는 이상적인 경제 상황을 일컫는 용어는?

① 롱테일   ② 골디락스

③ 레임덕   ④ 웩더독

18 다음 중 통화에 대한 설명으로 옳지 않은 것은?

① 현금통화는 통화량의 일부를 이룬다.

② 저축성 예금은 총통화에 포함되나 통화에는 포함되지 않는다.

③ 통화량이란 한국은행에서 발행한 현금을 의미한다.

④ 당좌예금도 통화의 일부를 이룬다.

19 다음 중 일정한 기간이 지나면 미리 결정된 조건대로 채권을 발행회사의 주식으로 바꿀 수 있는 특약이 있는 사채는?

① 교환사채   ② 참가사채

③ 이익사채   ④ 전환사채

20 코스닥시장 상장 요건을 충족시키지 못하는 벤처기업과 중소기업이 상장할 수 있도록 2013년 7월 1일부터 개장한 중소기업 전용 주식시장은?

① 코스닥   ② 나스닥

③ 다우존스   ④ 코넥스

01	02	03	04	05	06	07	08	09	10	11	12	13	14	15	16	17	18	19	20
②	①	④	①	②	③	②	②	②	③	④	③	①	③	②	①	②	③	④	④

01
정답 ②

- 금세 : 지금 바로. '금시에'가 줄어든 말로 구어체에서 많이 사용된다.
- 금새 : 물건의 값. 또는 물건 값의 비싸고 싼 정도
- 일절 : 아주, 전혀, 절대로의 뜻으로, 흔히 행위를 그치게 하거나 어떤 일을 하지 않을 때에 사용된다.
- 일체 : 모든 것
- 낳았다 : 어떤 결과를 이루거나 가져오다.
- 나았다 : 감기 등의 병이 나았을 때 사용된다.

02
정답 ①

오답분석
② 각골통한(刻骨痛恨) : 뼈에 사무치도록 마음속 깊이 맺힌 원한
③ 백아절현(伯牙絕絃) : 자기를 알아주는 절친한 벗의 죽음을 슬퍼함
④ 곡학아세(曲學阿世) : 정도(正道)를 벗어난 학문으로 세상 사람에게 아첨함

03
정답 ④

마지막 문단에서 팃포탯 전략이 두 차례 모두 우승할 수 있었던 이유는 비열한 전략에는 비열한 전략으로 대응했기 때문임을 확인할 수 있다.

오답분석
① 네 번째 문단에서 팃포탯을 만든 것은 심리학자인 아나톨 라포트 교수임을 확인할 수 있다.
② 두 번째 문단에서 죄수의 딜레마에서 자신의 이득이 최대로 나타나는 경우는 내가 죄를 자백하고 상대방이 죄를 자백하지 않는 것임을 확인할 수 있다.
③ 마지막 문단에서 엑셀로드는 팃포탯을 친절한 전략으로 분류했음을 확인할 수 있다.

04
정답 ①

세 번째 문단에서 '금융시장이 통합되어 있으면 지역 내 국가들 사이에 경상수지 불균형이 발생했을 때 자본 이동이 쉽게 일어날 수 있을 것이며 이에 따라 조정의 압력이 줄어들게 되므로 지역 내 환율 변동의 필요성이 감소하게 된다.'라고 했으나, 금융시장의 통합에 따른 편익의 계산 방식은 나타나지 않는다.

오답분석
② 세 번째 문단에서 확인할 수 있다.
③・④ 마지막 문단에서 확인할 수 있다.

05

앞의 항에 ×2+1을 하는 수열이다.
따라서 ( )=63×2+1=127이다.

06

• 생활비가 20만 원 이상 40만 원 미만인 학생의 수 : 89-23=66명
• 생활비가 40만 원 이상 60만 원 미만인 학생의 수 : 173-89=84명
따라서 생활비가 20만 원 이상 40만 원 미만인 학생의 수는 40만 원 이상 60만 원 미만인 학생의 수보다 적다.

[오답분석]
① 한 달 생활비가 100만 원 이상인 학생의 누적도수 차이가 가장 적으므로 학생의 수가 가장 적다.
② 한 달 생활비가 60만 원 미만인 학생의 누적도수가 173명이므로 60만 원 이상인 학생 수는 127명으로 전체 학생의 50% 미만이다.
④ 불필요한 지출에 대한 사실은 도수분포표로 확인할 수 없다.

07

C를 고정시키고, 그 다음 D와 E를 기준으로 시작하여 가능한 경우를 정리하면 다음과 같다.

구분	1	2	3	4	5	6
경우 1	D	F	B	C	E	A
경우 2	D	B	F	C	E	A
경우 3	A	D	F	C	B	E
경우 4	B	D	F	C	A	E

따라서 모든 경우에서 E는 C보다 오른쪽에 앉아 있다.

[오답분석]
① 경우 3에서 A는 C보다 왼쪽에 앉는다.
③ 경우 3과 경우 4에서 E는 A보다 오른쪽에 앉는다.
④ 경우 4에서 D는 B보다 오른쪽에 앉는다.

08

주어진 조건을 정리하면 다음과 같다.

구분	월요일	화요일	수요일	목요일	금요일
주희	×	×	×	○	
소연			○		
지현	○		×		
승혜		○	×		
지영					○

따라서 지현이가 월요일에 청소를 한다면 승혜는 화요일에 청소한다.

09

정답 ②

지난 1년간 수집한 데이터에 근거한 통계자료(평균치)로 산정한 주차권 발행 방식의 1개월 주차비용은 다음과 같다.

- 월요일 : 150명×62%×3,000원=279,000원
- 화요일 : 180명×55%×3,000원=297,000원
- 수요일 : 170명×50%×3,000원=255,000원
- 목요일 : 175명×68%×3,000원=357,000원
- 금요일 : 250명×80%×3,000원=600,000원
- 토요일 : 400명×92%×3,000원=1,104,000원
- 일요일 : 450명×88%×3,000원=1,188,000원

∴ 1주간 주차비용=4,080,000원 → 1개월 주차비용=4,080,000원×4주=16,320,000원

따라서 월 임대료(1,500만 원)를 지불하는 것이 더 경제적이며, 그 차이는 1,320,000원이다.

10

정답 ③

부실여신 비율의 상승을 초래할 수 있는 금융 당국의 보수적인 정책은 조직 외부로부터 비롯되는 요인으로서, 조직의 목표 달성에 방해가 되는 위협(T)에 해당한다. 참고로 연착륙은 경기가 과열될 기미가 있을 때에 경제 성장률을 적정한 수준으로 낮추어 불황을 방지하는 일을 뜻한다.

[오답분석]

① 디지털 전환(DT)의 안정적인 진행은 조직의 내부로부터 비롯되는 요인으로서, 조직의 목표 달성에 활용할 수 있는 강점(S)에 해당한다.

② 수익 구조의 편중성은 조직의 내부로부터 비롯되는 요인으로서, 조직의 목표 달성에 방해가 될 수 있는 약점(W)에 해당한다.

④ 다른 기업과의 제휴 등 협업은 조직 외부로부터 비롯되는 요인으로서, 조직의 목표 달성에 활용할 수 있는 기회(O)에 해당한다.

11

정답 ④

세계적 기업인 맥킨지에 의해 개발된 7S 모형은 조직의 내부역량을 분석하는 도구로, 조직 문화를 구성하고 있는 7S는 전략, 시스템, 조직구조, 공유가치, 관리기술, 스태프, 스타일을 말한다. 7S 모형은 기업, 부서나 사업뿐만 아니라 지방자치단체, 국가 등 큰 조직을 진단하고 변혁할 때도 사용된다.

> **7S 모형**
> - 3S : 경영전략의 목표와 지침이 되는 항목
>   - 시스템(System) : 조직 운영의 의사 결정과 일상 운영의 틀이 되는 각종 시스템
>   - 조직구조(Structure) : 조직의 전략을 수행하는 데 필요한 틀로서 구성원의 역할과 그들 간의 상호관계를 지배하는 공식 요소
>   - 전략(Strategy) : 조직의 장기적인 목적과 계획 그리고 이를 달성하기 위한 장기적인 행동지침
> - 4S : 상위 3S를 지원하는 하위 지원 요소
>   - 스태프(Staff) : 조직의 인력 구성, 구성원들의 능력과 전문성·가치관과 신념·욕구와 동기·지각과 태도·행동패턴
>   - 스타일(Style) : 구성원들을 이끌어 나가는 전반적인 조직관리 스타일
>   - 공유가치(Shared Value) : 조직 구성원들의 행동이나 사고를 특정 방향으로 이끌어 가는 원칙이나 기준
>   - 관리기술(Skill) : 하드웨어는 물론 이를 사용하는 소프트웨어 기술을 포함하는 요소

12

정답 ③

빅데이터 기술은 대량의 데이터를 다루는 기술로 데이터의 양과 다양성으로 인해 정확성을 보장할 수 없다. 따라서 정확한 분석을 위해 추가적인 데이터 전처리나 검증 과정이 반드시 필요하다.

13

정답 ①

TCP/IP(Transmission Control Protocol/Internet Protocol)는 컴퓨터 간의 통신을 위해 미국 국방부에서 개발한 통신 프로토콜로써 TCP와 IP를 조합하여 인터넷 표준 프로토콜로 사용되고 있다.

14

정답 ③

주어진 BCG 매트릭스 모형을 정리하면 다음과 같다.

〈BCG 매트릭스 모형〉

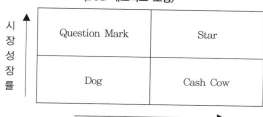

Question Mark	Star
Dog	Cash Cow

시장성장률 (세로축)
상대적 시장점유율 (가로축)

따라서 상대적 시장점유율이 높아 지속적인 수익을 가져다주지만, 시장의 성장가능성은 낮은 사업은 Cash Cow(캐시카우)이다.

[오답분석]

① Star(별) : 시장점유율과 성장성이 모두 좋아 전망이 밝은 사업
② Question Mark(물음표) : 시장점유율이 낮아 불안정한 수익을 보이지만, 성장률은 높기 때문에 전망을 쉽게 예측하기 어려운 사업
④ Dog(개) : 시장점유율과 성장률이 모두 낮은 사양 사업

15

정답 ②

배제성과 비배제성에 따른 경합성과 비경합성을 정리하면 다음과 같다.

구분	경합성	비경합성
배제성	사적재화	이동통신 서비스
비배제성	공유 자원	치안, 국방

공유지의 비극 현상이 나타나기 쉬운 재화는 ©에 해당한다. 따라서 ©과 같이 경합성은 있지만 배제성이 없는 재화로는 목초지나 바다어장과 같은 공유지가 있다.

[오답분석]

㉠ 재화는 배제성과 경합성이 모두 존재하는 사적재화로, 일반적으로 기업이 생산한다.

16

정답 ①

마찰적 실업이란 이직을 하는 과정에서 일시적으로 발생하는 실업을 의미한다. 마찰적 실업은 경기침체로 인해 발생하는 비자발적 실업이 아닌 자발적 실업이며, 경기변동 과정에서 발생하는 경기적 실업이나 특정 산업의 침체 등으로 발생하는 구조적 실업과는 구분된다.

[오답분석]

② 계절적 실업 : 계절적 요인에 의해 발생하는 실업으로, 계절에 따라 고용 기회가 줄어들면서 발생한다.
③ 구조적 실업 : 산업구조의 변화로 발생하는 장기적·대량적·만성적 실업으로, 기술의 발전으로 인해 어떤 산업이 장기적으로 사양화됨에 따라 해당 산업 노동자들의 실업이 발생한다.
④ 경기적 실업 : 경기변동 과정에서 생기는 실업 형태로, 경기침체에 수반하여 발생하는 비자발적 실업을 의미한다.

17

정답 ②

골디락스(Goldilocks)는 영국 동화 '골디락스와 곰 세 마리'에 등장하는 소녀 이름에서 유래한 용어로, 뜨겁지도 차갑지도 않은 경제 호황을 의미한다. 일상생활에서는 가격이 아주 비싼 상품과 싼 상품, 중간 가격의 상품을 함께 진열하여 중간 가격의 상품을 선택하게 유도하는 판촉기법을 골디락스 가격이라고도 한다.

18

정답 ③

통화량이란 시중에서 유통되는 돈으로, 민간의 지출에 영향을 준다.

19

정답 ④

전환사채(CB; Convertible Bond)는 주식과 같이 가격이 변동되므로 채권 보유자가 이자 외에 가격상승에 따른 이익을 얻을 수 있다.

오답분석

① 교환사채(EB; Exchangeable Bond) : 채권을 보유한 투자자가 일정 시일 경과 후 발행사가 보유 중인 다른 회사 주식으로 교환할 수 있는 권리가 붙은 사채로, 주식전환이 가능한 채권이라는 점에서 전환사채와 유사하나 전환 대상 주식이 발행사가 아닌 다른 회사의 것이라는 차이점이 있다.
② 참가사채(Participating Bond) : 일정률의 이자지급을 받는 것 외에 기업이윤의 분배에도 참가할 수 있는 사채이다.
③ 이익사채(Income Bond) : 기업의 이익이 이자를 지급할 수 없을 만큼 적을 때 이자지급을 이행하지 않아도 되는 사채이다.

20

정답 ④

코넥스(Korea New Exchange) 시장은 우수한 기술력을 보유하고 있음에도 불구하고, 짧은 경력 등을 이유로 자금 조달에 어려움을 겪는 초기 중소기업과 벤처기업이 자금을 원활하게 조달할 수 있도록 하기 위해 설립된 자본시장이다.

오답분석

① 코스닥(KOSDAQ) : 한국의 장외 주식거래시장을 말한다.
② 나스닥(NASDAQ) : 미국의 장외 주식시장을 말한다.
③ 다우존스(Dow Jones) : 세계적인 명성을 지니고 있는 금융정보, 언론서비스 회사이다.

PART 1

합격의 공식 시대에듀 www.sdedu.co.kr

직무능력시험

의사소통능력

합격 Cheat Key

의사소통능력은 평가하지 않는 금융권이 없을 만큼 필기시험에서 중요도가 높은 영역이다. 또한, 의사소통능력의 문제 출제 비중은 여러 영역 중에서도 가장 높은 편이다. 이러한 점을 볼 때, 의사소통능력은 NCS를 준비하는 수험생이라면 반드시 정복해야 하는 과목이다.

국가직무능력표준에 따르면 의사소통능력의 세부 유형은 문서이해, 문서작성, 의사표현, 경청, 기초외국어로 나눌 수 있다. 문서이해・문서작성과 같은 제시문에 대한 주제찾기, 내용일치 문제의 출제 비중이 높으며, 공문서・기획서・보고서・설명서 등 문서의 특성을 파악하는 문제도 출제되고 있다. 따라서 이러한 분석을 바탕으로 전략을 세우는 것이 매우 중요하다.

1 　문제에서 요구하는 바를 먼저 파악하라!

의사소통능력에서 가장 중요한 것은 제한된 시간 안에 빠르고 정확하게 답을 찾아내는 것이다. 그러기 위해서는 우리가 의사소통능력을 공부하는 이유를 잊지 말아야 한다. 우리는 지식을 쌓기 위해 의사소통능력 지문을 보는 것이 아니다. 의사소통능력에서는 지문이 아니라 문제가 주인공이다! 지문을 보기 전에 문제를 먼저 파악해야 한다. 주제찾기 문제라면 첫 문장과 마지막 문장 또는 접속어를 주목하자! 내용일치 문제라면 지문과 문항의 일치 / 불일치 여부만 파악한 뒤 빠져 나오자! 지문에 빠져드는 순간 소중한 시험시간은 속절없이 흘러 버린다!

2 　잠재되어 있는 언어능력을 발휘하라!

의사소통능력에는 끝이 없다! 의사소통의 방대함에 포기한 적이 있는가? 세상에 글은 많고 우리가 학습할 수 있는 시간은 한정적이다. 이를 극복할 수 있는 방법은 다양한 글을 접하는 것이다. 실제 시험장에서 어떤 내용의 지문이 나올지 아무도 예측할 수 없다. 따라서 평소에 신문, 소설, 보고서 등 여러 글을 접하는 것이 필요하다. 잠재되어 있는 글에 대한 안목이 시험장에서 빛을 발할 것이다.

3 상황을 가정하라!

업무 수행에 있어 상황에 따른 언어 표현은 중요하다. 같은 말이라도 상황에 따라 다르게 해석될 수 있기 때문이다. 그런 의미에서 자신의 의견을 효과적으로 전달할 수 있는 능력을 평가하는 것은 당연하다. 따라서 다양한 상황에서의 언어표현능력을 함양하기 위한 연습의 과정이 요구된다. 업무를 수행하면서 발생할 수 있는 여러 상황을 가정하고 그에 따른 올바른 언어표현을 정리하는 것이 필요하다. 의사표현 영역의 경우 출제 빈도가 높지는 않지만 상황에 따른 판단력을 평가하는 문항인 만큼 대비하는 것이 필요하다.

4 말하는 이의 입장에서 생각하라!

잘 듣는 것 또한 하나의 능력이다. 상대방의 이야기에 귀 기울이고 공감하는 태도는 업무를 수행하는 관계 속에서 필요한 요소이다. 그런 의미에서 다양한 상황에서의 듣는 능력을 평가하는 것이다. 말하는 이가 요구하는 듣는 이의 태도를 파악하고, 이에 따른 판단을 할 수 있도록 언제나 말하는 사람의 입장이 되는 연습이 필요하다.

5 반복만이 살길이다!

학창 시절 외국어를 공부하던 때를 떠올려 보자! 셀 수 없이 많은 표현들을 익히기 위해 얼마나 많은 반복의 과정을 거쳤는가? 의사소통능력 역시 그러하다. 하나의 문제 유형을 마스터하기 위해 가장 중요한 것은 바로 여러 번, 많이 풀어 보는 것이다.

01 | 어법 · 맞춤법

| 유형분석 |

- 주어진 문장이나 지문에서 잘못 쓰인 단어·표현을 바르게 고칠 수 있는지 평가한다.
- 띄어쓰기, 동의어·유의어·다의어 또는 관용적 표현 등을 찾는 문제가 출제될 가능성이 있다.

다음 밑줄 친 단어 중 문맥상 쓰임이 옳지 않은 것은?

① 어려운 문제의 답을 <u>맞혀야</u> 높은 점수를 받을 수 있다.
② 공책에 선을 <u>반듯이</u> 긋고 그 선에 맞춰 글을 쓰는 연습을 해.
③ 생선을 간장에 10분 동안 <u>졸이면</u> 요리가 완성된다.
④ 미안하지만 지금은 바쁘니까 <u>이따가</u> 와서 얘기해.

정답 ③

'졸이다'는 '찌개를 졸이다.'와 같이 국물의 양을 적어지게 하는 것을 의미한다. 반면에 '조리다'는 '양념을 한 고기나 생선, 채소 따위를 국물에 넣고 바짝 끓여서 양념이 배어들게 하다.'의 의미를 지닌다. 따라서 ③의 경우 문맥상 '졸이다'가 아닌 '조리다'가 사용되어야 한다.

오답분석
① 맞히다 : 문제에 대한 답을 틀리지 않게 하다.
　맞추다 : 둘 이상의 일정한 대상들을 나란히 놓고 비교하여 살피다.
② 반듯이 : 비뚤어지거나 기울거나 굽지 않고 바르게
　반드시 : 틀림없이 꼭, 기필코
④ 이따 : 조금 지난 뒤에
　있다 : 어느 곳에서 떠나거나 벗어나지 않고 머물다. 또는 어떤 상태를 계속 유지하다.

유형풀이 Tip

자주 틀리는 맞춤법

틀린 표현	옳은 표현	틀린 표현	옳은 표현
몇일	며칠	오랫만에	오랜만에
귀뜸	귀띔	선생으로써	선생으로서
웬지	왠지	안되	안돼
왠만하면	웬만하면	돼고 싶다	되고 싶다
어떻해	어떻게 해 / 어떡해	병이 낳았다	병이 나았다
금새	금세	내일 뵈요	내일 봬요
구지	굳이	고르던지 말던지	고르든지 말든지
서슴치	서슴지	합격하길 바래요	합격하길 바라요

01　다음 중 밑줄 친 부분의 맞춤법이 바르게 쓰인 것은?

① 언니는 상냥한데 동생은 너무 <u>냉냉하다</u>.
② 추석에는 <u>햅쌀</u>로 송편을 빚는다.
③ <u>요컨데</u>, 행복은 마음 먹기에 달렸다는 것이다
④ 올해는 모두 건강하리라는 작은 <u>바램</u>을 가져본다.

02　다음 중 띄어쓰기가 옳지 않은 것을 모두 고르면?

> S기관은 다양한 분야에서 ㉠ <u>괄목할만한</u> 성과를 거두고 있다. 그러나 타 기관들이 단순히 이를 벤치마킹한다고 해서 반드시 우수한 성과를 거둘 수 있는 것은 아니다. S기관의 성공 요인은 주어진 정책 과제를 수동적으로 ㉡ <u>수행하는데</u> 머무르지 않고, 대국민 접점에서 더욱 다양하고 복잡해지고 있는 수요를 빠르게 인지하고 심도 깊게 파악하여 그 개선점을 내놓기 위해 노력하는 일련의 과정을 ㉢ <u>기관만의</u> 특색으로 바꾸어 낸 것이다.

① ㉠　　　　　　　　　　　　② ㉡
③ ㉢　　　　　　　　　　　　④ ㉠, ㉡

Easy

03　다음은 S사의 고객헌장 전문이다. 틀린 단어는 모두 몇 개인가?(단, 띄어쓰기는 무시한다)

> 우리는 모든 업무를 수행하면서 고객의 입장에서 생각하며 친절・신속・정확하게 처리하겠습니다.
> 우리는 잘못된 서비스로 고객에게 불편을 초래한 경우 즉시 계선・시정하고 재발방지에 노력하겠습니다.
> 우리는 항상 고객의 말씀에 귀를 기울이며, 고객의 의견을 경영에 최대한 반영하겠습니다.
> 이와 같은 목표를 달성하기 위하여 구체적인 고객서비스 이행표준을 설정하고 이를 성실이 준수할 것을 약속드립니다.

① 1개　　　　　　　　　　　② 2개
③ 3개　　　　　　　　　　　④ 4개

02 | 한자성어 · 속담

| 유형분석 |

• 실생활에서 활용되는 한자성어나 속담을 이해할 수 있는지 평가한다.
• 제시된 상황과 일치하는 한자성어 또는 속담을 고르거나 한자의 훈음·독음을 맞히는 등 다양한 유형이 출제된다.

다음 상황에 가장 적절한 한자성어는?

A씨는 업무를 정리하다가 올해 초 진행한 프로젝트에 자신의 실수가 있었음을 알게 되었다. 하지만 자신의 실수를 드러내고 싶지 않았고, 그리 큰 문제라고 생각하지 않은 A씨는 이를 무시하였다. 이후 다른 프로젝트를 진행하면서 지난번 실수와 동일한 실수를 다시 저지르게 되었고, 프로젝트에 큰 피해를 입혔다.

① 유비무환(有備無患)   ② 유유상종(類類相從)

③ 회자정리(會者定離)   ④ 개과불린(改過不吝)

정답 ④

'개과불린(改過不吝)'은 '허물을 고침에 인색하지 말라.'는 뜻으로, 잘못된 것이 있으면 고치는 데 주저하지 않고 빨리 바로잡아 반복하지 말라는 의미이다.

오답분석

① 유비무환(有備無患) : 준비가 있으면 근심이 없다.
② 유유상종(類類相從) : 같은 무리끼리 서로 사귄다.
③ 회자정리(會者定離) : 만남이 있으면 헤어짐도 있다.

유형풀이 Tip

• 한자성어나 속담 관련 문제의 경우 일정 수준 이상의 사전지식을 요구하므로, 지원 기업 관련 기사 및 이슈를 틈틈이 찾아보며 한자성어나 속담에 대입하는 연습을 하면 효과적으로 대처할 수 있다.
• 문제에 제시된 한자성어의 의미를 파악하기 어렵다면, 먼저 알고 있는 한자가 있는지 확인한 후 글의 문맥과 상황에 대입하며 선택지를 하나씩 소거해 나가는 것이 효율적이다.

Easy

01 다음 밑줄 친 단어의 한자 표기로 옳은 것은?

> 사랑의 다문화 학교 청년들

① 多汶化   ② 多汶和

③ 多聞化   ④ 多文化

02 다음 중 같은 뜻을 가진 한자성어와 속담의 연결로 적절하지 않은 것은?

① 설상가상(雪上加霜) : 엎친 데 덮친 격
② 감탄고토(甘吞苦吐) : 달면 삼키고 쓰면 뱉는다.
③ 초록동색(草綠同色) : 가재는 게 편
④ 풍전등화(風前燈火) : 등잔 밑이 어둡다.

03 다음 문장과 관련된 속담으로 가장 적절한 것은?

> 그 동네에 있는 레스토랑의 음식은 보기와 달리 너무 맛이 없었어.

① 보기 좋은 떡이 먹기도 좋다.
② 볶은 콩에 싹이 날까?
③ 빛 좋은 개살구
④ 뚝배기보다 장맛이 좋다.

03 | 문장삽입

| 유형분석 |

- 논리적인 흐름에 따라 글을 이해할 수 있는지 평가한다.
- 한 문장뿐 아니라 여러 개의 문장이나 문단을 삽입하는 문제가 출제될 가능성이 있다.

다음 글에서 〈보기〉의 문장이 들어갈 위치로 가장 적절한 곳은?

밥상에 오르는 곡물이나 채소가 국내산이라고 하면 보통 그 종자도 우리나라의 것으로 생각하기 쉽다. (가) 하지만 실상은 벼, 보리, 배추 등을 제외한 많은 작물의 종자를 수입하고 있어 그 자급률이 매우 낮다고 한다. (나) 또한, 청양고추 종자는 우리나라에서 개발했음에도 현재는 외국 기업이 그 소유권을 가지고 있다. (다) 국내 채소 종자 시장의 경우 종자 매출액의 50%가량을 외국 기업이 차지하고 있다는 조사 결과도 있다. (라) 이런 상황이 지속될 경우, 우리 종자를 심고 키우기 어려워질 것이고 종자를 수입하거나 로열티를 지급하는 데 지금보다 훨씬 많은 비용이 들어가는 상황도 발생할 수 있다. 또한, 전문가들은 세계 인구의 지속적인 증가와 기상 이변 등으로 곡물 수급이 불안정하고, 국제 곡물 가격이 상승하는 상황을 고려할 때, 결국에는 종자 문제가 식량 안보에 위협 요인으로 작용할 수 있다고 지적한다.

보기

양파, 토마토, 배 등의 종자 자급률은 약 16%, 포도는 약 1%에 불과하다.

① (가)　　　　　　　② (나)
③ (다)　　　　　　　④ (라)

정답 ②

보기의 문장은 우리나라 작물의 낮은 자급률을 보여주는 구체적인 수치이다. 따라서 우리나라 작물의 낮은 자급률을 이야기하는 '하지만 실상은 벼, 보리, 배추 등을 제외한 많은 작물의 종자를 수입하고 있어 그 자급률이 매우 낮다고 한다.'의 뒤인 (나)에 위치하는 것이 가장 적절하다.

유형풀이 Tip

- 보기를 먼저 읽고, 선택지로 주어진 빈칸의 앞·뒤 문장을 읽어 본다. 그리고 빈칸 부분에 보기를 넣었을 때 그 흐름이 어색하지 않은 위치를 찾는다.
- 보기 문장의 중심이 되는 단어가 빈칸의 앞뒤에 언급되어 있는지 확인하도록 한다.

※ 다음 글에서 〈보기〉의 문장이 들어갈 위치로 가장 적절한 곳을 고르시오. **[1~2]**

`Hard`

01

> (가) 1783년 영국 자연철학자 존 미첼은 빛은 입자라는 생각과 뉴턴의 중력이론을 결합한 이론을
> 제시하였다. 그는 우선 별들이 어떻게 보일 것인지 사고 실험을 통해 예측하였다.
> 별의 표면에서 얼마간의 초기 속도로 입자를 쏘아 올려 아무런 방해 없이 위로 올라간다고 가정해보
> 자. (나) 만약에 초기 속도가 충분히 빠르지 않으면 별의 중력은 입자의 속도를 점점 느리게 할 것이
> 며, 결국 그 입자를 별의 표면으로 되돌아가게 할 것이다. 만약 초기 속도가 충분히 빠르면 입자는
> 중력을 극복하고 별을 탈출할 수 있을 것이다. 이렇게 입자가 별을 탈출할 수 있는 최소한의 초기
> 속도는 '탈출 속도'라고 불린다.
> (다) 이를 바탕으로 미첼은 '임계 둘레'라는 것도 추론해냈다. 임계 둘레란 탈출 속도와 빛의 속도를
> 같게 만드는 별의 둘레를 말한다. 빛 입자는 다른 입자들처럼 중력의 영향을 받는다. 그로 인해 빛은
> 임계 둘레보다 작은 둘레를 가진 별에서는 탈출할 수 없다. 그런 별에서 약 30만 km/s의 초기 속도
> 로 빛 입자를 쏘아 올렸을 때 입자는 우선 위로 날아갈 것이다. (라) 그런 다음 멈출 때까지 느려지
> 다가, 결국 별의 표면으로 되돌아갈 것이다. 미첼은 임계 둘레를 쉽게 계산할 수 있었다. 태양과
> 동일한 질량을 가진 별의 임계 둘레는 약 19km로 계산되었다. 이러한 사고 실험을 통해 미첼은
> 임계 둘레보다 작은 둘레를 가진 암흑의 별들이 무척 많을 테고, 그 별들에선 빛 입자가 빠져나올
> 수 없기에 지구에서는 볼 수 없을 것으로 추측했다.

> **보기**
>
> 미첼은 뉴턴의 중력이론을 이용해서 탈출 속도를 계산할 수 있었으며, 그 속도가 별 질량을 별의
> 둘레로 나눈 값의 제곱근에 비례한다는 것을 유도하였다.

① (가)　　　　　　　　　　　② (나)
③ (다)　　　　　　　　　　　④ (라)

02

제2차 세계대전이 끝난 뒤 미국과 소련 및 그 동맹국들 사이에서 공공연하게 전개된 제한적 대결 상태를 냉전(冷戰)이라고 한다. 냉전의 기원에 대한 논의는 냉전이 시작된 직후부터 최근까지 계속 진행되었다. 이는 단순히 냉전의 발발 시기와 이유에 대한 논의만이 아니라, 그 책임 소재를 묻는 것이기도 하다. 그 연구의 결과를 편의상 세 가지로 나누어 볼 수 있다.

가장 먼저 나타난 전통주의는 냉전을 유발한 근본적 책임이 소련의 팽창주의에 있다고 보았다. 소련은 세계를 공산화하기 위한 계획을 수립했고, 이 계획을 실행하기 위해 동유럽 지역을 시작으로 적극적인 팽창 정책을 수행했다. 그리고 미국이 자유 민주주의 세계를 지켜야 한다는 도덕적 책임감에 기초하여 그에 대한 봉쇄 정책을 추구하는 와중에 냉전이 발생했다고 보았다. (가) 미국의 봉쇄 정책이 성공적으로 수행된 결과 냉전이 종식되었다는 것이 이들의 입장이다.

여기에 비판을 가한 수정주의는 기본적으로 냉전의 책임이 미국 쪽에 있고, 미국의 정책은 경제적 동기에서 비롯했다고 주장했다. 즉, 미국은 전후 세계를 자신들이 주도해 나가야 한다고 생각했고, 전쟁 중에 급증한 생산력을 유지할 수 있는 시장을 얻기 위해 세계를 개방 경제 체제로 만들고자 했다. (나) 무엇보다 소련은 미국에 비해 국력이 미약했으므로 적극적 팽창 정책을 수행할 능력이 없었다는 것이 수정주의의 기본적 입장이었다. 오히려 미국이 유럽에서 공격적인 정책을 수행했고, 소련은 이에 대응했다는 것이다.

냉전의 기원에 대한 또 다른 주장인 탈수정주의는 위의 두 가지 주장에 대한 절충적 시도로서 냉전의 책임을 일방적으로 어느 한쪽에 부과해서는 안 된다고 보았다. 즉, 냉전은 양국이 추진한 정책의 '상호 작용'에 의해 발생했다는 것이다. (다) 또 경제를 중심으로만 냉전을 보아서는 안 되며 안보 문제 등도 같이 고려하여 파악해야 한다고 보았다. (라) 소련의 목적은 주로 안보 면에서 제한적으로 추구되었는데, 미국은 소련의 행동에 과잉 반응했고, 이것이 상황을 악화시켰다는 것이다. 이로 인해 냉전 책임론은 크게 후퇴하고 구체적인 정책 형성에 대한 연구가 부각되었다.

보기

그러므로 미국 정책 수립의 기저에 깔린 것은 이념이 아니라는 것이다.

① (가) 　　　　　　　　　② (나)
③ (다) 　　　　　　　　　④ (라)

03 다음 글의 빈칸에 들어갈 문장을 〈보기〉에서 찾아 순서대로 바르게 나열한 것은?

요즘에는 낯선 곳을 찾아갈 때, 지도를 해석하며 어렵게 길을 찾지 않아도 된다. 기술이 발달함에 따라, 제공되는 공간 정보를 바탕으로 최적의 경로를 탐색할 수 있게 되었기 때문이다. _____ _____ 이처럼, 공간 정보가 시간에 따른 변화를 반영할 수 있게 된 것은 정보를 수집하고 분석하는 정보 통신 기술의 발전과 밀접한 관련이 있다.

공간 정보의 활용은 '위치정보시스템(GPS)'과 '지리정보시스템(GIS)' 등의 기술적 발전과 휴대전화나 태블릿 PC 등 정보 통신 기기의 보급을 기반으로 한다. 위치정보시스템은 공간에 대한 정보를 수집하고 지리정보시스템은 정보를 저장, 분류, 분석한다. 이렇게 분석된 정보는 사용자의 요구에 따라 휴대전화나 태블릿 PC 등을 통해 최적화되어 전달된다.

길 찾기를 예로 들어 이 과정을 살펴보자. 휴대전화 애플리케이션을 이용해 사용자가 목적지를 입력하고 이동수단으로 버스를 선택하였다면, 우선 사용자의 현재 위치가 위치정보시스템에 의해 실시간으로 수집된다. 그리고 목적지와 이동수단 등 사용자의 요구와 실시간으로 수집된 정보에 따라 지리정보시스템은 탑승할 버스 정류장의 위치, 다양한 버스 노선, 최단시간 등을 분석하여 제공한다. _____ _____ 예를 들어, 여행지와 관련한 공간 정보는 여행자의 요구와 선에 따라 선별적으로 분석되어 활용된다. 나아가 유동인구를 고려한 상권 분석과 교통의 흐름을 고려한 도시 계획 수립에도 공간 정보 활용이 가능하게 되었다. 획기적으로 발전되고 있는 첨단 기술이 적용된 공간 정보가 국가 차원의 자연재해 예측 시스템에도 활발히 활용된다면 한층 정밀한 재해 예방 및 대비가 가능해질 것이다. 이로 인해 우리의 삶도 더 편리하고 안전해질 것으로 기대된다.

보기

㉠ 어떤 곳의 위치 좌표나 지리적 형상에 대한 정보뿐만 아니라 시간에 따른 공간의 변화를 포함한 공간 정보를 이용할 수 있게 되면서 가능해진 것이다.
㉡ 더 나아가 교통 정체와 같은 돌발 상황과 목적지에 이르는 경로의 주변 정보까지 분석하여 제공한다.
㉢ 공간 정보의 활용 범위는 계속 확대되고 있다.

① ㉠, ㉡, ㉢　　　　　　　　　　② ㉠, ㉢, ㉡
③ ㉡, ㉠, ㉢　　　　　　　　　　④ ㉡, ㉢, ㉠

※ 다음 글에서 〈보기〉의 문장 ㉠, ㉡이 들어갈 위치로 가장 적절한 곳을 고르시오. [4~5]

현대 사회가 다원화되고 복잡해지면서 중앙 정부는 물론, 지방 자치 단체 또한 정책 결정 과정에서 능률성과 효과성을 우선시하는 경향이 커져 왔다. 이로 인해 전문적인 행정 담당자를 중심으로 한 정책 결정이 빈번해지고 있다. 그러나 지방 자치 단체의 정책 결정은 지역 주민의 의사와 무관하거나 배치되어서는 안 된다는 점에서 이러한 정책 결정은 지역 주민의 의사에 보다 부합하는 방향으로 보완될 필요가 있다. (가)

행정 담당자 주도로 이루어지는 정책 결정의 문제점을 극복하기 위해 그동안 지방 자치 단체 자체의 개선 노력이 없었던 것은 아니다. (나) 이 둘은 모두 행정 담당자 주도의 정책 결정을 보완하기 위해 시장 경제의 원리를 부분적으로 받아들였다는 점에서는 공통되지만, 운영 방식에는 차이가 있다. 민간화는 지방 자치 단체가 담당하는 특정 업무의 운영권을 민간 기업에 위탁하는 것으로, 기업 선정을 위한 공청회에 주민들이 참여하는 등의 방식으로 주민들의 요구를 반영하는 것이다. (다) 하지만 민간화를 통해 수용되는 주민들의 요구는 제한적이므로 전체 주민의 이익이 반영되지 못하는 경우가 많고, 민간 기업의 특성상 공익의 추구보다는 기업의 이익을 우선한다는 한계가 있다. 경영화는 민간화와는 달리, 지방 자치 단체가 자체적으로 민간 기업의 운영 방식을 도입하는 것을 말한다. 주민들을 고객으로 대하며 주민들의 요구를 충족하고자 하는 것이다. (라)

이러한 한계를 해소하고 지방 자치 단체의 정책 결정 과정에서 지역 주민 전체의 의견을 보다 적극적으로 반영하기 위해서는 주민 참여 제도의 활성화가 요구된다. 현재 우리나라의 지방 자치 단체가 채택하고 있는 간담회, 설명회 등의 주민 참여 제도는 주민들의 의사를 간접적으로 수렴하여 정책에 반영하는 방식인데, 주민들의 의사를 더욱 직접적으로 반영하기 위해서는 주민 투표, 주민 소환, 주민 발안 등의 직접 민주주의 제도를 활성화하는 방향으로 주민 참여 제도가 전환될 필요가 있다.

보기

㉠ 지역 주민의 요구를 수용하기 위해 도입한 '민간화'와 '경영화'가 대표적인 사례이다.

㉡ 그러나 주민 감시나 주민자치위원회 등을 통한 외부의 적극적인 견제가 없으면 행정 담당자들이 기존의 관행에 따라 업무를 처리하는 경향이 나타나기도 한다.

	㉠	㉡		㉠	㉡
①	(가)	(나)	②	(가)	(다)
③	(나)	(다)	④	(나)	(라)

흔히 어떤 대상이 반드시 가져야만 하고 그것을 다른 대상과 구분해 주는 속성을 본질이라고 한다. X의 본질이 무엇인지 알고 싶으면 X에 대한 필요 충분한 속성을 찾으면 된다. 다시 말해서 모든 X에 대해 그리고 오직 X에 대해서만 해당되는 것을 찾으면 된다. 예컨대 모든 까투리가 그리고 오직 까투리만이 꿩이면서 동시에 암컷이므로, '암컷인 꿩'은 까투리의 본질이라고 생각된다. 그러나 암컷인 꿩은 애초부터 까투리의 정의라고 우리가 규정한 것이므로 그것을 본질이라고 말하기에는 허망하다. 다시 말해서 본질은 따로 존재하여 우리가 발견한 것이 아니라 까투리라는 낱말을 만들면서 사후적으로 구성된 것이다.

서로 다른 개체를 동일한 종류의 것이라고 판단하고 의사소통에 성공하기 위해서는 개체들이 공유하는 무엇인가가 필요하다. 본질주의는 그것이 우리와 무관하게 개체 내에 본질로서 존재한다고 주장한다. (가) 반면에 반(反)본질주의는 그런 본질이란 없으며, 인간이 정한 언어 약정이 본질주의에서 말하는 본질의 역할을 충분히 달성할 수 있다고 주장한다. (나)

'본질'이 존재론적 개념이라면 거기에 언어적으로 상관하는 것은 '정의'이다. 그런데 어떤 대상에 대해서 약정적이지 않으면서 완벽하고 정확한 정의를 내리기 어렵다는 사실은 반본질주의의 주장에 힘을 실어 준다. (다) 사람을 예로 들어 보자. '이성적 동물'은 사람에 대한 정의로 널리 알려져 있다. 그러면 이성적이지 않은 갓난아이를 사람의 본질에 대한 반례로 제시할 수 있다. 이번에는 '사람은 사회적 동물이다.'라고 정의를 제시할 수도 있다. 그러나 사회를 이루고 산다고 해서 모두 사람인 것은 아니다. 개미나 벌도 사회를 이루고 살지만 사람은 아니다.

서양의 철학사는 본질을 찾는 과정이라고 말할 수 있다. 본질주의는 사람뿐만 아니라 자유나 지식 등의 본질을 찾는 시도를 계속해 왔지만, 대부분의 경우 아직까지 본질적인 것을 명확히 찾는 데 성공하지 못했다. (라) 우리가 본질을 명확히 찾지 못하는 까닭은 우리의 무지 때문이 아니라 그런 본질이 있다는 잘못된 가정에서 출발했기 때문이라는 것이다. 사물의 본질이라는 것은 단지 인간의 가치가 투영된 것에 지나지 않는다는 것이 반본질주의의 주장이다.

보기

㉠ 이른바 본질은 우리가 관습적으로 부여하는 의미를 표현한 것에 불과하다는 것이다.
㉡ 그래서 숨겨진 본질을 밝히려는 철학적 탐구는 실제로는 부질없는 일이라고 반본질주의로부터 비판을 받는다.

	㉠	㉡			㉠	㉡
①	(가)	(나)		②	(가)	(다)
③	(나)	(다)		④	(나)	(라)

04 | 빈칸추론

| 유형분석 |

- 글의 전반적인 흐름을 파악하고 있는지 평가한다.
- 첫 문장, 마지막 문장 또는 글의 중간 등 다양한 위치에 빈칸이 주어질 수 있다.

다음 글의 빈칸에 들어갈 내용으로 가장 적절한 것은?

우리의 생각과 판단은 언어에 의해 결정되는가 아니면 경험에 의해 결정되는가? 언어결정론자들은 우리의 생각과 판단이 언어를 반영하고 있고 실제로 언어에 의해 결정된다고 주장한다. 언어결정론자들의 주장에 따르면 에스키모인들은 눈에 대한 다양한 언어 표현을 갖고 있어서 눈이 올 때 우리가 미처 파악하지 못한 미묘한 차이점들을 찾아낼 수 있다. 또 언어결정론자들은 '노랗다', '샛노랗다', '누르스름하다' 등 노랑에 대한 다양한 우리말 표현들이 있어서 노란색들의 미묘한 차이가 구분되고 그 덕분에 색에 대한 우리의 인지능력이 다른 언어 사용자들보다 뛰어나다고 본다. 이렇듯 언어결정론자들은 사용하는 언어에 의해서 우리의 사고능력이 결정된다고 본다.

정말 그럴까? 모든 색은 명도와 채도에 따라 구성된 스펙트럼 속에 놓이고, 각각의 색은 여러 언어로 표현될 수 있다. 이러한 사실에 비추어보면 우리말이 다른 언어에 비해 보다 풍부한 표현을 갖고 있다고 볼 수 없다. 나아가 _____ 따라서 우리의 생각과 판단은 언어가 아닌 경험에 의해 결정된다고 보는 쪽이 더 설득력 있다.

① 어떤 것을 가리키는 단어가 있을 때에만 우리는 그 단어에 대하여 사고할 수 있다.

② 더 풍부한 표현을 가진 언어를 사용함에도 불구하고 인지능력이 뛰어나지 못한 경우들도 있다.

③ 개개인의 언어습득능력과 속도는 모두 다르기 때문에 인지능력에 대한 언어의 영향도 제각기 다르다.

④ 언어가 사고능력에 미치는 영향과 경험이 사고능력에 미치는 영향을 계량화하여 비교하기는 곤란한 일이다.

정답 ②

제시문은 앞부분에서 언어가 사고능력을 결정한다는 언어결정론자들의 주장을 소개하고, 이어지는 문단에서 이에 대하여 반박하면서 우리의 생각과 판단이 언어가 아닌 경험에 의해 결정된다고 결론짓고 있다. 그러므로 빈칸에 들어갈 문장은 언어결정론자들이 내놓은 근거를 반박하면서도 사고능력이 경험에 의해 결정된다는 주장에 위배되지 않는 내용이어야 한다. 따라서 풍부한 표현을 가진 언어를 사용함에도 인지능력이 뛰어나지 못한 경우가 있다는 내용이 들어가는 것이 적절하다.

유형풀이 Tip

- 글을 모두 읽고 풀기에는 시간이 부족하다. 따라서 빈칸의 앞·뒤 문장만을 통해 내용을 파악할 수 있어야 한다.
- 주어진 문장을 각각 빈칸에 넣었을 때 그 흐름이 어색하지 않은지 확인하도록 한다.

※ 다음 글의 빈칸에 들어갈 내용으로 가장 적절한 것을 고르시오. [1~4]

01

> _____ 20세기 대량생산체제의 생산성 경쟁은 21세기에는 걸맞지 않은 주제다. 국경의 의미가 사라지는 글로벌 시대에는 남의 제품을 모방하여 많이 만드는 것으로는 살아남지 못한다. 누가 더 차별화된 제품을 소비자의 다양한 입맛에 맞게 만들어 내느냐가 성장의 관건이다. 따라서 이를 위해서는 창의성이 무엇보다 중요하다.

① 최근 기업의 과제는 구성원의 창의성을 최대한으로 이끌어내는 것이다.

② 21세기 기업은 전보다 더욱 품질 향상에 주력해야 한다.

③ 기업이 글로벌 시대에 살아남기 위해서는 생산성을 극대화해야 한다.

④ 21세기의 기업 환경은 20세기에 비해 한결 나아지고 있다.

Hard

02

> 얼음의 녹는점이 0°C라는 사실은 누구나 알고 있는 보편적인 상식이다. 그런데 얼음이 녹아내리는 과정은 어떠할까? 아마도 대부분의 사람들은 주위의 온도가 0°C보다 높아야 얼음이 녹기 시작하며 물이 될 때까지 지속적으로 녹아내린다고 생각할 것이다. 하지만 실제로 얼음이 녹는 과정의 양상은 이러한 생각과는 조금 다르다.
>
> 약 150년 전, 영국의 과학자 마이클 패러데이(Michael Faraday)는 0°C 이하의 온도에서 얼음의 표면에 액체와 비슷한 얇은 층이 존재한다는 것을 처음 밝혀냈다. 이후 얼음이 미끄러지고 빙하가 움직이는 데 이 층이 중요한 역할을 한다는 사실과 0°C에서는 이 층의 두께가 약 45nm까지 두꺼워지는 것이 밝혀졌다. 하지만 최근까지도 이 층이 몇 °C에서 생기는지, 온도에 따라 두께가 어떻게 달라지는지에 대해서는 알 수 없었다.
>
> 그런데 2016년 12월 독일의 막스플랑크 고분자연구소 엘렌 바쿠스 그룹리더팀이 이 문제에 대한 중요한 연구결과를 발표하였다. 연구팀은 단결정 얼음의 표면에서 분자들의 상호작용을 관찰하기 위해 고체일 때보다 액체일 때 물 분자의 수소결합이 약하다는 점을 이용해 얼음 표면에 적외선을 ��켰 뒤 온도에 따라 어떻게 달라지는지를 분석하였다.
>
> 그 결과 연구팀은 −38°C에서 이미 얼음 표면의 분자 층 하나가 준 액체로 변해 있는 것을 발견했다. 온도를 더 높이자 −16°C에서 두 번째 분자 층이 준 액체로 변했다. 우리가 흔히 생각하는 것과는 달리 영하의 온도에서 이미 얼음의 표면은 녹아내리기 시작하며 그것이 지속적으로 녹는 것이 아니라 _____

① 특정 온도에 도달할 때마다 한 층씩 녹아내린다는 것이다.

② −38°C와 −16°C 그리고 0°C에서 각각 녹는다는 것이다.

③ −38°C와 −16°C 사이에서만 지속적으로 녹지 않는다는 것이다.

④ 준 액체 상태로 유지된다는 것이다.

03

발전은 항상 변화를 내포하고 있다. 그러나 모든 형태의 변화가 전부 발전에 해당하는 것은 아니다. 이를테면 교통신호등이 빨간색에서 초록색으로, 초록색에서 빨간색으로 바뀌는 변화를 발전으로 생각할 수는 없다. 즉 _____ 좀 더 구체적으로 말해, 사태의 진전 과정에서 나중에 나타나는 것은 적어도 그 이전 단계에 내재적으로나마 존재했던 것의 전개에 해당한다는 것이다. 이렇게 볼 때, 발전은 선적(線的)인 특성이 있다. 순전한 반복의 과정으로 보이는 것을 발전이라고 규정하지 않는 이유는 그 때문이다. 반복 과정에서는 최후에 명백히 나타나는 것이 처음에 존재했던 것과 거의 다르지 않다. 그러나 또 한편으로 우리는 비록 반복의 경우라도 때때로 그 과정 중의 특정 단계를 따로 떼어서 그것을 발견이라고 생각하기도 한다. 즉, 전체 과정에서 어떤 종류의 질이 그 시기에 특정한 수준까지 진전한 경우를 말한다.

① 발전은 어떤 특정한 방향으로 일어나는 변화라는 의미를 내포하고 있다.
② 발전은 어떤 특정한 반복으로 일어나는 변화라는 의미로 사용된다.
③ 발전은 불특정 방향으로 일어나는 변모라는 의미이다.
④ 변화는 특정한 방향으로 발전하는 것을 의미한다.

Hard

04

흔히들 과학적 이론이나 가설을 표현하는 엄밀한 물리학적 언어만을 과학의 언어라고 생각한다. 그러나 과학적 이론이나 가설을 검사하는 과정에는 이러한 물리학적 언어 외에 우리의 감각적 경험을 표현하는 일상적 언어도 사용될 수밖에 없다. 그런데 우리의 감각적 경험을 표현하는 일상적 언어에는 과학적 이론이나 가설을 표현하는 물리학적 언어와는 달리 매우 불명료하고 엄밀하게 정의될 수 없는 용어들이 포함되어 있다. 어떤 학자는 이러한 용어들을 '발룽엔'이라고 부른다.
이제 과학적 이론이나 가설을 검사하는 과정에 발룽엔이 개입된다고 해보자. 이 경우 우리는 증거와 가설 사이의 논리적 관계가 무엇인지 결정할 수 없게 될 것이다. 즉, 증거가 가설을 논리적으로 뒷받침하고 있는지 아니면 논리적으로 반박하고 있는지에 관해 미결정적일 수밖에 없다는 것이다. 그 이유는 증거를 표현할 때 포함될 수밖에 없는 발룽엔을 어떻게 해석할 것인지에 따라 증거와 가설 사이의 논리적 관계에 대한 다양한 해석이 나오게 될 것이기 때문이다. 발룽엔의 의미는 본질적으로 불명료할 수밖에 없다. 즉, 발룽엔을 아무리 상세하게 정의하더라도 그것의 의미를 정확하고 엄밀하게 규정할 수는 없다는 것이다.
논리실증주의자들이나 포퍼는 증거와 가설 사이의 관계를 논리적으로 정확하게 판단할 수 있고 이를 통해 가설을 정확히 검사할 수 있다고 생각했다. 그러나 증거와 가설이 상충하면 가설이 퇴출된다는 식의 생각은 너무 단순한 것이다. 증거와 가설의 논리적 관계에 대한 판단을 위해서는 증거가 의미하는 것이 무엇인지 파악하는 것이 선행되어야 하기 때문이다. 따라서 우리가 발룽엔의 존재를 염두에 둔다면, '_____'라고 결론지을 수 있다.

① 과학적 가설과 증거의 논리적 관계를 정확하게 판단할 수 있다는 생각은 잘못된 것이다.
② 과학적 가설을 정확하게 검사하기 위해서는 우리의 감각적 경험을 배제해야 한다.
③ 과학적 가설을 검사하기 위한 증거를 표현할 때 발룽엔을 사용해서는 안 된다.
④ 과학적 가설을 표현하는 데에도 발룽엔이 포함될 수밖에 없다.

05 다음 글의 빈칸 ㉠, ㉡에 들어갈 내용으로 가장 적절한 것은?

사람들은 모국어의 '음소'가 아닌 소리를 들으면, 그 소리를 변별적으로 인식하지 못한다. 가령, 물리적으로 다르지만 유사하게 들리는 음성 [x]와 [y]가 있다고 가정해 보자. 이때 우리는 [x]와 [y]가 서로 다르다고 인식할 수도 있고 다르다는 것을 인식하지 못할 수도 있다. [x]와 [y]가 다르다고 인식할 때 우리는 두 소리가 서로 변별적이라고 하고, [x]와 [y]가 다르다는 것을 인식하지 못할 때 두 소리가 서로 비변별적이라고 한다. 변별적으로 인식하는 소리를 음소라고 하고, 변별적으로 인식하지 못하는 소리를 이음 또는 변이음이라고 한다.

우리가 [x]와 [y]를 변별적으로 인식한다면, [x]와 [y]는 둘 다 음소로서의 지위를 갖는다. 반면 [x]와 [y] 가운데 하나는 음소이고 다른 하나가 음소가 아니라면, [x]와 [y]를 서로 변별적으로 인식하지 못한다. 다시 말해 _____㉠_____

여기서 변별적이라는 것은 달리 말하면 대립을 한다는 것을 뜻한다. 어떤 소리가 대립을 한다는 말은 그 소리가 단어의 뜻을 갈라내는 기능을 한다는 것을 의미한다. 비변별적이라는 것은 대립을 하지 못한다는 것을 뜻한다. 그러므로 대립을 하는 소리는 당연히 변별적이고, 대립을 하지 못하는 소리는 비변별적이다.

인간이 발성 기관을 통해 낼 수 있는 소리의 목록은 비록 언어가 다르더라도 동일하다고 가정하지만, 변별적으로 인식하는 소리, 즉 음소의 수와 종류는 언어마다 다르다. 언어가 문화적 산물이라는 사실을 이해하면 이는 당연한 일이다. 나라마다 문화가 다르듯이 언어 역시 문화적 산물이므로 차이가 나는 것은 당연하고, 언어를 구성하는 가장 작은 단위인 음소의 수와 종류에도 차이가 나는 것은 당연하다. 우리가 다른 문화권의 사람이라는 것을 인지하는 가장 기본적인 요소 중의 하나가 언어라면, 언어가 다르다고 인지하는 가장 핵심적인 요소 중의 하나가 바로 음소 목록의 차이이다. 그렇기 때문에 모국어의 음소 목록에 포함되어 있지 않은 소리를 들었다면, _____㉡_____

① ㉠ : [x]를 들어도 [y]로 인식한다면 [x]는 음소이다.
　 ㉡ : 소리는 들리지만 그 소리가 무슨 소리인지 알 수 없다.

② ㉠ : [y]를 들어도 [x]로 인식한다면 [y]는 음소이다.
　 ㉡ : 그 소리를 모국어에 존재하는 음소 중의 하나로 인식하게 된다.

③ ㉠ : [x]를 들어도 [y]로 인식한다면 [x]는 [y]의 변이음이다.
　 ㉡ : 그 소리를 모국어에 존재하는 음소 중의 하나로 인식하게 된다.

④ ㉠ : [x]를 들어도 [y]로 인식한다면 [x]는 [y]의 변이음이다.
　 ㉡ : 그 소리를 듣고 모국어에 존재하는 유사한 음소들의 중간음으로 인식하게 된다.

05 | 내용일치

| 유형분석 |

- 짧은 시간 안에 글의 내용을 정확하게 이해할 수 있는지 평가한다.
- 은행 금융상품 관련 글을 읽고 이해하기, 고객 문의에 답변하기 등 다양한 유형이 출제된다.

다음 글의 내용으로 적절하지 않은 것은?

사람의 눈이 원래 하나였다면 세계를 입체적으로 지각할 수 있었을까? 입체 지각은 대상까지의 거리를 인식하여 세계를 3차원으로 파악하는 과정을 말한다. 입체 지각은 눈으로 들어오는 시각 정보로부터 다양한 단서를 얻어 이루어지는데 이를 양안 단서와 단안 단서로 구분할 수 있다.

양안 단서는 양쪽 눈이 함께 작용하여 얻어지는 것으로, 양쪽 눈에서 보내오는 시차(視差)가 있는 유사한 상이 대표적이다. 단안 단서는 한쪽 눈으로 얻을 수 있는 것인데, 사람은 단안 단서만으로도 이전의 경험으로부터 추론에 의하여 세계를 3차원으로 인식할 수 있다. 망막에 맺히는 상은 2차원이지만 그 상들 사이의 깊이의 차이를 인식하게 해 주는 다양한 실마리들을 통해 입체 지각이 이루어진다.

동일한 물체의 크기가 다르게 시야에 들어오면 우리는 더 큰 시각(視角)을 가진 쪽이 더 가까이 있다고 인식한다. 이렇게 물체의 '상대적 크기'는 대표적인 단안 단서이다. 또 다른 단안 단서로는 '직선 원근'이 있다. 우리는 앞으로 뻗은 길이나 레일이 만들어 내는 평행선의 폭이 좁은 쪽이 넓은 쪽보다 멀리 있다고 인식한다. 또 하나의 단안 단서인 '결 기울기'는 같은 대상이 집단적으로 어떤 면에 분포할 때, 시야에 동시에 나타나는 대상들의 연속적인 크기 변화로 얻어진다.

① 세계를 입체적으로 지각하기 위해서는 단서가 되는 다양한 시각 정보가 필요하다.

② 단안 단서에는 물체의 상대적 크기, 직선 원근, 결 기울기 등이 있다.

③ 사고로 한쪽 눈의 시력을 잃은 사람은 입체 지각이 불가능하다.

④ 대상까지의 거리를 인식할 수 있어야 세계를 입체적으로 지각할 수 있다.

정답 ③

사람은 한쪽 눈으로 얻을 수 있는 단안 단서만으로도 이전 경험으로부터의 추론에 의하여 세계를 3차원으로 인식할 수 있다. 따라서 사고로 한쪽 눈의 시력을 잃어도 남은 한쪽 눈에 맺히는 2차원의 상들은 다양한 실마리를 통해 입체 지각이 가능하다.

오답분석

① 첫 번째 문단의 세 번째 문장에 따르면, 입체 지각은 눈으로 들어오는 시각 정보로부터 다양한 단서를 얻어 이루어진다.

② 마지막 문단에서 확인할 수 있다.

④ 첫 번째 문단의 두 번째 문장에 따르면, 입체 지각은 대상까지의 거리를 인식하여 세계를 3차원으로 파악하는 과정이다.

유형풀이 Tip

- 글을 읽기 전에 문제와 선택지를 먼저 읽어보고 글의 주제를 대략적으로 파악해야 한다.
- 선택지를 통해 글에서 찾아야 할 정보가 무엇인지 먼저 인지한 후 글을 읽어야 문제 풀이 시간을 단축할 수 있다.

※ 다음 글의 내용으로 적절하지 않은 것을 고르시오. **[1~2]**

Easy

01

> 업사이클링은 '아나바다' 같은 구호에 그치지 않고, 전 세계를 아우르는 소비 방식으로 자리 잡고 있다. 특히 패션업계에서의 관심이 뜨겁다. A사, U사, H사 같은 다국적 의류 기업은 앞다투어 헌 옷, 해양 쓰레기, 폐플라스틱으로 만든 새로운 라인과 제품들을 쏟아내고 있다. 지금껏 해양 쓰레기나 헌 옷은 재활용률이 현저히 낮았으나 기술 발달과 함께 신소재로 탈바꿈이 가능해진 덕분에 새로운 제품으로 재탄생할 수 있었다.
>
> 이에 따라 업사이클링 제품 전문 디자이너도 주목받는 유망 직종으로 떠오르고 있다. 업사이클링 디자이너는 패션뿐 아니라 가구, 건축, 생활 소품 등 다양한 분야에서 활동할 수 있다는 장점이 있으며, 작업 소재에 한계가 없다는 점에서 더욱 많은 사람의 관심이 쏠리고 있다.
>
> 업사이클링이 기존 재활용 방식보다 더욱 뜨거운 관심을 받는 것은 작은 쓰레기를 넘어서 공간, 건물에도 적용되는 광역성에 있다. 더욱이 최근 인테리어 트렌드인 '인더스트리얼' 콘셉트에 맞춰 폐공장, 건물을 활용한 카페, 지역 센터, 업사이클링 제품 전문 쇼핑센터가 속속 문을 열고 있는데, 이런 공간들은 지역의 거점 공간으로 재탄생, 지역 경제가 활성화되는 선순환을 만들어내기도 한다. 이와 동시에 소비자의 업사이클링에 대한 인식 제고에도 긍정적 영향을 끼치고 있다. 서울시는 업사이클링의 한글 표기인 '새활용'을 사용해 업사이클링 홍보에 적극적으로 나서고 있다.
>
> 올해 초 장한평역 인근에 국내 최대 업사이클링 센터인 '서울새활용플라자'를 개장했다. 서울시는 이곳을 국내 업사이클링 산업의 중심지로 활용해 제작자, 소비자 모두를 아우르는 서비스를 제공할 예정이다.

① 업사이클링도 기존 재활용 방식과 마찬가지로 작은 범주에 국한되어 있다.

② 업사이클링이란 쓰레기를 디자인과 활용성을 더해 새로운 제품으로 완전히 탈바꿈해 재사용하는 것을 뜻한다.

③ 업사이클링은 패션 또는 작은 아이템에만 국한되는 것이 아니라, 공간 혹은 건물 등 큰 범위에도 사용될 수 있는 방식이다.

④ '서울새활용플라자'라는 업사이클링 센터가 개장했을 만큼, 우리나라 사람들의 재활용에 대한 인식이 매우 긍정적으로 변화했음을 유추할 수 있다.

02

꿀벌은 인간에게 단순히 달콤한 꿀을 제공하는 것을 넘어 크나큰 유익을 선사해왔다. 꿀벌은 꽃을 찾아다니며 꽃가루와 꿀에서 자신에게 필요한 단백질과 탄수화물을 얻는데, 이를 꽃가루받이(Pollination)라 한다. 이 과정에서 벌의 몸에 묻은 꽃가루가 암술머리로 옮겨가고, 그곳에서 씨방으로 내려간 꽃가루는 식물의 밑씨와 결합한다. 씨가 생기고 뒤이어 열매가 열린다. 인간이 재배하는 작물 중 30%는 꽃가루받이에 의존하며, 세계 식량의 90%를 차지하는 100대 농작물 중 71%는 꿀벌 덕분에 얻을 수 있는 것들이다.

그러나 오랜 시간 동안 지구의 생태계를 지켜온 꿀벌은 지구에서 급격히 사라져가고 있다. 군집 붕괴 현상(Colony Collapse Disorder)이라고 불리는 이 현상은 2006년 플로리다에서 시작되어, 아메리카와 유럽, 아시아, 오세아니아에 이르기까지 지구촌 전역으로 확산되고 있다. 벌집을 나간 벌이 다시 돌아오지 않아 여왕벌과 유충이 잇달아 집단 폐사하면서 미국은 2006년에 비해 꿀벌의 개체 수가 40% 정도 감소했고, 2007년 여름 이미 북반구 꿀벌의 약 25%가 사라졌다는 보고가 있었다. 지구상에 존재하는 식물의 상당수는 벌을 매개로 종족을 번식한다. 꽃가루받이를 할 벌이 사라진다는 것은 꿀벌을 매개로 해 번식하는 식물군 전체가 열매를 맺지 못할 위기에 놓인다는 것을 의미한다.

벌을 위협하는 요인은 비단 몇 가지로 단정 지어 설명하기는 어렵다. 살충제와 항생제, 대기오염은 꿀벌을 병들게 만들었고, 꿀벌에게 필요한 수많은 식물들이 '잡초'라는 오명을 쓰고 사라져갔다. 최근에는 휴대폰 등 전자기기의 전자파가 꿀벌의 신경계를 마비시킨다는 연구 결과도 있다. 꿀벌이 사라짐에 따라 매년 과수원에는 꽃가루받이 수작업을 위해 수천 명의 자원봉사자가 투입되고 있다지만, 이는 미봉책에 불과하다. 인류의 삶에서, 나아가 전 생태계에서 양봉업과 농업이 차지하는 위상을 재확인한다. 그리하여 꿀벌과 상생할 수 있는 농업 방식과 도시 환경을 강구해야 할 것이다.

① 꿀벌이 식물의 번식에 도움을 주는 것은 자신의 먹이를 얻는 과정에서 비의도적으로 이루어지는 현상이다.

② 밖으로 나간 꿀벌이 다시 돌아오지 않아 꿀벌의 개체 수가 줄어드는 현상을 군집 붕괴 현상이라고 한다.

③ 꿀벌의 개체 수가 감소하는 원인은 현대 문명사회의 도래와 관련이 깊다.

④ 대다수 식물들은 벌을 매개로 한 방법 이외에 번식할 수 있는 방법이 없다.

03 다음 글을 근거로 판단할 때, 〈보기〉에서 옳은 것을 모두 고르면?

> 방사선은 원자핵이 분열하면서 방출되는 것으로, 우리의 몸속을 비집고 들어오면 인체를 구성하는 분자들에 피해를 준다. 인체에 미치는 방사선 피해 정도는 'rem'이라는 단위로 표현된다. 1rem은 몸무게 1g당 감마선 입자 5천만 개가 흡수된 양으로, 사람의 몸무게를 80kg으로 가정하면 4조 개의 감마선 입자에 해당한다. 감마선은 방사선 중에 관통력이 가장 강하다. 체르노빌 사고 현장에서 소방대원의 몸에 흡수된 감마선 입자는 각종 보호 장구에도 불구하고 400조 개 이상이었다.
>
> 만일 우리 몸이 방사선에 100rem 미만으로 피해를 입는다면 별다른 증상이 없다. 이처럼 가벼운 손상은 몸이 스스로 짧은 시간에 회복할 뿐만 아니라, 정상적인 신체 기능에 거의 영향을 미치지 않는다. 이 경우 '문턱효과'가 있다고 한다. 일정량 이하의 바이러스가 체내에 들어오는 경우 우리 몸이 스스로 바이러스를 제거하여 질병에 걸리지 않는 것은 문턱효과의 예라 할 수 있다. 방사선에 200rem 정도로 피해를 입는다면 머리카락이 빠지기 시작하고, 몸에 기운이 없어지고 구역질이 난다. 항암 치료로 방사선 치료를 받는 사람에게 이런 증상이 나타나는 것을 본 적이 있을 것이다. 300rem 정도라면 수혈이나 집중적인 치료를 받지 않는 한 방사선 피폭에 의한 사망 확률이 50%에 달하고, 1,000rem 정도면 한 시간 내에 행동불능 상태가 되어 어떤 치료를 받아도 살 수 없다.
>
> ※ 모든 감마선 입자의 에너지는 동일하다.

보기

ㄱ. 몸무게 120kg 이상인 사람은 방사선에 300rem 정도로 피해를 입은 경우 수혈이나 치료를 받지 않아도 사망할 확률이 거의 없다.

ㄴ. 몸무게 50kg인 사람이 500조 개의 감마선 입자에 해당하는 방사선을 흡수한 경우 머리카락이 빠지기 시작하고 구역질을 할 것이다.

ㄷ. 인체에 유입된 일정량 이하의 유해 물질이 정상적인 신체 기능에 거의 영향을 주지 않으면서 우리 몸에 의해 자연스럽게 제거되는 경우 문턱효과가 있다고 할 수 있다.

ㄹ. 체르노빌 사고 현장에 투입된 몸무게 80kg의 소방대원 A씨가 입은 방사선 피해는 100rem 이상이었다.

① ㄱ, ㄴ   ② ㄴ, ㄷ
③ ㄱ, ㄴ, ㄹ   ④ ㄴ, ㄷ, ㄹ

04 다음은 S은행에서 여신거래 시 활용하는 기본약관의 일부이다. 이에 대한 내용을 바르게 이해하지 못한 직원은?

제3조 이자 등과 지연배상금

① 이자·보증료·수수료 등(이하 "이자 등"이라고 함)의 이율·계산방법·지급의 시기 및 방법에 관해, 은행은 법령이 허용하는 한도 내에서 정할 수 있으며 채무자가 해당사항을 계약 체결 전에 상품설명서 및 홈페이지 등에서 확인할 수 있도록 합니다.

② 이자 등의 율은 거래계약 시에 다음의 각 호 중 하나를 선택하여 적용할 수 있습니다.
  1. 채무의 이행을 완료할 때까지 은행이 그 율을 변경할 수 없음을 원칙으로 하는 것
  2. 채무의 이행을 완료할 때까지 은행이 그 율을 수시로 변경할 수 있는 것

③ 제2항 제1호를 선택한 경우에 채무이행 완료 전에 국가경제·금융사정의 급격한 변동 등으로 계약 당시에 예상할 수 없는 현저한 사정변경이 생긴 때에는 은행은 채무자에 대한 개별통지에 의하여 그 율을 인상·인하할 수 있기로 합니다. 이 경우 변경요인이 없어진 때에는 은행은 없어진 상황에 부합되도록 변경하여야 합니다.

④ 제2항 제2호를 선택한 경우에 이자 등의 율에 관한 은행의 인상·인하는 건전한 금융관행에 따라 합리적인 범위 내에서 이루어져야 합니다.

⑤ 채무자가 은행에 대한 채무의 이행을 지체한 경우에는, 곧 지급하여야 할 금액에 대하여 법령이 정하는 제한 내에서 은행이 정한 율로, 1년을 365일(윤년은 366일)로 보고 1일 단위로 계산한 지체일수에 해당하는 지연배상금을 지급하기로 하되, 금융사정의 변화, 그 밖의 상당한 사유로 인하여 법령에 의하여 허용되는 한도 내에서 율을 변경할 수 있습니다. 다만, 외국환거래에 있어서는 국제관례·상관습 등에 따릅니다.

⑥ 은행이 이자 등과 지연배상금의 계산방법·지급의 시기 및 방법을 변경하는 경우에, 그것이 법령에 의하여 허용되는 한도 내이고 금융사정 및 그 밖의 여신거래에 영향을 미치는 상황의 변화로 인하여 필요한 것일 때에는 변경 후 최초로 이자를 납입하여야 할 날부터 그 변경된 사항이 적용됩니다.

⑦ 제4항, 제5항 및 제6항에 따라 변경하는 경우 은행은 그 변경 기준일로부터 1개월간 모든 영업점 및 은행이 정하는 전자매체 등에 이를 게시하여야 합니다. 다만, 특정 채무자에 대하여 개별적으로 변경하는 경우에는 개별통지를 해야 합니다.

… 생략 …

---

① A사원 : 은행에서 율을 변경할 수 없는 것을 원칙으로 하는 것은 고정금리를, 수시로 변경할 수 있다고 하는 것은 변동금리를 적용한다는 의미이네.

② B주임 : 은행이 율을 변경할 수 없는 조건으로 계약했다고 하더라도 국가경제가 급격하게 변화하면 율을 인상·인하할 수 있구나.

③ C대리 : 지연배상금이라 하면 보통 연체이자를 의미하는데, 1년을 365일로 보고 지체일수에 해당하는 만큼 은행에서 규정한 연체이자율에 의해 지급하도록 하고 있구나.

④ D주임 : 대출 취급 시 적용하는 이자 등과 지연배상금이 변경될 경우에는 변경 기준일로부터 40일간 모든 전자매체 등에 게시해야 하는구나.

05 다음은 신문기사를 읽고 직원들이 나눈 대화이다. 이에 대한 내용을 바르게 이해하지 못한 직원은?

○○일보

○○일보 제1,358호	○○년 ○○월 ○일 안내전화 02-000-0000	www.sdxxx.com

거치기간 1년 못 넘기고, 초기부터 원금 · 이자 나눠 갚아야 …

주택담보대출을 받을 때보다 깐깐한 소득심사를 하는 가계부채 관리대책이 수도권부터 전면 시행된다. 비수도권은 3개월 후부터 적용할 방침이다. 새 여신심사 가이드라인은 상환능력 범위에서 처음부터 나눠 갚도록 유도하는 내용이 골자다. 지금까지는 돈 빌리는 사람이 금리를 '고정형 또는 변동형', 상환방식을 '거치형 또는 일시납입형' 등으로 고를 수 있었고, 이에 따라 대출금리가 결정됐다. 이 때문에 집값이 오를 줄 알고 주택을 담보로 돈을 빌린 뒤 이자만 내다가 만기에 원금을 한꺼번에 갚는 방식을 많이 택했다.

새 가이드라인은 집의 담보 가치나 소득에 비해 빌리는 돈이 많거나 소득 증빙을 제대로 못한 경우에는 대출 후 1년 이내부터 빚을 나눠 갚도록 하는 내용을 담고 있다. 집을 사면서 그 집을 담보로 돈을 빌리는 사람도 초기부터 빚을 나눠 갚도록 하는 원칙이 적용된 것이다.

물론 명확한 대출 상환계획이 있는 등 일부 예외에 해당하면 거치식 대출을 받을 수 있다. 아파트 중도금 대출 등 집단대출도 이번 가이드라인 적용에서 예외로 인정된다.

또한 변동금리 제한도 많아진다. 상승가능금리(스트레스금리)를 추가로 고려했을 때 일정 한도를 넘어서는 대출은 고정금리로 유도하거나 아예 대출한도를 넘지 못하게 한다.

어떤 형태의 대출이 가능할지를 알아보려면 은행영업점 창구나 온라인에서 상담을 받으면 된다.

은행권에서는 무작정 대출받기가 어려워지는 것은 아니라고 설명한다. 은행 관계자는 "변동과 고정의 금리 차가 거의 없어 대출 시 다소 불편할지는 몰라도 못 받는 경우는 거의 없을 것"이라며 "실수요자들이 대출받기 어려워지는 부작용은 발생하지 않을 것"이라고 설명했다.

그럼에도 새 여신심사 가이드라인 시행을 앞두고 주택담보대출 증가세는 확연히 둔화한 것으로 나타났다.

… 생략 …

---

① G과장 : 최근 저금리 기조로 인해서 가계부채가 상당히 많이 늘었다고 하던데, 새로운 여신심사 가이드라인을 적용하면 가계부채 감소에 도움이 되겠군요.

② K차장 : 말도 말게나. 주택담보대출을 받을 때 만기일시상환으로 설정하면 이자만 내면 되었는데 말이야.

③ Y과장 : 맞습니다. 담보 가치나 소득에 비해 많은 대출을 하거나 혹은 소득증빙을 제대로 못하면 대출 후 1년 이내부터 원금을 상환해야 하니 대출을 받으려는 사람도 줄어들 것 같습니다.

④ Q대리 : 네, 이제는 주택담보대출을 신청할 때 까다로운 심사기준으로 인해서 대출받기가 어려워진다니 실수요자들이 피해를 입을까 걱정됩니다.

06 | 나열하기

| 유형분석 |

- 글의 논리적인 전개 구조를 파악할 수 있는지 평가한다.
- 첫 문단(단락)이 제시되지 않은 문제가 출제될 가능성이 있다.

다음 글을 논리적 순서대로 바르게 나열한 것은?

(가) 그렇기 때문에 남녀 고용 평등의 확대를 위해 채용 목표제를 강화할 필요가 있다.

(나) 우리나라 대졸 이상 여성의 고용 비율은 OECD 국가 중 최하위인데 이는 채용 과정에서 여성이 부당한 차별을 받는 경우가 많다는 것을 보여준다.

(다) 우리나라 남녀 전체의 평균 고용 비율 격차는 31.8%p로 남성에 비해 여성의 고용 비율이 현저히 낮다.

(라) 강화된 법규가 준수될 수 있도록 정부의 계도와 감독 기능을 강화해야 할 것이다.

(마) 고용 시 여성에게 일정 비율을 할애하는 것은 남성에 대한 역차별이라는 주장이 있기는 하지만 남녀 고용 평등이 어느 정도 실현될 때까지 여성에 대한 배려는 불가피하다.

① (다) - (가) - (마) - (나) - (라)

② (다) - (나) - (라) - (가) - (마)

③ (라) - (나) - (마) - (다) - (가)

④ (라) - (다) - (가) - (나) - (마)

정답 ①

제시문은 우리나라 여성의 고용 비율이 남성보다 낮기 때문에 여성의 고용에 대한 배려가 필요하다는 내용이다. 따라서 '(다) 우리나라는 남성에 비해 여성의 고용 비율이 현저히 낮음 - (가) 남녀 고용 평등의 확대를 위한 채용 목표제의 강화 필요 - (마) 역차별이라는 주장과 현실적인 한계 - (나) 대졸 이상 여성의 고용 비율이 OECD 국가 중 최하위인 대한민국의 현실 - (라) 강화된 법규가 준수될 수 있도록 정부의 계도와 감독 기능이 강화'의 순으로 나열하는 것이 가장 적절하다.

유형풀이 Tip

- 각 문단에 위치한 지시어와 접속어를 살펴본다. 문두에 접속어가 오거나 문장 중간에 지시어가 나오는 경우 글의 첫 번째 문단이 될 수 없다.
- 각 문단의 첫 문장과 마지막 문장에 집중하면서 글의 순서를 하나씩 맞춰 나간다.
- 선택지를 참고하여 문단의 순서를 생각해 보는 것도 시간을 단축하는 좋은 방법이 될 수 있다.

※ 다음 글을 논리적 순서대로 바르게 나열한 것을 고르시오. [1~2]

01

(가) '빅뱅 이전에 아무 일도 없었다.'는 말을 달리 해석하는 방법도 있다. 그것은 바로 빅뱅 이전에는 시간도 없었다고 해석하는 것이다. 그 경우 '빅뱅 이전'이라는 개념 자체가 성립하지 않으므로 그 이전에 아무 일도 없었던 것은 당연하다. 그렇게 해석한다면 빅뱅이 일어난 이유도 설명할 수 있게 된다. 즉 빅뱅은 '0년'을 나타내는 것이다. 시간의 시작은 빅뱅의 시작으로 정의되기 때문에 우주가 그 이전이든 이후이든 왜 탄생했느냐고 묻는 것은 이치에 닿지 않는다.

(나) 단지 지금 설명할 수 없다는 뜻이 아니라 설명 자체가 있을 수 없다는 뜻이다. 어떻게 설명이 가능하겠는가? 수도관이 터진 이유는 그전에 닥쳐온 추위로 설명할 수 있다. 공룡이 멸종한 이유는 그 전에 지구와 운석이 충돌했을 가능성으로 설명하면 된다. 바꿔 말해서, 우리는 한 사건을 설명하기 위해 그 사건 이전에 일어났던 사건에서 원인을 찾는다. 그러나 빅뱅의 경우에는 그 이전에 아무것도 없었으므로 어떠한 설명도 찾을 수 없는 것이다.

(다) 그런데 이런 식으로 사고하려면, 아무 일도 일어나지 않고 시간만 존재하는 것을 상상할 수 있어야 한다. 그것은 곧 시간을 일종의 그릇처럼 상상하고 그 그릇 안에 담긴 것과 무관하게 여긴다는 뜻이다. 시간을 이렇게 본다면 변화는 일어날 수 없다. 여기서 변화는 시간의 경과가 아니라 사물의 변화를 가리킨다. 이런 전제하에서 우리가 마주하는 문제는 이것이다. 어떤 변화가 생겨나기도 전에 영겁의 시간이 있었다면, 왜 우주가 탄생하게 되었는지를 설명할 수 없다.

(라) 우주론자들에 따르면 우주는 빅뱅으로부터 시작되었다고 한다. 빅뱅이란 엄청난 에너지를 가진 아주 작은 우주가 폭발하듯 갑자기 생겨난 사건을 말한다. 그게 사실이라면 빅뱅 이전에는 무엇이 있었느냐는 질문이 나오는 게 당연하다. 아마 아무것도 없었을 것이다. 하지만 빅뱅 이전에 아무것도 없었다는 말은 무슨 뜻일까? 영겁의 시간 동안 단지 진공이었다는 뜻이다. 움직이는 것도, 변화하는 것도 없었다는 것이다.

① (가) - (나) - (다) - (라)　　　　② (가) - (다) - (나) - (라)
③ (라) - (가) - (나) - (다)　　　　④ (라) - (다) - (나) - (가)

(가) '정합설'은 관념과 대상의 일치가 불가능하다는 반성에서 출발한다. 새로운 경험이나 지식이 옳은지 그른지 실재에 비추어 보아서는 확인할 수 없으므로, 이미 가지고 있는 지식의 체계 중 옳다고 판별된 체계에 비추어 볼 수밖에 없다는 것이다. 즉, 새로운 지식이 기존의 지식 체계에 모순 없이 들어맞는지의 여부에 의해 지식의 옳고 그름을 가릴 수밖에 없다는 주장이 바로 정합설이다. '모든 사람은 죽는다.'라는 것은 우리가 옳다고 믿는 명제이지만, '모든 사람' 속에는 우리의 경험이 미치지 못하는 사람들도 포함된다. 이처럼 정합설은 감각적 판단으로 확인할 수 없는 전칭 판단*이나 고차적인 과학적 판단들의 진위를 가려내는 데 적합한 이론이다.

(나) 우리가 일상생활, 특히 학문적 활동에서 추구하고 있는 진리란 어떤 것인가? 도대체 어떤 조건을 갖춘 지식을 진리라고 할 수 있을까? 여기에 대해서는 세 가지 학설이 있다.

(다) 실용주의자들은 대응설이나 정합설과는 아주 다른 관점에서 진리를 고찰한다. 그들은 지식을 그 자체로 다루지 않고 생활상의 수단으로 본다. 그래서 지식이 실제 생활에 있어서 만족스러운 결과를 낳거나 실제로 유용할 때 '참'이라고 한다. 관념과 생각 그 자체는 참도 아니고 거짓도 아니며, 행동을 통해 생활에 적용되어 유용하면 비로소 진리가 되고 유용하지 못하면 거짓이 되는 것이다.

(라) 그러나 진리가 행동과 관련되어 있다는 것은, 행동을 통한 실제적인 결과를 기다려야 비로소 옳고 그름의 판단이 가능하다는 뜻이 된다. 하지만 언제나 모든 것을 다 실행해 볼 수는 없다. 또한 '만족스럽다'든가 '실제로 유용하다'든가 하는 개념은 주관적이고 상대적이어서 옳고 그름을 가리는 논리적 기준으로는 불명확하다. 바로 이 점에서 실용설이 지니는 한계가 분명하게 드러나는 것이다.

(마) 하지만 정합설에도 역시 한계가 있다. 어떤 명제가 기존의 지식 체계와 정합**할 때 '참'이라고 하는데, 그렇다면 기존의 지식 체계의 진리성은 어떻게 확증할 수 있을까? 그것은 또 그 이전의 지식 체계와 정합해야 하는데, 이 과정은 무한히 거슬러 올라가 마침내는 더 이상 소급할 수 없는 단계에까지 이르고, 결국 기존의 지식 체계와 비교할 수 없게 된다.

(바) '대응설'에서는 어떤 명제나 생각이 사실이나 대상에 들어맞을 때 그것을 진리라고 주장한다. 우리는 특별한 장애가 없는 한 대상을 있는 그대로 정확하게 파악한다고 믿는다. 가령 앞에 있는 책상이 모나고 노란색이라고 할 때 우리의 시각으로 파악된 관념은 앞에 있는 대상이 지닌 있는 성질을 있는 그대로 반영한 것으로 생각한다.

(사) 그러나 우리의 감각은 늘 거울과 같이 대상을 있는 그대로 모사하는 것일까? 조금만 생각해 보아도 우리의 감각이 언제나 거울과 같지는 않다는 것을 알 수 있다. 감각 기관의 생리적 상태, 조명, 대상의 위치 등 모든 것이 정상적이라 할지라도 감각 기관의 능력에는 한계가 있다. 그래서 인간의 감각은 외부의 사물을 있는 그대로 모사하지는 못한다.

*전칭 판단 : 대상의 모든 범위에 걸쳐서 긍정하거나 부정하는 판단
**정합 : 모순이 없이 꼭 들어맞음

① (가) – (마) – (나) – (사) – (다) – (라) – (바)
② (나) – (바) – (사) – (가) – (마) – (다) – (라)
③ (나) – (사) – (바) – (다) – (라) – (마) – (가)
④ (바) – (사) – (마) – (나) – (가) – (다) – (라)

※ 다음 글을 읽고 첫 단락에 이어질 문단을 논리적 순서대로 바르게 나열하시오. [3~5]

03

먼저 고전학파에서는 시장에서 임금이나 물가 등의 가격 변수가 완전히 탄력적으로 작용하기 때문에 경기적 실업을 자연스럽게 해소될 수 있는 일시적 현상으로 본다.

(가) 이렇게 실질임금이 상승하게 되면 경기적 실업으로 인해 실업 상태에 있던 노동자들은 노동 시장에서 일자리를 적극적으로 찾으려고 하고, 이로 인해 노동의 초과공급이 발생하게 된다. 그래서 노동자들은 노동 시장에서 경쟁하게 되고 이러한 경쟁으로 인해 명목임금은 탄력적으로 하락하게 된다. 명목임금의 하락은 실질임금의 하락으로 이어지게 되고 실질임금은 경기가 침체되기 이전과 동일한 수준으로 돌아간다.

(나) 이들에 의하면 노동자들이 받는 화폐의 액수를 의미하는 명목임금이 변하지 않은 상태에서, 경기 침체로 인해 물가가 하락하게 되면 명목임금을 물가로 나눈 값, 즉 임금의 실제 가치를 의미하는 실질임금은 상승하게 된다. 예를 들어 물가가 10% 정도 하락하게 되면 명목임금으로 구매할 수 있는 재화의 양이 10% 정도 늘어날 수 있고, 이는 물가가 하락하기 전보다 실질임금이 10% 정도 상승했다는 의미이다.

(다) 결국 기업에서는 명목임금이 하락한 만큼 노동의 수요량을 늘릴 수 있게 되므로 노동의 초과공급은 사라지고 실업이 자연스럽게 해소된다. 따라서 고전학파에서는 인위적 개입을 통해 경기적 실업을 감소시키려는 정부의 역할에 반대한다.

① (가) – (나) – (다) ② (가) – (다) – (나)
③ (나) – (가) – (다) ④ (다) – (가) – (나)

자유 무역과 시장 개방이 크게 확대되고 있지만, 여전히 많은 국가들은 국내 산업 보호를 위해 노력을 기울이고 있다. 특히 세계적으로 경쟁이 치열해지고 거대 다국적 기업의 위협이 커지면서 최근 들어 세계 각국의 국내 산업 보호를 위한 움직임이 강화되고 있다. 일반적으로 정부가 국내 산업 보호를 위해 사용할 수 있는 조치들은 크게 관세 조치와 비관세 조치로 나누어볼 수 있다.

(가) 관세 조치는 같은 수입품이라도 수입품의 종류와 가격, 수량 등에 따라 관세 부과 방법을 선택적으로 사용함으로써 관세 수입을 늘려 궁극적으로 국내 산업을 보호할 수 있다. 관세의 부과 방법은 크게 종가세 방식과 종량세 방식으로 나뉜다. 먼저 종가세란 가격을 기준으로 세금을 부과하는 관세를 말한다. 즉, 종가세는 수입 상품 하나하나에 세금을 부과하는 것이 아니라 수입품 가격이 설정된 기준 가격을 넘을 때마다 정해진 세금을 부과하는 것이다. 따라서 종가세 방식은 상품의 종류에 따라 기준 가격을 달리함으로써 관세 부담을 조절할 수 있고, 수입품의 가격 변동에 대한 대응이 용이하다는 장점이 있다. 그래서 종가세는 주로 고가의 상품이나 사치품들의 수입을 억제하고 관련 제품을 제조하는 국내 산업을 보호하는 효과가 있다.

(나) 먼저 관세 조치는 국경을 통과하는 재화에 대해 부과하는 조세인 관세를 조절하여 국내 산업을 보호하는 방식이다. 일반적으로 수입품에 관세를 부과하면 그 수입품은 수입 시 부과된 관세만큼 가격이 인상되기 때문에 국내에서 생산된 제품에 비해 가격 경쟁력이 낮아져 수입이 억제된다. 반면에 국내에서 생산된 제품은 가격 경쟁력이 상승하게 되어 판매량이 유지되거나 늘어나고 결과적으로 관련 국내 산업이 보호된다.

(다) 이에 비해 종량세는 수입품의 중량, 용적, 면적 또는 개수 등 재화의 수량을 기준으로 세율을 화폐액으로 명시해 부과하는 관세이다. 종량세 방식은 수입품 단위당 일정 금액의 관세를 부과하므로 세액 결정이 용이하고, 수입품 하나하나에 관세를 부과함으로써 수입품의 양을 직접적으로 규제할 수 있는 장점이 있다. 그래서 종량세는 주로 외국으로부터 저가에 대량 유입되는 공산품이나 농수산물의 수입을 억제하여 해당 분야의 국내 산업을 보호하는 효과가 있다.

(라) 국내 산업 보호를 위해 사용되는 또 다른 조치로 비관세 조치를 들 수 있다. 전 세계적으로 자유 무역 협정이 확대되면서 무역 상대국 간의 관세가 철폐되거나 매우 낮은 수준에 머물러 관세를 통한 국내 산업 보호 기능이 약화되고 있다. 그래서 최근에는 국내 산업 보호를 위한 비관세 조치가 정교화되거나 강화되고 있는 추세이다. 국내 산업 보호를 위해 활용되고 있는 비관세 조치로는 위생 및 식물 검역 조치와 기술 장벽, 통관 지연 등이 있다. 먼저 위생 및 식물 검역 조치는 식료나 식물 수입 시 국민의 건강 보호라는 명분을 내세워 검역 기준이나 조건을 까다롭게 함으로써 수입을 제한하는 조치를 말한다. 또 기술 장벽은 제품의 기술 표준을 국내산 제품에 유리하게 설정하거나 기술 적합성 평가 절차 등을 까다롭게 하여 수입을 제한하거나 수입품의 제조비용을 상승시켜 가격 경쟁력을 낮추는 조치이다. 마지막으로 통관 지연은 수입품에 대한 통관 절차와 서류 등을 복잡하게 하고 선적 검사나 전수 조사 등의 까다로운 검사 방법 등을 통해 수입품의 통관을 지연하는 것으로 수입품의 판매시기를 늦춰 수입품의 경쟁력을 저하시키는 기능을 한다.

(마) 또 종가세와 종량세를 혼합 적용하여, 두 가지 세금 부과 방식의 장점을 동시에 추구하는 복합세 부과 방식도 있다. 일반적으로 관세 수입이 클수록 수입품의 가격 경쟁력이 낮아져 국내 산업을 보호하는 효과도 커진다. 그런데 종량세는 수입품의 가격이 낮은 경우에, 종가세는 수입품의 가격이 높은 경우에 관세 수입이 늘어나는 효과가 있으므로, 수입품의 가격이 일정 수준에 이르기까지는 종량세를 부과하고 가격이 일정 수준을 넘어서는 경우에는 종가세를 부과하여 관세 수입을 극대화하기도 한다. 또 가격이 비싼 제품의 경우 종가세를 먼저 적용한 후, 수입품의 가격이 하락할 경우 종량세를 적용하여 관세 수입을 극대화하기도 하는데, 이러한 관세 부과의 방법을 복합세 부과 방식이라고 한다.

① (가) - (다) - (나) - (마) - (라) ② (가) - (라) - (나) - (마) - (다)
③ (나) - (가) - (다) - (마) - (라) ④ (나) - (다) - (라) - (마) - (가)

05

휘슬블로어란 호루라기를 뜻하는 휘슬(Whistle)과 부는 사람을 뜻하는 블로어(Blower)가 합쳐진 말이다. 즉, 호루라기를 부는 사람이라는 뜻으로 자신이 속해 있거나 속해 있었던 집단의 부정부패를 고발하는 사람을 뜻하며, 흔히 '내부고발자'라고도 불린다. 부정부패는 고발당해야 마땅한 것인데 이렇게 '휘슬블로어'라는 용어가 따로 있는 것은 그만큼 자신이 속한 집단의 부정부패를 고발하는 것이 쉽지 않다는 뜻일 것이다.

(가) 또한 법의 울타리 밖에서 행해지는 것에 대해서도 휘슬블로어는 보호받지 못한다. 일단 기업이나 조직 속에서 배신자가 되었다는 낙인과 상급자들로부터 괘씸죄로 인해 받게 되는 업무 스트레스, 집단 따돌림 등으로 인해 고립되게 되기 때문이다. 뿐만 아니라 익명성이 철저히 보장되어야 하지만 조직에서는 휘슬블로어를 찾기 위해 혈안이 된 상급자의 집요한 색출로 인해 신상이 밝혀지는 경우가 많다. 그렇게 될 경우 휘슬블로어들은 권고사직을 통해 해고를 당하거나 괴롭힘을 당한 채 일할 수밖에 없다.

(나) 실제로 휘슬블로어의 절반은 제보 후 1년간 자살충동 등 정신 및 신체적 질환으로 고통을 받는다고 한다. 또한 73%에 해당되는 상당수의 휘슬블로어들은 동료로부터 집단적으로 따돌림을 당하거나 가정에서도 불화를 겪는다고 한다. 우리는 이들이 공정한 사회와 도덕적 가치를 위해 중대한 결정을 한 사람이라는 것을 외면해서는 안 되며, 이러한 휘슬블로어들을 법적으로 보호할 필요가 있다.

(다) 내부고발이 어려운 큰 이유는 내부고발을 한 후에 맞게 되는 후폭풍 때문이다. 내부고발은 곧 기업의 이미지가 떨어지는 것부터 시작해 영업 정지와 같은 실질적 징벌로 이어지는 경우가 빈번하기 때문에 내부고발자들이 배신자로 취급되는 경우가 대부분이다. 실제로 양심에 따라 내부고발을 한 이후 닥쳐오는 후폭풍에 못 이겨 제 발로 회사를 나오는 경우도 많으며, 보복성 업무와 인사이동 등으로 불이익을 받는 경우도 많다.

(라) 현재 이러한 휘슬블로어를 보호하기 위한 법으로는 2011년 9월부터 시행되어 오고 있는 공익신고자 보호법이 있다. 하지만 이러한 법 제도만으로는 휘슬블로어들을 보호하는 데에 무리가 있다. 공익신고자 보호법은 181개 법률 위반행위에 대해서만 공익신고로 보호하고 있는데, 만일 공익신고자 보호법에서 규정하고 있는 법률 위반행위가 아닌 경우에는 보호를 받지 못하고 있는 것이다.

① (다) - (가) - (라) - (나) ② (다) - (나) - (라) - (가)
③ (라) - (가) - (다) - (나) ④ (라) - (나) - (가) - (다)

07 | 주제·제목찾기

| 유형분석 |

- 글의 목적이나 핵심 주장을 정확하게 구분할 수 있는지 평가한다.
- 문단별 주제·화제, 글쓴이의 주장·생각, 표제와 부제 등 다양한 유형으로 출제될 수 있다.

다음 글의 제목으로 가장 적절한 것은?

> 많은 경제학자는 제도의 발달이 경제 성장의 중요한 원인이라고 생각해 왔다. 예를 들어 재산권 제도가 발달하면 투자나 혁신에 대한 보상이 잘 이루어져 경제 성장에 도움이 된다는 것이다. 그러나 이를 입증하기는 쉽지 않다. 제도의 발달 수준과 소득 수준 사이에 상관관계가 있다 하더라도, 제도는 경제 성장에 영향을 줄 수 있지만 경제 성장으로부터 영향을 받을 수도 있으므로 그 인과관계를 판단하기 어렵기 때문이다.

① 경제 성장과 소득 수준
② 경제 성장과 제도 발달
③ 경제 성장과 투자 혁신
④ 소득 수준과 제도 발달

정답 ②

제시문은 재산권 제도의 발달에 따른 경제 성장을 예로 들어 제도의 발달과 경제 성장의 상관관계에 대해 설명하고 있다. 더불어 제도가 경제 성장에 영향을 줄 수는 있지만 동시에 경제 성장으로부터 영향을 받을 수도 있다는 점에서 그 인과관계를 판단하기 어렵다는 한계점을 제시하고 있다. 따라서 제목으로 가장 적절한 것은 '경제 성장과 제도 발달'이다.

유형풀이 Tip

- 중심이 되는 내용은 주로 글의 맨 앞이나 맨 뒤에 위치한다. 따라서 글의 첫 문단과 마지막 문단을 먼저 확인한다.
- 첫 문단과 마지막 문단에서 실마리가 잡히지 않은 경우, 그 문단을 뒷받침해주는 부분을 읽어가면서 제목이나 주제를 파악해 나간다.

Easy

01   다음 글의 중심 주제로 가장 적절한 것은?

> 맹자는 다음과 같은 이야기를 전한다. 송나라의 한 농부가 밭에 나갔다 돌아오면서 처자에게 말한다. "오늘 일을 너무 많이 했다. 밭의 싹들이 빨리 자라도록 하나하나 잡아당겨줬더니 피곤하구나." 아내와 아이가 밭에 나가보았더니 싹들이 모두 말라 죽어 있었다. 이렇게 자라는 것을 억지로 돕는 일, 즉 조장(助長)을 하지 말라고 맹자는 말한다. 싹이 빨리 자라기를 바란다고 싹을 억지로 잡아 올려서는 안 된다. 목적을 이루기 위해 가장 빠른 효과를 얻고 싶겠지만 이는 도리어 효과를 놓치는 길이다. 억지로 효과를 내려고 했기 때문이다. 싹이 자라기를 바라 싹을 잡아당기는 것은 이미 시작된 과정을 거스르는 일이다. 효과가 자연스럽게 나타날 가능성을 방해하고 막는 일이기 때문이다. 당연히 싹의 성장 가능성은 땅 속의 씨앗에 들어있는 것이다. 개입하고 힘을 쏟고자 하는 대신에 이 잠재력을 발휘할 수 있도록 하는 것이 중요하다.
> 피해야 할 두 개의 암초가 있다. 첫째는 싹을 잡아당겨서 직접적으로 성장을 이루려는 것이다. 이는 목적성이 있는 적극적 행동주의로써 성장의 자연스러운 과정을 존중하지 않는 것이다. 달리 말하면 효과가 숙성되도록 놔두지 않는 것이다. 둘째는 밭의 가장자리에 서서 자라는 것을 지켜보는 것이다. 싹을 잡아당겨서도 안 되고 그렇다고 단지 싹이 자라는 것을 지켜만 봐서도 안 된다. 그렇다면 무엇을 해야 하는가? 싹 밑의 잡초를 뽑고 김을 매주는 일을 해야 하는 것이다. 경작이 용이한 땅을 조성하고 공기를 통하게 함으로써 성장을 보조해야 한다. 기다리지 못함도 삼가고 아무것도 안함도 삼가야 한다. 작동 중에 있는 자연스런 성향이 발휘되도록 기다리면서도 전력을 다할 수 있도록 돕는 노력도 멈추지 말아야 한다.

① 인류사회는 자연의 한계를 극복하려는 인위적 노력에 의해 발전해 왔다.

② 싹이 스스로 성장하도록 그대로 두는 것이 수확량을 극대화하는 방법이다.

③ 어떤 일을 진행할 때 가장 중요한 것은 명확한 목적성을 설정하는 것이다.

④ 잠재력을 발휘하도록 하려면 의도적 개입과 방관적 태도 모두를 경계해야 한다.

02 다음 글의 주제로 가장 적절한 것은?

금융당국은 은행의 과점체제를 해소하고, 은행과 비은행의 경쟁을 촉진시키는 방안으로 은행의 고유 전유물이었던 통장을 보험 및 카드 업계로 도입하도록 검토하겠다고 밝혔다.

이는 전자금융거래법을 개정해 대금결제업, 자금이체업, 결제대행업 등 모든 전자금융업 업무를 관리하는 종합지급결제사업자를 제도화하여 비은행에 도입한다는 것으로, 이를 통해 비은행권은 간편결제·송금 외에도 은행 수준의 보편적 지급결제 서비스가 가능해지는 것이다.

특히 금융당국이 은행업 경쟁촉진 방안으로 검토 중인 은행업 추가 인가나 소규모 특화은행 도입 등 여러 방안 중에서 종합지급결제사업자 제도를 중점으로 검토 중인 이유는 은행의 유효경쟁을 촉진시킴으로써 은행의 과점 이슈를 가장 빠르게 완화할 수 있을 것으로 판단되기 때문이다.

이는 소비자 측면에서도 기대효과가 있는데, 은행 계좌가 없는 금융소외계층은 종합지급결제사업자 제도를 통해 금융 서비스를 제공받을 수 있고, 기존 방식에서 각 은행에 지불하던 지급결제 수수료가 절약돼 그만큼 보험료가 인하될 가능성도 기대해 볼 수 있기 때문이다. 보험사 및 카드사 측면에서도 기존 방식에서는 은행을 통해 진행했던 방식이 해당 제도가 확립된다면 직접 처리할 수 있게 되어 방식이 간소화될 수 있다는 장점이 있다.

하지만 이 또한 현실적으로 많은 문제들이 제기되는데, 그중 하나가 소비자보호 사각지대의 발생이다. 비은행권은 은행권과 달리 예금보험제도가 적용되지 않을 뿐더러 은행권에 비해 규제 수준이 상대적으로 낮기 때문에 금융소비자 보호 등 리스크 관리가 우려되기 때문이다. 또한 종합지급결제업 자체가 사실상 은행업과 크게 다르지 않기 때문에 은행권의 극심한 반발도 예상된다.

① 은행의 과점체제 해소를 위한 방안
② 종합지급결제사업자 제도의 득과 실
③ 은행의 권리를 침해하는 비은행 업계
④ 은행과 비은행 경쟁 속 소비자의 실익

03 다음 글의 제목으로 가장 적절한 것은?

요즘은 대체의학의 홍수시대라고 하여도 지나친 표현이 아니다. 우리가 먹거나 마시는 비타민제나 건강음료 및 건강보조식품 중 대체의학에서 나오지 않은 것이 없을 정도이니 말이다. 이러한 대체요법의 만연으로 한의학계를 비롯한 제도권 의료계에서는 많은 경제적 위협을 받고 있다.

대체의학에 대한 정의는 일반적으로 현대의학의 표준화된 치료 이외에 환자들이 이용하는 치료법으로써, 아직 증명되지 않았거나 일반 의료의 보조요법으로 과학자나 임상의사의 평가에 의해 검증되지는 않았으나 현재 예방, 진단, 치료에 사용되는 검사나 치료법 등을 통틀어 지칭하는 용어로 알려져 있다.

그러나 요즈음 우리나라에서는 전통적인 한의학과 서양의학이 아닌 그 외의 의학을 통틀어 대체의학이라고 부르고 있다. 원래는 1970년대 초반 동양의학의 침술이 미국의학계와 일반인들에게 유입되고 특별한 관심을 불러일으키면서 서양의학자들이 혼잡을 정리하기 위해 서양의학 이외의 다양한 전통의학과 민간요법을 통틀어 '대체의학'이라 부르기 시작했다. 그런 이유로 구미 각국에서는 한의학도 대체의학에 포함시키고 있으나 의료 이원화된 우리나라에서만은 한의학도 제도권 내의 공식의학에 속하기 때문에 대체의학에서는 제외되고 있다.

서양에서 시작된 대체의학은 서양의 정통의학에서 부족한 부분을 보완하거나 대체할 새로운 치료의학에 대한 관심으로 시작하였으나 지금의 대체의학은 질병을 관찰함에 있어 부분적이기 보다는 전일(全一)적이며, 질병 중심적이기 보다는 환자 중심적이고, 인위적이기 보다는 자연적인 치료를 주장하는 인간 중심의 한의학에 관심을 두고 있다. 또한 전반적인 상태나 영양 등은 물론 환자의 정신적·사회적·환경적인 부분까지 관찰하여 조화와 균형을 이루게 하는 치료법으로 거듭 진화하고 있으며 현재는 보완대체의학에서 보완통합의학으로, 다시 통합의학이라는 용어로 변모되어가고 있다.

대체의학을 분류하는 방법은 다양하지만 서양에서 분류한 세 가지 유형으로 구분하여 대표적인 것들을 소개하자면 다음과 같다. 첫째, 동양의학적 보완대체요법으로는 침술, 기공치료, 명상요법, 요가, 아유르베다 의학, 자연요법, 생약요법, 아로마요법, 반사요법, 봉침요법, 접촉요법, 심령치료법, 기도요법 등이 있다. 둘째, 서양의학적 보완대체요법으로는 최면요법, 신경-언어 프로그램 요법, 심상유도 요법, 바이오피드백 요법(생체되먹이 요법), 분자정형치료, 응용운동학, 중금속제거 요법, 해독요법, 영양보충 요법, 효소요법, 산소요법, 생물학적 치과치료법, 정골의학, 족부의학, 근자극요법, 두개천골자극 요법, 에너지의학, 롤핑요법, 세포치료법, 테이핑요법, 홍채진단학 등이 있다. 셋째, 동서의학 접목형 보완대체요법으로는 동종요법, 양자의학, 식이요법, 절식요법, 주스요법, 장요법, 수치료, 광선요법, 뇨요법 등의 치료법이 있다. 요즘은 여기에다 미술치료, 음악치료 등의 새로운 치료법이 대두되고 있으며 이미 일부의 양·한방 의료계에서는 이들 중의 일부를 임상에 접목시키고 있다.

그러나 한의학으로 모든 질병을 정복하려는 우를 범해서는 안 된다. 한의학으로 모든 질병이 정복되어진다면 서양의학이 존재할 수 없으며 대체의학이 새롭게 21세기를 지배할 이유가 없다. 한의학은 대체의학이 아니다. 마찬가지로 대체의학 역시 한의학이 아니며 서양의학도 아니다. 대체의학은 새로운 의학이다. 우리가 개척하고 정복해야 할 미지의 의학이다.

① 대체의학의 의미와 종류
② 대체의학이 지니는 문제점
③ 대체의학에 따른 부작용 사례
④ 대체의학의 한계와 개선방향

04 다음 글의 핵심 내용으로 가장 적절한 것은?

판소리는 한국 서사무가의 서술원리와 구연방식을 빌려다가 흥미 있는 설화 자료를 각색해, 굿이 아닌 세속의 저잣거리에서 일반 사람들을 상대로 노래하면서 시작되었다. 호남지역에서 대대로 무당을 세습하던 세습 무당 집안에서는 여자 무당이 굿을 담당하고 남자 무당은 여자 무당을 도와 여러 가지 잡일을 했다. 당연히 굿을 해주고 받는 굿값의 분배도 여자 무당을 중심으로 이루어졌고, 힘든 잡일을 담당한 남자 무당은 몫이 훨씬 적었다. 남자 무당이 굿에 참여하고 그 몫의 돈을 받는 경우는 노래를 할 때뿐이었다. 따라서 세습 무당 집안에서 태어난 남자들은 노래를 잘하는 것이 잘 살 수 있는 길이었다. 남자들은 노래 공부를 열심히 했고, 이 과정에서 세습 무당 집안에서는 많은 명창을 배출하였다.

이러한 호남지역의 무속적 특징은 조선 후기 사회 변화와 관련을 맺으면서 판소리의 발생을 자극했다. 조선 후기로 갈수록 지역 마을마다 행하던 주민 공동행사인 마을굿이 제사형태로 바뀌었고, 이에 따라 무당이 참여하지 않는 마을굿이 늘어났다. 정부와 양반 지배층이 유교이념에 입각하여 지속적으로 무속을 탄압하는 정책을 펴왔던 탓이었다. 또한 합리적 사고의 발달에 따라 무속이 사회적 신임을 잃은 탓이기도 하였다.

호남지역의 세습 무당들은 개인의 질병을 치료하는 굿보다는 풍년이나 풍어를 기원하는 정기적인 마을굿을 하여 생계를 유지했다. 이러한 마을굿이 점차 사라지면서 그들은 생계를 위협받게 되었다. 한편 이 시기에는 상업이 발달하면서 상행위가 활발해졌고, 생활이 풍족해짐에 따라 백성들의 문화욕구가 커지면서 예능이 상품으로 인정받았다. 이에 따라 춤과 소리 등의 예술과 곡예가 구경거리로 부상하였다. 세습 무당 집안 출신의 노래 잘하는 남자 무당들은 무속이라는 속박을 떨쳐버리고 돈을 벌기 위하여 소리판을 벌이게 되었다. 이들의 소리가 많은 사람에게 환영을 받자 점차 전문 직업인으로서 명창이 등장하게 되었다. 대중적 인기가 자신의 명성과 소득에 직결되었으므로, 이들은 대중이 좋아할 만한 내용을 담은 소리들을 발굴하고 개발하였다.

① 조선 후기 사회 변화는 유교 중심 체제의 쇠퇴와 민중 기반 무속신앙의 성장을 가져 왔다.
② 세습 무당 집안의 남자들이 상업적인 공연에 뛰어들면서 판소리 개발과 전파의 주축이 되었다.
③ 판소리의 발달은 무속신앙의 상업화와 함께 남자 무당들이 대거 성장하는 계기가 되었다.
④ 유교이념의 전파로 전통 무속신앙이 쇠퇴하면서 서사무가가 자취를 감추게 되었다.

05 다음 글의 논지로 가장 적절한 것은?

> 물리학의 근본 법칙들은 실재 세계의 사실들을 정확하게 기술하는가? 이 질문에 확신을 가지고 그렇다고 대답할 사람은 많지 않을 것이다. 사실 다양한 물리 현상들을 설명하는 데 사용되는 물리학의 근본 법칙들은 모두 이상적인 상황만을 다루고 있는 것 같다. 정말로 물리학의 근본 법칙들이 이상적인 상황만을 다루고 있다면 이 법칙들이 실재 세계의 사실들을 정확히 기술한다는 생각에는 문제가 있는 듯하다.
>
> 예를 들어 중력의 법칙을 생각해 보자. 중력의 법칙은 "두 개의 물체가 그들 사이의 거리의 제곱에 반비례하고 그 둘의 질량의 곱에 비례하는 힘으로 서로 당긴다."는 것이다. 이 법칙은 두 물체의 운동을 정확하게 설명할 수 있는가? 그렇지 않다는 것은 분명하다. 만약 어떤 물체가 질량뿐만이 아니라 전하를 가지고 있다면 그 물체들 사이에 작용하는 힘은 중력의 법칙만으로 계산된 것과 다를 것이다. 즉, 위의 중력의 법칙은 전하를 가지고 있는 물체의 운동을 설명하지 못한다.
>
> 물론 사실을 정확하게 기술하는 형태로 중력의 법칙을 제시할 수 있다. 가령, 중력의 법칙은 "중력 이외의 다른 어떤 힘도 없다면, 두 개의 물체가 그들 사이의 거리의 제곱에 반비례하고 그 둘의 질량의 곱에 비례하는 힘으로 서로 당긴다."로 수정될 수 있다. 여기서 '중력 이외의 다른 어떤 힘도 없다면'이라는 구절이 추가된 것에 주목하자. 일단, 이렇게 바뀐 중력의 법칙이 참된 사실을 표현한다는 것은 분명해 보인다. 그러나 이렇게 바꾸면 한 가지 중요한 문제가 발생한다.
>
> 어떤 물리 법칙이 유용한 것은 물체에 작용하는 힘들을 통해 다양하고 복잡한 현상을 설명할 수 있기 때문이다. 그러나 물리 법칙은 어떤 특정한 방식으로 단순한 현상만을 설명하는 것을 목표로 하지 않는다. 중력의 법칙 역시 마찬가지다. 그것이 우리가 사는 세계를 지배하는 근본적인 법칙이라면 중력이 작용하는 다양한 현상들을 설명할 수 있어야 한다. 하지만 '중력 이외의 다른 어떤 힘도 없다면'이라는 구절이 삽입되었을 때, 중력의 법칙이 설명할 수 있는 영역은 무척 협소해진다. 즉, 그것은 오로지 중력만이 작용하는 아주 특수한 상황만을 설명할 수 있을 뿐이다. 결과적으로 참된 사실들을 진술하기 위해 삽입된 구절은 설명력을 현저히 감소시킨다. 이러한 문제는 거의 모든 물리학의 근본 법칙들이 가지고 있다.

① 물리학의 근본 법칙은 그 영역을 점점 확대하는 방식으로 발전해 왔다.
② 물리적 자연 현상이 점점 복잡하고 다양해짐에 따라 물리학의 근본 법칙도 점점 복잡해진다.
③ 더 많은 실재 세계의 사실들을 기술하는 물리학의 법칙이 그렇지 않은 법칙보다 뛰어난 설명력을 가진다.
④ 참된 사실을 정확하게 기술하려고 물리 법칙에 조건을 추가하면 설명 범위가 줄어 다양한 물리 현상을 설명하기 어려워진다.

08 | 비판·반박하기

| 유형분석 |

- 글의 주장과 논점을 파악하고, 이에 대립하는 내용을 판단할 수 있는지 평가한다.
- 서로 상반되는 주장 두 개를 제시하고, 하나의 관점에서 다른 하나를 비판·반박하는 문제 유형이 출제될 수 있다.

다음 글에서 도출한 결론을 반박하는 주장으로 가장 적절한 것은?

> 인터넷은 국경 없이 누구나 자유롭게 정보를 주고받을 수 있는 훌륭한 매체이다. 하지만 최근 급속도로 늘고 있는 성인 인터넷 방송처럼 오히려 청소년에게 해로운 매체가 될 수 있다는 사실은 선진국에서도 동감하고 있다. 따라서 인터넷 등급제를 만들어 유해한 환경으로부터 청소년들을 보호하고, 이를 어긴 사업자는 엄격한 처벌로 다스려야만 한다.

① 인터넷 등급제를 만들어 규제를 하는 것도 완전한 방법은 아니기 때문에 유해한 인터넷 내용에는 원천적으로 접속할 수 없도록 조치를 취해야 한다.
② 인터넷 등급제는 정보에 대한 책임을 일방적으로 사업자에게만 지우는 조치로, 잘못하면 국민의 표현의 자유와 알 권리를 침해할 수 있다.
③ 인터넷 등급제는 미니스커트나 장발 규제와 같은 구태의연한 조치이다.
④ 청소년들 스스로가 정보의 유해를 가릴 수 있는 식견을 마련할 수 있도록 가능한 한 많은 정보를 접해야 한다. 그러므로 인터넷 등급제는 좋은 방법이 아니다.

정답 ②

언론매체에 대한 사전 검열은 항상 표현의 자유와 개인의 알 권리를 침해할 가능성을 배제할 수 없다는 논지로 반박을 전개하는 것이 적절하다.

유형풀이 Tip

- 대립하는 두 의견의 쟁점을 찾은 후, 제시문 또는 보기에서 양측 주장의 근거를 찾아 각 주장에 연결하며 답을 찾는다.
- 문제의 난도를 높이기 위해 글의 후반부에 주장을 뒷받침할 수 있는 근거를 제시하고 선택지에 그 근거에 대한 반박을 실어 놓는 경우도 있다. 하지만 주의할 점은 제시문의 '주장'에 대한 반박을 찾는 것이지, 이를 뒷받침하기 위해 제시된 '근거'에 대한 반박을 찾는 것이 아니라는 것이다.

대표기출유형 08   기출응용문제

Easy

01   다음 글에 대한 반론으로 가장 적절한 것은?

> 최근 들어 도시의 경쟁력 향상을 위한 새로운 전략의 하나로 창조 도시에 대한 논의가 활발하게 진행되고 있다. 창조 도시는 창조적 인재들이 창의성을 발휘할 수 있는 환경을 갖춘 도시이다. 즉 창조 도시는 인재들을 위한 문화 및 거주 환경의 창조성이 풍부하며, 혁신적이고도 유연한 경제 시스템을 구비하고 있는 도시인 것이다.
>
> 창조 도시의 주된 동력을 창조 산업으로 볼 것인가 창조 계층으로 볼 것인가에 대해서는 견해가 다소 엇갈리고 있다. 창조 산업을 중시하는 관점에서는, 창조 산업이 도시에 인적·사회적·문화적·경제적 다양성을 불어넣음으로써 도시의 재구조화를 가져오고 나아가 부가가치와 고용을 창출한다고 주장한다. 창의적 기술과 재능을 소득과 고용의 원천으로 삼는 창조 산업의 예로는 광고, 디자인, 출판, 공연 예술, 컴퓨터 게임 등이 있다.
>
> 창조 계층을 중시하는 관점에서는, 개인의 창의력으로 부가가치를 창출하는 창조 계층이 모여서 인재 네트워크인 창조 자본을 형성하고, 이를 통해 도시는 경제적 부를 축적할 수 있는 자생력을 갖게 된다고 본다. 따라서 창조 계층을 끌어들이고 유지하는 것이 도시의 경쟁력을 제고하는 관건이 된다. 창조 계층에는 과학자, 기술자, 예술가, 건축가, 프로그래머, 영화 제작자 등이 포함된다.

① 창조 산업을 통해 도시를 새롭게 구조화할 수 있다.

② 창조 도시를 통해 효과적으로 인재를 육성할 수 있다.

③ 광고 등의 산업을 중심으로 부가가치를 창출해 낼 수 있다.

④ 창조 산업의 산출물은 그것에 대한 소비자의 수요와 가치 평가를 예측하기 어렵다.

02 다음 글에 대한 반론으로 적절하지 않은 것은?

쾌락주의는 모든 쾌락이 그 자체로서 가치 있다고 바라보며, 쾌락의 증가와 고통의 감소를 통해 최대의 쾌락을 산출하는 행위를 올바른 것으로 간주하는 윤리설이다. 쾌락주의에 따르면 쾌락만이 내재적 가치를 지니고, 모든 것은 이러한 쾌락을 기준으로 가치 평가되어야 한다.

그런데 쾌락주의자는 단기적이고 말초적인 쾌락만을 추구함으로써 결국 고통에 빠지게 된다는 오해를 받기도 한다. 하지만 쾌락주의적 삶을 순간적이고 감각적인 쾌락만을 추구하는 방탕한 삶과 동일시하는 것은 옳지 않다. 쾌락주의는 일시적인 쾌락의 극대화가 아니라 장기적인 쾌락의 극대화를 목적으로 하므로 단기적·말초적 쾌락만을 추구하는 것은 아니다. 예를 들어 사회적 성취가 장기적으로 더 큰 쾌락을 가져다준다면 쾌락주의자는 단기적 쾌락보다는 사회적 성취를 우선으로 추구한다.

또한 쾌락주의는 쾌락 이외의 것은 모두 무가치한 것으로 본다는 오해를 받기도 한다. 하지만 쾌락주의가 쾌락만을 가치 있는 것으로 보는 것은 아니다. 세상에는 쾌락 말고도 가치 있는 것들이 있으며, 심지어 고통조차도 가치 있는 것으로 볼 수 있다. 발이 불구덩이에 빠져서 통증을 느껴 곧바로 발을 빼낸 상황을 생각해 보자. 이때의 고통은 분명히 좋은 것임에 틀림없다. 만약 고통을 느끼지 못했다면, 불구덩이에 빠진 발을 꺼낼 생각을 하지 못해서 큰 부상을 당했을 수도 있기 때문이다. 물론 이때 고통이 가치 있다는 것은 도구인 의미에서 그런 것이지 그 자체가 목적이라는 의미는 아니다.

쾌락주의는 고통을 도구가 아닌 목적으로 추구하는 것을 이해할 수 없다고 본다. 금욕주의자가 기꺼이 감내하는 고통조차도 종교적·도덕적 성취와 만족을 추구하기 위한 도구인 것이지 고통 그 자체가 목적인 것은 아니기 때문이다. 대부분의 세속적 금욕주의자들은 재화나 명예와 같은 사회적 성취를 위해 당장의 쾌락을 포기하며, 종교적 금욕주의자들은 내세의 성취를 위해 현세의 쾌락을 포기하는데, 그것이 사회적 성취이든 내세적 성취이든지 간에 모두 광의의 쾌락을 추구하고 있는 것이다.

① 쾌락의 원천은 다양한데, 서로 다른 쾌락을 같은 것으로 볼 수 있는가?
② 순간적이고 감각적인 쾌락만을 추구하는 삶을 쾌락주의적 삶이라고 볼 수 있는가?
③ 식욕의 충족에서 비롯된 쾌락과 사회적 명예의 획득에서 비롯된 쾌락은 같은 것인가?
④ 쾌락의 질적 차이를 인정한다면, 이질적인 쾌락을 어떻게 서로 비교할 수 있는가?

03 다음 글에 대한 비판으로 가장 적절한 것은?

"향후 은행 서비스(Banking)는 필요하지만 은행(Bank)은 필요 없을 것이다." 최근 4차 산업혁명으로 대변되는 빅데이터, 사물인터넷, AI, 블록체인 등 신기술이 금융업을 강타하면서 빌 게이츠의 20년 전 예언이 화두로 부상했다. 모든 분야에서 초연결화, 초지능화가 진행되고 있는 4차 산업혁명이 데이터 주도 경제를 열어가면서 데이터에 기반을 둔 금융업에도 변화의 물결이 밀려들고 있다. 이미 전통적인 은행, 증권, 보험, 카드업 등 전 분야에서 금융기술기업인 소위 '핀테크(Fintech)'가 출현하면서 금융서비스의 가치 사슬이 해체되기 시작한 것이다. 이전에는 상상조차 하지 못했던 IT 등 이종 업종의 금융업 진출도 활발하게 이루어지면서 전통 금융회사들을 위협하고 있다.

빅데이터, 사물인터넷, 인공지능, 블록체인 등 새로운 기술로 무장한 4차 산업혁명으로 인해 온라인 플랫폼을 통한 크라우드 펀딩 등 P2P 금융의 출현, 로보 어드바이저에 의한 저렴한 자산관리서비스의 등장, 블록체인 기술 기반의 송금 등 다양한 가치 거래의 탈중계화가 진행되면서 금융 중계, 자산 관리, 위험 관리, 지급 결제 등 금융의 본질적인 요소들이 변화하고 있는 것은 아닌지 의구심이 일어나고 있는 것이다. 혹자는 이들 변화의 종점에 금융의 정체성(Identity) 상실이 기다리고 있다며 금융업 종사자의 입장에서 보면 우울한 전망마저 내놓고 있다. 금융도 디지털카메라의 등장으로 사라진 필름회사 코닥과 같은 비운을 피하기 어렵다며 금융의 종말(The Demise of Banking), 은행의 해체(Unbundling the Banks), 탈중계화, 플랫폼 혁명(Platform Revolution) 등 다양한 화두가 미디어의 전면에 등장하고 있다.

① 로보어드바이저에 의한 자산관리서비스는 범죄에 악용될 위험이 크다.

② 금융 발전의 미래를 위해 금융업에 있어 인공지능의 도입을 막아야 한다.

③ 가치 거래의 탈중계화는 금융 거래의 보안성에 심각한 위협 요인으로 작용할 것이다.

④ 기술 발전은 금융업에 있어 효율성 향상이라는 제한적인 틀에서 크게 벗어나지 못했다.

어떤 사람이 내게 말했다.

"어제 저녁, 어떤 사람이 몽둥이로 개를 때려죽이는 것을 보았네. 그 모습이 불쌍해 마음이 너무 아팠네. 그래서 이제부터는 개고기나 돼지고기를 먹지 않을 생각이네."

그 말을 듣고, 내가 말했다.

"어제 저녁, 어떤 사람이 화로 옆에서 이를 잡아 태워 죽이는 것을 보고 마음이 무척 아팠네. 그래서 다시는 이를 잡지 않겠다고 맹세를 하였네."

그러자 그 사람은 화를 내며 말했다.

"이는 하찮은 존재가 아닌가? 나는 큰 동물이 죽는 것을 보고 불쌍한 생각이 들어 말한 것인데, 그대는 어찌 그런 사소한 것이 죽는 것과 비교하는가? 그대는 지금 나를 놀리는 것인가?"

나는 좀 구체적으로 설명할 필요를 느꼈다.

"무릇 살아 있는 것은 사람으로부터 소, 말, 돼지, 양, 곤충, 개미에 이르기까지 모두 사는 것을 원하고 죽는 것을 싫어한다네. 어찌 큰 것만 죽음을 싫어하고 작은 것은 싫어하지 않겠는가? 그렇다면 개와 이의 죽음은 같은 것이겠지. 그래서 이를 들어 말한 것이지, 어찌 그대를 놀리려는 뜻이 있었겠는가? 내 말을 믿지 못하거든, 그대의 열손가락을 깨물어 보거나. 엄지손가락만 아프고 나머지 손가락은 안 아프겠는가? 우리 몸에 있는 것은 크고 작은 마디를 막론하고 그 아픔은 모두 같은 것일세. 더구나 개나 이나 각기 생명을 받아 태어났는데, 어찌 하나는 죽음을 싫어하고 하나는 좋아하겠는가? 그대는 눈을 감고 조용히 생각해 보게. 그리하여 달팽이의 뿔을 소의 뿔과 같이 보고, 메추리를 큰 붕새와 동일하게 보도록 노력하게나. 그런 뒤에야 내가 그대와 더불어 도(道)를 말할 수 있을 걸세."

— 이규보, 「슬견설」

보기

ㄱ. 중동의 분쟁에는 관심을 집중하지만, 아프리카에서 굶주림으로 죽어가는 아이들에게는 침묵하는 세계 여론

ㄴ. 우리의 역사를 객관적인 관점에서 평가해야 한다고 주장하는 한 대학의 교수

ㄷ. 집안일은 전통적으로 여자들이 해야 하는 일이므로, 남자는 집안일을 할 필요가 없다고 생각하는 우리 아빠

ㄹ. 한국인 노동자들의 처우는 개선하면서 외국인 노동자들에게 적절한 임금과 근로조건을 제공해 주지 않으려 하는 한 기업의 대표

ㅁ. 구체적인 자료를 통해 범죄 사실을 입증하려는 검사

① ㄱ, ㄴ, ㄹ   ② ㄱ, ㄷ, ㄹ

③ ㄴ, ㄹ, ㅁ   ④ ㄱ, ㄴ, ㄷ, ㄹ

05 다음 글의 글쓴이의 태도를 비판한 내용으로 가장 적절한 것은?

> 생물 다양성(Biodiversity)이란 원래 한 지역에 살고 있는 생물의 종(種)이 얼마나 다양한가를 표현하는 말이었다. 그런데 오늘날에는 각 종이 갖고 있는 유전적 다양성과 생물이 살아가는 생태계의 다양성까지를 포함하는 개념으로 확장해서 사용한다. 특히 최근에는 생태계를 유지시키고 인류에게 많은 이익을 가져다준다는 점이 부각되면서 생물 다양성의 가치가 크게 주목받고 있다.
>
> 생물 다양성의 가장 기본적인 가치로 생태적 봉사 기능을 들 수 있다. 생물은 생태계의 엔지니어라 불릴 정도로 환경을 조절하고 유지하는 커다란 힘을 가지고 있다. 숲의 경우를 예로 들어 보자. 나무들은 서늘한 그늘을 만들어 주고 땅속에 있는 물을 끌어 올려 다양한 생물종이 서식할 수 있는 적절한 환경을 제공해 준다. 숲이 사라지면 수분 배분 능력이 떨어져 우기에는 홍수가 나고 건기에는 토양이 완전히 말라 버린다. 이로 인해 생물 서식지의 환경이 급격하게 변화되고 마침내 상당수의 종이 사라지게 된다. 이처럼 숲을 이루고 있는 나무, 물, 흙과 그곳에서 살아가는 다양한 생명체는 서로 유기적인 관계를 형성하면서 생태계의 환경을 조절하고 유지하는 역할을 담당하는 것이다.
>
> 또한 생물 다양성은 경제적으로도 커다란 가치가 있다. 대표적인 사례로 의약품 개발을 꼽을 수 있다. 자연계에 존재하는 수많은 식물 중에서 인류는 약 20,000여 종의 식물을 약재로 사용해 왔다. 그 가운데 특정 약효 성분을 추출하여 상용화한 것이 이제 겨우 100여 종에 불과하다는 사실을 고려하면, 전체 식물이 가지고 있는 잠재적 가치는 상상을 뛰어넘는다. 그리고 부전나비의 날개와 사슴벌레의 다리 등에서 항암 물질을 추출한 경우나 야생의 미생물에서 페니실린, 마이신 등 약 3,000여 가지의 항생제를 추출한 경우에서도 알 수 있듯이, 동물과 미생물 역시 막대한 경제적 이익을 가져다준다. 의약품 개발 외에도 다양한 생물이 화장품과 같은 상품 개발에 이용되고 있으며, 생태 관광을 통한 부가가치 창출에도 기여한다.
>
> 생물 다양성은 학술적으로도 매우 중요하다. 예를 들어 다윈(C. Darwin)은 현존하는 여러 동물들의 상이한 눈을 비교하여, 정교하고 복잡한 인간의 눈이 진화해 온 과정을 추적하였다. 그에 따르면 인간의 눈은 해파리에서 나타나는 원시적 빛 감지 세포로부터, 불가사리처럼 빛의 방향을 감지할 수 있는 오목한 원시 형태의 눈을 거친 다음, 빛에 대한 수용력과 민감도를 높인 초기 수정체 형태의 눈을 지나, 선명한 상을 제공하는 현재의 눈으로 진화되었다는 것이다. 이 사례에서 보듯이 모든 생물종은 고유한 형태적 특성을 가지고 있어서 생물 진화의 과정을 추적하는 데 중요한 정보를 제공해 준다. 형태적 특성 외에도 각각의 생물종이 지닌 독특한 생리적·유전적 특성 등에 대한 비교 연구를 통해 생물을 더 깊이 있게 이해할 수 있다. 그리고 이렇게 축적된 정보는 오늘날 눈부시게 성장하고 있는 생명과학의 기초가 된다.
>
> 이와 같이 인간은 생물 다양성에 기초하여 무한한 생태적·경제적 이익을 얻고 과학 발전의 토대를 구축한다. 그런데 최근 급격한 기후 변화와 산업화 및 도시화에 따른 자연 파괴로 생물 다양성이 크게 감소하고 있다. 따라서 이를 억제하기 위한 생태계 보존 대책을 시급히 마련해야 한다. 동시에 생물 다양성 보존을 위한 연구 기관을 건립하고 전문 인력의 양성 체계를 갖추어야 할 것이다.

① 문제 해결을 위한 실천 의지가 전혀 없다.
② 생물 다양성의 경제적 가치를 지나치게 강조하고 있다.
③ 생물 다양성 문제를 주로 인간 중심적 시각으로 해석하고 있다.
④ 자연을 우선시하여 자연과 인간의 공존 가능성을 모색하고 있다.

09 | 추론하기

| 유형분석 |

- 글에 명시적으로 드러나 있지 않은 내용을 문맥을 통해 유추할 수 있는지 평가한다.
- 글 뒤에 이어질 내용 찾기, 글을 뒷받침할 수 있는 근거 찾기 등 다양한 유형으로 출제될 수 있다.

다음 글을 읽고 ㉠의 사례가 아닌 것을 고르면?

㉠ <u>닻내림 효과</u>란 닻을 내린 배가 크게 움직이지 않듯 처음 접한 정보가 기준점이 돼 판단에 영향을 미치는 일종의 편향(왜곡) 현상을 말한다. 즉, 사람들이 어떤 판단을 하게 될 때 초기에 접한 정보에 집착해, 합리적 판단을 내리지 못하는 현상을 일컫는 행동경제학 용어이다. 대부분의 사람은 제시된 기준을 그대로 받아들이지 않고, 기준점을 토대로 약간의 조정과정을 거치기는 하나, 그런 조정과정이 불완전하므로 최초 기준점에 영향을 받는 경우가 많다.

① 연봉 협상 시 본인의 적정 기준보다 더 높은 금액을 제시한다.
② 원래 1만 원이던 상품에 2만 원의 가격표를 붙이고 50% 할인한 가격에 판매한다.
③ 명품 매장에서 최고가 상품들의 가격표를 보이게 진열하여 다른 상품들이 그다지 비싸지 않은 것처럼 느끼게 만든다.
④ 홈쇼핑에서 '이번 시즌 마지막 세일', '오늘 방송만을 위한 한정 구성' '매진 임박' 등의 표현을 사용하여 판매한다.

정답 ④

밴드왜건 효과(편승효과)의 사례로, 밴드왜건 효과란 유행에 따라 상품을 구입하는 소비현상을 뜻하는 경제용어이다. 기업은 이러한 현상을 충동구매 유도 마케팅 전략으로 활용하고, 정치계에서는 특정 유력 후보를 위한 선전용으로 활용한다. 따라서 ㉠의 사례로 ④가 적절하지 않다.

유형풀이 Tip

글에 명시적으로 드러나 있지 않은 부분을 추론하여 답을 도출해야 하는 유형이기 때문에 자신의 주관적인 판단보다는 제시된 글에 대한 이해를 기반으로 문제를 풀어야 한다.
추론하기 문제는 다음 두 가지 유형으로 구분할 수 있다.
1) 세부적인 내용을 추론하는 유형 : 주어진 선택지를 먼저 읽고 지문을 읽으면서 답이 아닌 선택지를 지워나가는 방법이 효율적이다.
2) 글쓴이의 주장 / 의도를 추론하는 유형 : 글에 나타난 주장·근거·논증 방식을 파악하는 유형으로, 주장의 타당성을 평가하여 글쓴이의 관점을 이해하며 읽는다.

※ 다음 글을 읽고 추론한 내용으로 적절하지 않은 것을 고르시오. [1~2]

01

> 다의어란 두 가지 이상의 의미를 가진 단어로 기본이 되는 핵심 의미를 중심 의미라고 하고, 중심 의미에서 확장된 의미를 주변 의미라고 한다. 중심 의미는 일반적으로 주변 의미보다 언어 습득의 시기가 빠르며 사용 빈도가 높다.
>
> 다의어가 주변 의미로 사용되었을 때는 문법적 제약이 나타나기도 한다. 예를 들어 '한 살을 먹다.'는 가능하지만, '한 살이 먹히다.'나 '한 살을 먹이다.'는 어법에 맞지 않는다. 또한 '손'이 '노동력'의 의미로 쓰일 때는 '부족하다, 남다' 등 몇 개의 용언과만 함께 쓰여 중심 의미로 쓰일 때보다 결합하는 용언의 수가 적다.
>
> 다의어의 주변 의미는 기존의 의미가 확장되어 생긴 것으로서, 새로 생긴 의미는 기존의 의미보다 추상성이 강화되는 경향이 있다. '손'의 중심 의미가 확장되어 '손이 부족하다.', '손에 넣다.'처럼 각각 '노동력', '권한이나 범위'로 쓰이는 것이 그 예이다.
>
> 다의어의 의미들은 서로 관련성을 갖는다. 예를 들어 '줄'의 중심 의미는 '새끼 따위와 같이 무엇을 묶거나 동이는 데에 쓸 수 있는 가늘고 긴 물건'인데 길게 연결되어 있는 모양이 유사하여 '길이로 죽 벌이거나 늘여 있는 것'의 의미를 갖게 되었다. 또한 연결이라는 속성이나 기능이 유사하여 '사회생활에서의 관계나 인연'의 뜻도 지니게 되었다.
>
> 그런데 다의어의 의미들이 서로 대립적 관계를 맺는 경우가 있다. 예를 들어 '앞'은 '향하고 있는 쪽이나 곳'이 중심 의미인데 '앞 세대의 입장', '앞으로 다가올 일'에서는 각각 '이미 지나간 시간'과 '장차 올 시간'을 가리킨다. 이것은 시간의 축에서 과거나 미래 중 어느 방향을 바라보는지에 따른 차이로서 이들 사이의 의미적 관련성은 유지된다.

① 동음이의어와 다의어는 단어의 문법적 제약이나 의미의 추상성 및 관련성 등으로 구분할 수 있을 것이다.

② '손에 넣다.'에서 '손'은 '권한이나 범위'의 의미로 사용될 수 있지만, '노동력'의 의미로 사용될 수 없을 것이다.

③ '먹다'가 중심 의미인 '음식 따위를 입을 통하여 배 속에 들여보내다.'로 사용된다면 '먹히다', '먹이다'로 제약 없이 사용될 것이다.

④ '줄'의 '사회생활에서의 관계나 인연'의 의미는 '길이로 죽 벌이거나 늘여 있는 것'의 의미보다 사용 빈도가 높을 것이다.

02

헤로도토스의 앤드로파기(=식인종)나 신화 속 전설적 존재들인 반인반양, 켄타우루스, 미노타우로스 등은 아무래도 역사적인 구체성이 크게 결여된 편이다. 반면에 르네상스의 야만인 담론에 등장하는 야만인들은 서구의 전통 야만인관에 의해 각색되는 것은 여전하지만 이전과는 달리 현실적 구체성을 띤다. 하지만 이때도 문명의 시각이 작동하기는 마찬가지며 야만인이 저질 인간으로 인식되는 것도 마찬가지다. 다만, 이제 이런 인식은 서구 중심의 세계체제 형성과 관련을 맺는다. 르네상스 야만인상은 서구인의 문명건설 과업과 관련하여 만들어진 것이다. '신대륙 발견'과 더불어 '문명'과 '야만'의 접촉이 빈번해지자 야만인은 더는 신화적·상징적·문화적 이해 대상이 아니게 되었다. 이제 그는 실제 경험의 대상으로서 서구인의 일상생활에까지 모습을 드러내는 존재이다.

특히 주목해야 할 점은 콜럼버스의 '신대륙 발견' 이후로 야만인 담론은 유럽인이 '발견'한 지역의 원주민들과 직접 그리고 집단으로 만나는 실제 체험과 관련되어 있다는 사실이다. 르네상스 이전이라고 해서 이방의 원주민들을 만나지 않았을 리 없겠지만 그때에는 원주민에 대한 정보가 직접 경험에 의한 것이라기보다는 뜬소문에 근거하거나 아니면 순전히 상상의 산물인 경우가 많았다. 반면에 르네상스 시대 야만인은 그냥 원주민이 아니다. 이때 원주민은 식인종이며 바로 이 점 때문에 문명인의 교화를 받거나 정복과 절멸의 대상이 된다. 이 점은 코르테스가 정복한 아즈테카 제국인 멕시코를 생각하면 쉽게 이해할 수 있다. 멕시코는 당시 거대한 제국으로서 유럽에서도 유례를 찾아보기 힘들 정도로 거대한 인구 25만의 도시를 건설한 '문명국'이었지만 코르테스를 수행하여 멕시코 정벌에 참여하고 나중에 이 경험에 대한 회고록으로 『뉴스페인 정복사』를 쓴 베르날 디아즈에 따르면 멕시코 원주민들은 지독한 식인습관을 가진 것으로 매도된다. 멕시코 원주민들이 식인종으로 규정되고 나면 그들이 아무리 스페인 정복군이 눈이 휘둥그레질 정도로 발달된 문화를 가지고 있어도 소용이 없다. 집단으로 '식인' 야만인으로 규정됨으로써 정복의 대상이 되고 또 이로 말미암아 세계사의 흐름에 큰 변화가 오게 된다. 거대한 대륙의 주인이 바뀌는 것이다.

① 고대에 형성된 야만인 이미지들은 경험에 의한 것이기보다 허구의 산물이었다.
② 르네상스 이후 서구인의 야만인 담론은 전통적인 야만인관과 단절을 이루었다.
③ 르네상스 이후 야만인은 서구의 세계 제패 전략의 관점에서 인식되고 평가되었다.
④ 스페인 정복군에 의한 아즈테카 문명의 정복은 서구 야만인 담론을 통해 합리화되었다.

03 다음 글을 읽고 추론한 내용으로 가장 적절한 것은?

지식의 본성을 다루는 학문인 인식론은 흔히 지식의 유형을 나누는 데에서 이야기를 시작한다. 지식의 유형은 '안다'는 말의 다양한 용례들이 보여주는 의미 차이를 통해서 드러나기도 한다. 예컨대 '그는 자전거를 탈 줄 안다.'와 '그는 이 사과가 둥글다는 것을 안다.'에서 '안다'가 바로 그런 경우이다. 전자의 '안다'는 능력의 소유를 의미하는 것으로 '절차적 지식'이라 부르고, 후자의 '안다'는 정보의 소유를 의미하는 것으로 '표상적 지식'이라고 부른다.

어떤 사람이 자전거에 대해서 많은 정보를 갖고 있다고 해서 자전거를 탈 수 있게 되는 것은 아니며, 자전거를 탈 줄 알기 위해서 반드시 자전거에 대해서 많은 정보를 갖고 있어야 하는 것도 아니다. 아무 정보 없이 그저 넘어지거나 다치거나 하는 과정을 거쳐 자전거를 탈 줄 알게 될 수도 있다. 자전거 타기와 같은 절차적 지식을 갖기 위해서는 훈련을 통하여 몸과 마음을 특정한 방식으로 조직화해야 한다. 그러나 정보를 마음에 떠올릴 필요는 없다.

반면, '이 사과는 둥글다.'는 것을 알기 위해서는 둥근 사과의 이미지가 되었건 '이 사과는 둥글다.'는 명제가 되었건 어떤 정보를 마음속에 떠올려야 한다. '마음속에 떠올린 정보'를 표상이라고 할 수 있으므로, 이러한 지식을 표상적 지식이라고 부른다. 그런데 어떤 표상적 지식을 새로 얻게 됨으로써 이전에 할 수 없었던 어떤 것을 하게 될지는 분명하지 않다. 이런 점에서 표상적 지식은 절차적 지식과 달리 특정한 일을 수행하는 능력과 직접 연결되어 있지 않다.

① 표상적 지식은 특정 능력의 습득에 전혀 도움을 주지 못한다.
② '이 사과는 둥글다.'라는 지식은 이미지 정보에만 해당한다.
③ 절차적 지식은 정보가 없음에도 습득할 수 있다.
④ 인식론은 머릿속에서 처리되는 정보의 유형만을 다루는 학문이다.

CHAPTER 01 의사소통능력 · **45**

1억 6천만 년 동안 지구를 지배해오던 공룡이 6천5백만 년 전 갑자기 지구에서 사라졌다. 공룡들은 어쩌다 갑자기 사라지게 된 걸까? 이러한 미스터리는 1820년대 공룡 화석이 처음 발견된 후 지금까지 여전히 풀리지 않고 있다. 그동안 공룡 멸종의 원인을 밝혀보려는 노력은 수없이 많았지만, 여러 멸종 이론 중 어느 것도 공룡이 왜 지구상에서 자취를 감추었는지 명쾌하게 설명하지 못했다. 하지만 대부분의 과학자는 거대한 운석이 지구에 부딪힌 사건을 공룡 멸종의 가장 큰 이유로 꼽고 있다. 과학자들은 멕시코의 유카탄 반도에서 지름이 180km나 되는 커다란 운석 구덩이의 연대를 측정했는데, 이 운석 구덩이의 생성 연대가 공룡이 멸종한 시기와 일치한다는 사실을 확인하였다. 하지만 운석이 지구와 충돌하면서 생긴 직접적 충격으로 인해 공룡을 비롯한 수많은 종이 갑자기 멸종되었다고 보기는 어려우며, 그 충돌 때문에 발생한 이차적 영향이 있었을 것으로 짐작된다. 그처럼 거대한 구덩이가 생길 정도의 파괴력이면 물리적 충격은 물론 지구의 대기를 비롯한 생존 환경에 장기간 ⊙ 엄청난 영향을 주었을 것이고, 그로 인해 생명체들이 멸종될 수 있다는 결론을 내린 것이다. 실제로 최근 뉴질랜드 국립 지리·핵 과학 연구소(GNS)의 조사팀은 운석과 충돌한 지점과 반대편에 있는 '사우스' 섬의 서부 해안에서 발견된 '탄화된 작은 꽃가루들'에 대해 연구하였다. 이 연구를 통해 환경의 변화가 운석과의 충돌 지점뿐만 아니라 전 지구적으로 진행되었음을 밝혔다. 또한, 6천5백만 년 전의 지층인 K-T 퇴적층에서는 지구에는 없는 원소인 팔라듐이 다량 발견되었고, 운석에 많이 함유된 이리듐(Ir)의 함량이 지구의 어느 암석보다 높다는 사실도 밝혀졌는데, 이것 역시 '운석에 의한 충돌설'을 뒷받침한다. 그뿐만 아니라 공룡이 멸종됐던 백악기 말과 신생대 제3기 사이에 바다에 녹아있던 탄산칼슘의 용해 정도가 갑자기 증가한 것도 당시 지구에 급속한 기온의 변화가 있었다는 증거가 되고 있다.

이렇게 운석에 의한 공룡의 멸종설은 점점 설득력 있게 받아들여지고 있다. 문제는 그러한 상황에서도 살아남은 생물들이 있다는 데에 있다. 씨앗으로 동면(冬眠)할 수 있는 식물들과 비교적 조그만 동물들이, 대기권을 가득 메운 먼지로 인해 닥친 '길고 긴 겨울'의 추위를 견디고 생존하였다. 거대한 몸집의 공룡보다는 은신처와 먹잇감이 상대적으로 많았을 것이며, 생존에 필요한 기초 활동들이 공룡보다는 용이했을 것이기 때문이다.

공룡이 멸종하게 된 직접적인 이유가 운석과의 충돌에 있다고 할지라도, 결국 인간이나 공룡을 비롯한 지구상의 모든 종(種)이 갑작스럽게 멸종하느냐 진화하면서 생존하느냐의 여부는 '자연에 대한 적응력'에 달려있다고 보인다. 이것이 생존의 조건인 셈인데, 환경에 대한 적응력이 뛰어나면 당연히 더 많은 생존 가능성을 가지게 되고, 새로운 환경에 적응하며 번성할 수도 있다. 적응력이 뛰어난 어떤 돌연변이의 후손들은 새로운 종으로 진화하며 생존하기도 한다. 그런데 환경의 변화가 급격한 시기에는 생명체 대부분이 변화에 적응하기가 매우 어렵다. 만일 공룡이 급변하는 환경에 대한 적응력이 뛰어 났다면 살아남을 가능성이 훨씬 많았을 것이고, 그렇다면 지금껏 지구를 지배하고 있었을지도 모른다.

① 운석과의 충돌은 반대쪽에도 엄청난 반사 충격파를 전달하여 전 지구적인 화산 활동을 초래하였다.

② 운석과의 충돌은 지구의 공전궤도에 변화를 주어 밤낮의 길이나 계절이 바뀌는 등의 환경 변화가 일어났다.

③ 운석 충돌로 발생한 먼지가 지구 대기를 완전히 뒤덮어 햇빛이 차단되었고, 따라서 기온이 급속히 내려갔다.

④ 운석과의 충돌은 엄청난 양의 유독 가스를 발생시켜 생명체의 생존에 필요한 산소가 부족하게 되었다.

05 다음 글의 논지를 강화하기 위한 내용으로 옳지 않은 것은?

> 뉴턴은 이렇게 말했다. "플라톤은 내 친구이다. 아리스토텔레스는 내 친구이다. 하지만 진리야말로 누구보다 소중한 내 친구이다." 케임브리지에서 뉴턴에게 새로운 전환점을 준 사람이 있다. 수학자이며 당대 최고의 교수였던 아이작 배로우(Isaac Barrow)였다. 배로우는 뉴턴에게 수학과 기하학을 가르치고 그의 탁월함을 발견하여 후원자가 됐다. 이처럼 뉴턴은 타고난 천재가 아니라, 자신의 피나는 노력과 위대한 스승들의 도움을 통해 후천적으로 키워진 것이다.
>
> 뉴턴이 시대를 관통하는 천재로 여겨진 것은 "사과는 왜 땅에 수직으로 떨어질까?"라는 질문에서 시작했다. 이 질문을 던진 지 20여 년이 지나고 마침내 모든 물체가 땅으로 떨어지는 것은 지구 중력에 의한 만유인력이라는 개념을 발견한 것이 계기가 되었다. 사과가 떨어지는 것을 관찰하여 온갖 질문을 던지고, 새로운 가설을 만든 후에 그것을 증명하기 위해 오랜 시간 연구하고 실험을 한 결과가 위대한 발견으로 이어진 것이다. 위대한 발명이나 발견은 어느 한 순간 섬광처럼 오는 것이 아니다. 시작 단계의 작은 아이디어가 질문과 논쟁을 통해 점차 다른 아이디어들과 충돌하고 합쳐지면서 숙성의 시간을 갖고, 그런 후에야 세상에 유익한 발명이나 발견이 나오는 것이다.
>
> 이전부터 천재가 선천적인 것인지, 후천적인 것인지에 대한 논란은 계속되어 왔다. 과거에는 천재가 신적인 영감을 받아 선천적으로 탄생한다는 주장이 힘을 얻었다. 플라톤의 저서 『이온』에도 음유시인이 기술이나 지식이 아닌 신적인 힘과 영감을 받는 존재임이 언급된다. 그러나 아리스토텔레스의 『시학』은 『이온』과 조금 다른 관점을 취하고 있다. 기본적으로 시가 모방미학이라는 입장은 같지만, 아리스토텔레스는 이것이 신적인 힘을 모방한 것이 아닌 인간의 모방이라고 믿었다.
>
> 최근 연구에 의하면 천재라 불리는 모든 사람들이 선천적으로 타고난 것이 아니고 후천적인 학습을 통해 수준을 점차 더 높은 단계로 발전시켰다고 한다. 선천적 재능과 후천적 학습을 모두 거친 절충적 천재가 각광받는 것이다. 이것이 우리에게 주는 시사점은 비록 지금은 창의적이지 않더라도 꾸준히 포기하지 말고 창의성을 개발하고 실현하는 방법을 배워서 실천한다면 모두가 창의적인 사람이 될 수 있다는 교훈이다. 타고난 천재가 아니고 훈련과 노력으로 새롭게 태어나는 창재(창의적인 인재)로 거듭나야 한다.

① 칸트는 천재가 선천적인 것이라고 하였다.

② 세계적인 발레리나 강수진은 고된 연습으로 발이 기형적으로 변해버렸다.

③ 뉴턴뿐만 아니라 아인슈타인 역시 끊임없는 연구와 노력을 통해 천재로 인정받았다.

④ 1만 시간의 법칙은 한 분야에서 전문가가 되기 위해서는 최소 1만 시간의 훈련이 필요하다는 것이다.

CHAPTER 02

수리능력

합격 Cheat Key

수리능력은 사칙연산·통계·확률의 의미를 정확하게 이해하고 이를 업무에 적용하는 능력으로, 기초연산과 기초통계, 도표분석 및 작성의 문제 유형으로 출제된다. 수리능력 역시 채택하지 않는 금융권이 거의 없을 만큼 필기시험에서 중요도가 높은 영역이다.

수리능력은 NCS 기반 채용을 진행한 거의 모든 금융권에서 다루었으며, 문항 수는 전체의 평균 16% 정도로 많이 출제되었다. 특히, 난이도가 높은 금융권의 시험에서는 도표분석, 즉 자료해석 유형의 문제가 많이 출제되고 있고, 응용수리 역시 꾸준히 출제하는 금융권이 많기 때문에 기초연산과 기초통계에 대한 공식의 암기와 자료해석능력을 기를 수 있는 꾸준한 연습이 필요하다.

1 응용수리능력의 공식은 반드시 암기하라!

응용수리능력은 지문이 짧지만, 풀이 과정은 긴 문제도 자주 볼 수 있다. 그렇기 때문에 응용수리능력의 공식을 반드시 암기하여 문제의 상황에 맞는 공식을 적절하게 적용하여 답을 도출해야 한다. 따라서 문제에서 묻는 것을 정확하게 파악하여 그에 맞는 공식을 적절하게 적용하는 꾸준한 노력과 공식을 암기하는 연습이 필요하다.

2 통계에서의 사건이 동시에 발생하는지 개별적으로 발생하는지 구분하라!

통계에서는 사건이 개별적으로 발생했을 때, 경우의 수는 합의 법칙, 확률은 덧셈정리를 활용하여 계산하며, 사건이 동시에 발생했을 때, 경우의 수는 곱의 법칙, 확률은 곱셈정리를 활용하여 계산한다. 특히, 기초통계능력에서 출제되는 문제 중 순열과 조합의 계산 방법이 필요한 문제도 다수이므로 순열(순서대로 나열)과 조합(순서에 상관없이 나열)의 차이점을 숙지하는 것 또한 중요하다. 통계 문제에서의 사건 발생 여부만 잘 판단하여도 계산과 공식을 적용하기가 수월하므로 문제의 의도를 잘 파악하는 것이 중요하다.

3 **자료의 해석은 자료에서 즉시 확인할 수 있는 지문부터 확인하라!**

대부분의 수험생들이 어려워 하는 영역이 수리영역 중 도표분석, 즉 자료해석능력이다. 자료는 표 또는 그래프로 제시되고, 쉬운 지문은 증가 혹은 감소 추이, 간단한 사칙연산으로 풀이가 가능한 문제 등이 있고, 자료의 조사기간 동안 전년 대비 증가율 혹은 감소율이 가장 높은 기간을 찾는 문제들도 있다. 따라서 일단 증가·감소 추이와 같이 눈으로 확인이 가능한 지문을 먼저 확인한 후 복잡한 계산이 필요한 지문을 확인하는 방법으로 문제를 풀이한다면, 시간을 조금이라도 아낄 수 있다. 특히, 그래프와 같은 경우에는 그래프에 대한 특징을 알고 있다면, 그래프의 길이 혹은 높낮이 등으로 대강의 수치를 빠르게 확인이 가능하므로 이에 대한 숙지도 필요하다. 또한, 여러 가지 보기가 주어진 문제 역시 지문을 잘 확인하고 문제를 풀이한다면 불필요한 계산을 생략할 수 있으므로 항상 지문부터 확인하는 습관을 들이기를 바란다.

4 **도표작성능력에서 지문에 작성된 도표의 제목을 반드시 확인하라!**

도표작성은 하나의 자료 혹은 보고서와 같은 수치가 표현된 자료를 도표로 작성하는 형식으로 출제되는데, 대체로 표보다는 그래프를 작성하는 형태로 많이 출제된다. 지문을 살펴보면 각 지문에서 주어진 도표에도 소제목이 있는 경우가 대부분이다. 이때, 자료의 수치와 도표의 제목이 일치하지 않는 경우 함정이 존재하는 문제일 가능성이 높으므로 도표의 제목을 반드시 확인하는 것이 중요하다. 도표작성의 경우 대부분 비율 계산이 많이 출제되는데, 도표의 제목과는 다른 수치로 작성된 도표가 존재하는 경우가 있다. 그렇기 때문에 지문에서 작성된 도표의 소제목을 먼저 확인하는 연습을 하여 간단하지 않은 비율 계산을 두 번 하는 일이 없도록 해야 한다.

01 | 거리·속력·시간

| 유형분석 |

- (거리)=(속력)×(시간), (속력)=$\frac{(거리)}{(시간)}$, (시간)=$\frac{(거리)}{(속력)}$
- 기차와 터널의 길이, 물과 같이 속력이 있는 장소 등 추가적인 거리·속력·시간에 대한 조건과 결합하여 난도 높은 문제로 출제된다.

A사원은 회사 근처 카페에서 거래처와 미팅을 갖기로 했다. 처음에는 4km/h로 걸어가다가 약속 시간에 늦을 것 같아서 10km/h로 뛰어서 24분 만에 미팅 장소에 도착했다. 회사에서 카페까지의 거리가 2.5km일 때, A사원이 뛴 거리는?

① 0.6km
② 0.9km
③ 1.2km
④ 1.5km

정답 ④

총거리와 총시간이 주어져 있으므로 걸은 거리와 뛴 거리 또는 걸은 시간과 뛴 시간을 미지수로 잡을 수 있다.
미지수를 잡기 전에 문제에서 묻는 것을 정확하게 파악해야 나중에 답을 구할 때 헷갈리지 않는다.
문제에서 A사원이 뛴 거리를 물어보았으므로 거리를 미지수로 놓는다.
A사원이 회사에서 카페까지 걸어간 거리를 $x$km, 뛴 거리를 $y$km라고 하면,
회사에서 카페까지의 거리는 2.5km이므로 걸어간 거리 $x$km와 뛴 거리 $y$km를 합하면 2.5km이다.
$x+y=2.5$ … ㉠
A사원이 회사에서 카페까지 24분이 걸렸으므로 걸어간 시간($\frac{x}{4}$ 시간)과 뛰어간 시간($\frac{y}{10}$ 시간)을 합치면 24분이다.
이때 속력은 시간 단위이므로 '분'으로 바꾸어 계산한다.
$\frac{x}{4}\times60+\frac{y}{10}\times60=24$ → $5x+2y=8$ … ㉡
㉠과 ㉡을 연립하여 ㉡-(2×㉠)을 하면 $x=1$이고, 구한 x의 값을 ㉠에 대입하면 $y=1.5$이다.
따라서 A사원이 뛴 거리는 $y$km이므로 1.5km이다.

유형풀이 Tip

- 미지수를 정할 때에는 문제에서 묻는 것을 정확하게 파악해야 한다.
- 속력과 시간의 단위를 처음부터 정리하여 계산하면 실수 없이 풀이할 수 있다.
  예 1시간=60분=3,600초
  예 1km=1,000m=100,000cm

Easy

01 어떤 기차가 700m인 다리를 통과하는 데 1분이 걸리고, 1,500m인 터널을 통과하는 데 2분이 걸린다고 할 때, 이 기차의 길이는?

① 50m

② 100m

③ 150m

④ 200m

02 출발지로부터 거리가 2km인 도착지를 향해 20분 동안 30m/min의 속력으로 갔다. 1시간 안에 도착지까지 가려면 20분 후에 얼마의 속력으로 가야 하는가?

① 25m/min

② 30m/min

③ 35m/min

④ 40m/min

03 운송업체에서 택배 기사로 일하고 있는 A씨는 5곳에 배달을 할 때, 첫 배송지에서 마지막 배송지까지 총 1시간 20분이 걸린다. 평균적으로 이와 같은 속도로 배달한다면 12곳에 배달을 하는데 첫 배송지에서 출발해서 마지막 배송지까지 배달을 마치는 데 걸리는 시간은?(단, 배송지에서 머무는 시간은 고려하지 않는다)

① 3시간 12분

② 3시간 25분

③ 3시간 36분

④ 3시간 40분

02 │ 농도

│ 유형분석 │

- (농도)=$\dfrac{(용질의 양)}{(용액의 양)}\times 100$
- (소금물의 양)=(물의 양)+(소금의 양)이라는 것에 유의하고, 더해지거나 없어진 것을 미지수로 두고 풀이한다.

소금물 500g이 있다. 이 소금물에 농도가 3%인 소금물 200g을 온전히 섞었더니 소금물의 농도는 7%가 되었다. 500g의 소금물에 녹아 있던 소금의 양은?

① 31g
② 37g
③ 43g
④ 49g

정답 ③

문제에서 구하고자 하는 500g의 소금물에 녹아 있던 소금의 양을 미지수로 놓는다.

500g의 소금물에 녹아 있던 소금의 양을 xg이라고 하면,

농도가 3%인 소금물 200g에 녹아 있던 소금의 양은 $\dfrac{3}{100}\times 200=6$g이다.

소금물 500g에 농도가 3%인 소금물 200g을 섞었을 때 소금물의 농도가 주어졌으므로 농도를 기준으로 식을 세우면 다음과 같다.

$$\dfrac{x+6}{500+200}\times 100=7$$

→ $(x+6)\times 100=7\times(500+200)$

→ $(x+6)\times 100=4,900$

→ $100x+600=4,900$

→ $100x=4,300$

∴ $x=43$

따라서 500g의 소금물에 녹아 있던 소금의 양은 xg이므로 43g이다.

유형풀이 Tip

- 숫자의 크기를 최대한 간소화해야 한다. 특히 농도의 경우 분수와 정수가 같이 제시되고, 최근에는 비율을 활용한 문제가 많이 출제되고 있으므로 통분이나 약분을 통해 수를 간소화시켜 계산 실수를 줄일 수 있도록 한다.
- 항상 미지수를 구해서 그 값을 계산하여 풀이해야 하는 것은 아니다. 문제에서 원하는 값은 정확한 미지수를 구하지 않아도 풀이 과정에서 답이 제시되는 경우가 있으므로 문제에서 묻는 것을 명확히 해야 한다.

01 20%의 설탕물 100g이 있다. 설탕물 xg을 덜어내고, 덜어낸 양만큼의 설탕을 첨가하였다. 거기에 11%의 설탕물 yg을 섞었더니 26%의 설탕물 300g이 되었다. 이때 $x+y$의 값은?

① 195

② 213

③ 235

④ 245

`Hard`

02 농도가 15%인 소금물을 5% 증발시킨 후 농도가 30%인 소금물 200g을 섞어서 농도가 20%인 소금물을 만들었다. 증발 전 농도가 15%인 소금물의 양은?

① 350g

② 400g

③ 450g

④ 500g

03 A씨는 25% 농도의 코코아 700mL를 즐겨 마신다. A씨가 마시는 코코아에 들어간 코코아 분말의 양은 얼마인가?(단, 1mL＝1g이다)

① 170g

② 175g

③ 180g

④ 185g

03 | 일의 양

| 유형분석 |

- (일률)=$\dfrac{(작업량)}{(작업기간)}$, (작업기간)=$\dfrac{(작업량)}{(일률)}$, (작업량)=(일률)×(작업기간)
- 전체 일의 양을 1로 두고 풀이하는 유형이다.
- 분이나 초 단위 계산이 가장 어려운 유형으로 출제되고 있다.

한 공장에서는 기계 2대를 운용하고 있다. 이 공장의 전체 작업을 수행할 때 A기계로는 12시간이 걸리며, B기계로는 18시간이 걸린다. 이미 절반의 작업이 수행된 상태에서 A기계로 4시간 동안 작업하다가 이후로는 A, B 두 기계를 모두 동원해 작업을 수행했다면, 이때 A, B 두 기계를 모두 동원해 작업을 수행하는 데 소요된 시간은?

① 1시간
② 1시간 12분
③ 1시간 20분
④ 1시간 30분

정답 ②

전체 일의 양을 1이라고 하면, A기계가 한 시간 동안 작업할 수 있는 일의 양은 $\dfrac{1}{12}$ 이고, B기계가 한 시간 동안 작업할 수 있는 일의 양은 $\dfrac{1}{18}$ 이다. 이미 절반의 작업이 수행되었으므로 남은 일의 양은 $1-\dfrac{1}{2}=\dfrac{1}{2}$ 이다.

이 중 A기계로 4시간 동안 작업을 수행했으므로 A기계와 B기계가 함께 작업해야 하는 일의 양은 $\dfrac{1}{2}-\left(\dfrac{1}{12}\times4\right)=\dfrac{1}{6}$ 이다.

따라서 A, B 두 기계를 모두 동원해 남은 $\dfrac{1}{6}$ 을 수행하는 데는 $\dfrac{\dfrac{1}{6}}{\left(\dfrac{1}{12}+\dfrac{1}{18}\right)}=\dfrac{\dfrac{1}{6}}{\dfrac{5}{36}}=\dfrac{6}{5}$ 시간, 즉 1시간 12분이 걸린다.

유형풀이 Tip

- 전체의 값을 모르는 상태에서 비율을 묻는 문제의 경우 전체를 1이라고 하면 쉽게 풀이할 수 있다.

  예 1개의 빵을 만드는 데 3시간이 걸린다. 1개의 빵을 만드는 일의 양을 1이라고 하면 한 시간에 $\dfrac{1}{3}$ 만큼의 빵을 만든다.

- 난이도가 있는 일의 양 문제를 접근할 때 전체 일의 양을 막대 그림으로 표현하면서 풀이하면 한눈에 파악할 수 있다.

  예

$\dfrac{1}{2}$ 수행됨	A기계로 4시간 동안 작업	A, B 두 기계를 모두 동원해 작업

01 500개의 상자를 접는 데 갑은 5일, 을은 13일이 소요된다. 2,500개 상자 접기를 갑과 을이 같이 일을 시작하여 중간에 을이 그만두고, 갑이 혼자서 남은 상자를 다 접었다고 한다. 총소요시간은 20일이었을 때, 갑과 을이 같이 일을 한 날은 며칠인가?

① 12일

② 13일

③ 14일

④ 15일

02 갑은 곰인형 100개를 만드는 데 4시간, 을은 25개를 만드는 데 10시간이 걸린다. 이들이 함께 일을 하면 각각 원래 능력보다 20% 효율이 떨어진다. 이들이 함께 곰인형 132개를 만드는 데 걸리는 시간은?

① 5시간

② 6시간

③ 7시간

④ 8시간

03 초콜릿 한 상자를 만드는 데 명훈이는 30시간, 우진이는 20시간이 걸린다. 명훈이가 3시간, 우진이가 5시간 동안 만든 후, 둘이서 같이 한 상자를 완성한다고 할 때, 두 사람이 같이 초콜릿을 만드는 시간은?

① $\dfrac{37}{5}$ 시간

② $\dfrac{39}{5}$ 시간

③ $\dfrac{42}{5}$ 시간

④ $\dfrac{44}{5}$ 시간

04 | 금액

| 유형분석 |

- (정가)=(원가)+(이익), (이익)=(정가)−(원가)

  a원에서 $b\%$ 할인한 가격$=a\times\left(1-\dfrac{b}{100}\right)$

- 원가, 정가, 할인가, 판매가 등의 개념을 명확히 한다.
- 난이도가 어려운 편은 아니지만 비율을 활용한 계산 문제이기 때문에 실수하기 쉽다.

종욱이는 25,000원짜리 피자 두 판과 8,000원짜리 샐러드 세 개를 주문했다. 통신사 멤버십 혜택으로 피자는 15%, 샐러드는 25%를 할인받을 수 있고, 이벤트로 통신사 멤버십 혜택을 적용한 금액의 10%를 추가 할인받았다고 한다. 종욱이가 할인받은 총금액은?

① 12,150원
② 13,500원
③ 18,600원
④ 19,550원

정답 ④

할인받기 전 종욱이가 지불할 금액은 $25,000\times2+8,000\times3=74,000$원이다.

통신사 할인과 이벤트 할인을 적용한 금액은 $(25,000\times2\times0.85+8,000\times3\times0.75)\times0.9=54,450$원이다.

따라서 종욱이가 할인받은 총금액은 $74,000-54,450=19,550$원이다.

유형풀이 Tip

전체 금액을 구하는 것이 아니라 할인된 금액을 구하면 수의 크기도 작아지고, 풀이 과정을 단축시킬 수 있다.

예를 들어 위의 문제에서 피자는 15%, 샐러드는 25%를 할인받았으므로 할인받은 금액은 각각 7,500원, 6,000원이다. 할인받은 금액의 합을 원래 지불했어야 하는 금액에서 빼면 60,500원이고, 이의 10%는 6,050원이므로 종욱이가 할인받은 총금액은 $7,500+6,000+6,050=19,550$원이다.

01 세희네 가족의 올해의 여름휴가 비용은 작년 대비 교통비는 15%, 숙박비는 24% 증가하여 전체 휴가비용이 20% 증가하였다. 작년 전체 휴가비용이 36만 원일 때, 올해 숙박비는?(전체 휴가비는 교통비와 숙박비의 합이다)

① 160,000원   ② 184,000원

③ 200,000원   ④ 248,000원

02 A와 B가 시장에 가서 각각 2번에 걸쳐 물건을 사는 데 총 32,000원이 들었다. A는 두 번째 구매 시 첫 번째보다 50% 감소한 금액을 냈고, B는 두 번째 구매 시 첫 번째보다 50% 증가한 금액을 냈다. 나중에 서로 비교해 보니 B가 A보다 5,000원을 더 소비한 것을 알게 되었다고 할 때, A가 첫 번째로 낸 금액은?

① 7,400원   ② 8,500원

③ 9,000원   ④ 9,700원

Hard

03 S는 올해 초에 3,000만 원짜리 자동차를 구입하였다. 처음에 현금 1,200만 원을 냈고 나머지 금액은 올해 말부터 연말마다 일정한 금액으로 6회에 걸쳐 갚으려고 한다. 이때 매년 얼마씩 갚아야 하는가?(단, $1.01^6 ≒ 1.06$, 연이율 1%, 1년마다 복리로 계산한다)

① 300만 원   ② 306만 원

③ 312만 원   ④ 318만 원

05 | 날짜 · 요일

| 유형분석 |

- 1일＝24시간＝1,440(＝24×60)분＝86,400(＝1,440×60)초
- 월별 일수 : 31일 − 1, 3, 5, 7, 8, 10, 12월
    30일 − 4, 6, 9, 11월
    28일 또는 29일(윤년, 4년에 1회) − 2월
- 날짜 · 요일 단위별 기준이 되는 숫자가 다르므로 실수하지 않도록 유의한다.

어느 달의 3월 2일은 금요일일 때, 한 달 후인 4월 2일은 무슨 요일인가?

① 월요일   ② 화요일

③ 수요일   ④ 목요일

정답 ①

3월은 31일까지 있고 일주일은 7일이므로, 31÷7＝4 … 3이다.

따라서 4월 2일은 금요일부터 3일이 지난 월요일이다.

유형풀이 Tip

- 일주일은 7일이므로, 전체 일수를 구한 뒤 7로 나누면 빠르게 해결할 수 있다.
- 날짜와 요일의 단위를 처음부터 정리하여 계산하면 실수 없이 풀이할 수 있다.

01 철수는 매일 1,000원씩, 영희는 800원씩 저금하기로 했다. 며칠 후 정산을 해보니 철수의 저금액이 영희의 2배가 되어 있었다. 영희가 철수보다 3일 후에 저금하기 시작했다면, 정산은 며칠 후에 한 것인가?

① 7일   ② 8일

③ 9일   ④ 10일

02 A회사와 B회사의 휴무 간격은 각각 5일, 7일이다. 일요일인 오늘 두 회사가 함께 휴일을 맞았다면, 앞으로 4번째로 함께하는 휴일은 무슨 요일인가?

① 수요일   ② 목요일

③ 금요일   ④ 토요일

Hard

03 S은행은 주 5일 평일에만 근무하는 것이 원칙이며, 재작년의 휴일 수는 105일이었다. 작년은 재작년과 같은 날만큼 쉬었으며 윤년이었다고 한다. 올해 S은행의 휴일 수는 며칠인가?(단, 휴일은 주말을 뜻한다)

① 103일   ② 104일

③ 105일   ④ 106일

06 | 경우의 수

| 유형분석 |

- $_n\mathrm{P}_m = n \times (n-1) \times \cdots \times (n-m+1)$

  $_n\mathrm{C}_m = \dfrac{_n\mathrm{P}_m}{m!} = \dfrac{n \times (n-1) \times \cdots \times (n-m+1)}{m!}$
- 벤 다이어그램을 활용한 문제가 출제되기도 한다.

S은행은 토요일에 2명의 사원이 당직 근무를 서도록 사칙으로 규정하고 있다. S은행의 B팀에는 8명의 사원이 있다. B팀이 앞으로 3주 동안 토요일 당직 근무를 선다고 할 때, 가능한 모든 경우의 수는?(단, 모든 사원은 당직 근무를 2번 이상 서지 않는다)

① 1,520가지
② 2,520가지
③ 5,040가지
④ 10,080가지

정답 ②

8명을 2명씩 3개의 그룹으로 나누는 경우의 수는 $_8\mathrm{C}_2 \times _6\mathrm{C}_2 \times _4\mathrm{C}_2 \times \dfrac{1}{3!} = 28 \times 15 \times 6 \times \dfrac{1}{6} = 420$가지이다.

3개의 그룹을 각각 A, B, C라 하면, 3주 동안 토요일에 근무자를 배치하는 경우의 수는 A, B, C를 일렬로 나열하는 경우의 수와 같으므로 3개의 그룹을 일렬로 나열하는 경우의 수는 $3 \times 2 \times 1 = 6$가지이다.

∴ $420 \times 6 = 2,520$

따라서 가능한 모든 경우의 수는 2,520가지이다.

유형풀이 Tip

경우의 수의 합의 법칙과 곱의 법칙 등에 관해 명확히 한다.
1) 합의 법칙
   ① 두 사건 A, B가 동시에 일어나지 않을 때, A가 일어나는 경우의 수를 m, B가 일어나는 경우의 수를 n이라고 하면, 사건 A 또는 B가 일어나는 경우의 수는 $m+n$이다.
   ② '또는', '~이거나'라는 말이 나오면 합의 법칙을 사용한다.
2) 곱의 법칙
   ① A가 일어나는 경우의 수를 m, B가 일어나는 경우의 수를 n이라고 하면, 사건 A와 B가 동시에 일어나는 경우의 수는 $m \times n$이다.
   ② '그리고', '동시에'라는 말이 나오면 곱의 법칙을 사용한다.

01 S은행의 마케팅부, 영업부, 영업지원부에서 2명씩 대표로 회의에 참석하기로 하였다. 원탁에 같은 부서 사람이 옆자리에 앉는 방식으로 자리배치를 한다고 할 때, 6명이 앉을 수 있는 경우의 수는?

① 15가지   ② 16가지

③ 17가지   ④ 18가지

`Easy`

02 어느 대학교 동아리에서 테니스 경기를 토너먼트 방식으로 진행하려고 한다. 총 16명의 참가자들이 참여했을 때, 최종 우승자가 나올 때까지 진행되는 경기의 수는?(단, 동점자는 없다)

① 12번   ② 13번

③ 14번   ④ 15번

03 그림과 같이 정육면체 4개가 붙어 있다. A점에서 B점으로 가는 최단 경로의 수는?

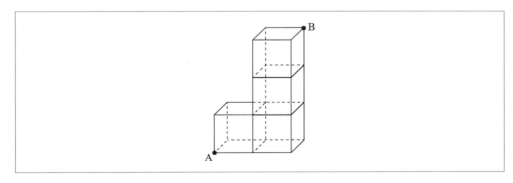

① 38   ② 40

③ 42   ④ 44

07 | 확률

유형분석

- 순열(P)과 조합(C)을 활용한 문제이다.
- 조건부 확률 문제가 출제되기도 한다.

주머니에 1부터 10까지의 숫자가 적힌 카드 10장이 들어있다. 주머니에서 카드를 세 번 뽑는다고 할 때, 1, 2, 3이 적힌 카드 중 하나 이상을 뽑을 확률은?(단, 꺼낸 카드는 다시 넣지 않는다)

① $\dfrac{7}{24}$

② $\dfrac{5}{8}$

③ $\dfrac{17}{24}$

④ $\dfrac{7}{8}$

정답 ③

(1, 2, 3이 적힌 카드 중 하나 이상을 뽑을 확률)=1−(세 번 모두 4 ~ 10이 적힌 카드를 뽑을 확률)

세 번 모두 4 ~ 10이 적힌 카드를 뽑을 확률은 $\dfrac{7}{10} \times \dfrac{6}{9} \times \dfrac{5}{8} = \dfrac{7}{24}$ 이다.

따라서 1, 2, 3이 적힌 카드 중 하나 이상을 뽑을 확률은 $1 - \dfrac{7}{24} = \dfrac{17}{24}$ 이다.

유형풀이 Tip

1) 여사건의 확률
   ① 사건 A가 일어날 확률이 p일 때, 사건 A가 일어나지 않을 확률은 $(1-p)$이다.
   ② '적어도'라는 말이 나오면 주로 사용한다.
2) 확률의 덧셈
   두 사건 A, B가 동시에 일어나지 않을 때, A가 일어날 확률을 p, B가 일어날 확률을 q라고 하면, 사건 A 또는 B가 일어날 확률은 $p+q$이다.
3) 확률의 곱셈
   A가 일어날 확률을 p, B가 일어날 확률을 q라고 하면, 사건 A와 B가 동시에 일어날 확률은 $p \times q$이다.

01   10%의 불량품이 들어 있는 제품 중에서 임의로 4개의 제품을 택할 때, 2개의 제품이 불량품일 확률은?

① 0.0025

② 0.0125

③ 0.0486

④ 0.0492

02   어느 학교의 3학년 학생은 A과목과 B과목 중 한 과목만을 선택하여 수업을 받는다고 한다. A과목과 B과목을 선택한 학생의 비율이 각각 전체의 40%, 60%이고, A과목을 선택한 학생 중 여학생은 30%, B과목을 선택한 학생 중 여학생은 40%라고 한다면, 이 학교의 3학년 학생 중에서 임의로 뽑은 학생이 여학생일 때, 그 학생이 B과목을 선택했을 확률은?

① $\dfrac{1}{4}$

② $\dfrac{1}{3}$

③ $\dfrac{2}{3}$

④ $\dfrac{3}{4}$

Hard

03   흰색 탁구공 7개와 노란색 탁구공 5개가 들어 있는 주머니에서 4개의 탁구공을 동시에 꺼낼 때, 흰색 탁구공이 노란색 탁구공보다 많을 확률은?

① $\dfrac{10}{33}$

② $\dfrac{14}{33}$

③ $\dfrac{17}{33}$

④ $\dfrac{20}{33}$

08 | 환율

| 유형분석 |

- (환율)=$\dfrac{(\text{자국 화폐 가치})}{(\text{외국 화폐 가치})}$

- (자국 화폐 가치)=(환율)×(외국 화폐 가치)

- (외국 화폐 가치)=$\dfrac{(\text{자국 화폐 가치})}{(\text{환율})}$

수인이는 베트남 여행을 위해 환전하기로 하였다. 다음은 I환전소의 환전 당일 환율 및 수수료에 대한 자료이다. 수인이가 한국 돈으로 베트남 현금 1,670만 동을 환전한다고 할 때, 수수료까지 포함하여 필요한 금액은?(단, 모든 계산과정에서 구한 값은 일의 자리에서 버림한다)

〈I환전소 환율 및 수수료〉

- 베트남 환율 : 483원/만 동
- 수수료 : 0.5%
- 우대사항 : 50만 원 이상 환전 시 70만 원까지 수수료 0.4%로 인하 적용
              100만 원 이상 환전 시 총금액 수수료 0.4%로 인하 적용

---

① 808,840원
② 808,940원
③ 809,840원
④ 809,940원

정답 ④

베트남 현금 1,670만 동을 환전하기 위해 필요한 한국 돈은 수수료를 제외하고 1,670만 동×483원/만 동=806,610원이다.
우대사항에 따르면 50만 원 이상 환전 시 70만 원까지 수수료가 0.4%로 낮아지므로, 70만 원에는 수수료가 0.4% 적용되고 나머지는 0.5%가 적용되어 총수수료를 구하면 700,000×0.004+(806,610−700,000)×0.005=2,800+533.05≒3,330원이다(∵ 일의 자리에서 버림).
따라서 수수료를 포함하여 수인이가 원하는 금액을 환전하는 데 필요한 총금액은 806,610+3,330=809,940원이다.

유형풀이 Tip

- 우대사항 등 문제에서 요구하는 조건을 놓치지 않도록 주의한다.

※ 다음은 각 국가의 환율에 대한 자료이다. 이어지는 질문에 답하시오(단, 환전수수료는 고려하지 않는다).
[1~2]

<각 국가의 환율>

구분	중국	일본	러시아	태국
환율	170원/위안	8.5원/엔	13원/루블	35원/바트

Easy

01 중국 1,000위안을 태국 바트로 환전하면 얼마인가?

① 약 3,572.75바트   ② 약 4,857.14바트
③ 약 6,003.92바트   ④ 약 6,953.55바트

02 대한민국 원화의 미국 달러(USD) 환율이 1,250원/USD일 때, 각 국가의 외화를 달러 지수로 환산한 값으로 옳은 것은?

① 중국 - 약 190.35위안/USD   ② 일본 - 약 48.03엔/USD
③ 러시아 - 약 96.15루블/USD   ④ 태국 - 약 260.33바트/USD

03 K씨는 지난 영국출장 때 사용하고 남은 1,400파운드를 주거래 은행인 S은행에서 환전해 이번 독일 출장 때 가지고 가려고 한다. S은행에서 고시한 환율은 1파운드당 1,500원, 1유로당 1,200원일 때, K씨가 환전한 유로화는 얼마인가?(단, 국내 은행에서 파운드화에서 유로화로 환전 시 이중환전을 해야 하며, 환전 수수료는 고려하지 않는다)

① 1,700유로   ② 1,750유로
③ 1,800유로   ④ 1,850유로

09 │ 금융상품 활용

| 유형분석 |

- 금융상품을 정확하게 이해하고 문제에서 요구하는 답을 도출해낼 수 있는지 평가한다.
- 단리식, 복리식, 이율, 우대금리, 중도해지, 만기해지 등 조건에 유의해야 한다.

S은행은 '더 커지는 적금'을 새롭게 출시하였다. K씨는 이 적금의 모든 우대금리조건을 만족하여 이번 달부터 이 상품에 가입하려고 한다. 만기 시 K씨가 얻을 수 있는 이자는 얼마인가?(단, $1.024^{\frac{1}{12}}=1.0019$ 로 계산하고, 금액은 백의 자리에서 반올림한다)

〈더 커지는 적금〉

- 가입기간 : 12개월
- 가입금액 : 매월 초 200,000원 납입
- 적용금리 : 기본금리(연 2.1%)+우대금리(최대 연 0.3%p)
- 저축방법 : 정기적립식, 비과세
- 이자지급방식 : 만기일시지급, 연복리
- 우대금리조건
  - S은행 입출금통장 보유 시 : +0.1%p
  - 연 500만 원 이상의 S은행 예금상품 보유 시 : +0.1%p
  - 급여통장 지정 시 : +0.1%p
  - 이체실적이 20만 원 이상 시 : +0.1%p

① 131,000원
② 132,000원
③ 138,000원
④ 141,000원

정답 ①

K씨는 모든 우대금리조건을 만족하므로 최대 연 0.3%p가 기본금리에 적용되어 2.1+0.3=2.4%가 된다.

n개월 후 연복리 이자는 (월납입금)$\times\dfrac{(1+r)^{\frac{n+1}{12}}-(1+r)^{\frac{1}{12}}}{(1+r)^{\frac{1}{12}}-1}$ −(적립원금)이므로, 이에 따른 식은 다음과 같다.

$200,000\times\dfrac{(1.024)^{\frac{13}{12}}-(1.024)^{\frac{1}{12}}}{(1.024)^{\frac{1}{12}}-1}-200,000\times12=200,000\times1.0019\times\dfrac{1.024-1}{0.0019}-2,400,000$

$≒2,531,000-2,400,000=131,000$

따라서 만기 시 K씨가 얻을 수 있는 이자는 131,000원이다.

1) 단리
   ① 개념 : 원금에만 이자가 발생
   ② 계산 : 이율이 $r\%$인 상품에 원금 a를 총 n번 이자가 붙는 동안 예치한 경우 $a(1+nr)$
2) 복리
   ① 개념 : 원금과 이자에 모두 이자가 발생
   ② 계산 : 이율이 $r\%$인 상품에 원금 a를 총 n번 이자가 붙는 동안 예치한 경우 $a(1+r)^n$
3) 이율과 기간
   ① (월이율)$=\dfrac{(연이율)}{12}$

   ② n개월$=\dfrac{n}{12}$년
4) 예치금의 원리합계
   원금 a원, 연이율 $r\%$, 예치기간 n개월일 때,

   • 단리 예금의 원리합계 : $a\left(1+\dfrac{r}{12}n\right)$

   • 월복리 예금의 원리합계 : $a\left(1+\dfrac{r}{12}\right)^n$

   • 연복리 예금의 원리합계 : $a(1+r)^{\frac{n}{12}}$
5) 적금의 원리합계
   월초 a원씩, 연이율 $r\%$일 때, n개월 동안 납입한다면

   • 단리 적금의 n개월 후 원리합계 : $an+a\times\dfrac{n(n+1)}{2}\times\dfrac{r}{12}$

   • 월복리 적금의 n개월 후 원리합계 : $\dfrac{a\left(1+\dfrac{r}{12}\right)\left\{\left(1+\dfrac{r}{12}\right)^n-1\right\}}{\dfrac{r}{12}}$

   • 연복리 적금의 n개월 후 원리합계 : $\dfrac{a(1+r)^{\frac{1}{12}}\left\{(1+r)^{\frac{n}{12}}-1\right\}}{(1+r)^{\frac{1}{12}}-1}$

01 A사에서 근무하는 B과장은 30개월 전에 가입하였던 적금을 불가피한 사정으로 해지하려고 한다. 가입한 상품의 정보가 다음과 같을 때 환급금은?

〈상품 정보〉

• 상품명 : S은행 함께 적금
• 가입기간 : 6년
• 가입금액 : 1,500만 원
• 이자지급방식 : 만기일시지급, 단리식
• 기본금리 : 연 2.5%
• 중도해지이율(연 %, 세전)
 − 12개월 미만 : 0.2
 − 18개월 미만 : 0.3
 − 24개월 미만 : (기본금리)×40%
 − 36개월 미만 : (기본금리)×60%

① 15,050,000원 ② 15,562,500원
③ 15,737,500원 ④ 15,975,000원

02 S은행에서 근무하는 A사원은 고객 甲에게 적금 만기를 통보하고자 한다. 甲의 가입 상품 정보가 다음과 같을 때, A사원이 甲에게 안내할 금액은?

• 상품명 : S은행 희망적금
• 가입자 : 甲(본인)
• 가입기간 : 24개월
• 가입금액 : 매월 초 200,000원 납입
• 적용금리 : 연 2.0%
• 저축방법 : 정기적립식, 비과세
• 이자지급방식 : 만기일시지급, 단리식

① 4,225,000원 ② 4,500,000원
③ 4,725,000원 ④ 4,900,000원

03 자산관리사 A씨는 6개월 전 20,000,000원의 원금을 가지고 자금 운용을 시작하였으며, 현재 누적 수익률은 4%이다. 현재로부터 6개월 후 누적 수익률이 원금의 10%가 되려면, 앞으로 6개월 동안의 누적 수익률은 몇 %가 되어야 하는가?(단, 누적 수익률은 원금을 대상으로 계산된 이자만을 고려한다)

① 4%   ② 5%

③ 6%   ④ 12%

※ A씨는 올해 퇴직금 4,000만 원을 정산받아 S은행에 예금하고자 한다. 다음 S은행에서 제공하는 비과세 예금상품을 보고 이어지는 질문에 답하시오. **[4~5]**

〈S은행 예금상품〉

구분	기간	기본이율	App 경유 가입 시 이율
단리 예금상품	3년	연 7%	연 9%
복리 예금상품	3년	연 10%	연 12%

`Hard`

04 예금을 복리로 넣을 때와 단리로 넣을 때의 만기 시 수령 금액의 차이는?(단, 예금은 기본이율을 적용하고, $1.1^3 = 1.331$로 계산한다)

① 464만 원   ② 468만 원

③ 484만 원   ④ 489만 원

05 A씨는 단리 예금상품에 퇴직금을 예치하고자 한다. App을 경유해 가입할 경우, 기본이율과 비교하여 만기 시 얼마의 이득을 더 얻을 수 있는가?

① 200만 원   ② 220만 원

③ 240만 원   ④ 260만 원

10 | 자료계산

| 유형분석 |

- 문제에 주어진 조건과 정보를 활용하여 빈칸에 알맞은 수를 계산해낼 수 있는지 평가한다.

다음은 시·군지역의 성별 비경제활동 인구에 대해 조사한 자료이다. 빈칸 (가), (다)에 들어갈 수가 바르게 연결된 것은?(단, 인구수는 백의 자리에서 반올림하고, 비중은 소수점 첫째 자리에서 반올림한다)

〈성별 비경제활동 인구〉

(단위 : 천 명, %)

구분	총계	남자	비중	여자	비중
시지역	7,800	2,574	(가)	5,226	(나)
군지역	1,149	(다)	33.5	(라)	66.5

	(가)	(다)			(가)	(다)
①	30	385		②	30	392
③	33	378		④	33	385

정답 ④

- (가) : $\dfrac{2,574}{7,800} \times 100 = 33$
- (다) : $1,149 \times 0.335 ≒ 385$

유형풀이 Tip

- 빈칸이 여러 개인 경우 계산이 간단한 한두 개의 빈칸의 값을 먼저 찾고, 역으로 대입하여 풀이 시간을 단축한다.
- 금융권 필기전형의 경우 마지막 자리까지 정확하게 계산하는 것을 요구한다. 따라서 선택지에 주어진 값의 차이가 크지 않다면 어림값을 활용하는 것이 오히려 풀이 속도를 지연시킬 수 있으므로 주의해야 한다.

대표기출유형 10 기출응용문제

01 다음은 국내 스포츠 경기 수 현황에 대한 자료이다. 빈칸에 들어갈 수치로 가장 적절한 것은?(단, 각 수치는 매년 일정한 규칙으로 변화한다)

〈연도별 국내 스포츠 경기 수〉

(단위 : 경기)

구분	2018년	2019년	2020년	2021년	2022년	2023년
농구	450	460	420	450	440	460
야구	410	420	400	430	420	
배구	350	360	340	350	340	360
축구	380	390	370	380	370	380

① 410

② 415

③ 420

④ 425

02 다음은 S은행의 지역별 지점 수 증감과 관련한 자료이다. 2020년에 지점 수가 두 번째로 많은 지역의 지점 수는 몇 개인가?

〈S은행 지역별 지점 수 증감〉

(단위 : 개)

지역	2020년 대비 2021년 증감 수	2021년 대비 2022년 증감 수	2022년 대비 2023년 증감 수	2023년 지점 수
서울	2	2	−2	17
경기	2	1	−2	14
인천	−1	2	−5	10
부산	−2	−4	3	10

① 10개

② 12개

③ 14개

④ 16개

03 다음은 2023년도 연령별 인구수 현황을 나타낸 그래프이다. 그래프를 볼 때, 각 연령대를 기준으로 남성 인구가 40% 이하인 연령대 (가)와 여성 인구가 50% 초과 60% 이하인 연령대 (나)가 바르게 연결된 것은?

〈2023년도 연령별 인구수〉

(단위 : 만 명)

	(가)	(나)
①	0 ~ 14세	15 ~ 29세
②	30 ~ 44세	15 ~ 29세
③	45 ~ 59세	60 ~ 74세
④	75세 이상	60 ~ 74세

Hard

04 2024년 상반기 S은행 상품기획팀 입사자는 2023년 하반기에 비해 20% 감소하였으며, 2024년 상반기 인사팀 입사자는 2023년 하반기 마케팅팀 입사자 수의 2배이고, 영업팀 입사자는 2023년 하반기보다 30명이 늘었다. 2024년 상반기 마케팅팀의 입사자는 2024년 상반기 인사팀의 입사자와 같다. 2024년 상반기 전체 입사자가 2023년 하반기 대비 25% 증가했을 때, 2023년 하반기 대비 2024년 상반기 인사팀 입사자의 증감률은?

〈S은행 입사자 수〉

(단위 : 명)

구분	마케팅	영업	상품기획	인사	합계
2023년 하반기 입사자 수	50		100		320

① − 15%

② 0%

③ 15%

④ 25%

05 다음은 S중학교 여름방학 방과 후 학교 신청 학생 중 과목별 학생 수를 비율로 나타낸 그래프이다. 방과 후 학교를 신청한 전체 학생이 200명일 때, 수학을 선택한 학생은 미술을 선택한 학생보다 몇 명이 더 적은가?

〈과목별 신청 학생 현황〉

① 3명   ② 4명
③ 5명   ④ 6명

PART 1

11 | 자료추론

| 유형분석 |

- 문제에 주어진 상황과 정보를 적절하게 활용하여 잘못된 내용을 찾아낼 수 있는지 평가한다.
- 비율·증감폭·증감률·수익(손해)율 등의 계산을 요구하는 문제가 출제된다.

다음은 S기업 직원 250명을 대상으로 조사한 독감 예방접종 여부에 대한 자료이다. 이에 대한 설명으로 옳은 것은?(단, 소수점 첫째 자리에서 버림한다)

〈부서별 직원 현황〉

(단위 : %)

구분	총무부서	회계부서	영업부서	제조부서	합계
비율	16	12	28	44	100

※ 제시된 것 외의 부서는 없음
※ 2022년과 2023년 부서별 직원 현황은 변동이 없음

① 2022년의 독감 예방접종자가 모두 2023년에도 예방접종을 했다면, 2022년에는 예방접종을 하지 않았지만 2023년에 예방접종을 한 직원은 총 54명이다.

② 2022년 대비 2023년에 예방접종을 한 직원의 수는 49% 이상 증가했다.

③ 위의 2023년 독감 예방접종 여부 그래프가 2022년의 예방접종을 하지 않은 직원들을 대상으로 2023년의 독감 예방접종 여부를 조사한 자료라고 한다면, 2022년과 2023년 모두 예방접종을 하지 않은 직원은 총 65명이다.

④ 위의 2022년과 2023년의 독감 예방접종 여부 그래프가 총무부서에 대한 자료라고 한다면, 총무부서 직원 중 예방접종을 한 직원은 2022년 대비 2023년에 약 7명 증가했다.

정답 ④

총무부서 직원은 총 250×0.16=40명이다. 2022년과 2023년의 독감 예방접종 여부 그래프가 총무부서에 대한 자료라고 한다면, 총무부서 직원 중 2022년과 2023년의 예방접종자 수의 비율 차는 56−38=18%p이다. 따라서 40×0.18=7.2이므로 2022년 대비 2023년에 약 7명 증가했다.

오답분석

① 2022년 독감 예방접종자 수는 250×0.38=95명, 2023년 독감 예방접종자 수는 250×0.56=140명이므로, 2022년에는 예방 접종을 하지 않았지만, 2023년에는 예방접종을 한 직원은 총 140−95=45명이다.

② 2022년의 예방접종자 수는 95명이고, 2023년의 예방접종자 수는 140명이다. 따라서 $\dfrac{140-95}{95} \times 100 ≒ 47\%$ 증가했다.

③ 2022년의 예방접종을 하지 않은 직원들을 대상으로 2023년의 독감 예방접종 여부를 조사한 자료라고 한다면, 2022년과 2023 년 모두 예방접종을 하지 않은 직원은 총 250×0.62×0.44≒68명이다.

유형풀이 Tip

[증감률(%)] : $\dfrac{(비교값)-(기준값)}{(기준값)} \times 100$

예 S은행의 작년 신입사원 수는 500명이고, 올해는 700명이다. S은행의 전년 대비 올해 신입사원 수의 증가율은?

$\dfrac{700-500}{500} \times 100 = \dfrac{200}{500} \times 100 = 40\%$ → 전년 대비 40% 증가하였다.

예 S은행의 올해 신입사원 수는 700명이고, 내년에는 350명을 채용할 예정이다. S은행의 올해 대비 내년 신입사원 수의 감소율은?

$\dfrac{350-700}{700} \times 100 = -\dfrac{350}{700} \times 100 = -50\%$ → 올해 대비 50% 감소할 것이다.

Easy

01 다음은 한·중·일의 평판 TV 시장점유율 추이를 나타낸 자료이다. 이에 대한 설명으로 옳지 않은 것은?

〈한·중·일의 평판 TV 시장점유율 추이〉

① 15분기 동안 한국이 10번, 일본이 5번, 시장점유율 1위를 차지했다.
② 2023년 4분기의 한국과 일본, 일본과 중국의 점유율 차이는 같다.
③ 중국과 일본의 점유율 차이는 2023년부터 계속 줄어들고 있다.
④ 한국과 중국의 점유율 차이는 매분기 15%p 이상이다.

02 다음은 국가별 크루즈 외래객 점유율에 대한 자료이다. 이에 대한 〈보기〉의 설명 중 옳은 것을 모두 고르면?

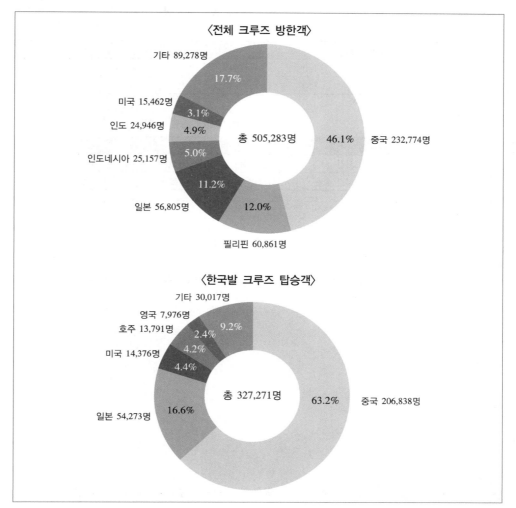

〈전체 크루즈 방한객〉

총 505,283명

중국 232,774명 46.1%
필리핀 60,861명 12.0%
일본 56,805명 11.2%
인도네시아 25,157명 5.0%
인도 24,946명 4.9%
미국 15,462명 3.1%
기타 89,278명 17.7%

〈한국발 크루즈 탑승객〉

총 327,271명

중국 206,838명 63.2%
일본 54,273명 16.6%
미국 14,376명 4.4%
호주 13,791명 4.2%
영국 7,976명 2.4%
기타 30,017명 9.2%

보기

ㄱ. 전체 크루즈 방한객 수와 한국발 크루즈 탑승객 수의 국가별 순위는 동일하다.
ㄴ. 미국 크루즈 방한객 수 대비 미국의 한국발 크루즈 탑승객 수의 비율은 85% 이상이다.
ㄷ. 필리핀의 크루즈 방한객 수는 필리핀의 한국발 크루즈 탑승객 수의 최소 8배 이상이다.
ㄹ. 영국의 한국발 크루즈 탑승객 수는 일본의 한국발 크루즈 탑승객 수의 20% 미만이다.

① ㄱ, ㄴ   ② ㄱ, ㄷ
③ ㄴ, ㄷ   ④ ㄴ, ㄹ

03 다음은 주중과 주말 교통상황에 대한 자료이다. 이에 대한 〈보기〉의 설명 중 옳은 것을 모두 고르면?

〈주중 · 주말 예상 교통량〉

(단위 : 만 대)

구분	전국	수도권 → 지방	지방 → 수도권
주말 예상 교통량	490	50	51
주중 예상 교통량	380	42	35

〈대도시 간 예상 최대 소요 시간〉

구분	서울 – 대전	서울 – 부산	서울 – 광주	서울 – 강릉	남양주 – 양양
주말	2시간 40분	5시간 40분	4시간 20분	3시간 20분	2시간 20분
주중	1시간 40분	4시간 30분	3시간 20분	2시간 40분	1시간 50분

보기

ㄱ. 대도시 간 예상 최대 소요 시간은 모든 구간에서 주중이 주말보다 적게 걸린다.
ㄴ. 주중 전국 교통량 중 수도권에서 지방으로 가는 교통량의 비율은 10% 이상이다.
ㄷ. 지방에서 수도권으로 가는 주말 예상 교통량은 주중 예상 교통량보다 30% 미만으로 많다.
ㄹ. 서울 – 광주 구간 주중 소요 시간은 서울 – 강릉 구간 주말 소요 시간과 같다.

① ㄱ, ㄴ
② ㄴ, ㄷ
③ ㄱ, ㄴ, ㄹ
④ ㄱ, ㄷ, ㄹ

04 다음은 월별 USD, EUR, JPY 100 환율을 나타낸 자료이다. 이에 대한 설명으로 옳은 것은?

〈하반기 월별 원/달러, 원/유로, 원/100엔 환율〉

환율＼월	7월	8월	9월	10월	11월	12월
원/달러	1,110.00	1,112.00	1,112.00	1,115.00	1,122.00	1,125.00
원/유로	1,300.50	1,350.00	1,450.00	1,380.00	1,400.00	1,470.00
원/100엔	1,008.00	1,010.00	1,050.00	1,050.00	1,075.00	1,100.00

① 8월부터 11월까지 원/달러 환율과 원/100엔 환율의 전월 대비 증감 추이는 동일하다.
② 유로/달러 환율은 11월이 10월보다 낮다.
③ 한국에 있는 A가 유학을 위해 학비로 준비한 원화를 9월에 환전한다면 미국보다 유럽으로 가는 것이 경제적으로 더 이득이다.
④ 12월 원/100엔 환율은 7월 대비 10% 이상 상승하였다.

05 다음은 A기업의 금융 구조조정 자금 총지원 현황에 대한 자료이다. 이에 대한 〈보기〉의 설명 중 옳은 것을 모두 고르면?

〈금융 구조조정 자금 총지원 현황〉

(단위 : 억 원)

구분	은행	증권사	보험사	제2금융	저축은행	협동조합	소계
출자	222,039	99,769	159,198	26,931	1	0	507,938
출연	139,189	4,143	31,192	7,431	4,161	0	186,116
부실자산 매입	81,064	21,239	3,495	0	0	0	105,798
보험금 지급	0	113	0	182,718	72,892	47,402	303,125
대출	0	0	0	0	5,969	0	5,969
합계	442,292	125,264	193,885	217,080	83,023	47,402	1,108,946

보기

ㄱ. 출자 부문에서 은행이 지원받은 금융 구조조정 자금은 증권사가 지원받은 금융 구조조정 자금의 3배 이상이다.

ㄴ. 보험금 지급 부문에서 지원된 금융 구조조정 자금 중 저축은행이 지원받은 금액의 비중은 20%를 초과한다.

ㄷ. 제2금융에서 지원받은 금융 구조조정 자금 중 보험금 지급 부문으로 지원받은 금액이 차지하는 비중은 80% 이상이다.

ㄹ. 부실자산 매입 부문에서 지원된 금융 구조조정 자금 중 은행이 지급받은 금액의 비중은 보험사가 지급받은 금액 비중의 20배 이상이다.

① ㄱ

② ㄴ, ㄹ

③ ㄱ, ㄴ, ㄷ

④ ㄴ, ㄷ, ㄹ

12 | 자료변환

| 유형분석 |

- 도표의 형태별 특징을 파악하고, 다양한 종류로 변환하여 표현할 수 있는지 평가한다.
- 수치를 일일이 확인하기보다 증감 추이를 먼저 판단한 후 그래프 모양이 크게 차이 나는 곳의 수치를 확인하는 것이 효율적이다.

다음 중 2019 ~ 2023년 S기업의 매출표를 그래프로 나타낸 것으로 옳은 것은?

〈S기업 매출표〉

(단위 : 억 원)

구분	2019년	2020년	2021년	2022년	2023년
매출액	1,485	1,630	1,410	1,860	2,055
매출원가	1,360	1,515	1,280	1,675	1,810
판관비	30	34	41	62	38

※ (영업이익)=(매출액)-[(매출원가)+(판관비)]
※ (영업이익률)=(영업이익)÷(매출액)×100

① 2019 ~ 2023년 영업이익

② 2019 ~ 2023년 영업이익

③ 2019 ~ 2023년 영업이익률

④ 2019 ~ 2023년 영업이익률

정답 ③

연도별 영업이익과 영업이익률은 다음과 같다.

(단위 : 억 원)

구분	2019년	2020년	2021년	2022년	2023년
매출액	1,485	1,630	1,410	1,860	2,055
매출원가	1,360	1,515	1,280	1,675	1,810
판관비	30	34	41	62	38
영업이익	95	81	89	123	207
영업이익률	6.4%	5.0%	6.3%	6.6%	10.1%

유형풀이 Tip

도표의 종류

종류	내용
선 그래프	시간적 추이(시계열 변화)를 표시하고자 할 때 적합 예 연도별 매출액 추이 변화
막대 그래프	수량 간의 대소관계를 비교하고자 할 때 적합 예 영업소별 매출액
원 그래프	내용의 구성비를 분할하여 나타내고자 할 때 적합 예 제품별 매출액 구성비
층별 그래프	합계와 각 부분의 크기를 백분율로 나타내고 시간적 변화를 보고자 할 때 적합 예 상품별 매출액 추이
점 그래프	지역분포를 비롯한 기업 등의 평가나 위치, 성격을 표시하고자 할 때 적합 예 광고비율과 이익률의 관계
방사형 그래프	다양한 요소를 비교하고자 할 때 적합 예 매출액의 계절변동

01 다음은 S국의 2013년도부터 2023년도까지 주식시장의 현황을 나타낸 자료이다. 이를 바탕으로 종목당 평균 주식 수를 바르게 작성한 그래프는?

〈주식시장 현황〉

구분	2013년	2014년	2015년	2016년	2017년	2018년	2019년	2020년	2021년	2022년	2023년
종목 수 (종목)	958	925	916	902	884	861	856	844	858	885	906
주식 수 (억 주)	90	114	193	196	196	265	237	234	232	250	282

※ (종목당 평균 주식 수)$=\dfrac{(주식 수)}{(종목 수)}$

① (백만 주)

② (백만 주)

③ (백만 주)

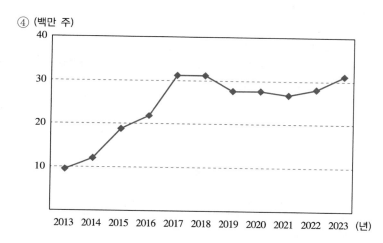

④ (백만 주)

02 다음 보고서를 읽고 나타낸 그래프로 옳지 않은 것은?

〈보고서〉

2019년부터 2023년까지 시도별 등록된 자동차의 제반사항을 파악하여 교통행정의 기초자료로 쓰기 위해 매년 전국을 대상으로 자동차 등록 통계를 시행하고 있다. 자동차 종류는 승용차, 승합차, 화물차, 특수차이며, 등록할 때 사용목적에 따라 자가용, 영업용, 관용차로 분류된다. 그중 관용차는 정부(중앙, 지방)기관이나 국립 공공기관 등에 소속되어 운행되는 자동차를 말한다.

자가용으로 등록한 자동차 종류 중에서 매년 승용차의 수가 가장 많았으며, 2019년 16.5백만 대, 2020년 17.1백만 대, 2021년 17.6백만 대, 2022년 18백만 대, 2023년 18.1백만 대로 2020년부터 전년 대비 증가하는 추세이다. 다음으로 화물차가 많았고, 승합차, 특수차 순으로 등록 수가 많았다. 가장 등록 수가 적은 특수차의 경우 2019년에 2만 대였고, 2021년까지 4천 대씩 증가했으며, 2022년 3만 대, 2023년에는 전년 대비 700대가 많아졌다.

관용차로 등록된 승용차 및 화물차 수는 각각 2020년부터 3만 대를 초과했으며, 승합차의 경우 2019년 20,260대, 2020년 21,556대, 2021년 22,540대, 2022년 23,014대, 2023년에 22,954대가 등록되었고, 특수차는 매년 2,500대 이상 등록되고 있는 현황이다.

특수차가 가장 많이 등록되는 영업용에서 2019년 57,277대, 2020년 59,281대로 6만 대 미만이었지만, 2021년에는 60,902대, 2022년 62,554대, 2023년에 62,946대였으며, 승합차는 매년 약 12.5만 대를 유지하고 있다. 승용차와 화물차는 2020년부터 2023년까지 전년 대비 영업용으로 등록되는 자동차 수가 계속 증가하는 추세이다.

① 자가용으로 등록된 연도별 특수차 수

(단위 : 만 대)

② 자가용으로 등록된 연도별 승용차 수

(단위 : 백만 대)

③ 영업용으로 등록된 연도별 특수차 수

④ 2020 ~ 2023년 영업용으로 등록된 특수차의 전년 대비 증가량

03 다음은 A지역의 연도별 아파트 분쟁신고 현황이다. 이에 대한 그래프로 옳은 것을 〈보기〉에서 모두 고르면?

〈연도별 아파트 분쟁신고 현황〉

(단위 : 건)

구분	2020년	2021년	2022년	2023년
관리비 회계 분쟁	220	280	340	350
입주자대표회의 운영 분쟁	40	60	100	120
정보공개 관련 분쟁	10	20	10	30
하자처리 분쟁	20	10	10	20
여름철 누수 분쟁	80	110	180	200
층간소음 분쟁	430	520	860	1,280

보기

ㄱ. 연도별 층간소음 분쟁 현황

ㄴ. 2021년 아파트 분쟁신고 현황

- 관리비 회계 분쟁
- 입주자대표회의 운영 분쟁
- 정보공개 관련 분쟁
- 하자처리 분쟁
- 여름철 누수 분쟁
- 층간소음 분쟁

ㄷ. 전년 대비 아파트 분쟁신고 증가율

ㄹ. 3개년 연도별 아파트 분쟁신고 현황

① ㄱ, ㄴ   ② ㄱ, ㄷ

③ ㄴ, ㄷ   ④ ㄴ, ㄹ

CHAPTER **03**

문제해결능력

합격 Cheat Key

문제해결능력은 업무를 수행하면서 여러 가지 문제 상황이 발생하였을 때, 창의적이고 논리적인 사고를 통하여 이를 올바르게 인식하고 적절히 해결하는 능력을 말한다. 하위능력으로는 사고력과 문제처리능력이 있다.

문제해결능력은 NCS 기반 채용을 진행하는 대다수의 금융권에서 채택하고 있으며, 문항 수는 평균 24% 정도로 상당히 많이 출제되고 있다. 하지만 많은 수험생들은 더 많이 출제되는 다른 영역에 몰입하고 문제해결능력에는 집중하지 않는 실수를 하고 있다. 다른 영역보다 더 많은 노력이 필요할 수는 있지만 그렇기에 차별화를 할 수 있는 득점 영역이므로 포기하지 말고 꾸준하게 노력해야 한다.

1 **질문의 의도를 정확하게 파악하라!**

문제해결능력은 문제에서 무엇을 묻고 있는지 정확하게 파악하여 먼저 풀이 방향을 설정하는 것이 가장 효율적인 방법이다. 특히, 조건이 주어지고 답을 찾는 창의적·분석적인 문제가 주로 출제되고 있기 때문에 처음에 정확한 풀이 방향이 설정되지 않는다면 시간만 허비하고 결국 문제도 풀지 못하게 되므로 첫 번째로 출제의도 파악에 집중해야 한다.

2 **중요한 정보는 반드시 표시하라!**

위에서 말한 출제의도를 정확히 파악하기 위해서는 문제의 중요한 정보는 반드시 표시나 메모를 하여 하나의 조건, 단서도 잊고 넘어가는 일이 없도록 해야 한다. 실제 시험에서는 시간의 압박과 긴장감으로 정보를 잘못 적용하거나 잊어버리는 실수가 많이 발생하므로 사전에 충분한 연습이 필요하다.
가령 명제 문제의 경우 주어진 명제와 그 명제의 대우를 본인이 한눈에 파악할 수 있도록 기호화, 도식화하여 메모하면 흐름을 이해하기가 더 수월하다. 이를 통해 자신만의 풀이 순서와 방향, 기준 또한 생길 것이다.

3 반복 풀이를 통해 취약 유형을 파악하라!

길지 않은 한정된 시간 동안 모든 문제를 다 푸는 것은 조금은 어려울 수도 있다. 따라서 고득점을 할 수 있는 효율적인 문제 풀이 방법을 찾아야 한다. 이때, 반복적인 문제 풀이를 통해 자신이 취약한 유형을 파악하는 것이 중요하다. 취약 유형 파악은 종료 시간이 임박했을 때 빛을 발할 것이다. 풀 수 있는 문제부터 빠르게 풀고 취약한 유형은 나중에 푸는 효율적인 문제 풀이를 통해 최대한의 고득점을 하는 것이 중요하다. 그러므로 본인의 취약 유형을 파악하기 위해서는 많은 문제를 풀어 봐야 한다.

4 타고나는 것이 아니므로 열심히 노력하라!

대부분의 수험생들이 문제해결능력은 공부해도 실력이 늘지 않는 영역이라고 생각한다. 하지만 그렇지 않다. 문제해결능력이야말로 노력을 통해 충분히 고득점이 가능한 영역이다. 정확한 질문 의도 파악, 취약한 유형의 반복적인 풀이, 빈출유형 파악 등의 방법으로 충분히 실력을 향상시킬 수 있다. 자신감을 갖고 공부하기 바란다.

01 | 수열추리

| 유형분석 |

- 나열된 수의 규칙을 찾아 해결하는 문제이다.
- 등차·등비수열 등 다양한 수열 규칙에 대한 사전 학습이 요구된다.

다음과 같이 일정한 규칙으로 수를 나열할 때, 빈칸에 들어갈 수는?

| | | 0 | 3 | 5 | 10 | 17 | 29 | 48 | ( ) | |

① 55   ② 60

③ 71   ④ 79

정답 ④

n을 자연수라 하면 $(n+1)$항에서 n항을 더하고 $+2$를 한 값인 $(n+2)$항이 되는 수열이다.

따라서 ( )$=48+29+2=79$이다.

유형풀이 Tip

- 수열을 풀이할 때는 다음과 같은 규칙이 적용되는지를 순차적으로 판단한다.
  1) 각 항에 일정한 수를 사칙연산($+$, $-$, $\times$, $\div$)하는 규칙
  2) 홀수 항, 짝수 항 규칙
  3) 피보나치 수열과 같은 계차를 이용한 규칙
  4) 군수열을 활용한 규칙
  5) 항끼리 사칙연산을 하는 규칙

주요 수열 규칙

구분	내용
등차수열	앞의 항에 일정한 수를 더해 이루어지는 수열
등비수열	앞의 항에 일정한 수를 곱해 이루어지는 수열
피보나치 수열	앞의 두 항의 합이 그 다음 항의 수가 되는 수열
건너뛰기 수열	두 개 이상의 수열 또는 규칙이 일정한 간격을 두고 번갈아가며 적용되는 수열
계차수열	앞의 항과 차가 일정하게 증가하는 수열
군수열	일정한 규칙성으로 몇 항씩 묶어 나눈 수열

대표기출유형 01   기출응용문제

※ 다음과 같이 일정한 규칙으로 수를 나열할 때, 빈칸에 들어갈 수를 고르시오. **[1~3]**

Easy

01

2	3	1	-0.7	( )	-4.9	$\dfrac{1}{4}$	-9.6

① $\dfrac{1}{2}$ ② -1

③ -2.5 ④ -3

02

2	12	32	72	152	312	632	( )

① $1,252$ ② $1,262$

③ $1,264$ ④ $1,272$

03

5	2	1	$\dfrac{3}{2}$	$\dfrac{3}{2}$	3	12	( )	-1

① $\dfrac{10}{3}$ ② $\dfrac{11}{3}$

③ $\dfrac{13}{3}$ ④ 3

02 문자추리

- 나열된 문자의 규칙을 찾아 해결하는 문제이다.
- 문자열에 해당하는 한글 자·모, 알파벳을 순서에 따라 맞춰본 후 풀이하면 시간을 절약할 수 있다.

다음과 같이 일정한 규칙으로 문자를 나열할 때, 빈칸에 들어갈 문자는?

| E I O W G ( ) |

① J   ② M
③ P   ④ S

정답 ④

다음과 같이 알파벳에 따라 숫자로 변환하면, 앞의 항에 +4, +6, +8, +10, +12를 하는 수열임을 알 수 있다.

E	I	O	W	G	(S)
5	9	15	23	33(=26+7)	45(=26+19)

유형풀이 Tip

- 한글 자음, 한글 모음, 알파벳이 숫자로 제시되는 경우 각각의 주기를 갖는다. 이를 고려하여 풀이에 활용한다.
  예 한글 자음 : +14 / 한글 모음 : +10 / 알파벳 : +26

한글 자음의 숫자 변환

ㄱ	ㄴ	ㄷ	ㄹ	ㅁ	ㅂ	ㅅ	ㅇ	ㅈ	ㅊ	ㅋ	ㅌ	ㅍ	ㅎ
1	2	3	4	5	6	7	8	9	10	11	12	13	14
ㄱ	ㄴ	ㄷ	ㄹ	ㅁ	ㅂ	ㅅ	ㅇ	ㅈ	ㅊ	ㅋ	ㅌ	ㅍ	ㅎ
15	16	17	18	19	20	21	22	23	24	25	26	27	28

알파벳의 숫자 변환

A	B	C	D	E	F	G	H	I	J	K	L	M
1	2	3	4	5	6	7	8	9	10	11	12	13
N	O	P	Q	R	S	T	U	V	W	X	Y	Z
14	15	16	17	18	19	20	21	22	23	24	25	26

※ 다음과 같이 일정한 규칙에 따라 문자를 나열할 때, 빈칸에 들어갈 문자를 고르시오. **[1~3]**

Easy

01

	J	M	P	(	)	V

① Q   ② S
③ P   ④ T

02

	ㄹ	ㄷ	ㅁ	ㄴ	ㅂ	(	)

① ㄱ   ② ㄴ
③ ㄷ   ④ ㄹ

03

	A	ㄴ	B	三	ㄷ	C	iv	四	(	)	D

① ㄹ   ② 7
③ ㅈ   ④ 9

03 | 명제

| 유형분석 |

- 연역추론을 활용해 주어진 문장을 치환하여 성립하지 않는 내용을 찾는 문제이다.

다음 〈조건〉이 모두 참일 때, 반드시 참인 명제는?

조건

- 재현이가 춤을 추면 서현이나 지훈이가 춤을 춘다.
- 재현이가 춤을 추지 않으면 종열이가 춤을 춘다.
- 종열이가 춤을 추지 않으면 지훈이도 춤을 추지 않는다.
- 종열이는 춤을 추지 않았다.

① 재현이만 춤을 추었다.　　　　　② 서현이만 춤을 추었다.

③ 지훈이만 춤을 추었다.　　　　　④ 재현이와 서현이 모두 춤을 추었다.

정답 ④

먼저 이름의 첫 글자만 이용하여 명제를 도식화한다. 재 ○ → 서 or 지 ○, 재 × → 종 ○, 종 × → 지 ×, 종 ×
세 번째, 네 번째 명제에 의해 종열이와 지훈이는 춤을 추지 않았다. 종 × → 지 ×
또한, 두 번째 명제의 대우(종 × → 재 ○)에 의해 재현이가 춤을 추었다.
마지막으로, 첫 번째 명제에 따라 서현이가 춤을 추었다. 따라서 재현이와 서현이 모두 춤을 추었다.

유형풀이 Tip

- 명제 유형의 문제에서는 항상 '명제의 역은 성립하지 않지만, 대우는 항상 성립한다.'
- 단어의 첫 글자나 알파벳을 이용하여 명제를 도식화한 후 명제의 대우를 활용하여 각 명제들을 연결하여 답을 찾는다.
  예 채식주의자라면 고기를 먹지 않을 것이다.
  - → (역) 고기를 먹지 않으면 채식주의자이다.
  - → (이) 채식주의자가 아니라면 고기를 먹을 것이다.
  - → (대우) 고기를 먹는다면 채식주의자가 아닐 것이다.

명제의 역, 이, 대우

※ 다음 명제가 모두 참일 때, 빈칸에 들어갈 명제로 옳은 것을 고르시오. [1~2]

01

> 양식 자격증이 없다면 레스토랑에 취직할 수 없다.
> 양식 자격증을 획득하려면 양식 실기시험에 합격해야 한다.
> 따라서 _____

① 양식 실기시험에 합격하면 레스토랑에 취직할 수 있다.
② 레스토랑에 취직하려면 양식 실기시험에 합격해야 한다.
③ 양식 자격증이 있으면 레스토랑에 취직할 수 있다.
④ 양식 실기시험에 합격하면 양식 자격증을 획득할 수 있다.

02

> 모든 1과 사원은 가장 실적이 많은 2과 사원보다 실적이 많다.
> 가장 실적이 많은 4과 사원은 모든 3과 사원보다 실적이 적다.
> 3과 사원 중 일부는 가장 실적이 많은 2과 사원보다 실적이 적다.
> 따라서 _____

① 1과 사원 중 가장 적은 실적을 올린 사원과 같은 실적을 올린 사원이 4과에 있다.
② 어떤 3과 사원은 가장 실적이 적은 1과 사원보다 실적이 적다.
③ 모든 2과 사원은 4과 사원 중 일부보다 실적이 적다.
④ 어떤 1과 사원은 가장 실적이 많은 3과 사원보다 실적이 적다.

`Easy`

03

> • A가 외근을 나가면 B도 외근을 나간다.
> • A가 외근을 나가면 D도 외근을 나간다.
> • D가 외근을 나가면 E도 외근을 나간다.
> • C가 외근을 나가지 않으면 B도 외근을 나가지 않는다.
> • D가 외근을 나가지 않으면 C도 외근을 나가지 않는다.

① B가 외근을 나가면 A도 외근을 나간다.

② D가 외근을 나가면 C도 외근을 나간다.

③ A가 외근을 나가면 E도 외근을 나간다.

④ C가 외근을 나가지 않으면 D도 외근을 나가지 않는다.

04

> • 등산을 하는 사람은 심폐지구력이 좋다.
> • 심폐지구력이 좋은 어떤 사람은 마라톤 대회에 출전한다.
> • 자전거를 타는 사람은 심폐지구력이 좋다.
> • 자전거를 타는 어떤 사람은 등산을 한다.

① 등산을 하는 어떤 사람은 마라톤 대회에 출전한다.

② 자전거를 타는 어떤 사람은 마라톤 대회에 출전한다.

③ 마라톤 대회에 출전하는 사람은 등산을 하지 않는다.

④ 심폐지구력이 좋은 어떤 사람은 등산을 하고 자전거도 탄다.

05 S은행의 A ~ F팀은 월요일부터 토요일까지 하루에 2팀씩 함께 회의를 진행한다. 다음 〈조건〉을 참고할 때, 반드시 참인 것은?(단, 월요일부터 토요일까지 각 팀의 회의 진행 횟수는 서로 같다)

┌─ **조건** ──┐
│ • 오늘은 목요일이고 A팀과 F팀이 함께 회의를 진행했다. │
│ • B팀은 A팀과 연이은 요일에 회의를 진행하지 않는다. │
│ • B팀은 오늘을 포함하여 이번 주에는 더 이상 회의를 진행하지 않는다. │
│ • C팀은 월요일에 회의를 진행했다. │
│ • D팀과 C팀은 이번 주에 B팀과 한 번씩 회의를 진행한다. │
│ • A팀과 F팀은 이번 주에 이틀을 연이어 함께 회의를 진행한다. │
└──┘

① E팀은 수요일과 토요일 하루 중에만 회의를 진행한다.

② 화요일에 회의를 진행한 팀은 B팀과 E팀이다.

③ C팀과 E팀은 함께 회의를 진행하지 않는다.

④ F팀은 목요일과 금요일에 회의를 진행한다.

Hard

06 S회사 1층의 ○○커피숍에서는 모든 음료를 주문할 때마다 음료의 수에 따라 쿠폰에 도장을 찍어 준다. 10개의 도장을 모두 채울 경우 한 잔의 음료를 무료로 받을 수 있다고 할 때, 다음을 읽고 바르게 추론한 것은?(단, 서로 다른 2장의 쿠폰은 1장의 쿠폰으로 합칠 수 있으며, 음료를 무료로 받을 때 쿠폰은 반납해야 한다)

┌──┐
│ • A사원은 B사원보다 2개의 도장을 더 모았다. │
│ • C사원은 A사원보다 1개의 도장을 더 모았으나, 무료 음료를 받기엔 2개의 도장이 모자라다. │
│ • D사원은 오늘 무료 음료 한 잔을 포함하여 총 3잔을 주문하였다. │
│ • E사원은 D사원보다 6개의 도장을 더 모았다. │
└──┘

① A사원의 쿠폰과 D사원의 쿠폰을 합치면 무료 음료 한 잔을 받을 수 있다.

② A사원은 4개의 도장을 더 모아야 무료 음료 한 잔을 받을 수 있다.

③ C사원과 E사원이 모은 도장 개수는 서로 같다.

④ D사원이 오늘 모은 도장 개수는 B사원보다 많다.

04 | 참 · 거짓

| 유형분석 |

• 주어진 문장을 토대로 논리적으로 추론하여 참 또는 거짓을 구분하는 문제이다.

어느 호텔 라운지에 둔 화분이 투숙자 중의 1명에 의하여 깨진 사건이 발생했다. 이 호텔에는 A ~ D 4명의 투숙자가 있었으며, 각 투숙자는 다음과 같이 3가지 사실을 진술하였다. 4명의 투숙자 중 3명은 진실을 말하고, 1명이 거짓을 말하고 있다면 화분을 깬 사람은 누구인가?

• A : 나는 깨지 않았다. B도 깨지 않았다. C가 깨뜨렸다.
• B : 나는 깨지 않았다. C도 깨지 않았다. D도 깨지 않았다.
• C : 나는 깨지 않았다. D도 깨지 않았다. A가 깨뜨렸다.
• D : 나는 깨지 않았다. B도 깨지 않았다. C도 깨지 않았다.

① A   ② B
③ C   ④ D

정답 ①
• A가 거짓말을 한다면 A가 깨뜨린 것이 된다.
• B가 거짓말을 한다면 1명은 C가 깼다고 말하고, 2명은 깨지 않았다고 말한 것이 된다.
• C가 거짓말을 한다면 1명은 C가 깼다고 말하고, 2명은 깨지 않았다고 말한 것이 된다.
• D가 거짓말을 한다면 1명은 C가 깼다고 말하고, 1명은 깨지 않았다고 말한 것이 된다.
따라서 A가 거짓말을 하였고, A가 화분을 깨뜨렸다.

유형풀이 Tip

참 · 거짓 유형의 90% 이상은 다음 두 가지 방법으로 풀 수 있다.
주어진 진술을 빠르게 훑으며 두 가지 중 어떤 경우에 해당하는지 확인한 후 문제를 풀어나간다.
1) 2명 이상의 발언 중 한쪽이 진실이면 다른 한쪽이 거짓인 경우
   ① A가 진실이고 B가 거짓인 경우, B가 진실이고 A가 거짓인 경우 두 가지로 나눌 수 있다.
   ② 두 가지 경우에서 각 발언의 진위 여부를 판단한다.
   ③ 주어진 조건과 비교한다(범인의 숫자가 맞는지, 진실 또는 거짓을 말한 인원수가 조건과 맞는지 등).
2) 2명 이상의 발언 중 한쪽이 진실이면 다른 한쪽도 진실인 경우와 한쪽이 거짓이면 다른 한쪽도 거짓인 경우
   ① A와 B가 모두 진실인 경우, A와 B가 모두 거짓인 경우 두 가지로 나눌 수 있다.
   ② 두 가지 경우에서 각 발언의 진위 여부를 판단하여 범인을 찾는다.
   ③ 주어진 조건과 비교한다(범인의 숫자가 맞는지, 진실 또는 거짓을 말한 인원수가 조건과 맞는지 등).

01 다음 중 1명만 거짓말을 할 때 항상 옳은 것은?(단, 한 층에 1명만 내린다)

> • A : B는 1층에서 내렸다.
> • B : C는 1층에서 내렸다.
> • C : D는 적어도 3층에서 내리지 않았다.
> • D : A는 4층에서 내렸다.
> • E : A는 4층에서 내리고 나는 5층에 내렸다.

① C는 1층에서 내렸다.
② A는 4층에서 내리지 않았다.
③ D는 3층에서 내렸다.
④ A는 D보다 높은 층에서 내렸다.

Easy

02 A ~ D 4명은 각각 1명의 자녀를 두고 있는 아버지이다. 4명의 아이 중 2명은 아들이고, 2명은 딸이다. 아들의 아버지인 2명만 진실을 말할 때, 다음 중 옳은 결론은?

> • A : B와 C의 아이는 아들이다.
> • B : C의 아이는 딸이다.
> • C : D의 아이는 딸이다.
> • D : A와 C의 아이는 딸이다.

① A의 아이는 아들이다.
② B의 아이는 딸이다.
③ C의 아이는 아들이다.
④ D의 아이는 아들이다.

03 S은행 사무실에 도둑이 들었다. 범인은 2명이고, 용의자로 지목된 A ~ E가 다음과 같이 진술했다. 이 중 2명이 거짓말을 하고 있다고 할 때, 동시에 범인이 될 수 있는 사람으로 짝지어진 것은?

> • A : B나 C 중에 1명만 범인이에요.
> • B : 저는 확실히 범인이 아닙니다.
> • C : 제가 봤는데 E가 범인이에요.
> • D : A가 범인이 확실해요.
> • E : 사실은 제가 범인이에요.

① A, B
② B, C
③ B, D
④ D, E

04 A회사는 제품 하나를 생산하기 위해서 원료 분류, 제품 성형, 제품 색칠, 포장의 단계를 거친다. 어느 날 제품에 문제가 발생해 직원들을 불러 책임을 물었다. 직원 중 1명은 거짓을 말하고 3명은 진실을 말할 때, 거짓을 말한 직원과 실수가 발생한 단계를 바르게 짝지은 것은?(단, A는 원료 분류, B는 제품 성형, C는 제품 색칠, D는 포장 단계에서 일하며, 실수는 한 곳에서만 발생했다)

> • A : 나는 실수하지 않았다.
> • B : 포장 단계에서 실수가 일어났다.
> • C : 제품 색칠에서는 절대로 실수가 일어날 수 없다.
> • D : 원료 분류 과정에서 실수가 있었다.

① A – 원료 분류
② A – 포장
③ B – 포장
④ D – 포장

05 국내 유명 감독의 영화가 이번에 개최되는 국제 영화 시상식에서 작품상, 감독상, 각본상, 편집상의 총 4개 후보에 올랐다. 4명의 심사위원이 해당 작품의 수상 가능성에 대해 다음과 같이 진술하였으며, 이들 중 3명의 진술은 모두 참이고, 나머지 1명의 진술은 거짓이다. 다음 중 해당 작품이 수상할 수 있는 상의 최대 개수는?

> • A심사위원 : 편집상을 받지 못한다면 감독상도 받지 못하며, 대신 각본상을 받을 것이다.
> • B심사위원 : 작품상을 받는다면 감독상도 받을 것이다.
> • C심사위원 : 감독상을 받지 못한다면 편집상도 받지 못한다.
> • D심사위원 : 편집상과 각본상은 받지 못한다.

① 1개
② 3개
② 2개
④ 4개

Hard

06 5명이 이야기를 하고 있는데, 이 중 2명은 진실만을 말하고 3명은 거짓만을 말하고 있다. 지훈이가 거짓을 말할 때, 다음 중 진실만을 말하는 사람을 짝지은 것은?

> • 동현 : 정은이는 지훈이와 영석이를 싫어해.
> • 정은 : 아니야. 난 둘 중 한 사람은 좋아해.
> • 선영 : 동현이는 정은이를 좋아해.
> • 지훈 : 선영이는 거짓말만 해.
> • 영석 : 선영이는 동현이를 싫어해.
> • 선영 : 맞아. 그런데 정은이는 지훈이와 영석이 둘 다 좋아해.

① 선영, 영석
③ 동현, 영석
② 정은, 영석
④ 정은, 선영

05 | 순서추론

| 유형분석 |

- 조건을 토대로 순서·위치 등을 추론하여 배열·배치하는 문제이다.
- 방·숙소 배정하기, 부서 찾기, 날짜 찾기, 테이블 위치 찾기 등 다양한 유형의 문제가 출제된다.

A~E 5명이 다음 〈조건〉과 같이 일렬로 나란히 자리에 앉는다고 할 때, 바르게 추론한 것은?

조건

- 자리의 순서는 왼쪽을 기준으로 첫 번째 자리로 한다.
- D는 A의 바로 왼쪽에 있다.
- B와 D 사이에 C가 있다.
- A는 마지막 자리가 아니다.
- A와 B 사이에 C가 있다.
- B는 E의 바로 오른쪽에 앉는다.

---

① D는 두 번째 자리에 앉을 수 있다.
② E는 네 번째 자리에 앉을 수 있다.
③ C는 두 번째 자리에 앉을 수 있다.
④ C는 E의 오른쪽에 앉을 수 있다.

정답 ②

두 번째 조건에서 D는 A의 바로 왼쪽에 앉으며, 마지막 조건에서 B는 E의 바로 오른쪽에 앉으므로 'D - A', 'E - B'를 각각 한 묶음으로 생각할 수 있다. 세 번째 조건에서 C는 세 번째 자리에 앉아야 하며, 네 번째 조건에 의해 'D - A'는 각각 첫 번째, 두 번째 자리에 앉아야 한다. 이를 정리하면 다음과 같다.

첫 번째 자리	두 번째 자리	세 번째 자리	네 번째 자리	다섯 번째 자리
D	A	C	E	B

따라서 'E는 네 번째 자리에 앉을 수 있다.'인 ②가 정답이다.

오답분석
① D는 첫 번째 자리에 앉는다.
③ C는 세 번째 자리에 앉는다.
④ C는 E의 왼쪽에 앉는다.

유형풀이 Tip

- 주어진 명제를 자신만의 방법으로 도식화하여 빠르게 문제를 해결한다.
- 경우의 수가 여러 개인 명제보다 1~2개인 명제를 먼저 도식화하면, 그만큼 경우의 수가 줄어들어 문제를 빠르게 해결할 수 있다.

01   8개의 좌석이 있는 원탁에 수민, 성찬, 진모, 성표, 영래, 현석 6명이 앉아 있다. 다음 〈조건〉을 참고할 때, 항상 참이 되는 것은?

> **조건**
> • 수민이와 현석이는 서로 옆자리이다.
> • 성표의 맞은편에는 진모가, 현석이의 맞은편에는 영래가 앉아 있다.
> • 영래와 수민이는 둘 다 한쪽 옆자리만 비어 있다.
> • 진모의 양 옆자리에는 항상 누군가가 앉아 있다.

① 성표는 어떤 경우에도 빈자리 옆이 아니다.
② 성찬이는 어떤 경우에도 빈자리 옆이 아니다.
③ 영래의 오른쪽에는 성표가 앉는다.
④ 진모와 수민이는 1명을 사이에 두고 앉는다.

Easy

02   S은행 직원 A, B, C, D는 각각 다른 팀에 근무하는데, 각 팀은 2층, 3층, 4층, 5층에 위치하고 있다. 다음 〈조건〉을 참고할 때, 항상 참이 되는 것은?

> **조건**
> • A, B, C, D 중 2명은 부장, 1명은 과장, 1명은 대리이다.
> • 대리의 사무실은 B보다 높은 층에 있다.
> • B는 과장이다.
> • A는 대리가 아니다.
> • A의 사무실이 가장 높다.

① 부장 중 1명은 반드시 2층에 근무한다.
② A는 부장이다.
③ 대리는 4층에 근무한다.
④ B는 2층에 근무한다.

03 S은행의 사내 체육대회에서 A ~ F 6명은 키가 큰 순서에 따라 2명씩 1팀, 2팀, 3팀으로 나뉘어 배치된다. 다음 〈조건〉에 따라 배치된다고 할 때, 가장 키가 큰 사람은?

조건

- A, B, C, D, E, F의 키는 서로 다르다.
- 2팀의 B는 A보다 키가 작다.
- D보다 키가 작은 사람은 4명이다.
- A는 1팀에 배치되지 않는다.
- E와 F는 한 팀에 배치된다.

① A
② B
③ C
④ D

Hard

04 다음은 S사 제품의 생산 계획 현황을 나타낸 자료이다. 상황에 따라 직원 갑 ~ 병이 실행하는 공정 순서로 가장 적절한 것은?

〈생산 공정 계획〉

공정	선행공정	소요시간(시간)
A	B	1
B	–	0.5
C	–	2
D	E	1.5
E	–	1

〈상황〉

- 선행공정을 제외한 생산 공정 순서는 상관없다.
- 선행공정은 선행공정이 필요한 공정 전에만 미리 실행한다.
- 2명 이상의 직원이 A공정을 동시에 실행할 수 없다.
- 을은 갑보다, 병은 을보다 1시간 늦게 시작한다.
- 생산 공정이 진행될 때 유휴시간 없이 다음 공정으로 넘어간다.

	갑	을	병
①	B – D – E – A – C	C – D – A – B – E	B – E – A – D – C
②	B – E – A – D – C	B – C – E – D – A	C – B – E – A – D
③	C – E – B – A – D	B – E – A – D – C	B – A – E – C – D
④	E – D – C – B – A	C – E – D – B – A	E – D – B – C – A

05 A회사의 임직원들은 출장지에서 묵을 방을 배정받는다고 한다. 출장 인원은 대표를 포함한 10명이며, 그중 6명은 숙소 배정표와 같이 미리 배정되었다. 생산팀 장과장, 인사팀 유과장, 총무팀 박부장, 대표 4명이 다음 〈조건〉에 따라 방을 배정받아야 할 때, 내용 중 항상 거짓인 것은?

> **조건**
> • 같은 직급은 옆방으로 배정하지 않는다.
> • 마주보는 방은 같은 부서 임직원이 배정받을 수 없다.
> • 대표의 옆방은 부장만 배정받을 수 있다.
> • 빈방은 나란히 있거나 마주보지 않는다.

〈숙소 배정표〉

101호 인사팀 최부장	102호	103호 생산팀 강차장	104호	105호	106호 생산팀 이사원
		복도			
112호 관리팀 김부장	111호	110호	109호 총무팀 이대리	108호 인사팀 한사원	107호

① 인사팀 유과장은 105호에 배정받을 수 없다.
② 104호는 아무도 배정받지 않을 수 있다.
③ 111호에는 생산팀 장과장이 묵는다.
④ 총무팀 박부장은 110호에 배정받는다.

06 S은행에 재직 중인 김대리는 10월에 1박 2일로 할머니댁을 방문하려고 한다. 다음 〈조건〉을 참고할 때, 김대리가 할머니댁을 방문하는 날짜로 가능한 날은?

> **조건**
> • 10월은 1일부터 31일까지이며, 1일은 목요일, 9일은 한글날이다.
> • 10월 1일은 추석이며, 추석 다음날부터 5일간 제주도 여행을 가고, 돌아오는 날이 휴가 마지막 날이다.
> • 김대리는 이틀까지 휴가 외에 연차를 더 쓸 수 있다.
> • 김대리는 셋째 주 화요일부터 4일간 외부출장이 있으며, 그 다음 주 수요일과 목요일은 프로젝트 발표가 있다.
> • 제주도 여행에서 돌아오는 마지막 날이 있는 주가 첫째 주이다.
> • 주말 및 공휴일에는 할머니댁에 가지 않는다.
> • 휴가에는 가지 않고 따로 연차를 쓰고 방문할 것이다.

① 3~4일
② 6~7일
③ 12~13일
④ 21~22일

06 | 문제처리

| 유형분석 |

- 상황과 정보를 토대로 조건에 적절한 것을 찾는 문제이다.
- 자원관리능력 영역과 결합한 계산 문제가 출제될 가능성이 있다.

S은행은 직원들의 여가를 위해 하반기 동안 다양한 프로그램을 운영하고자 한다. 운영할 프로그램은 수요도 조사 결과를 통해 결정된다. 다음 〈조건〉에 따라 프로그램을 선정할 때, 운영될 프로그램들로 바르게 짝지어진 것은?

〈프로그램 후보별 수요도 조사 결과〉

분야	프로그램명	인기 점수	필요성 점수
운동	강변 자전거 타기	6	5
진로	나만의 책 쓰기	5	7
여가	자수교실	4	2
운동	필라테스	7	6
교양	독서토론	6	4
여가	볼링모임	8	3

※ 수요도 조사에는 전 직원이 참여하였음

조건
- 수요도는 인기 점수와 필요성 점수에 가점을 적용한 후, 2 : 1의 가중치에 따라 합산하여 판단한다.
- 각 프로그램의 인기 점수와 필요성 점수는 10점 만점으로 하여 전 직원이 부여한 점수의 평균값이다.
- 운영 분야에 하나의 프로그램만 있는 경우, 그 프로그램의 필요성 점수에 2점을 가산한다.
- 운영 분야에 복수의 프로그램이 있는 경우, 분야별로 필요성 점수가 가장 낮은 프로그램은 후보에서 탈락한다.
- 수요도 점수가 동점일 경우, 인기 점수가 높은 프로그램을 우선시한다.
- 수요도 점수가 가장 높은 2개의 프로그램을 선정한다.

① 강변 자전거 타기, 볼링모임
② 나만의 책 쓰기, 필라테스
③ 자수교실, 독서토론
④ 필라테스, 볼링모임

정답 ④

주어진 조건에 따라 각 프로그램들의 점수와 선정 여부를 나타내면 다음과 같다.

분야	프로그램명	가중치 반영 인기 점수	가중치 반영 필요성 점수	수요도 점수	비고
운동	강변 자전거 타기	12	5	–	탈락
진로	나만의 책 쓰기	10	7+2	19	–
여가	자수교실	8	2	–	탈락
운동	필라테스	14	6	20	선정
교양	독서토론	12	4+2	18	–
여가	볼링모임	16	3	19	선정

수요도 점수는 '나만의 책 쓰기'와 '볼링모임'이 19점으로 동일하므로 다섯 번째 조건에 따라 인기 점수가 더 높은 '볼링모임'이 선정된다.

따라서 다음 하반기 동안 운영될 프로그램은 '필라테스, 볼링모임'이다.

유형풀이 Tip

- 문제에서 묻는 것을 파악한 후, 필요한 상황과 정보를 활용하여 문제를 풀어간다.
- 전체적으로 적용되는 공통 조건과 추가로 적용되는 조건이 동시에 제시될 수 있다. 따라서 공통 조건이 무엇인지 먼저 판단한 후 경우에 따라 추가 조건을 고려하여 풀이한다. 추가 조건은 표 하단에 작은 글자로 제시되기도 하므로 유의한다.

01   A고객은 3일 후 떠날 3주간의 제주도 여행에 대비하여 가족 모두 여행자 보험에 가입하고자 S은행에 방문하였다. 이에 담당자가 A고객에게 여행자 보험 상품을 추천하고자 할 때, 설명으로 적절하지 않은 것은?(단, A고객 가족의 나이는 만 14세, 17세, 45세, 51세, 75세이다)

〈S은행 여행자 보험〉

- 가입연령 : 만 1 ~ 79세(인터넷 가입 만 19 ~ 70세)
- 납입방법 : 일시납
- 납입기간 : 일시납
- 보험기간 : 2일 ~ 최대 1개월
- 보장내용

구분	보험금 지급사유	지급금액
상해사망 및 후유장해	여행 중 사고로 상해를 입고 그 직접적인 결과로 사망하거나 후유장해 상태가 되었을 때	– 사망 시 가입금액 전액 지급 – 후유장해 시 장해정도에 따라 가입금액의 30 ~ 100% 지급
질병사망	여행 중 발생한 질병으로 사망 또는 장해지급률 80% 이상의 후유장해가 남았을 경우	가입금액 전액 지급
휴대품 손해	여행 중 우연한 사고로 휴대품이 도난 또는 파손되어 손해를 입은 경우	가입금액 한도 내에서 보상하되 휴대품 1개 또는 1쌍에 대하여 20만 원 한도로 보상(단, 자기부담금 1만 원 공제)

- 유의사항
  - 보험계약 체결일 기준 만 15세 미만자의 경우 사망은 보장하지 않음
  - 보장금액과 상해, 질병 의료실비에 관한 보장내용은 홈페이지 참조

---

① 고객님, 가족 모두 가입하시려면 반드시 은행에 방문해주셔야 합니다.

② 고객님, 만 14세 자녀의 경우 본 상품에 가입하셔도 사망보험금은 지급되지 않습니다.

③ 고객님, 여행 도중 귀중품을 분실하셨을 경우에 분실물의 수량과 관계없이 최대 20만 원까지 보상해드립니다.

④ 고객님, 후유장해 시 보험금은 장해정도에 따라 차등 지급됩니다.

02 다음 중 기초생활수급자 선정과 관련된 서술로 옳지 않은 것은?

가. 기초생활수급자 선정 기준

부양의무자가 없거나, 부양의무자가 있어도 부양능력이 없거나 또는 부양을 받을 수 없는 자로서 소득인정액이 최저생계비 이하인 자

※ 부양능력이 있는 부양의무자가 있어도 부양을 받을 수 없는 경우란, 부양의무자가 교도소 등에 수용되거나 병역법에 의해 징집·소집되어 실질적으로 부양을 할 수 없는 경우와 가족관계 단절 등을 이유로 부양을 거부하거나 기피하는 경우 등을 가리킴

나. 매월 소득인정액 기준

- (소득인정액)=(소득평가액)+(재산의 소득환산액)
- (소득평가액)=(실제소득)-(가구특성별 지출비용)

다. 가구별 매월 최저생계비

(단위 : 만 원)

1인	2인	3인	4인	5인	6인
42	70	94	117	135	154

라. 부양의무자의 범위

수급권자의 배우자, 수급권자의 1촌 직계혈족 및 그 배우자, 수급권자와 생계를 같이 하는 2촌 이내의 혈족

① 소득인정액이 최저생계비 이하인 자로서 부양의무자가 없으면 기초생활수급자로 선정된다.

② 소득인정액은 소득평가액과 재산의 소득환산액을 합한 것이다.

③ 수급권자의 삼촌은 부양의무자에 해당되지 않는다.

④ 소득평가액은 실제소득에서 가구특성별 지출비용을 합한 것이다.

03 S은행에 근무하는 A씨는 예금주 명의변경에 대한 문의를 받았다. 다음 약관을 바탕으로 고객의 문의에 답하려고 할 때, 옳지 않은 것은?

---

1. **법인대표자 변경**
   - (사고변경) 신고 및 재발급의뢰서
   - 신대표자임 입증서류
     - 법인 : 법인등기부등본과 사업자등록증 원본
     - 임의단체 : 고유번호증 또는 납세번호증
     - 관공서 : 감독기관 또는 소속관서장 임명증명서
   - 대표자 신분증
   - 통장, 도장
2. **개명에 의한 변경**
   〈개인 개명〉
   - (사고변경) 신고 및 재발급의뢰서
   - 기본증명서 또는 주민등록초본(신명의와 구명의 확인 가능)
   - 통장, 도장
   〈법인명칭 변경〉
   - (사고변경) 신고 및 재발급의뢰서
   - 법인등기부등본과 사업자등록증 원본
     - 임의단체 : 고유번호증 또는 납세번호증
     - 관공서 : 감독기관 또는 소속관서장 임명증명서
   - 대표자 신분증
   - 통장, 도장
3. **사망에 의한 변경**
   - 상속인 전원 연서한 (사고변경) 신고 및 재발급의뢰서
   - 피상속인(예금주)의 가족관계 등록부(가족관계 증명서, 기본증명서) 및 제적등본
   - 상속인 전원 인감증명서(다만, 본인 내점하는 경우 인감증명서 대신 실명확인증표 가능)
   - 위임 있는 경우 인감증명서(또는 서명사실확인서) 첨부된 위임장
4. **대리인에 의한 명의변경**
   〈개인 개명, 사망, 유증에 의한 변경〉
   - 본인 위임장(인감도장 날인)
   - 본인 인감증명서 또는 본인 서명사실확인서
   - 대리인 신분증
   - 주민등록초본 및 기본증명서(신명의와 구명의 확인 가능)
   - 통장, 도장
5. **법인 상호변경, 대표자 변경에 의한 경우**
   - 사업자등록증 또는 사업자등록증명원
     - 임의단체 : 고유번호증 또는 납세번호증
     - 관공서 : 감독기관 또는 소속관서장 임명증명서
   - 법인등기부등본
   - 대표자 위임장(법인인감 날인)

- 법인임감증명서
- 대리인 신분증
- 통장, 도장
6. **명의변경 제한 상품**
   - 농어가목돈마련저축
   - 세금우대(비과세)예금
   - 비과세가계저축
   - 근로자우대저축
   - 장학적금
   - 생계형비과세저축
7. **명의변경 수수료**
   - 징수기준 : 고객으로부터 예금(신탁포함)계좌에 대한 명의변경 요청 시 징수
   - 징수금액 : 건당 5,000원(단, 예금명의변경에 따른 통장(증서) 재발급수수료는 면제 가능)

제목 : [예금] 예금주 명의변경 시 처리 절차

안녕하세요. 예금주 명의변경 처리 절차에 대한 문의가 있습니다. 이번에 개명을 하게 되어 통장 명의를 변경하고자 하는데, 어떤 서류들이 필요하나요? 아, 참고로 개인 개명입니다. 또 명의변경을 할 경우 수수료는 따로 드나요? 그리고 이 통장이 근로자우대저축 통장인데 상관없는 거죠? 아, 만약에 제가 시간이 안 되면 다른 사람이 대신 가도 상관 없나요? 만약에 그게 가능하다면 필요한 서류는 뭐가 있을까요? 빠른 답변 부탁드립니다.

답변 : 안녕하세요. 고객님 S은행입니다.

안녕하세요. 은행입니다. 우선 저희 은행에 많은 관심을 주셔서 감사드립니다.

예금주 명의변경과 관련한 문의에 대한 답변을 하나씩 해드리겠습니다.
- **개인 개명에 의한 변경 시 필요한 서류**
  ① (사고변경) 신고 및 재발급의뢰서, 기본증명서 또는 주민등록초본, 통장, 도장이 필요합니다.
- **명의변경 수수료**
  ② 명의변경과 관련한 수수료는 따로 들지 않습니다.
- **근로자우대저축 통장의 명의변경 가능 여부**
  ③ 근로자우대저축은 명의변경에 제한되는 상품입니다.
- **대리인 명의변경 여부**
  ④ 개인 개명에 대한 명의변경도 대리인에 의해서 가능합니다.
  이때 필요한 서류는 본인 위임장(인감도장 날인), 본인 인감증명서 또는 본인 서명사실확인서, 대리인 신분증, 주민등록초본 및 기본증명서, 통장, 도장입니다.

문의하신 답변이 도움되었길 바라며 추가 문의가 있으면 언제든지 게시판에 문의해주세요. 오늘도 즐거운 하루 보내세요. 감사합니다.

04 다음은 S은행에서 진행하고 있는 이벤트 포스터이다. 해당 이벤트를 고객에게 추천할 경우 사전에 확인해야 할 사항으로 적절하지 않은 것은?

<S은행 가족사랑 패키지 출시 기념 이벤트>

▲ 이벤트 기간 : 2024년 11월 4일(월) ~ 29일(금)
▲ 세부내용

대상	응모요건	경품
가족사랑 통장·적금·대출 신규 가입고객	① 가족사랑 통장 신규 ② 가족사랑 적금 신규 ③ 가족사랑 대출 신규	가입고객 모두에게 OTP 또는 보안카드 무료 발급
가족사랑 고객	가족사랑 통장 가입 후 다음 중 1가지 이상 충족 ① 급여이체 신규 ② 가맹점 결제대금 이체 신규 ③ 신용(체크)카드 결제금액 20만 원 이상 ④ 가족사랑 대출 신규(1천만 원 이상)	• 여행상품권(200만 원, 1명) • 최신 핸드폰(3명) • 한우세트(300명) • 연극 티켓 2매(전 고객)
국민행복카드 가입고객	국민행복카드 신규＋당행 결제계좌 등록 (동 카드로 임신 출산 바우처 결제 1회 이상 사용)	어쩌다 엄마(도서, 500명)

▲ 당첨자 발표 : 2024년 12월 중순, 홈페이지 공지 및 영업점 통보
 – 제세공과금은 S은행이 부담하며 본 이벤트는 당행의 사정으로 변경 또는 중단될 수 있습니다.
 – 당첨고객은 추첨일 현재 대상상품 유지고객에 한하며, 당첨자 명단은 추첨일 기준 금월 중 S은행 홈페이지에서 확인하실 수 있습니다.
 – 기타 자세한 내용은 인터넷 홈페이지(www.Sbank.com)를 참고하시거나 가까운 영업점, 고객센터 (0000-0000)에 문의하시기 바랍니다.
 ※ 유의사항 : 상기이벤트 당첨자 중 핸드폰 등 연락처 불능, 수령 거절 등의 고객 사유로 1개월 이상 경품 미수령 시 당첨이 취소될 수 있음

① 가족사랑 패키지 출시 기념 이벤트는 11월 한 달 동안 진행되는구나.
② 가족사랑 대출을 신규로 가입했을 경우에 OTP나 보안카드를 무료로 발급받을 수 있구나.
③ 가족사랑 통장을 신규로 가입한 후, 급여이체를 설정하면 OTP가 무료로 발급되고 연극 티켓도 받을 수 있구나.
④ 2024년 12월에 이벤트 당첨자를 발표하는데, 별도의 통보가 없으니 영업점을 방문하시라고 설명 해야겠구나.

05 S회사는 창립 10주년을 맞이하여 전 직원 단합대회를 준비하고 있다. 이를 위해 사장 B는 여행상품 한 가지를 선정할 계획을 갖고 있는데, 직원 투표 결과를 참고하여 결정하려고 한다. 직원 투표 결과와 여행상품별 1인당 경비가 다음 표와 같이 주어져 있으며, 추가로 행사를 위한 부서별 고려 사항을 참고하여 선택할 경우 〈보기〉에서 옳은 것을 모두 고르면?

상품내용		투표 결과					
여행상품	1인당 비용(원)	총무팀	영업팀	개발팀	홍보팀	공장 1	공장 2
A	500,000	2	1	2	0	15	6
B	750,000	1	2	1	1	20	5
C	600,000	3	1	0	1	10	4
D	1,000,000	3	4	2	1	30	10
E	850,000	1	2	0	2	5	5

〈여행 상품별 혜택 정리〉

상품명	날짜	장소	식사제공	차량지원	편의시설	체험시설
A	5/10 ~ 5/11	해변	O	O	×	×
B	5/10 ~ 5/11	해변	O	O	O	×
C	6/7 ~ 6/8	호수	O	O	O	×
D	6/15 ~ 6/17	도심	O	×	O	O
E	7/10 ~ 7/13	해변	O	O	O	×

〈부서별 고려 사항〉

• 총무팀 : 행사 시 차량 지원 가능함
• 영업팀 : 6월 초순에 해외 바이어와 가격 협상 회의 일정
• 공장 1 : 3일 연속 공장 비가동 시 품질 저하 예상됨
• 공장 2 : 7월 중순 공장 이전 계획 있음

보기

ㄱ. 총 여행상품 비용은 1억 500만 원이 필요하다.
ㄴ. 가장 인기가 높은 여행 상품은 B이다.
ㄷ. 공장 1은 여행 상품 선택에 가장 큰 영향력을 발휘했다.

① ㄱ
② ㄱ, ㄴ
③ ㄱ, ㄷ
④ ㄴ, ㄷ

07 | 환경분석

| 유형분석 |

- 상황에 대한 환경 분석을 통해 주요 과제 및 해결 방안을 도출하는 문제이다.
- SWOT 분석뿐 아니라 3C 분석을 활용하는 문제가 출제될 수 있으므로, 해당 분석 도구에 대한 사전 학습이 요구된다.

다음 수제 초콜릿에 대한 분석 기사를 읽고 〈보기〉에서 설명하는 SWOT 분석에 의한 마케팅 전략을 진행하고자 할 때, 적절하지 않은 설명은?

오늘날 식품 시장을 보면 원산지와 성분이 의심스러운 제품들이 넘쳐 납니다. 이로 인해 소비자들은 고급스럽고 안전한 먹거리를 찾고 있습니다. 우리의 수제 초콜릿은 이러한 요구를 완벽하게 충족시켜주고 있습니다. 풍부한 맛, 고급 포장, 모양, 건강상의 혜택, 강력한 스토리텔링 모두 높은 품질을 원하는 소비자들의 요구를 충족시키는 요인들입니다. 사실 수제 초콜릿을 만드는 데에는 비용이 많이 듭니다. 각종 장비 및 유지 보수에서부터 값비싼 포장, 유통업체의 높은 수익을 보장해주다 보면 초콜릿을 생산하는 업체에게 남는 이익은 많지 않습니다. 또한 수제 초콜릿의 존재 자체를 많은 사람들이 알지 못하는 상황입니다. 하지만 보다 좋은 식품에 대한 인기가 높아짐에 따라 더 많은 업체들이 수제 초콜릿을 취급하기를 원하고 있습니다. 따라서 수제 초콜릿은 일반 초콜릿보다 더 높은 가격으로 판매될 수 있을 것입니다. 현재 초콜릿을 대량으로 생산하는 대형 기업들은 자신들의 일반 초콜릿과 수제 초콜릿의 차이를 줄이는 데 최선을 다하고 있습니다. 그리고 직접 맛을 보기 전에는 일반 초콜릿과 수제 초콜릿의 차이를 알 수 없기 때문에 소비자들은 굳이 초콜릿에 더 많은 돈을 지불해야 하는 이유를 알지 못할 수 있습니다. 따라서 수제 초콜릿의 효과적인 마케팅 전략이 필요한 시점입니다.

보기

〈SWOT 분석에 의한 마케팅 전략〉

- SO전략(강점 – 기회전략) : 강점을 살려 기회를 포착
- ST전략(강점 – 위협전략) : 강점을 살려 위협을 회피
- WO전략(약점 – 기회전략) : 약점을 보완하여 기회를 포착
- WT전략(약점 – 위협전략) : 약점을 보완하여 위협을 회피

① 수제 초콜릿의 값비싸고 과장된 포장을 바꾸고, 그 비용으로 안전하고 맛있는 수제 초콜릿을 홍보하면 어떨까.

② 수제 초콜릿을 고급 포장하여 수제 초콜릿의 스토리텔링을 더 살려보는 것은 어떨까.

③ 수제 초콜릿의 스토리텔링을 포장에 명시한다면 소비자들이 믿고 구매할 수 있을 거야.

④ 수제 초콜릿의 마케팅을 강화하는 방법으로 수제 초콜릿의 차이를 알려 대기업과의 경쟁에서 이겨야겠어.

정답 ②

고급 포장과 스토리텔링은 모두 수제 초콜릿의 강점에 해당되므로 SWOT 분석에 의한 마케팅 전략으로 볼 수 없다. SO전략과 ST전략으로 보일 수 있으나, 기회를 포착하거나 위협을 회피하는 모습을 보이지 않기에 적절하지 않다.

오답분석

① 값비싼 포장(약점)을 보완하여 좋은 식품에 대한 인기(기회)에 발맞춰 홍보하는 WO전략에 해당된다.
③ 수제 초콜릿의 스토리텔링(강점)을 포장에 명시하여 소비자들의 요구를 충족(기회)시키는 SO전략에 해당된다.
④ 수제 초콜릿의 존재를 모르는(약점) 소비자들을 겨냥한 마케팅을 강화하여 대기업과의 경쟁(위협)을 이겨내는 WT전략에 해당된다.

유형풀이 Tip

SWOT 분석

기업의 내부환경과 외부환경을 분석하여 강점(Strength), 약점(Weakness), 기회(Opportunity), 위협(Threat) 요인을 규정하고 이를 토대로 경영전략을 수립하는 기법으로, 미국의 경영컨설턴트인 알버트 험프리(Albert Humphrey)에 의해 고안되었다. SWOT 분석의 가장 큰 장점은 기업의 내·외부환경 변화를 동시에 파악할 수 있다는 것이다. 기업의 내부환경을 분석하여 강점과 약점을 찾아내며, 외부환경 분석을 통해서는 기회와 위협을 찾아낸다. SWOT 분석은 외부로부터의 기회는 최대한 살리고 위협은 회피하는 방향으로 자신의 강점은 최대한 활용하고 약점은 보완한다는 논리에 기초를 두고 있다. SWOT 분석에 의한 경영전략은 다음과 같이 정리할 수 있다.

Strength 강점 기업 내부환경에서의 강점	S	W	Weakness 약점 기업 내부환경에서의 약점
Opportunity 기회 기업 외부환경으로부터의 기회	O	T	Threat 위협 기업 외부환경으로부터의 위협

3C 분석

자신(Company)	고객(Customer)	경쟁자(Competitor)
• 자사의 핵심역량은 무엇인가? • 자사의 장단점은 무엇인가? • 자사의 다른 사업과 연계되는가?	• 주 고객군은 누구인가? • 그들은 무엇에 열광하는가? • 그들의 정보 습득 / 교환은 어디에서 일어나는가?	• 경쟁사는 어떤 회사가 있는가? • 경쟁사의 핵심역량은 무엇인가? • 잠재적인 경쟁사는 어디인가?

01 다음은 국내 금융기관에 대한 SWOT 분석 자료이다. 이를 통해 SWOT 전략을 세운다고 할 때, 〈보기〉 중 분석 결과에 대응하는 전략과 그 내용이 바르게 연결된 것을 모두 고르면?

국내 대부분의 예금과 대출을 국내 은행이 차지하고 있을 정도로 국내 금융기관에 대한 우리나라 국민들의 충성도는 높은 편이다. 또한 국내 금융기관은 철저한 신용 리스크 관리로 해외 금융기관과 비교해 자산건전성 지표가 매우 우수한 편이다. 시장 리스크 관리도 해외 선진 금융기관 수준에 도달한 것으로 평가받는다. 국내 금융기관은 외환위기와 글로벌 금융위기 등을 거치며 꾸준히 자산건전성을 강화해왔기 때문이다.

그러나 은행과 이자 이익에 수익이 편중돼 있다는 점은 국내 금융기관의 가장 큰 약점이 된다. 대부분 예금과 대출 거래 중심의 영업구조로 되어 있기 때문이다. 취약한 해외 비즈니스도 문제로 들 수 있다. 최근 동남아 시장을 중심으로 해외 진출에 박차를 가하고 있지만, 아직은 눈에 띄는 성과가 많지 않은 상황이다.

많은 어려움에도 불구하고 국내 금융기관의 발전 가능성은 아직 무궁무진하다. 우선 해외 시장으로 눈을 돌리면 다양한 기회가 열려있다. 전 세계 신용·단기 자금 확대, 글로벌 무역 회복세로 국내 금융기관의 해외 진출 여건은 양호한 편이다. 따라서 해외 시장 개척을 통해 어떻게 신규 수익원을 확보하느냐가 성장의 새로운 기회로 작용할 전망이다. IT 기술 발달에 따른 핀테크의 등장도 새로운 기회가 될 수 있다. 국내의 발달된 인터넷과 모바일뱅킹 서비스, IT 인프라를 활용한 새로운 수익 창출 가능성이 열려 있는 것이다.

역설적으로 핀테크의 등장은 오히려 국내 금융기관의 발목을 잡을 수 있다. 블록체인 기술에 기반한 암호화폐, 간편결제와 송금, 로보어드바이저, 인터넷 은행, P2P 대출 등 다양한 핀테크 분야의 새로운 서비스들이 기존 금융 서비스의 대체재로서 출현하고 있기 때문이다. 금융시장 개방에 따른 글로벌 금융기관과의 경쟁 심화도 넘어야 할 산이다. 특히 중국 은행을 비롯한 중국 금융이 급성장하고 있어 이에 대한 대비책 마련이 시급하다.

> **보기**
> ㄱ. SO전략 – 높은 국내 시장점유율을 기반으로 국내 핀테크 사업에 진출한다.
> ㄴ. WO전략 – 위기관리 역량을 강화하여 해외 금융시장에 진출한다.
> ㄷ. ST전략 – 해외 금융기관과 비교해 우수한 자산건전성을 강조하여 글로벌 금융기관과의 경쟁에서 우위를 차지한다.
> ㄹ. WT전략 – 해외 비즈니스 역량을 강화하여 해외 금융시장에 진출한다.

① ㄱ, ㄴ
② ㄱ, ㄷ
③ ㄴ, ㄷ
④ ㄴ, ㄹ

02 귀하의 회사는 보조배터리를 개발하여 중국 시장에 진출하고자 한다. 귀하의 상사가 3C 분석 결과를 건네며, 사업 계획에 반영하고 향후 해결해야 할 회사의 전략 과제가 무엇인지 정리하여 보고하라는 지시를 내렸다. 다음 중 회사에서 해결해야 할 전략 과제로 적절하지 않은 것은?

Customer	Competitor	Company
• 전반적인 중국 시장은 매년 10% 성장 • 중국 시장 내 보조배터리 제품의 규모는 급성장 중임 • 20 ~ 30대 젊은 층이 중심 • 온라인 구매가 약 80% 이상 • 인간공학 지향	• 중국기업들의 압도적인 시장점유 • 중국기업들 간의 치열한 가격경쟁 • A/S 및 사후관리 취약 • 생산 및 유통망 노하우 보유	• 국내시장 점유율 1위 • A/S 등 고객서비스 부문 우수 • 해외 판매망 취약 • 온라인 구매시스템 미흡(보안, 편의 등) • 높은 생산원가 구조 • 높은 기술개발력

① 중국 시장의 판매유통망 구축
② 온라인 구매시스템 강화
③ 고객서비스 부문 강화
④ 원가 절감을 통한 가격경쟁력 강화

03 안전본부 사고분석 개선처에 근무하는 B대리는 혁신우수 연구대회에 출전하여 첨단장비를 활용한 차종별 보행자사고 모형개발 자료를 발표했다. 연구 추진방향을 도출하기 위해 SWOT 분석을 한 결과가 다음과 같을 때, 분석 결과에 대응하는 전략과 그 내용이 잘못 짝지어진 것은?

〈차종별 보행자사고 모형개발 SWOT 분석〉

강점(Strength)	약점(Weakness)
10년 이상 지속적인 교육과 연구로 신기술 개발을 위한 인프라 구축	보행자사고 모형개발을 위한 예산 및 실차 실험을 위한 연구소 부재
기회(Opportunity)	위협(Threat)
첨단 과학장비(3D스캐너, MADYMO) 도입으로 정밀 시뮬레이션 분석 가능	교통사고에 대한 국민의 관심과 분석수준 향상으로 공단의 사고분석 질적 제고 필요

① SO전략 : 과학장비를 통한 정밀 시뮬레이션 분석을 토대로 국내 차량의 전면부 형상을 취득하고 보행자사고를 분석해 신기술 개발에 도움
② WO전략 : 실차 실험 대신 과학장비를 통한 시뮬레이션 연구로 모형개발
③ ST전략 : 지속적 교육과 연구로 쌓아온 데이터를 바탕으로 사고분석 프로그램 신기술 개발을 통해 사고분석 질적 향상에 기여
④ WT전략 : 신기술 개발을 위한 연구대회를 개최해 인프라를 더욱 탄탄히 구축

04 다음은 SWOT 분석에 대한 설명과 유전자 관련 사업을 진행 중인 A사의 SWOT 분석 자료이다. 자료를 참고하여 〈보기〉의 ㉠ ~ ㉢ 중 빈칸 (가), (나)에 들어갈 내용으로 적절한 것을 고르면?

SWOT 분석은 기업의 내부환경과 외부환경을 분석하여 강점(Strength), 약점(Weakness), 기회(Opportunity), 위협(Threat) 요인을 규정하고 이를 토대로 경영전략을 수립하는 기법으로, 미국의 경영컨설턴트인 알버트 험프리(Albert Humphrey)에 의해 고안되었다.
- 강점(Strength) : 내부환경(자사 경영자원)의 강점
- 약점(Weakness) : 내부환경(자사 경영자원)의 약점
- 기회(Opportunity) : 외부환경(경쟁, 고객, 거시적 환경)에서 비롯된 기회
- 위협(Threat) : 외부환경(경쟁, 고객, 거시적 환경)에서 비롯된 위협

〈A사 SWOT 분석 결과〉

강점(Strength)	약점(Weakness)
• 유전자 분야에 뛰어난 전문가로 구성 • _____(가)_____	• 유전자 실험의 장기화
기회(Opportunity)	위협(Threat)
• 유전자 관련 업체 수가 적음 • _____(나)_____	• 고객들의 실험 부작용에 대한 두려움 인식

보기
㉠ 투자 유치의 어려움
㉡ 특허를 통한 기술 독점 가능
㉢ 점점 증가하는 유전자 의뢰
㉣ 높은 실험 비용

```
    (가)    (나)
① ㉠     ㉢
② ㉠     ㉣
③ ㉡     ㉠
④ ㉡     ㉢
```

05 레저용 차량을 생산하는 A기업에 대한 다음 SWOT 분석결과를 참고하여, 〈보기〉 중 각 전략에 따른 대응으로 적절한 것을 모두 고르면?

〈A기업의 SWOT 분석결과〉

강점(Strength)	약점(Weakness)
• 높은 브랜드 이미지·평판 • 훌륭한 서비스와 판매 후 보증수리 • 확실한 거래망, 딜러와의 우호적인 관계 • 막대한 R&D 역량 • 자동화된 공장 • 대부분의 차량 부품 자체 생산	• 한 가지 차종에만 집중 • 고도의 기술력에 대한 과도한 집중 • 생산설비에 막대한 투자 → 차량모델 변경의 어려움 • 한 곳의 생산 공장만 보유 • 전통적인 가족형 기업 운영
기회(Opportunity)	위협(Threat)
• 소형 레저용 차량에 대한 수요 증대 • 새로운 해외시장의 출현 • 저가형 레저용 차량에 대한 선호 급증	• 휘발유의 부족 및 가격의 급등 • 레저용 차량 전반에 대한 수요 침체 • 다른 회사들과의 경쟁 심화 • 차량 안전 기준의 강화

보기

ㄱ. ST전략 – 기술개발을 통해 연비를 개선한다.
ㄴ. SO전략 – 대형 레저용 차량을 생산한다.
ㄷ. WO전략 – 규제 강화에 대비하여 보다 안전한 레저용 차량을 생산한다.
ㄹ. WT전략 – 생산량 감축을 고려한다.
ㅁ. WO전략 – 국내 다른 지역이나 해외에 공장들을 분산 설립한다.
ㅂ. ST전략 – 경유용 레저 차량 생산을 고려한다.
ㅅ. SO전략 – 해외시장 진출보다는 내수 확대에 집중한다.

① ㄱ, ㄴ, ㅁ, ㅂ
② ㄱ, ㄹ, ㅁ, ㅂ
③ ㄴ, ㄹ, ㅁ, ㅂ
④ ㄴ, ㄹ, ㅂ, ㅅ

자원관리능력

합격 Cheat Key

자원관리능력은 현재 NCS 기반 채용을 진행하는 많은 금융권에서 핵심영역으로 자리 잡아, 대부분의 시험에서 출제 영역으로 꼽히고 있다. 전체 문항수의 10 ~ 15% 비중으로 출제되고 있고, 난이도가 대부분 높기 때문에 NCS를 치를 수험생이라면 반드시 준비해야 할 필수 과목이다.

실제 시험 기출 키워드를 살펴보면 비용 계산, 해외파견 지원금 계산, 주문 제작 단가 계산, 일정 조율, 일정 선정, 행사 대여 장소 선정, 최단거리 구하기, 시차 계산, 소요 시간 구하기, 해외파견 근무 기준에 부합한 또는 부합하지 않는 직원 고르기 등 크게 자원계산, 자원관리 문제유형이 출제된다. 대표유형을 바탕으로 응용되는 방식의 문제가 출제되고 있기 때문에 비슷한 유형을 계속해서 풀어보면서 감을 익히는 것이 중요하다.

1 시차를 먼저 계산하자!

시간자원관리문제의 대표유형 중 시차를 계산하여 일정에 맞는 항공권을 구입하거나 회의시간을 구하는 문제에서는 각각의 나라 시간을 한국 시간으로 전부 바꾸어 계산하는 것이 편리하다. 조건에 맞는 나라들의 시간을 전부 한국 시간으로 바꾸고 한국 시간과의 시차만 더하거나 빼면 시간을 단축하여 풀 수 있다.

2 선택지를 활용하자!

예산자원관리문제의 대표유형에서는 계산을 해서 값을 요구하는 문제들이 있다. 이런 문제유형에서는 문제 선택지를 먼저 본 후 자리 수가 몇 단위로 끝나는지 확인한다. 예를 들어 412,300원, 426,700원, 434,100원, 453,800원인 선택지가 있다고 할 때, 이 선택지는 100원 단위로 끝나기 때문에 제시된 조건에서 100원 단위로 나올 수 있는 항목을 찾아 그 항목만 계산하여 시간을 단축시키는 방법이 있다.

또한, 일일이 계산하는 문제가 많다. 예를 들어 640,000원, 720,000원, 810,000원 등의 수를 이용해 푸는 문제가 있다고 할 때, 만 원 단위를 절사하고 계산하여 64, 72, 81처럼 요약하여 적는 것도 시간을 단축하는 방법이다.

3 최적의 값을 구하는 문제인지 파악하자!

물적자원관리문제의 대표유형에서는 제한된 자원 내에서 최대의 만족 또는 이익을 얻을 수 있는 방법을 강구하는 문제가 출제된다. 이때, 구하고자 하는 값을 x, y로 정하고 연립방정식을 이용해 x, y 값을 구한다. 최소 비용으로 목표생산량을 달성하기 위한 업무 및 인력 할당, 정해진 시간 내에 최대 이윤을 낼 수 있는 업체 선정, 정해진 인력으로 효율적 업무 배치 등을 구하는 문제에서 사용되는 방법이다.

4 각 평가항목을 비교해보자!

인적자원관리문제의 대표유형에서는 각 평가항목을 비교하여 기준에 적합한 인물을 고르거나, 저렴한 업체를 선정하거나, 총점이 높은 업체를 선정하는 문제가 출제된다. 이런 문제를 해결할 때는 평가항목에서 가격이나 점수 차이에 영향을 많이 미치는 항목을 찾아 지우면 1 ~ 2개의 선택지를 삭제하고 3 ~ 4개의 선택지만 계산하여 시간을 단축할 수 있다.

5 문제의 단서를 이용하자!

자원관리능력은 계산문제가 많기 때문에, 복잡한 계산은 딱 떨어지게끔 조건을 제시하는 경우가 많다. 단서를 보고 부합하지 않는 선택지를 1 ~ 2개 먼저 소거한 뒤 계산을 하는 것도 시간을 단축하는 방법이다.

01 | 시간계획

| 유형분석 |

- 시간 자원과 관련된 다양한 정보를 활용하여 풀어가는 문제이다.
- 대체로 교통편 정보나 국가별 시차 정보가 제공되며, 이를 근거로 '현지 도착시간 또는 약속된 시간 내에 도착하기 위한 방안'을 고르는 문제가 출제된다.

한국은 뉴욕보다 16시간 빠르고, 런던은 한국보다 8시간 느리다. 다음 비행기가 현지에 도착할 때의 시간 (㉠, ㉡)으로 옳은 것은?

구분	출발 일자	출발 시간	비행 시간	도착 시간
뉴욕행 비행기	6월 6일	22:20	13시간 40분	㉠
런던행 비행기	6월 13일	18:15	12시간 15분	㉡

	㉠	㉡
①	6월 6일 09시	6월 13일 09시 30분
②	6월 6일 20시	6월 13일 22시 30분
③	6월 7일 09시	6월 14일 09시 30분
④	6월 7일 13시	6월 14일 15시 30분

정답 ②

㉠ 뉴욕행 비행기는 한국에서 6월 6일 22시 20분에 출발하고, 13시간 40분 동안 비행하기 때문에 6월 7일 12시에 도착한다. 한국 시간은 뉴욕보다 16시간 빠르므로 현지에 도착하는 시간은 6월 6일 20시가 된다.

㉡ 런던행 비행기는 한국에서 6월 13일 18시 15분에 출발하고, 12시간 15분 동안 비행하기 때문에 현지에 6월 14일 6시 30분에 도착한다. 한국 시간은 런던보다 8시간이 빠르므로 현지에 도착하는 시간은 6월 13일 22시 30분이 된다.

유형풀이 Tip

- 문제에서 묻는 것을 정확히 파악한 후 제시된 상황과 정보를 활용하여 문제를 풀어간다.
- 추가 조건이나 제한사항은 문제를 해결하는 데 중요한 변수가 될 수 있으므로 유의한다.

Easy

01　다음 시간계획에 대한 〈보기〉의 설명 중 옳지 않은 것을 모두 고르면?

보기

ㄱ. 실현 가능한 시간계획을 세우는 것이 중요하다.
ㄴ. 시간계획을 따르는 것이 가장 중요하므로 무슨 일이 있어도 계획에 따라 실천해야 한다.
ㄷ. 시간계획을 효과적으로 세운다면 실제 행동할 때와 차이가 거의 발생하지 않는다.
ㄹ. 자유로운 여유시간은 시간계획에 포함되지 않는다.

① ㄱ, ㄴ
② ㄴ, ㄷ
③ ㄷ, ㄹ
④ ㄴ, ㄷ, ㄹ

02　S은행에서는 매월 초 인트라넷을 통해 윤리경영 자기진단을 실시한다. 아침 회의 시 은행장은 오늘 내에 부서 구성원이 모두 참여할 수 있는 별도의 시간을 정하여 가능한 빨리 완료할 것을 지시하였다. 이에 부서장은 귀하에게 다음의 업무 스케줄을 고려하여 가장 적당한 시간을 확인해 보고할 것을 당부하였다. 자기진단 시간으로 1시간이 소요될 때, 이를 실시하기에 가장 적절한 시간은?

〈업무 스케줄〉

시간	직급별 스케줄				
	부장	차장	과장	대리	사원
09:00 ~ 10:00	부서장 회의				
10:00 ~ 11:00					
11:00 ~ 12:00			타부서 협조 회의		
12:00 ~ 13:00	점심식사				
13:00 ~ 14:00	부서 업무 회의				비품 신청
14:00 ~ 15:00					
15:00 ~ 16:00				일일 업무 결산	
16:00 ~ 17:00		업무보고			
17:00 ~ 18:00	업무보고				

① 15:00 ~ 16:00
② 14:00 ~ 15:00
③ 12:00 ~ 13:00
④ 10:00 ~ 11:00

02 | 비용계산

| 유형분석 |

- 예산 자원과 관련된 다양한 정보를 활용하여 풀어가는 문제이다.
- 대체로 한정된 예산 내에서 수행할 수 있는 업무 및 예산 가격을 묻는 문제가 출제된다.

A사원은 이번 출장을 위해 KTX표를 미리 40% 할인된 가격에 구매하였으나, 출장 일정이 바뀌는 바람에 하루 전날 표를 취소하였다. 다음 환불 규정에 따라 16,800원을 돌려받았을 때, 할인되지 않은 KTX표의 가격은 얼마인가?

〈KTX 환불 규정〉

출발 2일 전	출발 1일 전 ~ 열차 출발 전	열차 출발 후
100%	70%	50%

① 40,000원

② 48,000원

③ 56,000원

④ 67,200원

정답 ①

할인되지 않은 KTX표의 가격을 x원이라 하면, 표를 40% 할인된 가격으로 구매하였으므로 구매 가격은 $(1-0.4)x=0.6x$원이다. 환불 규정에 따르면 하루 전에 표를 취소하는 경우 70%의 금액을 돌려받을 수 있으므로 다음과 같은 식이 성립한다.

$0.6x \times 0.7 = 16,800 \rightarrow 0.42x = 16,800$

$\therefore \ x = 40,000$

따라서 할인되지 않은 KTX표의 가격은 40,000원이다.

유형풀이 Tip

- 제한사항인 예산을 고려하여, 문제에 제시된 정보에서 필요한 것을 선별해 문제를 풀어간다.

01 다음은 S은행에서 근무하는 A사원의 4월 근태기록이다. 다음 규정을 참고하여 A사원이 받을 시간외근무수당은 얼마인가?(단, 정규근로시간은 09:00 ~ 18:00이다)

〈시간외근무 규정〉

- 시간외근무(조기출근 포함)는 1일 4시간, 월 57시간을 초과할 수 없다.
- 시간외근무수당은 1일 1시간 이상 시간외근무를 한 경우에 발생하며, 1시간을 공제한 후 매분 단위까지 합산하여 계산한다(단, 월 단위 계산 시 1시간 미만은 절사함).
- 시간외근무수당 지급단가 : 사원(7,000원), 대리(8,000원), 과장(10,000원)

〈A사원의 4월 근태기록(출근시간 / 퇴근시간)〉

- 4월 1일부터 4월 15일까지의 시간외근무시간은 12시간 50분(1일 1시간 공제 적용)이다.

18일(월)	19일(화)	20일(수)	21일(목)	22일(금)
09:00 / 19:10	09:00 / 18:00	08:00 / 18:20	08:30 / 19:10	09:00 / 18:00
25일(월)	26일(화)	27일(수)	28일(목)	29일(금)
08:00 / 19:30	08:30 / 20:40	08:30 / 19:40	09:00 / 18:00	09:00 / 18:00

※ 주말 특근은 고려하지 않음

---

① 112,000원　　　　　　　　　② 119,000원

③ 126,000원　　　　　　　　　④ 133,000원

Easy

02 A사의 총무팀에서 근무 중인 B대리는 회사의 예산을 관리하는 업무를 담당하고 있다. 각 팀에서 지출한 비용을 처리하기 위해 B대리에게 요청한 내역이 다음과 같을 때, B대리가 직접비용으로 처리할 내역은 모두 몇 개인가?

- 영업팀 : 지난달 출장 교통비
- 관리팀 : 신입사원 컴퓨터 구입에 사용된 금액
- 홍보팀 : 자사 홍보용 책자 제작에 사용된 금액
- 인사팀 : 신입사원 교육으로 초청한 강사에게 지급한 금액

---

① 없음　　　　　　　　　　　② 1개

③ 2개　　　　　　　　　　　④ 3개

03 | 품목확정

| 유형분석 |

- 물적 자원과 관련된 다양한 정보를 활용하여 풀어가는 문제이다.
- 주로 공정도·제품·시설 등에 대한 가격·특징·시간 정보가 제시되며, 이를 종합적으로 고려하는 문제가 출제된다.

S은행은 신축 본사에 비치할 사무실 명패를 제작하기 위해 다음과 같은 팸플릿을 참고하고 있다. 신축 본사에 비치할 사무실 명패는 사무실마다 국문과 영문을 함께 주문했고, 총 주문 비용이 80만 원이라면 사무실에 최대 몇 개의 국문과 영문 명패를 함께 비치할 수 있는가?(단, 추가 구입 가격은 1SET를 구입할 때 한 번씩만 적용된다)

〈명패 제작 가격〉

- 국문 명패 : 1SET(10개)에 10,000원, 5개 추가 시 2,000원
- 영문 명패 : 1SET(5개)에 8,000원, 3개 추가 시 3,000원

---

① 345개
② 350개
③ 355개
④ 360개

정답 ④

국문 명패 최저가는 15개에 12,000원이고, 영문 명패 최저가는 8개에 11,000원이다. 각 명패를 최저가에 구입하는 개수의 최소공배수를 구하면 120개이다. 이때의 비용은 12,000×8+11,000×15=96,000+165,000=261,000원이다.

그러므로 한 사무실에 국문과 영문 명패를 함께 비치한다면 120개의 사무실에 명패를 비치하는 비용은 261,000원이다.

360개의 사무실에 명패를 비치한다면 783,000원이 필요하고, 남은 17,000원으로 국문 명패와 영문 명패를 동시에 구입할 수 없다.

따라서 80만 원으로 최대 360개의 국문 명패와 영문 명패를 동시에 비치할 수 있다.

유형풀이 Tip

- 문제에서 제시한 물적 자원의 정보를 문제의 의도에 맞게 선별하면서 풀어간다.

01 S회사 총무부에 근무하고 있는 C사원은 업무에 필요한 프린터를 구매할 예정이다. 프린터 성능별 가중치를 고려하여 성능 점수가 가장 높은 프린터를 구매한다고 할 때 C사원이 구매할 프린터는?

〈제품별 프린터 성능〉

구분	출력 가능 용지 장수	출력 속도	인쇄 해상도
A프린터	5,500장	10ppm	500dpi
B프린터	7,300장	7ppm	900dpi
C프린터	4,700장	15ppm	600dpi
D프린터	10,000장	11ppm	400dpi

〈프린터 성능 점수표〉

출력 가능 용지 장수	출력 속도	인쇄 해상도	점수
4,000장 미만	10ppm 미만	500dpi 미만	60점
4,000장 이상 ~ 5,000장 미만	10ppm 이상 ~ 13ppm 미만	500dpi 이상 ~ 700dpi 미만	70점
5,000장 이상 ~ 6,000장 미만	13ppm 이상 ~ 15ppm 미만	700dpi 이상 ~ 900dpi 미만	80점
6,000장 이상 ~ 7,000장 미만	15ppm 이상 ~ 18ppm 미만	900dpi 이상 ~ 1,200dpi 미만	90점
7,000장 이상	18ppm 이상	1,200dpi 이상	100점

〈프린터 성능 가중치〉

출력 가능 용지 장수	출력 속도	인쇄 해상도
50%	30%	20%

① A프린터   ② B프린터
③ C프린터   ④ D프린터

02 A회사 마케팅 팀장은 팀원 50명에게 연말 선물을 하기 위해 물품을 구매하려고 한다. 다음 업체별 품목 금액과 팀원들의 품목 선호도를 나타낸 자료에 따라 팀장이 구매할 물품과 업체를 순서대로 바르게 나열한 것은?

〈업체별 품목 금액〉

구분		한 벌당 가격(원)
A업체	티셔츠	6,000
	카라 티셔츠	8,000
B업체	티셔츠	7,000
	후드 집업	10,000
	맨투맨	9,000

〈구성원 품목 선호도〉

순위	품목
1	카라 티셔츠
2	티셔츠
3	후드 집업
4	맨투맨

조건
- 구성원의 선호도를 우선으로 품목을 선택한다.
- 총구매금액이 30만 원 이상이면 총금액에서 5% 할인을 해준다.
- 차순위 품목이 1순위 품목보다 총금액이 20% 이상 저렴하면 차순위를 선택한다.

① 티셔츠, A업체
② 카라 티셔츠, A업체
③ 맨투맨, B업체
④ 후드 집업, B업체

03 L기업에서 생산하는 핸드폰은 총 3가지 공정을 거쳐 순차적으로 만들어진다. 다음은 L기업 A ~ D생산라인의 생산성과 불량률에 대한 자료이다. C · D라인은 첫 공정을 진행할 수 없고, A · B라인은 마지막 공정을 진행할 수 없으며, 생산구조상 각 생산라인은 1가지 공정만 맡을 수 있다고 한다. 다음 자료를 보고 5시간 동안 생산할 때, 가장 효율적인 생산구조의 완성품 생산량은?

〈공정별 생산성〉

(단위 : 개/h)

구분	제1공정	제2공정	제3공정
A라인	100	80	–
B라인	90	80	–
C라인	–	70	70
D라인	–	80	60

〈공정별 불량률〉

(단위 : %)

구분	제1공정	제2공정	제3공정
A라인	20	20	–
B라인	10	10	–
C라인	–	10	20
D라인	–	10	10

※ 불량품은 별도의 가공 없이 폐기처분함

① 148개 ② 150개
③ 158개 ④ 168개

04 | 인원선발

| 유형분석 |

- 인적 자원과 관련된 다양한 정보를 활용하여 풀어가는 문제이다.
- 주로 근무명단, 휴무일, 업무할당 등의 주제로 다양한 정보를 활용하여 종합적으로 풀어가는 문제가 출제된다.

다음 글의 내용이 참일 때, S은행의 신입사원으로 채용될 수 있는 지원자들의 최대 인원은 몇 명인가?

금년도 신입사원 채용에서 S은행이 요구하는 자질은 이해능력, 의사소통능력, 대인관계능력, 실행능력이다. S은행은 이 4가지 자질 중 적어도 3가지 자질을 지닌 사람을 채용하고자 한다. 지원자는 갑, 을, 병, 정 4명이며, 이들이 지닌 자질을 평가한 결과 다음과 같은 정보가 주어졌다.

ㄱ. 갑이 지닌 자질과 정이 지닌 자질 중 적어도 두 개는 일치한다.
ㄴ. 대인관계능력은 병만 가진 자질이다.
ㄷ. 만약 지원자가 의사소통능력을 지녔다면 그는 대인관계능력의 자질도 지닌다.
ㄹ. 의사소통능력의 자질을 지닌 지원자는 한 명뿐이다.
ㅁ. 갑, 병, 정은 이해능력이라는 자질을 지니고 있다.

① 1명
② 2명
③ 3명
④ 4명

정답 ①

ㄴ, ㄷ, ㄹ에 의해 의사소통능력과 대인관계능력을 지닌 사람은 오직 병뿐이라는 사실을 알 수 있다. 또한 ㅁ에 의해 병이 이해능력도 가지고 있음을 알 수 있다. 이처럼 병은 4가지 자질 중에 3가지를 갖추고 있으므로 S은행의 신입사원으로 채용될 수 있다. 신입사원으로 채용되기 위해서는 적어도 3가지 자질이 필요한데, 4가지 자질 중 의사소통능력과 대인관계능력은 병만 지닌 자질임이 확인되었으므로 나머지 갑, 을, 정은 채용될 수 없다. 따라서 신입사원으로 채용될 수 있는 최대 인원은 병 1명이다.

유형풀이 Tip

- 주어진 규정 혹은 규칙을 근거로 하여 선택지를 하나씩 검토하며 소거해 나간다.

Hard

01 다음 주 당직 근무에 대한 일정표를 작성하고 있는데, 작성하고 봤더니 잘못된 점이 보여 수정을 하려 한다. 한 사람만 옮겨 일정표를 완성하려고 할 때, 일정을 변경해야 하는 사람은?

〈당직 근무 규칙〉

• 낮에 2명, 야간에 2명은 항상 당직을 서야 하고, 더 많은 사람이 당직을 설 수도 있다.
• 낮과 야간을 합하여 하루에 최대 6명까지 당직을 설 수 있다.
• 같은 날에 낮과 야간 당직 근무는 함께 설 수 없다.
• 낮과 야간 당직을 합하여 주에 세 번 이상 다섯 번 미만으로 당직을 서야 한다.
• 월요일부터 일요일까지 모두 당직을 선다.

〈당직 근무 일정〉

직원	낮	야간	직원	낮	야간
가	월요일	수요일, 목요일	바	금요일, 일요일	화요일, 수요일
나	월요일, 화요일	수요일, 금요일	사	토요일	수요일, 목요일
다	화요일, 수요일	금요일, 일요일	아	목요일	화요일, 금요일
라	토요일	월요일, 수요일	자	목요일, 금요일	화요일, 토요일
마	월요일, 수요일	화요일, 토요일	차	토요일	목요일, 일요일

① 라

② 마

③ 바

④ 사

※ S은행은 승진후보자 중 2024년 하반기 승진자를 선발하고자 한다. 다음은 승진자 선발 방식 및 승진후보자들에 대한 자료이다. 이어지는 질문에 답하시오. **[2~3]**

〈2024년 하반기 승진자 선발〉

1. 승진자 선발 방식
   - 승진점수(100)는 실적평가점수(40), 동료평가점수(30), 혁신사례점수(30)에 교육 이수에 따른 가점을 합산하여 산정한다.
   - 교육 이수에 따른 가점은 다음과 같다.

교육	조직문화	전략적 관리	혁신역량	다자협력
가점	2	2	3	2

   - 승진후보자 중 승진점수가 가장 높은 2인을 선발하여 승진시킨다.

2. 승진후보자 평가정보

승진후보자	실적평가점수	동료평가점수	혁신사례점수	이수교육
A	34	26	22	다자협력
B	36	25	18	혁신역량
C	39	26	24	-
D	37	21	23	조직문화, 혁신역량
E	36	29	21	-

Easy

02 승진자 선발 방식에 따라 승진후보자 A ~ E 5명 중 2명을 승진시키고자 한다. 동점자가 있는 경우 실적평가점수가 더 높은 후보자를 선발한다고 할 때, 승진할 2명은?

① A, B
② A, C
③ C, D
④ D, E

03 하반기 인사에 혁신의 반영률을 높이라는 내부 인사위원회의 권고에 따라 승진자 선발 방식이 다음과 같이 변경되었다. 변경된 승진자 선발 방식에 따라 승진자를 선발할 때, 승진할 2명은?

〈승진자 선발 방식 변경〉

〈변경 전〉	〈변경 후〉

〈변경 전〉

1. 승진점수(100) 총점 및 배점
   - 실적평가점수(40)
   - 동료평가점수(30)
   - 혁신사례점수(30)

〈변경 후〉

1. 승진점수(115) 총점 및 배점
   - 실적평가점수(40)
   - 동료평가점수(30)
   - 혁신사례점수(45)
     - 혁신사례점수에 50%의 가중치를 부여

2. 혁신역량 교육 가점

교육	혁신역량
가점	3

2. 혁신역량 교육 가점

교육	혁신역량
가점	4

① A, D

② B, C

③ B, E

④ C, D

조직이해능력

합격 Cheat Key

조직이해능력은 업무를 원활하게 수행하기 위해 조직의 체제와 경영을 이해하고 국제적인 추세를 이해하는 능력이다. 현재 많은 금융권에서 출제 비중을 높이고 있는 영역이기 때문에 미리 대비하는 것이 중요하다. 실제 업무 능력에서 조직이해능력을 요구하기 때문에 중요도는 점점 높아질 것이다.

국가직무능력표준 홈페이지 자료에 따르면 조직이해능력의 세부 유형은 조직체제이해능력·경영이해능력·업무이해능력·국제감각으로 나눌 수 있다. 조직도를 제시하는 문제가 출제되거나 조직의 체계를 파악해 경영의 방향성을 예측하고, 업무의 우선순위를 파악하는 문제가 출제된다.

조직이해능력은 NCS 기반 채용을 진행한 기업 중 70% 정도가 다뤘으며, 문항 수는 전체에서 평균 5% 정도로 상대적으로 적게 출제되었다.

1 문제 속에 정답이 있다!

경력이 없는 경우 조직에 대한 이해가 낮을 수밖에 없다. 그러나 문제 자체가 실무적인 내용을 담고 있어도 문제 안에는 해결의 단서가 주어진다. 부담을 갖지 않고 접근하는 것이 중요하다.

2 경영·경제학원론 정도의 수준은 갖추도록 하라!

지원한 직군마다 차이는 있을 수 있으나, 경영·경제이론을 접목시킨 문제가 꾸준히 출제되고 있다. 따라서 기본적인 경영·경제이론은 익혀 둘 필요가 있다.

3 지원하는 기업의 조직도를 파악하자!

출제되는 문제는 각 기업의 세부내용일 경우가 많기 때문에 지원하는 기업의 조직도를 파악해두어야 한다. 조직이 운영되는 방법과 전략을 이해하고, 조직을 구성하는 체제를 파악하고 간다면 조직이해능력영역에서 조직도가 나올 때 단기간에 문제를 풀 수 있을 것이다.

4 실제 업무에서도 요구되므로 이론을 익혀두자!

각 기업의 직무 특성상 일부 영역에 중요도가 가중되는 경우가 있어서 많은 취업준비생들이 일부 영역에만 집중하지만, 실제 업무 능력에서 직업기초능력 10개 영역이 골고루 요구되는 경우가 많고, 현재는 필기시험에서도 조직이해능력을 출제하는 기관의 비중이 늘어나고 있기 때문에 미리 이론을 익혀 둔다면 모듈형 문제에서 고득점을 노릴 수 있다.

01 | 경영전략

| 유형분석 |

- 경영전략에서 대표적으로 출제되는 문제는 마이클 포터(Michael Porter)의 본원적 경쟁전략이다.
- 본원적 경쟁전략의 기본적인 이해와 구조를 물어보는 문제가 자주 출제되므로 각 전략별 특징 및 개념에 대한 이론 학습이 요구된다.

다음 사례에서 나타난 마이클 포터의 본원적 경쟁전략으로 가장 적절한 것은?

전자제품 시장에서 경쟁회사가 가격을 낮추는 저가 전략을 사용하여 점유율을 높이려 하자, 이에 맞서 오히려 고급 기술을 적용한 고품질 프리미엄 제품을 선보이고 서비스를 강화해 시장의 점유율을 높였다.

① 차별화 전략   ② 원가우위 전략
③ 집중화 전략   ④ 마케팅 전략

정답 ①

마이클 포터의 본원적 경쟁전략
- 차별화 전략 : 조직이 생산품이나 서비스를 차별화하여 고객에게 가치 있고 독특하게 인식되도록 하는 전략으로, 이를 활용하기 위해서는 연구개발이나 광고를 통하여 기술, 품질, 서비스, 브랜드 이미지를 개선할 필요가 있다.
- 원가우위 전략 : 원가절감을 통해 해당 산업에서 우위를 점하는 전략으로, 이를 위해서는 대량생산을 통해 단위 원가를 낮추거나 새로운 생산기술을 개발할 필요가 있다.
- 집중화 전략 : 특정 시장이나 고객에게 한정된 전략으로, 특정 산업을 대상으로 한다. 즉, 경쟁 조직들이 소홀히 하고 있는 한정된 시장을 원가우위나 차별화 전략을 써서 집중 공략하는 방법이다.

유형풀이 Tip

대부분의 기업들은 마이클 포터의 본원적 경쟁전략을 사용하고 있다. 각 전략에 해당하는 대표적인 기업을 연결하고, 그들의 경영전략을 상기하며 문제를 풀어보도록 한다.

01 다음은 경영전략 추진과정을 나타낸 내용이다. (가)에 대한 사례 중 그 성격이 다른 것은?

① 제품 개발을 위해 우리가 가진 예산의 현황을 파악해야 해.
② 우리 제품의 시장 개척을 위해 법적으로 문제가 없는지 확인해 봐야겠군.
③ 이번에 발표된 정부의 정책으로 우리 제품이 어떠한 영향을 받을 수 있는지 확인해 볼 필요가 있어.
④ 신제품 출시를 위해 경쟁사들의 동향을 파악해 봐야겠어.

02 C는 취업스터디에서 기업 분석을 하다가 〈보기〉에서 제시하고 있는 기업의 경영전략을 정리하였다. 다음 중 〈보기〉의 내용과 경영전략이 바르게 짝지어진 것은?

- 차별화 전략 : 가격 이상의 가치로 브랜드 충성심을 이끌어 내는 전략
- 원가우위 전략 : 업계에서 가장 낮은 원가로 우위를 확보하는 전략
- 집중화 전략 : 특정 세분시장만 집중 공략하는 전략

보기

㉠ S기업은 S/W에 집중하기 위해 H/W의 한글 전용 PC 분야를 한국계 기업과 전략적으로 제휴하고 회사를 설립해 조직체에 위양하였으며 이후 고유 분야였던 S/W에 자원을 집중하였다.
㉡ B마트는 재고 네트워크를 전산화해 원가를 절감하고 양질의 제품을 최저가격에 판매하고 있다.
㉢ A호텔은 5성급 호텔로 하루 숙박비용이 상당히 비싸지만, 환상적인 풍경과 더불어 친절한 서비스를 제공하고 객실 내 제품이 모두 최고급으로 비치되어 있어 이용객들에게 높은 만족도를 준다.

	차별화 전략	원가우위 전략	집중화 전략
①	㉠	㉡	㉢
②	㉠	㉢	㉡
③	㉡	㉠	㉢
④	㉢	㉡	㉠

03 다음 중 경영자에 대한 설명으로 적절하지 않은 것은?

① 조직의 전략·관리 및 운영활동을 주관하며, 조직구성원들과 의사결정을 통해 조직이 나아갈 바를 제시하고 조직의 유지와 발전에 대해 책임을 지는 사람이다.

② 조직의 변화방향을 설정하는 리더이며, 조직구성원들이 조직의 목표에 부합된 활동을 할 수 있도록 이를 결합시키고 관리하는 관리자이다.

③ 조직의 규모가 크더라도 한 명의 경영자가 조직의 모든 경영활동을 수행해야 한다.

④ 수직적 체계에 따라 최고경영자, 중간경영자 및 하부경영자로 구분된다.

04 다음은 K기업의 해외시장 진출 및 지원 확대를 위한 전략과제의 필요성을 제시한 자료이다. 이를 통해 도출된 과제의 추진 방향으로 적절하지 않은 것은?

〈전략과제 필요성〉
- 해외시장에서 기관이 수주할 수 있는 산업 발굴
- 국제사업 수행을 통한 경험축적 및 컨소시엄을 통한 기술·노하우 습득
- 해당 산업 관련 민간기업의 해외진출 활성화를 위한 실질적 지원

① 국제기관의 다양한 자금을 활용하여 사업을 발굴하고, 해당 사업의 해외진출을 위한 기술역량을 강화한다.

② 해외봉사활동 등과 연계하여 기관 이미지 제고 및 사업에 대한 사전조사, 시장조사를 통한 선제적 마케팅 활동을 추진한다.

③ 국제경쟁입찰의 과열 경쟁 심화와 컨소시엄 구성 시 민간기업과 업무배분, 이윤추구성향 조율에 어려움이 예상된다.

④ 해당 산업 민간(중소)기업을 대상으로 입찰 정보제공, 사업전략 상담, 동반 진출 등을 통한 실질적 지원을 확대한다.

※ 다음은 포터의 산업구조분석기법(5 Force Model)에 대한 자료이다. 이어지는 질문에 답하시오. **[5~6]**

포터의 산업구조분석기법에 따르면 특정 산업의 수익성 및 매력도는 산업의 구조적 특성에 의해 영향을 받으며, 이는 5가지 힘에 의해 결정된다고 보았다.

```
                    ┌──────────────────┐
                    │ ㉠ 공급자의 교섭력 │
                    └──────────────────┘
                             ↓
┌──────────────┐    ┌──────────────────┐    ┌──────────────────┐
│ ㉡ 잠재적 진입 │ →  │   산업 내의 경쟁   │ ←  │ ㉣ 대체재의 위협  │
└──────────────┘    └──────────────────┘    └──────────────────┘
                             ↑
                    ┌──────────────────┐
                    │ ㉢ 구매자의 교섭력 │
                    └──────────────────┘
```

Hard

05 포터의 산업구조분석기법에 따라 반도체산업의 구조를 분석한다고 할 때, 다음 중 ㉠ ~ ㉣에 해당하는 사례로 적절하지 않은 것은?

① ㉠ : IT 시장의 지속적인 성장에 따라 반도체의 수요가 증가하면서 반도체산업의 수익률도 증가하고 있다.

② ㉡ : 생산설비 하나를 설치하는 데에도 막대한 비용이 발생하는 반도체산업에 투자할 수 있는 기업은 많지 않다.

③ ㉢ : 반도체산업에는 컴퓨터 제조업자와 같은 대형구매자가 존재한다.

④ ㉣ : 메모리형 반도체는 일상재로 품질과 디자인 면에서 어느 회사의 제품이든 별 차이가 없기 때문에 가격경쟁이 치열하다.

06 다음 중 구매자의 교섭력이 가장 높은 상황으로 적절한 것은?

① 구매자의 구매량이 판매자의 규모보다 작을 때

② 시장에 소수 기업의 제품만 존재할 때

③ 구매자가 공급자를 바꾸는 데 전환 비용이 발생할 때

④ 구매자가 직접 상품을 생산할 수 있을 때

02 | 조직구조

| 유형분석 |

- 조직구조 유형에 대한 특징을 물어보는 문제가 자주 출제된다.
- 기계적 조직과 유기적 조직의 차이점과 사례 등을 숙지하고 있어야 한다.
- 조직구조 형태에 따라 기능적 조직, 사업별 조직으로 구분하여 출제되기도 한다.

다음 조직구조에 대한 〈보기〉의 설명 중 옳지 않은 것을 모두 고르면?

보기

ㄱ. 기계적 조직은 구성원들의 업무분장이 명확하게 이루어져 있는 편이다.
ㄴ. 기계적 조직은 조직 내 의사소통이 비공식적 경로를 통해 활발히 이루어진다.
ㄷ. 유기적 조직은 의사결정 권한이 조직 하부 구성원들에게 많이 위임되어 있으며, 업무내용이 명확히 규정되어 있는 것이 특징이다.
ㄹ. 유기적 조직은 기계적 조직에 비해 조직의 형태가 가변적이다.

① ㄱ, ㄴ
② ㄱ, ㄷ
③ ㄴ, ㄷ
④ ㄴ, ㄹ

정답 ③

ㄴ. 기계적 조직 내 의사소통은 비공식적 경로가 아닌 공식적 경로를 통해 주로 이루어진다.
ㄷ. 유기적 조직은 의사결정 권한이 조직 하부 구성원들에게 많이 위임되어 있으나, 업무내용은 기계적 조직에 비해 가변적이다.

오답분석

ㄱ. 기계적 조직은 위계질서 및 규정, 업무분장이 모두 명확하게 확립되어 있는 조직이다.
ㄹ. 유기적 조직에서는 비공식적인 상호 의사소통이 원활히 이루어지며, 규제나 통제의 정도가 낮아 변화에 따라 쉽게 변할 수 있는 특징을 가진다.

유형풀이 Tip

조직구조는 유형에 따라 기계적 조직과 유기적 조직으로 나눌 수 있다. 기계적 조직과 유기적 조직은 서로 상반된 특징을 가지고 있으며, 기계적 조직이 관료제의 특징과 비슷하다는 것을 파악하고 있다면, 이와 상반된 유기적 조직의 특징도 수월하게 파악할 수 있다.

Easy

01 귀하는 S기업의 영업팀에 채용되어 일주일간의 신입사원 교육을 마친 뒤 오늘부터 본격적인 업무를 시작하게 되었다. 영업팀 팀장은 첫 출근한 귀하를 자리로 불러 "다른 팀장들에게 인사하기 전에 인사기록카드를 작성해서 관련 팀에 제출하도록 하세요. 그리고 우리 팀 비품 신청 건이 어떻게 처리되고 있는지도 확인 부탁해요."라고 지시했다. 다음의 조직도를 기반으로 팀장의 지시를 모두 처리하기 위한 귀하의 행동으로 가장 적절한 것은?

① 비서실에 가서 인사기록카드를 제출하고, 영업팀 비품 신청 상황을 묻는다.
② 인사팀에 가서 인사기록카드를 제출하고, 영업팀 비품 신청 상황을 묻는다.
③ 기획팀에 가서 인사기록카드를 제출하고, 영업팀 비품 신청 상황을 묻는다.
④ 인사팀에 가서 인사기록카드를 제출하고, 총무팀에 가서 영업팀 비품 신청 상황을 묻는다.

02 다음은 집단(조직)에 대한 자료이다. 이에 대한 설명으로 적절하지 않은 것은?

	구분	공식집단	비공식집단
①	개념	공식적인 목표를 추구하기 위해 조직에서 만든 집단	구성원들의 요구에 따라 자발적으로 형성된 집단
②	집단 간 경쟁의 장점	각 집단 내부의 응집성 강화, 활동 조직화 강화	
③	집단 간 경쟁의 단점	자원 낭비, 비능률	
④	예시	상설 위원회, 업무 수행을 위한 팀, 동아리	친목회, 스터디 모임, 임시 위원회

※ 다음은 S기업의 조직도와 조직개편안이다. 이어지는 질문에 답하시오. [3~5]

조직 개편 방향 및 기준

- 기능 중심의 조직 개편
  - 건설본부의 갑문운영팀과 갑문정비팀을 갑문운영팀으로 통합
  - 인사관리팀을 경영본부로 이동
  - 마케팅본부를 신설하여 글로벌마케팅팀을 이동 후 글로벌마케팅 1·2팀으로 분리
  - 국내마케팅팀을 신설하여 마케팅본부에 추가
  - 경영본부의 홍보팀을 마케팅본부로 이동
  - 조직위원회를 신설하여 항만위원회, 감사위원회와 함께 독립적인 팀으로 개편

03 S기업은 조직 개편 방향에 따라 조직을 개편하였다. 다음 중 새롭게 신설되는 본부로 가장 적절한 것은?

① 마케팅본부   ② 행정본부
③ 갑문운영본부   ④ 물류본부

04 다음 중 조직 개편 후 경영, 운영, 건설본부에 속한 팀의 개수가 바르게 짝지어진 것은?

	경영본부	운영본부	건설본부
①	5팀	5팀	5팀
②	6팀	5팀	5팀
③	6팀	6팀	6팀
④	7팀	5팀	5팀

05 다음 중 마케팅본부에 속하는 팀으로 적절하지 않은 것은?

① 글로벌마케팅1팀   ② 글로벌마케팅2팀
③ 글로벌홍보팀   ④ 국내마케팅팀

03 | 업무이해

| 유형분석 |

- 각 부서별 주요 업무에 대해 묻는 문제이다.
- 부서별 특징과 담당 업무에 대한 이해가 필요하다.

다음은 기업의 각 부서에서 하는 일이다. 일반적인 상황에서 부서와 그 업무를 바르게 연결한 것은?

ㄱ. 의전 및 비서업무	ㄴ. 업무분장 및 조정
ㄷ. 결산 관련 업무	ㄹ. 임금제도
ㅁ. 소모품의 구입 및 관리	ㅂ. 법인세, 부가가치세
ㅅ. 판매 예산 편성	ㅇ. 보험가입 및 보상 업무
ㅈ. 견적 및 계약	ㅊ. 국내외 출장 업무 협조
ㅋ. 외상매출금 청구	ㅌ. 직원수급 계획 및 관리

① 총무부 : ㄱ, ㅁ, ㅅ
② 영업부 : ㅅ, ㅈ, ㅋ
③ 회계부 : ㄷ, ㅇ, ㅋ
④ 인사부 : ㄱ, ㄴ, ㄹ

정답 ②
영업부의 업무로는 판매 계획, 판매 예산 편성(ㅅ), 견적 및 계약(ㅈ), 외상매출금 청구(ㅋ) 및 회수, 시장조사, 판매 원가 및 판매 가격의 조사 검토 등이 있다.

오답분석
① 총무부 : ㄱ, ㅁ, ㅊ
③ 회계부 : ㄷ, ㅂ, ㅇ
④ 인사부 : ㄴ, ㄹ, ㅌ

유형풀이 Tip

조직은 목적의 달성을 위해 업무를 효과적으로 분배하고 처리할 수 있는 구조를 확립해야 한다. 조직의 목적이나 규모에 따라 업무의 종류는 다양하지만, 대부분의 조직에서는 총무, 인사, 기획, 회계, 영업으로 부서를 나누어 업무를 담당하고 있다. 따라서 5가지 업무 종류에 대해서는 미리 숙지해야 한다.

Easy

01 다음은 K회사 디자인팀의 주간회의록이다. 이에 대한 설명으로 가장 적절한 것은?

주간회의록					
회의일시	2024-10-14(월)	부서	디자인팀	작성자	이사원
참석자	김과장, 박주임, 최사원, 이사원				
회의안건	1. 개인 주간 스케줄 및 업무 점검 2. 2025년 회사 홍보 브로슈어 기획				

	내용	비고
회의내용	1. 개인 주간 스케줄 및 업무 점검 　• 김과장 : 브로슈어 기획 관련 홍보팀 미팅, 　　　　　　외부 디자이너 미팅 　• 박주임 : 신제품 SNS 홍보 이미지 작업, 　　　　　　회사 영문 서브페이지 2차 리뉴얼 작업 진행 　• 최사원 : 2024년도 홈페이지 개편 작업 진행 　• 이사원 : 10월 사보 편집 작업 2. 2025년도 회사 홍보 브로슈어 기획 　• 브로슈어 주제 : '신뢰' 　　– 창립 ○○주년을 맞아 고객의 신뢰로 회사가 성장했음을 강조 　　– 한결같은 모습으로 고객들의 지지를 받아왔음을 기업 이미지로 표현 　• 20페이지 이내로 구성 예정	• 10월 21일 AM 10:00 디자인팀 전시회 관람 • 10월 18일까지 홍보팀에서 2025년도 브로슈어 최종원고 전달 예정

	내용	작업자	진행일정
결정사항	브로슈어 표지 이미지 샘플 조사	최사원, 이사원	2024-10-14 ~ 2022-10-18
	브로슈어 표지 시안 작업 및 제출	박주임	2024-10-14 ~ 2024-10-21

특이사항	다음 회의 일정 : 10월 24일 • 브로슈어 표지 결정, 내지 1차 시안 논의

① K회사는 외부 디자이너에게 브로슈어 표지 이미지 샘플을 요청하였다.
② 디자인팀은 이번 주 수요일에 전시회를 관람할 예정이다.
③ 김과장은 이번 주에 내부 미팅, 외부 미팅을 모두 할 예정이다.
④ 이사원은 이번 주에 10월 사보 편집 작업만 하면 된다.

02 다음은 S공단의 보안업무취급 규칙에 따른 보안업무 책임자 및 담당자와 이들의 임무에 대한 자료이다. 이를 이해한 내용으로 적절하지 않은 것은?

〈보안업무 책임자 및 담당자〉

구분	이사장	총무국장	비서실장	팀장
보안책임관	○			
보안담당관		○		
비밀보관책임자				○
시설방호책임자	○			
시설방호부책임자		○		
보호구역관리책임자			○ (이사장실)	○ (지정보호구역)

〈보안업무 책임자 및 담당자의 임무〉

구분	수행임무
보안책임관	• 공단의 보안업무 전반에 대한 지휘, 감독총괄
보안담당관	• 자체 보안업무 수행에 대한 계획, 조정 및 감독 • 보안교육 및 비밀관리, 서약서 집행 • 통신보안에 관한 사항 • 비밀의 복제, 복사 및 발간에 대한 통제 및 승인 • 기타 보안업무 수행에 필요하다고 인정하는 사항 • 비밀취급인가
비밀보관책임자	• 비밀의 보관 및 안전관리 • 비밀관계부철의 기록 유지
시설방호책임자	• 자체 시설 방호계획 수립 및 안전관리 • 자위소방대 편성, 운영 • 시설방호 부책임자에 대한 지휘, 감독
시설방호부책임자	• 시설방호책임자의 보좌 • 자체 시설 방호계획 및 안전관리에 대한 실무처리 • 자위소방대 편성, 운영
보호구역관리책임자	• 지정된 보호구역의 시설안전관리 및 보안유지 • 보호구역내의 출입자 통제

① 비밀취급인가를 신청할 때 필요한 서약서는 이사장에게 제출해야 한다.

② 비밀관리기록부를 갱신할 때에는 담당부서 팀장의 확인을 받아야 한다.

③ 비서실장은 이사장실을 수시로 관리하고, 외부인의 출입을 통제해야 한다.

④ 이사장과 총무국장은 화재 예방을 위해 자위소방대를 편성·운영해야 한다.

※ 다음은 어떤 기관에서 공지한 교육 홍보물의 내용 중 일부를 발췌한 것이다. 홍보물을 참고하여 A사원의 업무를 유추한 뒤 이어지는 질문에 답하시오. [3~4]

--- 상략 ---

▶ 신청 자격 : 중소기업 재직자, 중소기업 관련 협회·단체 재직자
   – 성공적인 기술 연구개발을 통해 기술 경쟁력을 강화하고자 하는 중소기업
   – 정부의 중소기업 지원 정책을 파악하고 국가 연구개발 사업에 신청하고자 하는 중소기업
▶ 교육비용 : 100% 무료교육(교재 및 중식 제공)
▶ 교육일자 : 모든 교육과정은 2일 16시간 과정, 선착순 60명 마감

과정명	교육내용	교육일자	교육장소	접수마감
정규(일반)	연구개발의 성공을 보장하는 R&D 기획서 작성	5.19(목) ~ 20(금)	B대학교	5.18(수)
정규(종합)	R&D 기획서 작성 및 사업화 연계	5.28(토) ~ 29(일)	○○센터	5.23(월)

※ 선착순 모집으로 접수마감일 전 정원 초과 시 조기 마감될 수 있음

본 교육과 관련하여 보다 자세한 정보를 원하시면 A사원(123-4567)에게 문의하여 주시기 바랍니다.

03 다음 중 A사원이 속해 있을 부서의 업무로 적절하지 않은 것은?

① 중소기업 R&D 지원 사업 기획 및 평가·관리
② R&D 교육 관련 전문 강사진 관리
③ 연구개발 기획 역량 개발 지원 사업 기획·평가·관리
④ R&D 관련 장비 활용 지원 사업 기획 및 평가·관리

04 다음 중 교육 홍보물에 공지한 교육과 관련된 고객의 질문에 대해 A사원이 대답하기 어려운 질문은?

① 교육과정을 신청할 때 한 기업에서 참여할 수 있는 인원수 제한이 있습니까?
② 본 교육의 내용을 바탕으로 기획서를 작성한다면 저희 기업도 개발 지원이 가능합니까?
③ 접수 마감일인 18일 현재 신청이 마감되었습니까? 혹시 추가 접수도 가능합니까?
④ 이전 차수에서 동일한 교육과정을 이수했을 경우 이번 교육은 참여가 불가능합니까?

06

정보능력

합격 Cheat Key

정보능력은 업무를 수행함에 있어 기본적인 컴퓨터를 활용하여 필요한 정보를 수집, 분석, 활용하는 능력을 의미한다. 또한 업무와 관련된 정보를 수집하고, 이를 분석하여 의미있는 정보를 얻는 능력이다.

국가직무능력표준에 따르면 정보능력의 세부 유형은 컴퓨터활용능력·정보처리능력으로 나눌 수 있다.

정보능력은 NCS 기반 채용을 진행한 곳 중 52% 정도가 다뤘으며, 문항 수는 전체에서 평균 6% 정도 출제되었다.

1 평소에 컴퓨터 활용 스킬을 틈틈이 익혀라!

윈도우(OS)에서 어떠한 설정을 할 수 있는지, 응용프로그램(엑셀 등)에서 어떠한 기능을 활용할 수 있는지를 평소에 직접 사용해 본다면 문제를 보다 수월하게 해결할 수 있다. 여건이 된다면 컴퓨터활용능력에 관련된 자격증 공부를 하는 것도 이론과 실무를 익히는 데 도움이 될 것이다.

2 문제의 규칙을 찾는 연습을 하라!

일반적으로 코드체계나 시스템 논리체계를 제공하고 이를 분석하여 문제를 해결하는 유형이 출제된다. 이러한 문제는 문제해결능력과 같은 맥락으로 규칙을 파악하여 접근하는 방식으로 연습이 필요하다.

3 현재 보고 있는 그 문제에 집중하자!

정보능력의 모든 것을 공부하려고 한다면 양이 너무나 방대하다. 그렇기 때문에 수험서에서 본인이 현재 보고 있는 문제들을 집중적으로 공부하고 기억하려고 해야 한다. 그러나 엑셀의 함수 수식, 연산자 등 암기를 필요로 하는 부분들은 필수적으로 암기를 해서 출제가 되었을 때 오답률을 낮출 수 있도록 한다.

4 사진·그림을 기억하자!

컴퓨터활용능력을 파악하는 영역이다 보니 컴퓨터 속 옵션, 기능, 설정 등의 사진·그림이 문제에 같이 나오는 경우들이 있다. 그런 부분들은 직접 컴퓨터를 통해서 하나하나 확인을 하면서 공부한다면 더 기억에 잘 남게 된다. 조금 귀찮더라도 한 번씩 클릭하면서 확인을 해보도록 한다.

01 │ 정보이해

│ 유형분석 │

- 정보능력 전반에 대한 이해를 확인하는 문제이다.
- 정보능력 이론이나 새로운 정보 기술에 대한 문제가 자주 출제된다.

다음 중 정보처리 절차에 대한 설명으로 옳지 않은 것은?

① 정보의 기획은 정보의 입수대상, 주제, 목적 등을 고려하여 전략적으로 이루어져야 한다.
② 정보처리는 기획 – 수집 – 활용 – 관리의 순서로 이루어진다.
③ 다양한 정보원으로부터 목적에 적합한 정보를 수집해야 한다.
④ 정보 관리 시에 고려하여야 할 3요소는 목적성, 용이성, 유용성이다.

정답 ②

정보처리는 기획 – 수집 – 관리 – 활용 순서로 이루어진다.

오답분석
① 전략적 기획은 정보수집의 첫 단계로서 정보처리 과정 전반에 필요한 전략적 계획수립 단계이다.
③ 다양한 정보원으로부터 합목적적 정보를 수집하는 것이 좋다.
④ 정보 관리 시 고려 요소 3가지는 목적성, 용이성, 유용성이다.

유형풀이 Tip

- 자주 출제되는 정보능력 이론을 확인하고, 확실하게 암기해 두어야 한다.
- 4차 산업혁명과 관련된 새로운 ICT 기술 이슈를 틈틈이 체크해 두어야 한다.

01 다음 중 프로그램이 컴퓨터의 기종에 관계없이 수행될 수 있는 성질을 의미하는 것은?

① 신뢰성   ② 호환성
③ 안정성   ④ 가용성

Easy

02 다음 중 컴퓨터 바이러스에 대한 설명으로 옳지 않은 것은?

① 사용자가 인지하지 못한 사이 자가 복제를 통해 다른 정상적인 프로그램을 감염시켜 해당 프로그램이나 다른 데이터 파일 등을 파괴한다.
② 보통 소프트웨어 형태로 감염되나 메일이나 첨부파일은 감염의 확률이 매우 낮다.
③ 인터넷의 공개 자료실에 있는 파일을 다운로드하여 설치할 때 감염될 수 있다.
④ 온라인 채팅이나 인스턴트 메신저 프로그램을 통해서 전파되기도 한다.

03 다음 중 SQL문의 DROP 명령문에서 사용되는 RESTRICT 옵션에 대한 설명으로 가장 적절한 것은?

① 중첩된 질의를 수행한 결과로 구한 튜플들 중에 같은 값을 모두 삭제
② 제거될 테이블을 참조하는 모든 제약과 뷰가 자동적으로 삭제
③ 제거할 요소가 다른 개체에서 참조되지 않는 경우에만 삭제
④ 데이터베이스 스키마뿐만 아니라 테이블, 도메인 등 모든 원소 삭제

02 | 엑셀 함수

| 유형분석 |

- 업무수행에 필요한 스프레드 시트(엑셀)의 사용법을 이해하고 활용할 수 있는지 평가한다.
- 주로 스프레드 시트의 기능, 스프레드 시트 함수와 관련된 문제가 출제된다.
- 대표적인 엑셀 함수(COUNTIF, ROUND, MAX, SUM, COUNT, AVERAGE …)에 대한 사전 학습이 요구된다.

다음 중 엑셀에 제시된 함수식의 결괏값으로 옳지 않은 것은?

	A	B	C	D	E	F
1						
2		120	200	20	60	
3		10	60	40	80	
4		50	60	70	100	
5						
6		함수식			결괏값	
7		=MAX(B2:E4)			A	
8		=MODE(B2:E4)			B	
9		=LARGE(B2:E4,3)			C	
10		=COUNTIF(B2:E4,E4)			D	
11		=ROUND(B2,−1)			E	
12						

① A=200
② B=60
③ C=100
④ E=100

정답 ④

ROUND 함수는 지정한 자릿수를 반올림하는 함수이다. 함수식에서 '−1'은 일의 자리를 뜻하며, '−2'는 십의 자리를 뜻한다. 여기서 '−' 기호를 빼면 소수점 자리로 인식한다. 따라서 일의 자리를 반올림하기 때문에 결괏값은 120이다.

유형풀이 Tip

- 문제 상황에 필요한 엑셀 함수가 무엇인지 파악한 후 선택지에서 적절한 함수식을 골라 식을 만들어야 한다.
- 대표적인 엑셀 함수와 풀이 방법에 대해 사전에 학습해두면 문제를 빠르게 해결할 수 있다.

01 다음 시트에서 [F2:F6] 영역처럼 표시하려고 할 때, [F5] 셀에 입력할 수식으로 올바른 것은?

	A	B	C	D	E	F
1	카페이름	주제	가입 인원	즐겨찾기 멤버	전체글	순위
2	영카	영화	172,789	22,344	827,581	4
3	농산물	건강	679,497	78,293	1,074,510	3
4	북카페	문화	71,195	8,475	891,443	5
5	강사모	반려동물	1,847,182	283,602	10,025,638	1
6	부동산	경제	1,126,853	183,373	784,700	2

① =RANK(C2,C2:C6)　　　　　　② =RANK.EQ(C2,C2:C6)

③ =RANK(C5,C2:C6)　　　　　　④ =RANK(F5,F2:F6)

02 다음 시트의 [B9] 셀에 「=DSUM(A1:C7,C1,A9:A10)」 함수를 입력했을 때 결괏값으로 옳은 것은?

	A	B	C
1	이름	직급	상여금
2	장기동	과장	1,200,000
3	이승연	대리	900,000
4	김영신	차장	1,300,000
5	공경호	대리	850,000
6	표나리	사원	750,000
7	한미연	과장	950,000
8			
9	상여금		
10	>=1,000,000		

① 5,950,000　　　　　　② 2,500,000

③ 1,000,000　　　　　　④ 3,450,000

S중학교에서 근무하는 P교사는 반 학생들의 과목별 수행평가 제출 여부를 확인하기 위해 다음과 같이 자료를 정리하였다. P교사가 [D11] ~ [D13] 셀에 〈보기〉와 같이 함수를 입력하였을 때, [D11] ~ [D13] 셀에 나타날 결괏값이 바르게 연결된 것은?

	A	B	C	D
1				(제출했을 경우 '1'로 표시)
2	이름	A과목	B과목	C과목
3	김혜진	1	1	1
4	이방숙	1		
5	정영교	재제출 요망	1	
6	정혜운		재제출 요망	1
7	이승준		1	
8	이혜진			1
9	정영남	1		1
10				
11				
12				
13				

보기

[D11] 셀에 입력한 함수	→	=COUNTA(B3:D9)
[D12] 셀에 입력한 함수	→	=COUNT(B3:D9)
[D13] 셀에 입력한 함수	→	=COUNTBLANK(B3:D9)

	[D11]	[D12]	[D13]
①	12	10	11
②	12	10	9
③	10	12	11
④	10	12	9

※ 병원에서 근무하는 A씨는 건강검진 관리 현황을 정리하고 있다. 이어지는 질문에 답하시오. **[4~5]**

	A	B	C	D	E	F
1	〈건강검진 관리 현황〉					
2	이름	검사구분	주민등록번호	검진일	검사항목 수	성별
3	강민희	종합검진	960809-2******	2023-11-12	18	
4	김범민	종합검진	010323-3******	2023-03-13	17	
5	조현진	기본검진	020519-3******	2023-09-07	10	
6	최진석	추가검진	871205-1******	2023-11-06	6	
7	한기욱	추가검진	980228-1******	2023-04-22	3	
8	정소희	종합검진	001015-4******	2023-02-19	17	
9	김은정	기본검진	891025-2******	2023-10-14	10	
10	박미옥	추가검진	011002-4******	2023-07-21	5	

Easy

04 다음 중 2023년 하반기에 검진 받은 사람의 수를 확인하고자 할 때 사용해야 할 함수는?

① COUNT
② COUNTA
③ SUMIF
④ COUNTIF

05 다음 중 주민등록번호를 통해 성별을 구분하려고 할 때, 각 셀에 필요한 함수식으로 옳은 것은?

① F3 : =IF(AND(MID(C3,8,1)="2",MID(C3,8,1)="4"),"여자","남자")

② F4 : =IF(AND(MID(C4,8,1)="2",MID(C4,8,1)="4"),"여자","남자")

③ F7 : =IF(OR(MID(C7,8,1)="2",MID(C7,8,1)="4"),"여자","남자")

④ F9 : =IF(OR(MID(C9,8,1)="1",MID(C9,8,1)="3"),"여자","남자")

03 | 프로그램 언어(코딩)

| 유형분석 |

- 업무수행에 필요한 프로그램 언어(코딩)을 정확하게 이해하고 있는지 평가한다.
- 빈번하게 출제되는 프로그램 언어(코딩) 문제 유형에 대한 사전 학습이 요구된다.

다음 중 프로그램의 실행 결과로 옳은 것은?

```c
#include <stdio.h>

int main(){
        int i = 4;
        int k = 2;
        switch(i) {
                case 0:
                case 1:
                case 2:
                case 3: k = 0;
                case 4: k += 5;
                case 5: k -= 20;
                default: k++;
        }
        printf("%d", k);
}
```

① 12 ② −12
③ 10 ④ −10

정답 ②

i가 4이기 때문에 case 4부터 시작한다. k는 2이고, k+=5를 하면 7이 되고, Case 5에서 k−=20을 하면 −13이 되며, default에서 1이 증가하여 결괏값은 −12가 된다.

유형풀이 Tip

- 주어진 실행 프로그램을 확인한 후 핵심 키워드를 파악한 다음 문제에서 요구하는 내용을 도출해낸다.
- 대표적인 프로그램 언어와 풀이 방법에 대해 사전에 학습해두면 문제를 빠르게 해결할 수 있다.

01 다음 프로그램의 실행 결과로 올바른 것은?

```c
#include <stdio.h>
void main() {
    char str[12] = "hello world";
    str[4] = '\0';
    printf("S%sE\n", str);
}
```

① ShellE   ② Shello worldE

③ ShelloE   ④ hello

02 다음 C 프로그램의 실행 결과에서 p의 값으로 옳은 것은?

```c
#include <stdio.h>
int main( )
{
    int x, y, p;
    x = 3;
    y = x++;
    printf("x = %d y = %d\n", x, y);
    x = 10;
    y = ++x;
    printf("x = %d y = %d\n", x, y);
    p = ++x+y++;
    printf("x = %d y = %d\n", x, y);
    printf("p = %d\n", p);
    return 0;
}
```

① p=22   ② p=23

③ p=24   ④ p=25

강한 자가 살아남는 것이 아니라 살아남는 자가 강한 것이다.

- 김유신 -

PART 2

직무상식시험

01 | 금융

빈출키워드 1 통화정책

01 A국의 통화량은 현금통화 150, 예금통화 450이며, 지급준비금이 90이라고 할 때 통화승수는?(단, 현금통화비율과 지급준비율은 일정하다)

① 2.5   ② 3

③ 4.5   ④ 5

02 다음에서 설명하는 정책에 대한 내용으로 옳지 않은 것은?

> 중앙은행의 정책으로 금리 인하를 통한 경기부양 효과가 한계에 다다랐을 때 중앙은행이 국채매입 등을 통해 유동성을 시중에 직접 푸는 정책을 뜻한다.

① 경기후퇴를 막음으로써 시장의 자신감을 향상시킨다.

② 디플레이션을 초래할 수 있다.

③ 수출 증대의 효과가 있다.

④ 유동성을 무제한으로 공급하는 것이다.

01

정답 ①

$M = \dfrac{1}{c + \gamma(1 - c)} B$ (단, c는 현금통화비율, γ는 지급준비율, B는 본원통화, M은 통화량)

여기서 $c = 150/600 = 0.25$, $\gamma = 90/450 = 0.2$이므로, 통화승수는 $\dfrac{1}{c + \gamma(1 - c)} = \dfrac{1}{0.25 + 0.2(1 - 0.25)} = 2.5$이다.

한편, 통화량＝민간보유현금통화＋예금통화＝150＋450＝600, 본원통화＝민간보유현금통화＋지급준비금＝150＋90＝240이다. 따라서 통화승수＝통화량÷본원통화＝600÷240＝2.5이다.

02

정답 ②

양적완화

- 금리중시 통화정책을 시행하는 중앙은행이 정책금리가 0%에 근접하거나, 혹은 다른 이유로 시장경제의 흐름을 정책금리로 제어할 수 없는 이른바 유동성 저하 상황하에서 유동성을 충분히 공급함으로써 중앙은행의 거래량을 확대하는 정책이다.
- 수출 증대의 효과가 있는 반면 인플레이션을 초래할 수도 있다.
- 자국의 경제에는 소기의 목적을 달성하더라도 타국의 경제에 영향을 미쳐 자산 가격을 급등시킬 수도 있다.

이론 더하기

중앙은행

① 중앙은행의 역할
- 화폐를 발행하는 발권은행으로서의 기능을 한다.
- 은행의 은행으로서의 기능을 한다.
- 통화가치의 안정과 국민경제의 발전을 위한 통화금융정책을 집행하는 기능을 한다.
- 국제수지 불균형의 조정, 환율의 안정을 위하여 외환관리업무를 한다.
- 국고금 관리 등의 업무를 수행하며 정부의 은행으로서의 기능을 한다.

② 중앙은행의 통화정책 운영체계
한국은행은 통화정책 운영체계로서 물가안정목표제(Inflation Targeting)를 채택하고 있다.

③ 물가안정목표제란 '통화량' 또는 '환율' 등 중간목표를 정하고 이에 영향을 미쳐 최종목표인 물가안정을 달성하는 것이 아니라, 최종목표인 '물가' 자체에 목표치를 정하고 중기적 시기에 이를 달성하려는 방식이다.

금융정책

정책수단		운용목표		중간목표		최종목표
공개시장조작 지급준비율	→	콜금리 본원통화 재할인율	→	통화량 이자율	→	완전고용 물가안정 국제수지균형

① 공개시장조작정책
- 중앙은행이 직접 채권시장에 참여하여 금융기관을 상대로 채권을 매입하거나 매각하여 통화량을 조절하는 통화정책수단을 의미한다.
- 중앙은행이 시중의 금융기관을 상대로 채권을 매입하는 경우 경제 전체의 통화량은 증가하게 되고 이는 실질이자율을 낮춰 총수요를 증가시킨다.
- 중앙은행이 시중의 금융기관을 상대로 채권을 매각하는 경우 경제 전체의 통화량은 감소하게 되고 이는 실질이자율을 상승과 투자의 감소로 이어져 총수요가 감소하게 된다.

② 지급준비율정책
- 법정지급준비율이란 중앙은행이 예금은행으로 하여금 예금자 예금인출요구에 대비하여 총예금액의 일정비율 이상을 대출할 수 없도록 규정한 것을 말한다.
- 지급준비율정책이란 법정지급준비율을 변경시킴으로써 통화량을 조절하는 것을 말한다.
- 지급준비율이 인상되면 통화량이 감소하고 실질이자율을 높여 총수요를 억제한다.

③ 재할인율정책
- 재할인율정책이란 일반은행이 중앙은행으로부터 자금을 차입할 때 차입규모를 조절하여 통화량을 조절하는 통화정책수단을 말한다.
- 재할인율 상승은 실질이자율을 높여 경제 전체의 통화량을 줄이고자 할 때 사용하는 통화정책의 수단이다.
- 재할인율 인하는 실질이자율을 낮춰 경제 전체의 통화량을 늘리고자 할 때 사용하는 통화정책의 수단이다.

다음 그래프는 경제 지표의 추이를 나타낸 것이다. 이와 같은 추이가 계속된다고 할 때, 나타날 수 있는 현상으로 적절한 것을 〈보기〉에서 모두 고르면?(단, 지표 외 다른 요인은 고려하지 않는다)

보기

ㄱ. KOSPI 지수 추이를 볼 때, 기업은 주식시장을 통한 자본 조달이 어려워질 것이다.
ㄴ. 이자율 추이를 볼 때, 은행을 통한 기업의 대출 수요가 증가할 것이다.
ㄷ. 환율 추이를 볼 때, 수출제품의 가격 경쟁력이 강화될 것이다.

① ㄱ   ② ㄴ
③ ㄱ, ㄷ   ④ ㄴ, ㄷ

정답   ③

ㄱ. KOSPI 지수가 지속적으로 하락하고 있기 때문에 주식시장이 매우 침체되어 있다고 볼 수 있다. 이 경우 주식에 대한 수요와 증권시장의 약세 장세 때문에 주식 발행을 통한 자본 조달은 매우 어려워진다.
ㄷ. 원·달러 환율이 지속적으로 상승하게 되면 원화의 약세로 수출제품의 외국에서의 가격은 달러화에 비해 훨씬 저렴하게 된다. 따라서 상대적으로 외국제품에 비하여 가격 경쟁력이 강화되는 효과가 발생한다.

오답분석

ㄴ. 이자율이 지속적으로 상승하면 대출 금리도 따라 상승하게 되어 기업의 부담이 커지게 되고 이에 따라 기업의 대출 수요는 감소하게 된다.

금리

① 개념 : 원금에 지급되는 이자를 비율로 나타낸 것으로 '이자율'이라는 표현을 사용하기도 한다.

② 특징

- 자금에 대한 수요와 공급이 변하면 금리가 변동한다. 즉, 자금의 수요가 증가하면 금리가 올라가고, 자금의 공급이 증가하면 금리는 하락한다.
- 중앙은행이 금리를 낮추겠다는 정책목표를 설정하면 금융시장의 국채를 매입하게 되고 금리에 영향을 준다.
- 가계 : 금리가 상승하면 소비보다는 저축이 증가하고, 금리가 하락하면 저축보다는 소비가 증가한다.
- 기업 : 금리가 상승하면 투자비용이 증가하므로 투자가 줄어들고, 금리가 하락하면 투자가 증가한다.
- 국가 간 자본의 이동 : 본국과 외국의 금리 차이를 보고 상대적으로 외국의 금리가 높다고 판단되면 자금은 해외로 이동하고, 그 반대의 경우 국내로 이동한다.

③ 금리의 종류

- 기준금리 : 중앙은행이 경제활동 상황을 판단하여 정책적으로 결정하는 금리로, 경제가 과열되거나 물가상승이 예상되면 기준금리를 올리고, 경제가 침체되고 있다고 판단되면 기준금리를 하락시킨다.
- 시장금리 : 개인의 신용도나 기간에 따라 달라지는 금리이다.

1년 미만 단기 금리	콜금리	영업활동 과정에서 남거나 모자라는 초단기자금(콜)에 대한 금리이다.
	환매조건부채권(RP)	일정 기간이 지난 후에 다시 매입하는 조건으로 채권을 매도함으로써 수요자가 단기자금을 조달하는 금융거래방식의 하나이다.
	양도성예금증서(CD)	은행이 발행하고 금융시장에서 자유로운 매매가 가능한 무기명의 정기예금 증서이다.
1년 이상 장기 금리		국채, 회사채, 금융채

환율

국가 간 화폐의 교환비율로, 우리나라에서 환율을 표시할 때에는 외국 돈 1단위당 원화의 금액으로 나타낸다.
예 1,193.80원/$, 170.76원/¥

주식과 주가

① 주식 : 주식회사의 자본을 이루는 단위로서 금액 및 이를 전제한 주주의 권리와 의무단위이다.
② 주가 : 주식의 시장가격으로, 주식시장의 수요와 공급에 의해 결정된다.

01 다음 중 변동환율제도에 대한 설명으로 옳지 않은 것은?

① 원화 환율이 오르면 물가가 상승하기 쉽다.

② 원화 환율이 오르면 수출업자가 유리해진다.

③ 원화 환율이 오르면 외국인의 국내 여행이 많아진다.

④ 국가 간 자본거래가 활발하게 이루어진다면 독자적인 통화정책을 운용할 수 없다.

02 다음 빈칸에 들어갈 경제 용어로 적절한 것은?

구매력평가 이론(Purchasing Power Parity Theory)은 모든 나라의 통화 한 단위의 구매력이 같도록 환율이 결정되어야 한다는 것이다. 구매력평가 이론에 따르면 양국통화의 ___㉠___ 은 양국의 ___㉡___ 에 의해 결정되며, 구매력평가 이론이 성립하면 ___㉢___ 은 불변이다.

	㉠	㉡	㉢
①	실질환율	물가수준	명목환율
②	명목환율	경상수지	실질환율
③	실질환율	경상수지	명목환율
④	명목환율	물가수준	실질환율

01

정답 ④

변동환율제도에서는 중앙은행이 외환시장에 개입하여 환율을 유지할 필요가 없고, 외환시장의 수급 상황이 국내 통화량에 영향을 미치지 않으므로 독자적인 통화정책의 운용이 가능하다.

02

정답 ④

일물일가의 법칙을 가정하는 구매력평가설에 따르면 두 나라에서 생산된 재화의 가격이 동일하므로 명목환율은 두 나라의 물가수준의 비율로 나타낼 수 있다. 한편, 구매력평가설이 성립하면 실질환율은 불변한다.

환율

① 개념 : 국내화폐와 외국화폐가 교환되는 시장을 외환시장(Foreign Exchange Market)이라고 한다. 그리고 여기서 결정되는 두 나라 화폐의 교환비율을 환율이라고 한다. 즉, 환율이란 자국화폐단위로 표시한 외국화폐 1단위의 가격을 말한다.

② 환율의 변화

환율의 상승을 환율 인상(Depreciation), 환율의 하락을 환율 인하(Appreciation)라고 한다. 환율이 인상되는 경우 자국화폐의 가치가 하락하는 것을 의미하며 환율이 인하되는 경우는 자국화폐가치가 상승함을 의미한다.

평가절상(=환율 인하, 자국화폐가치 상승)	평가절하(=환율 인상, 자국화폐가치 하락)
• 수출 감소 • 수입 증가 • 경상수지 악화 • 외채부담 감소	• 수출 증가 • 수입 감소 • 경상수지 개선 • 외채부담 증가

③ 환율제도

구분	고정환율제도	변동환율제도
국제수지불균형의 조정	정부개입에 의한 해결(평가절하, 평가절상)과 역외국에 대해서는 독자관세 유지	시장에서 환율의 변화에 따라 자동적으로 조정
환위험	적음	환율의 변동성에 기인하여 환위험에 크게 노출되어 있다.
환투기의 위험	적음	높음(이에 대해 프리드먼은 환투기는 환율을 오히려 안정시키는 효과가 존재한다고 주장)
해외교란요인의 파급 여부	국내로 쉽게 전파됨	환율의 변화가 해외교란요인의 전파를 차단(차단효과)
금융정책의 자율성 여부	자율성 상실(불가능성 정리)	자율성 유지
정책의 유효성	금융정책 무력	재정정책 무력

01 다음 중 서킷 브레이커(Circuit Breakers)에 대한 설명으로 옳지 않은 것은?

① 1 ~ 2단계 서킷 브레이커는 1일 1회 주식시장 개장 5분 후부터 장이 끝나기 40분 전까지 발동할 수 있다.

② 코스피 또는 코스닥 지수가 전일 종가 대비 10% 이상 하락한 상태가 1분 이상 지속되면 모든 주식 거래를 20분간 정지한다.

③ 단계별로 하루에 2번씩 발동할 수 있다.

④ 주식시장에서 주가가 급등 또는 급락하는 경우 주식매매를 일시 정지하는 제도이다.

02 다음 중 주가가 떨어질 것을 예측해 주식을 빌려 파는 공매도를 했으나, 반등이 예상되면서 빌린 주식을 되갚자 주가가 오르는 현상은?

① 사이드카   ② 디노미네이션
③ 서킷브레이커   ④ 숏커버링

01

정답 ③

서킷 브레이커
• 원래 전기 회로에 과부하가 걸렸을 때 자동으로 회로를 차단하는 장치를 말하는데 주식시장에서 주가가 급등 또는 급락하는 경우 주식매매를 일시 정지하는 제도이다.
• 서킷 브레이커 발동조건
  - 1단계 : 종합주가지수가 전 거래일보다 8% 이상 하락하여 1분 이상 지속되는 경우
  - 2단계 : 종합주가지수가 전 거래일보다 15% 이상 하락하여 1분 이상 지속되는 경우
  - 3단계 : 종합주가지수가 전 거래일보다 20% 이상 하락하여 1분 이상 지속되는 경우
• 서킷 브레이커 발동 시 효과
  - 서킷 브레이커가 발동되면 매매가 20분간 정지되고, 20분이 지나면 10분간 동시호가, 단일가매매 전환이 이루어진다.
• 서킷 브레이커 유의사항
  - 총 3단계로 이루어진 서킷 브레이커의 각 단계는 하루에 한 번만 발동할 수 있다.
  - 1 ~ 2단계는 주식시작 개장 5분 후부터 종료 40분전까지만 발동한다. 단, 3단계 서킷 브레이커는 40분 이후에도 발동될 수 있고, 3단계 서킷 브레이커가 발동하면 장이 종료된다.

02

정답 ④

없는 주식이나 채권을 판 후 보다 싼 값으로 주식이나 그 채권을 구해 매입자에게 넘기는데, 예상을 깨고 강세장이 되어 해당 주식이 오를 것 같으면 손해를 보기 전에 빌린 주식을 되갚게 된다. 이때 주가가 오르는 현상을 숏커버링이라 한다.

주가지수

① 개념 : 주식가격의 상승과 하락을 판단하기 위한 지표(Index)가 필요하므로 특정 종목의 주식을 대상으로 평균적으로 가격이 상승했는지 하락했는지를 판단한다. 때문에 주가지수의 변동은 경제상황을 판단하게 해주는 지표가 될 수 있다.

② 주가지수 계산 : $\dfrac{\text{비교시점의 시가총액}}{\text{기준시점의 시가총액}} \times 100$

③ 주요국의 종합주가지수

국가	지수명	기준시점	기준지수
한국	코스피	1980년	100
	코스닥	1996년	1,000
미국	다우존스 산업평균지수	1896년	100
	나스닥	1971년	100
	S&P 500	1941년	10
일본	니케이 225	1949년	50
중국	상하이종합	1990년	100
홍콩	항셍지수	1964년	100
영국	FTSE 100지수	1984년	1,000
프랑스	CAC 40지수	1987년	1,000

주가와 경기 변동

① 주식의 가격은 장기적으로 기업의 가치에 따라 변동한다.

② 주가는 경제성장률이나 이자율, 통화량과 같은 경제변수에 영향을 받는다.

③ 통화공급의 증가와 이자율이 하락하면 소비와 투자가 늘어나서 기업의 이익이 커지므로 주가는 상승한다.

주식관련 용어

① 서킷브레이커(CB) : 주식시장에서 주가가 급등 또는 급락하는 경우 주식매매를 일시 정지하는 제도이다.

② 사이드카 : 선물가격이 전일 종가 대비 5%(코스피), 6%(코스닥) 이상 급등 혹은 급락 상태가 1분간 지속될 경우 주식시장의 프로그램 매매 호가를 5분간 정시시키는 것을 의미한다.

③ 네 마녀의 날 : 주가지수 선물과 옵션, 개별 주식 선물과 옵션 등 네 가지 파생상품 만기일이 겹치는 날이다. '쿼드러플위칭 데이'라고도 한다.

④ 레드칩 : 중국 정부와 국영 기업이 최대주주로 참여해 홍콩에 설립한 우량 중국 기업들의 주식을 일컫는 말이다.

⑤ 블루칩 : 오랜 시간 동안 안정적인 이익을 창출하고 배당을 지급해온 수익성과 재무구조가 건전한 기업의 주식으로 대형 우량주를 의미한다.

⑥ 숏커버링 : 외국인 등이 공매도한 주식을 되갚기 위해 시장에서 주식을 다시 사들이는 것으로, 주가 상승 요인으로 작용한다.

⑦ 공매도 : 주식을 가지고 있지 않은 상태에서 매도 주문을 내는 것이다. 3일 안에 해당 주식이나 채권을 구해 매입자에게 돌려주면 되기 때문에, 약세장이 예상되는 경우 시세차익을 노리는 투자자가 주로 활용한다.

다음 중 유로채와 외국채에 대한 설명으로 옳지 않은 것은?

① 유로채는 채권의 표시통화 국가에서 발행되는 채권이다.

② 유로채는 이자소득세를 내지 않는다.

③ 외국채는 감독 당국의 규제를 받는다.

④ 외국채는 신용 평가가 필요하다.

정답　①

외국채는 채권의 표시통화 국가에서 발행되는 채권이고, 유로채는 채권의 표시통화 국가 이외의 국가에서 발행되는 채권이다.

오답분석

② 외국채는 이자소득세를 내야 하지만, 유로채는 세금을 매기지 않는다.

③ 외국채는 감독 당국의 규제를 받지만, 유로채는 규제를 받지 않는다.

④ 외국채는 신용 평가가 필요하지만, 유로채는 필요하지 않다.

채권

정부, 공공기관, 특수법인과 주식회사 형태를 갖춘 사기업이 일반 대중 투자자들로부터 비교적 장기의 자금을 조달하기 위해 발행하는 일종의 차용증서로, 채권을 발행한 기관은 채무자, 채권의 소유자는 채권자가 된다.

발행주체에 따른 채권의 분류

국채	• 국가가 발행하는 채권으로 세금과 함께 국가의 중요한 재원 중 하나이다. • 국고채, 국민주택채권, 국채관리기금채권, 외국환평형기금채권 등이 있다.
지방채	• 지방자치단체가 지방재정의 건전한 운영과 공공의 목적을 위해 재정상의 필요에 따라 발행하는 채권이다. • 지하철공채, 상수도공채, 도로공채 등이 있다.
특수채	• 공사와 같이 특별법에 따라 설립된 법인이 자금조달을 목적으로 발행하는 채권으로 공채와 사채의 성격을 모두 가지고 있다. • 예금보험공사 채권, 한국전력공사 채권, 리스회사의 무보증 리스채, 신용카드회사의 카드채 등이 있다.
금융채	• 금융회사가 발행하는 채권으로 발생은 특정한 금융회사의 중요한 자금조달수단 중 하나이다. • 산업금융채, 장기신용채, 중소기업금융채 등이 있다.
회사채	• 상법상의 주식회사가 발행하는 채권으로 채권자는 주주들의 배당에 우선하여 이자를 지급받게 되며 기업이 도산하는 경우에도 주주들을 우선하여 기업자산에 대한 청구권을 갖는다. • 전환사채(CB), 신주인수권부사채(BW), 교환사채(EB) 등이 있다.

이자지급방법에 따른 채권의 분류

이표채	액면가로 채권을 발행하고, 이자지급일이 되면 발행할 때 약정한 대로 이자를 지급하는 채권이다.
할인채	이자가 붙지는 않지만, 이자 상당액을 미리 액면가격에서 차감하여 발행가격이 상환가격보다 낮은 채권이다.
복리채(단리채)	정기적으로 이자가 지급되는 대신에 복리(단리) 이자로 재투자되어 만기상환 시에 원금과 이자를 지급하는 채권이다.
거치채	이자가 발생한 이후에 일정기간이 지난 후부터 지급되는 채권이다.

상환기간에 따른 채권의 분류

단기채	통상적으로 상환기간이 1년 미만인 채권으로, 통화안정증권, 양곡기금증권 등이 있다.
중기채	상환기간이 1 ~ 5년인 채권으로 우리나라 대부분의 회사채 및 금융채가 만기 3년으로 발행된다.
장기채	상환기간이 5년 초과인 채권으로 국채가 이에 해당한다.

특수한 형태의 채권

일반사채와 달리 계약 조건이 다양하게 변형된 특수한 형태의 채권으로 다양한 목적에 따라 발행된 채권이다.

전환사채 (CB: Convertible Bond)	발행을 할 때에는 순수한 회사채로 발행되지만, 일정기간이 경과한 후에는 보유자의 청구에 의해 발행회사의 주식으로 전환될 수 있는 사채이다.
신주인수권부사채 (BW: Bond with Warrant)	발행 이후 일정기간 내에 미리 약정된 가격으로 발행회사에 일정한 금액에 해당하는 주식을 매입할 수 있는 권리가 부여된 사채이다.
교환사채 (EB: Exchangeable Bond)	투자자가 보유한 채권을 일정기간이 지난 후 발행회사가 보유 중인 다른 회사 유가증권으로 교환할 수 있는 권리가 있는 사채이다.
옵션부사채 (BO: Bond with Imbedded Option)	• 콜옵션과 풋옵션이 부여되는 사채이다. • 콜옵션은 발행회사가 만기 전 조기상환을 할 수 있는 권리이고, 풋옵션은 사채권자가 만기중도상환을 청구할 수 있는 권리이다.
변동금리부채권 (FRN: Floating Rate Note)	• 채권 지급 이자율이 변동되는 금리에 따라 달라지는 채권이다. • 변동금리부채권의 지급이자율은 기준금리에 가산금리를 합하여 산정한다.
자산유동화증권 (ABS: Asset Backed Security)	유동성이 없는 자산을 증권으로 전환하여 자본시장에서 현금화하는 일련의 행위를 자산유동화라고 하는데, 기업 등이 보유하고 있는 대출채권이나 매출채권, 부동산 자산을 담보로 발행하여 제3자에게 매각하는 증권이다.

01 주가지수 상승률이 미리 정해 놓은 수준에 단 한 번이라도 도달하면 만기 수익률이 미리 정한 수준으로 확정되는 ELS는?

① 녹아웃형(Knock-out)

② 불스프레드형(Bull-spread)

③ 리버스컨버터블형(Reverse Convertible)

④ 디지털형(Digital)

02 주식이나 ELW를 매매할 때 보유시간을 통상적으로 2~3분 단위로 짧게 잡아 하루에 수십 번 또는 수백 번씩 거래를 하며 박리다매식으로 매매차익을 얻는 초단기매매자들이 있다. 다음 중 이들을 가리키는 용어는?

① 스캘퍼

② 데이트레이더

③ 스윙트레이더

④ 포지션트레이더

01

정답 ①

주가지수연계증권(ELS)의 유형

• 녹아웃형(Knock-out) : 주가지수 상승률이 미리 정해 놓은 수준에 단 한 번이라도 도달하면 만기 수익률이 미리 정한 수준으로 확정되는 상품

• 불스프레드형(Bull-spread) : 만기 때 주가지수 상승률에 따라 수익률이 결정되는 상품

• 리버스컨버터블형(Reverse Convertible) : 미리 정해 놓은 하락폭 밑으로만 빠지지 않는다면 주가지수가 일정부분 하락해도 약속한 수익률을 지급하는 상품

• 디지털형(Digital) : 만기일의 주가지수가 사전에 약정한 수준 이상 또는 이하에 도달하면 확정 수익을 지급하고 그렇지 못하면 원금만 지급하는 상품

02

정답 ①

스캘퍼(Scalper)는 ELW 시장 등에서 거액의 자금을 갖고 몇 분 이내의 초단타 매매인 스캘핑(Scalping)을 구사하는 초단타 매매자를 말한다. 속칭 '슈퍼 메뚜기'로 불린다.

오답분석

② 데이트레이더(Day Trader) : 주가의 움직임만 보고 차익을 노리는 주식 투자자

③ 스윙트레이더(Swing Trader) : 선물시장에서 통상 2~3일 간격으로 매매 포지션을 바꾸는 투자자

④ 포지션트레이더(Position Trader) : 몇 주간 또는 몇 개월 동안 지속될 가격 변동에 관심을 갖고 거래하는 자로서 비회원 거래자

이론 더하기

ELS(주가연계증권) / ELF(주가연계펀드)

① 개념 : 파생상품 펀드의 일종으로 국공채 등과 같은 안전자산에 투자하여 안전성을 추구하면서 확정금리 상품 대비 고수익을 추구하는 상품이다.

② 특징

ELS (주가연계증권)	• 개별 주식의 가격이나 주가지수에 연계되어 투자수익이 결정되는 유가증권이다. • 사전에 정한 2 ~ 3개 기초자산 가격이 만기 때까지 계약 시점보다 40 ~ 50%가량 떨어지지 않으면 약속된 수익을 지급하는 형식이 일반적이다. • 다른 채권과 마찬가지로 증권사가 부도나거나 파산하면 투자자는 원금을 제대로 건질 수 없다. • 상품마다 상환조건이 다양하지만 만기 3년에 6개월마다 조기상환 기회가 있는 게 일반적이다. 수익이 발생해서 조기상환 또는 만기상환되거나, 손실을 본 채로 만기상환된다. • 녹아웃형, 불스프레드형, 리버스컨버터블형, 디지털형 등이 있다.
ELF (주가연계펀드)	• 투자신탁회사들이 ELS 상품을 펀드에 편입하거나 자체적으로 원금보존 추구형 펀드를 구성해 판매하는 형태의 상품이다. • ELF는 펀드의 수익률이 주가나 주가지수 움직임에 의해 결정되는 구조화된 수익구조를 갖는다. • 베리어형, 디지털형, 조기상환형 등이 있다.

ELW(주식워런트증권)

① 개념 : 자산을 미리 정한 만기에 미리 정해진 가격에 사거나(콜) 팔 수 있는 권리(풋)를 나타내는 증권이다.

② 특징

• 주식워런트증권은 상품특성이 주식옵션과 유사하나 법적 구조, 시장 구조, 발행주체와 발행조건 등에 차이가 있다.
• 주식처럼 거래가 이루어지며, 만기 시 최종보유자가 권리를 행사하게 된다.
• ELW 시장에서는 투자자의 환금성을 보장할 수 있도록 호가를 의무적으로 제시하는 유동성공급자(LP; Liquidity Provider) 제도가 운영된다.

01 다음 중 금리인하요구권에 대한 설명으로 옳지 않은 것은?

① 금융당국은 차주에 대해 연 2회 금리인하요구권에 대한 정기안내를 실시한다.
② 금융당국은 금융기관의 운영실적을 반기 단위로 비교 공시한다.
③ 재무상태 개선 등의 신용상태가 개선되었다고 판단되는 경우 금리인하를 요구할 수 있다.
④ 가계대출만 권리가 있으며, 기업대출은 권리가 없다.

02 다음 중 IRP의 특징으로 옳지 않은 것을 〈보기〉에서 모두 고르면?

> **보기**
> ㄱ. IRP는 개인형 퇴직연금으로, 근로자가 본인의 퇴직금의 투자처를 직접 지정할 수 있다.
> ㄴ. IRP의 경직적인 운용을 보완하고자 IRA가 등장하였다.
> ㄷ. IRP는 근로자의 퇴직금을 회사가 운용한 후 근로자에게 정해진 금액을 지급하는 방식이다.
> ㄹ. IRP 가입 시, 납입금에 대해 정해진 조건 하에서 세액공제 혜택을 받을 수 있다.

① ㄱ, ㄴ
② ㄱ, ㄹ
③ ㄴ, ㄷ
④ ㄷ, ㄹ

03 다음 중 우리나라 8개 은행이 제공하는 자금조달정보로 산출하는 자금조달비용지수는?

① 코픽스
② 콜금리
③ FVI
④ FCI

04 다음 중 연기금, 보험사 등 기관투자자들이 투자 기업의 의사결정에 적극적으로 참여하여 투명경영을 이끌어내는 제도는?

① 리디노미네이션
② 신디케이트
③ 방카슈랑스
④ 스튜어드십 코드

05 다음 중 기준금리에 대한 설명으로 옳지 않은 것은?

① 한국은행의 금융통화위원회에서 기준금리를 결정한다.
② 미국의 기준금리가 올라갈 경우 한국은 경기부양 효과가 나타난다.
③ 자금을 조달·운용 시에 적용하는 금리의 기준이 되므로 금융시장에서 각종 금리를 지배한다.
④ 2008년 3월부터 한국은행은 정책금리의 실체를 익일물 콜금리 목표에서 기준금리로 변경했다.

06 다음 중 신흥국 시장이 강대국의 금리 정책 때문에 크게 타격을 입는 것을 무엇이라 하는가?

① 어닝쇼크
② 옥토버 서프라이즈
③ 긴축발작
④ 덤벨 이코노미

07 다음 중 중앙은행이 금리 인상을 하여도 시장의 금리가 따라서 오르지 않는 현상을 일컫는 용어는?

① 그린스펀의 수수께끼
② 낙타의 코
③ 왝더독
④ 산타랠리

08 다음 중 주식을 공매도할 때 직전 거래가격 이상으로 매도호가를 제시하도록 한 규정은?

① 제로틱룰   ② 섀도보팅
③ 숏커버링   ④ 업틱룰

09 다음 중 신주 모집을 하면서 그 역할의 중요성에 따라 인수기관의 이름을 순서대로 표시하는 것은?

① 섀도보팅   ② 캐리트레이드
③ 브래키팅   ④ 피보팅

10 다음 중 개인책임형 퇴직연금 가입자의 운용 지시 없이, 금융사가 사전에 정한 방법으로 운영하는 제도는?

① LBO   ② 디폴트 옵션
③ 그림자 금융   ④ ABS

11 다음 중 국제결제은행에서 일반은행에 권고하는 자기자본비율 수치를 일컫는 용어는?

① BIS비율   ② 지급준비율
③ DSR비율   ④ DTI비율

12 다음 중 세계 금융기관들에게 국제 표준화된 데이터 통신망을 제공하는 국제기구는?

① CHIPS

② SWIFT

③ BOK-WIRE

④ GATT

13 다음 중 자기자본에 해당하지 않는 것은?

① 자본금

② 자본잉여금

③ 이익잉여금

④ 차입금

`Hard`

14 (주)한국의 당기 말 타인자본은 2,000억 원이고 자기자본은 1,000억 원이다. 전년도 말 기준 부채비율이 300%를 기록하였다고 할 때, 당기 말 기준 전년도 대비 부채비율의 변동률은?(단, 소수점 이하는 생략한다)

① 25% 상승

② 25% 하락

③ 33% 상승

④ 33% 하락

15 다음 중 금리 인하를 통한 경기 부양 효과가 한계에 봉착했을 때, 중앙은행이 국채 매입 등을 통해 유동성을 시중에 직접 공급함으로써 신용경색을 해소하고 경기를 부양시키는 통화 정책은?

① 양적완화

② 출구전략

③ 테이퍼링

④ 오퍼레이션 트위스트

02 | 경제

수요와 공급의 법칙, 탄력성

다음 중 수요의 탄력성에 대한 내용으로 옳은 것은?

① 수요곡선의 기울기가 −1인 직선일 경우 수요곡선상의 어느 점에서나 가격탄력성은 동일하다.

② 수요의 가격탄력성이 탄력적이라면 가격인하는 총수입을 증가시키는 좋은 전략이다.

③ X재의 가격이 5% 인상되자 Y재 수요가 10% 상승했다면 수요의 교차탄력성은 $\frac{1}{2}$이고, 두 재화는 보완재이다.

④ 가격이 올랐을 때 시간이 경과될수록 적응이 되기 때문에 수요의 가격탄력성은 작아진다.

정답   ②

수요곡선이 우하향하는 직선이면 수요곡선상에서 우하방으로 이동할수록 수요의 가격탄력성이 점점 작아진다.
수요의 가격탄력성이 1보다 크다면 가격이 1% 하락할 때 판매량은 1%보다 크게 증가하므로 판매자의 총수입은 증가한다.
따라서 수요의 가격탄력성이 탄력적이라면 가격인하는 총수입을 증가시키는 좋은 전략이다.

오답분석

③ 수요의 교차탄력성은 $\varepsilon_{XY} = \dfrac{\dfrac{\triangle Q_Y}{Q_Y}}{\dfrac{\triangle P_X}{P_X}} = \dfrac{10\%}{5\%} = 2$이고, 두 재화는 대체재이다.

④ 장기가 될수록 대체재가 생겨날 가능성이 크기 때문에 수요의 가격탄력성이 커진다.

수요의 법칙

수요의 법칙이란 가격이 상승하면 수요량이 감소하는 것을 말한다. 수요의 법칙이 성립하는 경우 수요곡선은 우하향한다. 단, 기펜재의 경우와 베블런 효과가 존재하는 경우는 성립하지 않는다.

수요량의 변화와 수요의 변화

① 수요량의 변화 : 당해 재화의 가격 변화로 인한 수요곡선상의 이동을 의미한다.
② 수요의 변화 : 당해 재화 가격 이외의 다른 요인의 변화로 수요곡선 자체가 이동하는 경우를 의미한다. 수요가 증가하면 수요곡선이 우측으로 이동하고, 수요가 감소하면 수요곡선이 좌측으로 이동한다.

공급의 법칙

다른 조건이 일정할 때 가격이 상승하면 공급량이 증가하는 것을 말한다.

공급량의 변화와 공급의 변화

① 공급량의 변화 : 당해 재화가격의 변화로 인한 공급곡선상의 이동을 의미한다.
② 공급의 변화 : 당해 재화 가격 이외의 다른 요인의 변화로 공급곡선 자체가 이동하는 경우를 의미한다. 공급이 증가하면 공급곡선이 우측으로 이동하고, 공급이 감소하면 공급곡선이 좌측으로 이동한다.

수요의 가격탄력성

① 개념 : 수요량이 가격에 얼마나 민감하게 반응하는지를 나타낸다.
② 가격탄력성의 도출

$$\varepsilon_P = \frac{\text{수요량의 변화율}}{\text{가격의 변화율}} = \frac{\frac{\triangle Q}{Q}}{\frac{\triangle P}{P}} = \left(\frac{\triangle Q}{\triangle P}\right)\left(\frac{P}{Q}\right) \text{ (단, } \triangle \text{은 변화율, Q는 수요량, P는 가격)}$$

③ 가격탄력성과 판매수입

구분	$\varepsilon_P > 1$ (탄력적)	$\varepsilon_P = 1$ (단위탄력적)	$0 < \varepsilon_P < 1$ (비탄력적)	$\varepsilon_P = 0$ (완전 비탄력적)
가격 상승	판매 수입 감소	판매 수입 변동 없음	판매 수입 증가	판매 수입 증가
가격 하락	판매 수입 증가	판매 수입 변동 없음	판매 수입 감소	판매 수입 감소

공급의 가격탄력성

① 개념 : 공급량이 가격에 얼마나 민감하게 반응하는지를 나타낸다.
② 가격탄력성의 도출

$$\varepsilon_P = \frac{\text{공급량의 변화율}}{\text{가격의 변화율}} = \frac{\frac{\triangle Q}{Q}}{\frac{\triangle P}{P}} = \left(\frac{\triangle Q}{\triangle P}\right)\left(\frac{P}{Q}\right) \text{ (단, } \triangle \text{은 변화율, Q는 공급량, P는 가격)}$$

③ 공급의 가격탄력성 결정요인 : 생산량 증가에 따른 한계비용 상승이 완만할수록, 기술수준 향상이 빠를수록, 유휴설비가 많을수록, 측정시간이 길어질수록 공급의 가격탄력성은 커진다.

01　밀턴 프리드만은 '공짜 점심은 없다(There is no such thing as a free lunch).'라는 말을 즐겨했다고 한다. 다음 중 이 말을 설명할 수 있는 경제 원리는?

① 규모의 경제　　　　　　　　　② 긍정적 외부성
③ 기회비용　　　　　　　　　　④ 수요공급의 원리

02　다음 내용에 대한 〈보기〉의 설명 중 옳은 것을 모두 고르면?

> 우리나라에 거주 중인 광성이는 ⊙ 여름휴가를 앞두고 휴가 동안 발리로 서핑을 갈지, 빈 필하모닉 오케스트라의 3년 만의 내한 협주를 들으러 갈지 고민하다가 ⓒ 발리로 서핑을 갔다. 그러나 화산폭발의 위험이 있어 안전의 위협을 느끼고 ⓒ 환불이 불가능한 숙박비를 포기한 채 우리나라로 돌아왔다.

> **보기**
> 가. ⊙의 고민은 광성이의 주관적 희소성 때문이다.
> 나. ⊙의 고민을 할 때는 기회비용을 고려한다.
> 다. ⓒ의 기회비용은 빈 필하모닉 오케스트라 내한 협주이다.
> 라. ⓒ은 경제재이다.
> 마. ⓒ은 비합리적 선택 행위의 일면이다.

① 가, 나, 라　　　　　　　　　② 나, 다, 라
③ 나, 다, 마　　　　　　　　　④ 가, 나, 다, 라

01

정답　③

'공짜 점심은 없다.'라는 의미는 무엇을 얻고자 하면 보통 그 대가로 무엇인가를 포기해야 한다는 뜻으로 해석할 수 있다. 즉, 어떠한 선택에는 반드시 포기하게 되는 다른 가치가 존재한다는 의미이다. 시간이나 자금의 사용은 다른 활동에의 시간 사용, 다른 서비스나 재화의 구매를 불가능하게 만들어 기회비용을 유발한다. 따라서 정부의 예산배정, 여러 투자상품 중 특정 상품의 선택, 경기활성화와 물가안정 사이의 상충관계 등이 기회비용의 사례가 될 수 있다.

02

정답　④

오답분석

마. 환불 불가한 숙박비는 회수 불가능한 매몰비용이므로 선택 시 고려하지 않은 ⓒ의 행위는 합리적 선택 행위의 일면이라고 할 수 있다.

이론 더하기

경제재와 자유재

경제재(Economic Goods)	자유재(Free Goods)
• 경제재란 희소성을 가지고 있는 자원으로 합리적인 의사결정을 통해 선택해야 하는 재화를 말한다. • 우리가 일상생활에서 돈을 지불하고 구입하는 일련의 재화 또는 서비스를 모두 포함한다.	• 자유재란 희소성을 가지고 있지 않아 값을 지불하지 않고도 누구나 마음대로 쓸 수 있는 물건을 말한다. • 공기나 햇빛같이 우리의 욕구에 비해 자원의 양이 풍부해서 경제적 판단을 요구하지 않는 재화를 모두 포함한다.

기회비용(Opportunity Cost)

① 개념
  • 여러 선택 가능한 대안들 중 한 가지를 선택함으로써 포기해야 하는 다른 대안 중에서 가장 가치가 큰 것을 의미한다.
  • 경제학에서 사용하는 비용은 전부 기회비용 개념이며, 합리적인 선택을 위해서는 항상 기회비용의 관점에서 의사결정을 내려야 한다.
  • 기회비용은 객관적으로 나타난 비용(명시적 비용) 외에 포기한 대안 중 가장 큰 순이익(암묵적 비용)까지 포함한다.
  • 편익(매출액)에서 기회비용을 차감한 이윤을 경제적 이윤이라고 하는데, 이는 기업 회계에서 일반적으로 말하는 회계적 이윤과 다르다. 즉, 회계적 이윤은 매출액에서 명시적 비용(회계적 비용)만 차감하고 암묵적 비용(잠재적 비용)은 차감하지 않는다.

경제적 비용 (기회비용)	명시적 비용 (회계적 비용)	기업이 생산을 위해 타인에게 실제적으로 지불한 비용 예 임금, 이자, 지대
	암묵적 비용 (잠재적 비용)	기업 자신의 생산 요소에 대한 기회비용 예 귀속 임금, 귀속 이자, 귀속 지대

② 경제적 이윤과 회계적 이윤

경제적 이윤	회계적 이윤
• 매출액에서 기회비용을 차감한 이윤을 말한다. • 사업주가 자원배분이 합리적인지 판단하기 위한 지표이다. • 경제적 이윤은 경제적 부가가치(EVA)로 나타내기도 한다. • 경제학에서 장기적으로 기업의 퇴출 여부 판단의 기준이 된다.	• 매출액에서 명시적 비용만 차감한 이윤을 말한다. • 사업주가 외부 이해관계자(채권자, 주주, 금융기관 등)에게 사업성과를 보여주기 위한 지표이다. • 즉, 회계적 이윤에는 객관적으로 측정 가능한 명시적 비용만을 반영한다.

매몰비용(Sunk Cost)

이미 투입된 비용으로서 사업을 중단하더라도 회수할 수 없는 비용으로, 매몰비용은 사업을 중단하더라도 회수할 수 없기 때문에 사업 중단에 따른 기회비용은 0이다. 따라서 합리적인 선택을 위해서는 이미 지출되었으나 회수가 불가능한 매몰비용은 고려해서는 안 된다.

01 다음 중 최고가격제에 대한 설명으로 옳은 것을 모두 고르면?

> ㄱ. 암시장을 출현시킬 가능성이 있다.
> ㄴ. 초과수요를 야기한다.
> ㄷ. 사회적 후생을 증대시킨다.
> ㄹ. 최고가격은 시장의 균형가격보다 높은 수준에서 설정되어야 한다.

① ㄱ, ㄴ   ② ㄱ, ㄷ

③ ㄴ, ㄹ   ④ ㄷ, ㄹ

02 가격이 10% 상승할 때 수요량이 12% 감소하는 재화에 대해 최저가격제가 적용되어 가격이 10% 상승하였다고 할 때, 매출의 변화로 바르게 짝지어진 것은?

① 매출량의 증가, 매출액의 증가

② 매출량의 증가, 매출액의 감소

③ 매출량의 감소, 매출액의 증가

④ 매출량의 감소, 매출액의 감소

01

정답 ①

오답분석

ㄷ · ㄹ 최고가격은 시장의 균형가격보다 낮은 수준에서 설정되어야 하며, 최고가격제가 실시되면 사회적 후생 손실이 발생한다.

02

정답 ④

수요의 가격탄력성은 가격의 변화율에 대한 수요량의 변화율이므로 1.2이다. 이는 탄력적이라는 것을 암시하며, 최저가격제는 가격의 상승을 가져오므로 매출량과 판매수입이 감소한다.

최고가격제(가격상한제)
① 개념 : 물가를 안정시키고, 소비자를 보호하기 위해 시장가격보다 낮은 수준에서 최고가격을 설정하는 규제이다.
　예 아파트 분양가격, 금리, 공공요금
② 특징

• 소비자들은 시장가격보다 낮은 가격으로 재화를 구입할 수 있다.
• 초과수요가 발생하기 때문에 암시장이 형성되어 균형가격보다 높은 가격으로 거래될 위험이 있다.
• 재화의 품질이 저하될 수 있다.
• 그래프에서 소비자 잉여는 A+B+C, 생산자 잉여는 D, 사회적 후생 손실은 E+F만큼 발생한다.
• 공급의 가격탄력성이 탄력적일수록 사회적 후생 손실이 커진다.

최저가격제
① 개념 : 최저가격제란 공급자를 보호하기 위하여 시장가격보다 높은 수준에서 최저가격을 설정하는 규제를 말한다.
　예 최저임금제
② 특징

• 최저가격제를 실시하면 생산자는 균형가격보다 높은 가격을 받을 수 있다.
• 소비자의 지불가격이 높아져 소비자의 소비량을 감소시키기 때문에 초과공급이 발생하고, 실업, 재고 누적 등의 부작용이 발생한다.
• 그래프에서 소비자 잉여는 A, 생산자 잉여는 B+C+D, 사회적 후생 손실은 E+F만큼 발생한다.
• 수요의 가격탄력성이 탄력적일수록 사회적 후생 손실이 커진다.

01 두 재화 X와 Y를 소비하여 효용을 극대화하는 소비자 A의 효용함수는 U=X+2Y이고, X재 가격이 2, Y재 가격이 1이다. X재 가격이 1로 하락할 때 소비량의 변화는?

① X재, Y재 소비량 모두 불변
② X재, Y재 소비량 모두 증가
③ X재 소비량 감소, Y재 소비량 증가
④ X재 소비량 증가, Y재 소비량 감소

02 다음 중 재화의 성질 및 무차별곡선에 대한 설명으로 옳지 않은 것은?

① 모든 기펜재(Giffen Goods)는 열등재이다.
② 두 재화가 대체재인 경우 두 재화 간 교차탄력성은 양(+)의 값을 가진다.
③ X축에는 홍수를, Y축에는 쌀을 나타내는 경우 무차별곡선은 우하향한다.
④ 두 재화가 완전보완재인 경우 무차별곡선은 L자 모형이다.

01

정답 ①

가격이 변하기 전 예산선의 기울기는 −2, 무차별곡선의 기울기는 −0.5이므로 소비자 A는 자신의 소득 전부를 Y재를 구매하는 데에 사용한다. 그런데 X재 가격이 1로 하락하더라도 예산선의 기울기는 −1이므로 여전히 Y재만을 소비하는 것이 효용을 극대화한다. 따라서 가격이 변하더라도 X재와 Y재의 소비량은 변화가 없다.

02

정답 ③

X재가 한계효용이 0보다 작은 비재화이고 Y재가 정상재인 경우 X재의 소비가 증가할 때 효용이 동일한 수준으로 유지되기 위해서는 Y재의 소비가 증가하여야 한다. 따라서 무차별곡선은 우상향의 형태로 도출된다.

효용함수(Utility Function)
재화소비량과 효용 간의 관계를 함수 형태로 나타낸 것을 의미한다.

무차별곡선(Indifference Curve)
① 개념 : 동일한 수준의 효용을 가져다주는 모든 상품의 묶음을 연결한 궤적을 말한다.

② 무차별곡선의 성질
- A재와 B재 모두 재화라면 무차별곡선은 우하향하는 모양을 갖는다(대체가능성).
- 원점에서 멀어질수록 높은 효용수준을 나타낸다(강단조성).
- 두 무차별곡선은 서로 교차하지 않는다(이행성).
- 모든 점은 그 점을 지나는 하나의 무차별곡선을 갖는다(완비성).
- 원점에 대하여 볼록하다(볼록성).

③ 예외적인 무차별곡선

구분	두 재화가 완전 대체재인 경우	두 재화가 완전 보완재인 경우	두 재화가 모두 비재화인 경우
그래프			
효용함수	$U(X, Y)=aX+bY$	$U(X, Y)=\min\left(\dfrac{X}{a}, \dfrac{Y}{b}\right)$	$U(X, Y)=\dfrac{1}{X^2+Y^2}$
특징	한계대체율(MRS)이 일정하다.	두 재화의 소비비율이 $\dfrac{b}{a}$ 로 일정하다.	X재와 Y재 모두 한계효용이 0보다 작다. ($MU_X<0$, $MU_Y<0$)
사례	(X, Y) =(10원짜리 동전, 50원짜리 동전)	(X, Y) =(왼쪽 양말, 오른쪽 양말)	(X, Y) =(매연, 소음)

소비자균형

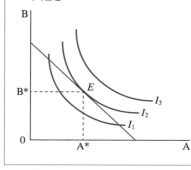

무차별곡선 기울기의 절댓값인 MRS_{AB}, 즉 소비자의 A재와 B재의 주관적인 교환비율과 시장에서 결정된 A재와 B재의 객관적인 교환비율인 상대가격 $\dfrac{P_A}{P_B}$ 가 일치하는 점에서 소비자균형이 달성된다(E).

다음 사례를 역선택(Adverse Selection)과 도덕적 해이(Moral Hazard)의 개념에 따라 바르게 구분한 것은?

가. 자동차 보험 가입 후 더 난폭하게 운전한다.

나. 건강이 좋지 않은 사람이 민간 의료보험에 더 많이 가입한다.

다. 실업급여를 받게 되자 구직 활동을 성실히 하지 않는다.

라. 사망 확률이 낮은 건강한 사람이 주로 종신연금에 가입한다.

마. 의료보험제도가 실시된 이후 사람들의 의료수요가 현저하게 증가하였다.

	역선택	도덕적 해이
①	가, 나	다, 라, 마
②	나, 라	가, 다, 마
③	다, 마	가, 나, 라
④	나, 다, 라	가, 마

정답 ②

역선택이란 감추어진 특성이 있는 상황에서 정보 수준이 낮은 측이 사전적으로 바람직하지 않은 상대방을 만날 가능성이 높아지는 현상을 의미한다. 반면, 도덕적 해이는 감추어진 행동이 있는 상황에서 어떤 거래 이후에 정보를 가진 측이 바람직하지 않은 행동을 하는 현상을 의미한다.

역선택(Adverse Selection)

① 개념 : 시장에서 거래를 할 때 경제주체 간 정보 비대칭으로 인하여 부족한 정보를 가지고 있는 쪽이 불리한 선택을 하게 되어 경제적 비효율이 발생하는 상황을 의미한다.

② 사례
- 중고차를 판매하는 사람은 그 차량의 결점에 대해 알지만 구매자는 잘 모르기 때문에 성능이 나쁜 중고차만 거래된다. 즉, 정보의 비대칭성으로 인해 비효율적인 자원 배분 현상이 나타나며, 이로 인해 사회적인 후생 손실이 발생한다.
- 보험사에서 평균적인 사고 확률을 근거로 보험료를 산정하면 사고 발생 확률이 높은 사람이 보험에 가입할 가능성이 큰 것을 의미한다. 이로 인해 평균적인 위험을 기초로 보험금과 보험료를 산정하는 보험회사는 손실을 보게 된다.

③ 해결방안
- 선별(Screening) : 정보를 갖지 못한 사람이 상대방의 정보를 알기 위해 노력하는 것이다.
- 신호 보내기(Signaling) : 정보를 가진 측에서 정보가 없는 상대방에게 자신을 알림으로써 정보의 비대칭을 해결하는 것이다.
- 정부의 역할 : 모든 당사자가 의무적으로 수행하게 하는 강제집행과 정보흐름을 촉진할 수 있는 정보정책 수립 등이 있다.

도덕적 해이(Moral Hazard)

① 개념 : 어떤 계약 거래 이후에 대리인의 감추어진 행동으로 인해 정보격차가 존재하여 상대방의 향후 행동을 예측할 수 없거나 본인이 최선을 다한다 해도 자신에게 돌아오는 혜택이 별로 없는 경우에 발생한다.

② 사례
- 화재보험에 가입하고 나면 화재예방 노력에 따른 편익이 감소하므로 노력을 소홀히 하는 현상이 발생한다.
- 의료보험에 가입하면 병원 이용에 따른 한계비용이 낮아지므로 그 전보다 병원을 더 자주 찾는 현상이 발생한다.
- 금융기관에서 자금을 차입한 이후에 보다 위험이 높은 투자 상품에 투자하는 현상이 발생한다.

③ 해결방안
- 보험회사가 보험자 손실의 일부만을 보상해주는 공동보험제도를 채택한다.
- 금융기관이 기업의 행동을 주기적으로 감시한다(사회이사제도, 감사제도).
- 금융기관은 대출 시 담보를 설정하여 위험이 높은 투자를 자제하도록 한다.

역선택과 도덕적 해이 비교

구분	역선택	도덕적 해이
정보의 비대칭 발생시점	계약 이전	계약 이후
정보의 비대칭 유형	숨겨진 특성	숨겨진 행동
해결 방안	선별, 신호발송, 신용할당, 효율성임금, 평판, 표준화, 정보정책, 강제집행 등	유인설계(공동보험, 기초동제제도, 성과급지급 등), 효율성임금, 평판, 담보설정 등

다음 중 밑줄 친 부분이 나타내는 용어가 바르게 연결된 것은?

> 국방은 한 국가가 현존하는 적국이나 가상의 적국 또는 내부의 침략에 대응하기 위하여 강구하는 다양한 방위활동을 말하는데 이러한 국방은 ㉠ 많은 사람들이 누리더라도 다른 사람이 이용할 수 있는 몫이 줄어들지 않는다. 또한 국방비에 대해 ㉡ 가격을 지급하지 않는 사람들이 이용하지 못하게 막기가 어렵다. 따라서 국방은 정부가 담당하게 된다.

	㉠	㉡
①	공공재	외부효과
②	배제성	경합성
③	무임승차	비배제성
④	비경합성	비배제성

정답　④

배제성이란 어떤 특정한 사람이 재화나 용역을 사용하는 것을 막을 수 있는 가능성을 말한다. 반대로 그렇지 못한 경우는 비배제성이 있다고 한다. 경합성이란 재화나 용역을 한 사람이 사용하게 되면 다른 사람의 몫은 그만큼 줄어든다는 것으로 희소성의 가치에 의해 발생하는 경제적인 성격의 문제이다. 일반적으로 접하는 모든 재화나 용역에는 경합성이 있으며, 한 사람이 재화나 용역을 소비해도 다른 사람의 소비를 방해하지 않는다면 비경합성에 해당한다. 따라서 비경합성과 비배제성 모두 동시에 가지고 있는 재화나 용역은 제시문과 같은 국방, 치안 등 공공재가 있다.

재화의 종류

구분		배제성	비배제성
경합성		사유재 예 음식, 옷, 자동차	공유자원 예 산에서 나는 나물, 바닷속의 물고기
비경합성		클럽재(자연 독점 재화) 예 케이블 TV방송, 전력, 수도	공공재 예 국방, 치안

공공재
① 개념 : 모든 사람들이 공동으로 이용할 수 있는 재화 또는 서비스로 비경쟁성과 비배제성이라는 특징을 갖는다.
② 성격
 • 비경합성 : 소비하는 사람의 수에 관계없이 모든 사람이 동일한 양을 소비한다. 비경합성에 기인하여 1인 추가 소비에
  따른 한계비용은 0이다. 공공재의 경우 양의 가격을 매기는 것은 바람직하지 않음을 의미한다.
 • 비배제성(배제불가능성) : 재화 생산에 대한 기여 여부에 관계없이 소비가 가능한 특성을 의미한다.
③ 종류
 • 순수 공공재 : 국방, 치안 서비스 등
 • 비순수 공공재 : 불완전한 비경합성을 가진 클럽재(혼합재), 지방 공공재

무임승차자 문제
① 공공재는 배제성이 없으므로 효율적인 자원 분배가 이루어지지 않는 현상이 발생할 수 있다. 이로 인해 시장실패가 발생하
 게 되는데 구체적으로 두 가지 문제를 발생시킨다.
 • 무임승차자의 소비로 인한 공공재나 공공 서비스의 공급부족 현상
 • 공유자원의 남용으로 인한 사회문제 발생으로 공공 시설물 파괴 또는 환경오염
② 기부금을 통해 공공재를 구입하거나, 공공재를 이용하는 사람에게 일정의 요금을 부담시키는 방법, 국가가 강제로 조세를
 거두어 무상으로 공급하는 방법 등으로 해결 가능하다.

공유자원
① 개념 : 소유권이 어느 개인에게 있지 않고, 사회 전체에 속하는 자원이다.
② 종류
 • 자연자본 : 공기, 하천, 국가 소유의 땅
 • 사회간접자본 : 공공의 목적으로 축조된 항만, 도로

공유지의 비극(Tragedy of Commons)
경합성은 있지만 비배제성은 없는 공유자원의 경우, 공동체 구성원이 자신의 이익에만 따라 행동하여 결국 공동체 전체가
파국을 맞이하게 된다는 이론이다.

01 다음 중 국내총생산(GDP)에 대한 설명으로 옳은 것을 모두 고르면?

> 가. 여가가 주는 만족은 삶의 질에 매우 중요한 영향을 미치므로 GDP에 반영된다.
> 나. 환경오염으로 파괴된 자연을 치유하기 위해 소요된 지출은 GDP에 포함된다.
> 다. 우리나라의 지하경제 규모는 엄청나기 때문에 한국은행은 이를 포함하여 GDP를 측정한다.
> 라. 가정주부의 가사노동은 GDP에 불포함되지만 가사도우미의 가사노동은 GDP에 포함된다.

① 가, 다   ② 가, 라
③ 나, 다   ④ 나, 라

02 다음 중 국민총소득(GNI), 국내총생산(GDP), 국민총생산(GNP)에 대한 설명으로 옳지 않은 것은?

① GNI는 한 나라 국민이 국내외 생산활동에 참여한 대가로 받은 소득의 합계이다.
② 명목GNI는 명목GNP와 명목 국외순수취요소소득의 합이다.
③ 실질GDP는 생산활동의 수준을 측정하는 생산지표인 반면, 실질GNI는 생산활동을 통하여 획득한 소득의 실질 구매력을 나타내는 소득지표이다.
④ 원화표시 GNI에 아무런 변동이 없더라도 환율변동에 따라 달러화표시 GNI는 변동될 수 있다.

01

정답 ④

오답분석
가. 여가, 자원봉사 등의 활동은 생산활동이 아니므로 GDP에 포함되지 않는다.
다. GDP는 마약밀수 등의 지하경제를 반영하지 못하는 한계점이 있다.

02

정답 ②

과거에는 국민총생산(GNP)이 소득지표로 사용되었으나 수출품과 수입품의 가격변화에 따른 실질소득의 변화를 제대로 반영하지 못했기 때문에 현재는 국민총소득(GNI)을 소득지표로 사용한다.
반면, 명목GNP는 명목GDP에 국외순수취요소소득을 더하여 계산하는데, 명목GDP는 당해년도 생산량에 당해년도의 가격을 곱하여 계산하므로 수출품과 수입품의 가격변화에 따른 실질소득 변화가 모두 반영된다. 즉, 명목으로 GDP를 집계하면 교역조건변화에 따른 실질무역손익이 0이 된다. 따라서 명목GNP는 명목GNI와 동일하다.

GDP(국내총생산)

① 정의 : GDP(국내총생산)란 일정기간 한 나라의 국경 안에서 생산된 모든 최종 재화와 서비스의 시장가치를 시장가격으로 평가하여 합산한 것이다.

② GDP의 계산 : 가계소비(C)＋기업투자(I)＋정부지출(G)＋순수출(NX)

※ 순수출(NX) : 수출－수입

③ 명목GDP와 실질GDP

명목GDP	• 당해의 생산량에 당해년도 가격을 곱하여 계산한 GDP이다. • 명목GDP는 물가가 상승하면 상승한다. • 당해년도의 경제활동 규모와 산업구조를 파악하는 데 유용하다.
실질GDP	• 당해의 생산량에 기준년도 가격을 곱하여 계산한 GDP이다. • 실질GDP는 물가의 영향을 받지 않는다. • 경제성장과 경기변동 등을 파악하는 데 유용하다.

④ GDP디플레이터 : $\dfrac{\text{명목GDP}}{\text{실질GDP}} \times 100$

⑤ 실제GDP와 잠재GDP

실제GDP	• 한 나라의 국경 안에서 실제로 생산된 모든 최종 생산물의 시장가치를 의미한다.
잠재GDP	• 한 나라에 존재하는 노동과 자본 등 모든 생산요소를 정상적으로 사용할 경우 달성할 수 있는 최대 GDP를 의미한다. • 잠재GDP＝자연산출량＝완전고용산출량

GNP(국민총생산)

① 개념 : GNP(국민총생산)란 일정기간 동안 한 나라의 국민이 소유하는 노동과 자본으로 생산된 모든 최종 생산물의 시장가치를 의미한다.

② GNP의 계산 : GDP＋대외순수취요소소득＝GDP＋(대외수취요소소득－대외지급요소소득)

※ 대외수취요소소득 : 우리나라 기업이나 근로자가 외국에서 일한 대가

※ 대외지급요소소득 : 외국의 기업이나 근로자가 우리나라에서 일한 대가

GNI(국민총소득)

① 개념 : 한 나라의 국민이 국내외 생산활동에 참가하거나 생산에 필요한 자산을 제공한 대가로 받은 소득의 합계이다.

② GNI의 계산 : GDP＋교역조건변화에 따른 실질무역손익＋대외순수취요소소득

　　　　　　 ＝GDP＋교역조건변화에 따른 실질무역손익＋(대외수취요소소득－대외지급요소소득)

비교우위

다음은 A국과 B국의 2015년과 2023년에 자동차와 TV 생산에 대한 생산가능곡선을 나타내는 자료이다.
이에 대한 설명으로 옳은 것은?

① 2015년의 자동차 수출국은 A국이다.
② B국의 자동차 1대 생산 기회비용은 감소하였다.
③ 두 시점의 생산가능곡선 변화 원인은 생산성 향상 때문이다.
④ 2023년에 자동차 1대가 TV 2대와 교환된다면 무역의 이익은 B국만 갖게 된다.

정답 ③

오답분석
① 2015년에 A국이 자동차 1대를 생산하기 위한 기회비용은 TV 2대이며, B국이 자동차 1대를 생산하기 위한 기회비용은 TV
$\frac{1}{2}$ 대이므로 상대적으로 자동차 생산에 대한 기회비용이 적은 B국에서 자동차를 수출해야 한다.

② 2015년 B국의 자동차 1대 생산에 대한 기회비용은 TV $\frac{1}{2}$ 대인 반면, 2023년 B국의 자동차 1대 생산에 대한 기회비용은 TV
2대이므로 기회비용은 증가하였다.

④ 2023년에 A국은 비교우위가 있는 자동차 생산에 특화하고, B국은 비교우위가 있는 TV 생산에 특화하여 교환한다. 이 경우
교환 비율이 자동차 1대당 TV 2대이면, B국은 아무런 무역이익을 가지지 못하고, A국만 무역의 이익을 갖는다.

이론 더하기

애덤 스미스의 절대우위론
절대우위론이란 각국이 절대적으로 생산비가 낮은 재화생산에 특화하여 그 일부를 교환함으로써 상호이익을 얻을 수 있다는
이론이다.

리카도의 비교우위론
① 개념
- 비교우위란 교역 상대국보다 낮은 기회비용으로 생산할 수 있는 능력으로 정의된다.
- 비교우위론이란 한 나라가 두 재화생산에 있어서 모두 절대우위에 있더라도 양국이 상대적으로 생산비가 낮은 재화생산
  에 특화하여 무역을 할 경우 양국 모두 무역으로부터 이익을 얻을 수 있다는 이론이다.
- 비교우위론은 절대우위론의 내용을 포함하고 있는 이론이다.
② 비교우위론의 사례

구분	A국	B국
X재	4명	5명
Y재	2명	5명

- A국이 X재와 Y재 생산에서 모두 절대우위를 갖는다.
- A국은 Y재에, B국은 X재에 비교우위가 있다.

구분	A국	B국
X재 1단위 생산의 기회비용	Y재 2단위	Y재 1단위
Y재 1단위 생산의 기회비용	X재 $\frac{1}{2}$ 단위	X재 1단위

헥셔 – 오린 정리모형(Heckscher–Ohlin Model, H–O Model)
① 개념
- 각국의 생산함수가 동일하더라도 각 국가에서 상품 생산에 투입된 자본과 노동의 비율에 차이가 있으면 생산비의 차이가
  발생하게 되고, 각국은 생산비가 적은 재화에 비교우위를 갖게 된다는 정리이다.
- 노동풍부국은 노동집약재, 자본풍부국은 자본집약재 생산에 비교우위가 있다.
② 내용
- A국은 B국에 비해 노동풍부국이고, X재는 Y재에 비해 노동집약재라고 가정할 때 A국과 B국의 생산가능곡선은 아래와
  같이 도출된다.

- 헥셔 – 오린 정리에 따르면 A국은 노동이 B국에 비해 상대적으로 풍부하기 때문에 노동집약재인 X재에 비교우위를 가지
  며, X재를 생산하여 B국에 수출하고 Y재를 수입한다.
- 마찬가지로 B국은 자본이 A국에 비해 상대적으로 풍부하기 때문에 자본집약재인 Y재에 비교우위를 가지고 Y재를 생산
  하여 A국에 수출하고 X재를 수입한다.

01 다음 중 소득격차를 나타내는 지표가 아닌 것은?

① 10분위 분배율
③ 지니계수

② 로렌츠 곡선
④ 엥겔지수

02 어느 나라 국민의 50%는 소득이 전혀 없고, 나머지 50%는 모두 소득 100을 균등하게 가지고 있다면 지니계수의 값은 얼마인가?

① 0

② 1

③ $\frac{1}{2}$

④ $\frac{1}{4}$

01

정답 ④

엥겔지수는 전체 소비지출 중에서 식료품비가 차지하는 비중을 표시하는 지표로서 특정 계층의 생활 수준만을 알 수 있다.

02

정답 ③

국민의 50%가 소득이 전혀 없고, 나머지 50%에 해당하는 사람들의 소득은 완전히 균등하게 100씩 가지고 있으므로 로렌츠 곡선은 아래 그림과 같다. 따라서 지니계수는 다음과 같이 계산한다.

• 지니계수 $= \dfrac{A}{A+B} = \dfrac{1}{2}$

로렌츠 곡선(Lorenz Curve)

① 개념 및 측정방법

- 인구의 누적점유율과 소득의 누적점유율 간의 관계를 나타내는 곡선이다.
- 로렌츠 곡선은 소득분배가 균등할수록 대각선에 가까워진다. 즉, 로렌츠 곡선이 대각선에 가까울수록 평등한 분배 상태이며, 직각에 가까울수록 불평등한 분배 상태이다.
- 로렌츠 곡선과 대각선 사이 면적의 크기가 불평등도를 나타내는 지표가 된다.

- 로렌츠 곡선상의 점 A는 소득액 하위 25% 인구가 전체 소득의 12%를, 점 B는 소득액 하위 50% 인구가 전체 소득의 30%를, 점 C는 소득액 하위 75% 인구가 전체 소득의 60%를 점유하고 있음을 의미한다.

② 평가

- 로렌츠 곡선이 서로 교차하는 경우에는 소득분배상태를 비교할 수 없다.
- 소득별 분배상태를 한눈에 볼 수 있으나, 비교하고자 하는 수만큼 그려야 하는 단점이 있다.

지니계수

① 개념 및 측정방법

- 지니계수란 로렌츠 곡선이 나타내는 소득분배상태를 하나의 숫자로 나타낸 것을 말한다.
- 지니계수는 완전균등분포선과 로렌츠 곡선 사이에 해당하는 면적(α)을 완전균등분포선 아래의 삼각형 면적($\alpha + \beta$)으로 나눈 값이다.
- 지니계수는 $0 \sim 1$ 사이의 값을 나타내며, 그 값이 작을수록 소득분배가 균등함을 의미한다.
- 즉, 소득분배가 완전히 균등하면 $\alpha = 0$이므로 지니계수는 0이 되고, 소득분배가 완전히 불균등하면 $\beta = 0$이므로 지니계수는 1이 된다.

② 평가

- 지니계수는 전 계층의 소득분배를 하나의 숫자로 나타내므로 특정 소득계층의 소득분배상태를 나타내지 못한다는 한계가 있다.
- 특정 두 국가의 지니계수가 동일하더라도 소득구간별 소득격차의 차이가 모두 동일한 것은 아니며, 전반적인 소득분배의 상황만을 짐작하게 하는 한계가 있다.

다음 중 상품시장을 가정할 때, 완전경쟁시장의 균형점이 파레토 효율적인 이유로 적절하지 않은 것은?

① 완전경쟁시장 균형점에서 가장 사회적 잉여가 크기 때문이다.
② 완전경쟁시장 균형점에서 사회적 형평성이 극대화되기 때문이다.
③ 완전경쟁시장 균형점에서 소비자는 효용 극대화, 생산자는 이윤 극대화를 달성하기 때문이다.
④ 완전경쟁시장 균형점에서 재화 한 단위 생산에 따른 사회적 한계편익과 사회적 한계비용이 같기 때문이다.

정답 ②

파레토 효율성이란 하나의 자원배분 상태에서 다른 사람에게 손해가 가지 않고서는 어떤 한 사람에게 이득이 되는 변화를 만들어내는 것이 불가능한 배분 상태를 의미한다. 즉, 파레토 효율성은 현재보다 더 효율적인 배분이 불가능한 상태를 의미한다. 완전경쟁시장의 균형점에서는 사회적 효율이 극대화되지만, 파레토 효율적이라고 하여 사회 구성원 간에 경제적 후생을 균등하게 분배하는 것은 아니기 때문에 사회적 형평성이 극대화되지는 않는다.

파레토 효율성

파레토 효율(＝파레토 최적)이란 하나의 자원배분상태에서 다른 어떤 사람에게 손해가 가지 않고서는 어떤 한 사람에게 이득이 되는 변화를 만들어 내는 것이 불가능한 상태, 즉 더 이상의 파레토 개선이 불가능한 자원배분 상태를 말한다.

소비에서의 파레토 효율성

① 생산물시장이 완전경쟁시장이면 개별소비자들은 가격수용자이므로 두 소비자가 직면하는 예산선의 기울기($-\dfrac{P_X}{P_Y}$)는 동일하다.

② 예산선의 기울기가 동일하므로 두 개인의 무차별곡선 기울기도 동일하다.

$$\text{MRS}^A_{XY} = \text{MRS}^B_{XY}$$

③ 그러므로 생산물시장이 완전경쟁이면 소비에서의 파레토 효율성 조건이 충족된다.

④ 계약곡선상의 모든 점에서 파레토 효율이 성립하고, 효용곡선상의 모든 점에서 파레토 효율이 성립한다.

생산에서의 파레토 효율성

① 생산요소시장이 완전경쟁이면 개별생산자는 가격수용자이므로 두 재화가 직면하는 등비용선의 기울기($-\dfrac{w}{r}$)가 동일하다.

② 등비용선의 기울기가 동일하므로 두 재화의 등량곡선의 기울기도 동일하다.

$$\text{MRS}^X_{LK} = \text{MRS}^Y_{LK}$$

③ 그러므로 생산요소시장이 완전경쟁이면 생산에서의 파레토 효율성 조건이 충족된다.

④ 생산가능곡선이란 계약곡선을 재화공간으로 옮겨 놓은 것으로 생산가능곡선상의 모든 점에서 파레토 효율이 이루어진다.

⑤ 한계변환율은 X재의 생산량을 1단위 증가시키기 위하여 감소시켜야 하는 Y재의 수량으로 생산가능곡선 접선의 기울기이다.

종합적인 파레토 효율성

시장구조가 완전경쟁이면 소비자의 효용극대화와 생산자의 이윤극대화 원리에 의해 종합적인 파레토 효율성 조건이 성립한다.

$$\text{MRS}_{XY} = \frac{M_X}{M_Y} = \frac{P_X}{P_Y} = \frac{MC_X}{MC_Y} = \text{MRT}_{XY}$$

파레토 효율성의 한계

① 파레토 효율성 조건을 충족하는 점은 무수히 존재하기 때문에 그중 어떤 점이 사회적으로 가장 바람직한지 판단하기 어렵다.

② 파레토 효율성은 소득분배의 공평성에 대한 기준을 제시하지 못한다.

01 다음 대화에서 밑줄 친 부분에 해당하는 사례로 가장 적절한 것은?

> 선생님 : 실업에는 어떤 종류가 있는지 한번 말해볼까?
> 학생 : 네, 선생님. 실업은 발생하는 원인에 따라 <u>경기적 실업</u>과 계절적 실업 그리고 구조적 실업
> 과 마찰적 실업으로 분류할 수 있습니다.

① 총수요의 부족으로 실업이 발생하였다.
② 더 나은 직업을 탐색하기 위해 기존에 다니던 직장을 그만두었다.
③ 남해바다 해수욕장의 수영 강사들이 겨울에 일자리가 없어서 쉬고 있다.
④ 산업구조가 제조업에서 바이오기술산업으로 재편되면서 대량실업이 발생하였다.

02 다음 중 빈칸 ㉠~㉣에 들어갈 용어가 바르게 짝지어진 것은?

> ___㉠___ : 구직활동 과정에서 일시적으로 실업상태에 놓이는 것을 의미한다.
> ___㉡___ : 한 나라의 산출량과 실업 사이에서 관찰되는 안정적인 음(−)의 상관관계가 존재한다는
> 것을 의미한다.
> ___㉢___ : 실업이 높은 수준으로 올라가고 나면 경기확장정책을 실시하더라도 다시 실업률이 감소
> 하지 않는 경향을 의미한다.
> ___㉣___ : 경기침체로 인한 총수요의 부족으로 발생하는 실업이다.

	㉠	㉡	㉢	㉣
①	마찰적 실업	오쿤의 법칙	이력현상	경기적 실업
②	마찰적 실업	경기적 실업	오쿤의 법칙	구조적 실업
③	구조적 실업	이력현상	경기적 실업	마찰적 실업
④	구조적 실업	이력현상	오쿤의 법칙	경기적 실업

01

정답 ①

경기적 실업이란 경기침체로 인한 총수요의 부족으로 발생하는 실업이다. 따라서 경기적 실업을 감소시키기 위해서는 총수요를 확장시켜 경기를 활성화시키는 경제안정화정책이 필요하다.

오답분석
② 마찰적 실업
③ 계절적 실업
④ 구조적 실업

02

정답 ①

㉠ 마찰적 실업이란 직장을 옮기는 과정에서 일시적으로 실업상태에 놓이는 것을 의미하며, 자발적 실업으로서 완전고용상태에서도 발생한다.

㉡ 오쿤의 법칙이란 한 나라의 산출량과 실업 간에 경험적으로 관찰되는 안정적인 음(−)의 상관관계가 존재한다는 것을 의미한다.

㉢ 이력현상이란 경기침체로 인해 한번 높아진 실업률이 일정기간이 지난 이후에 경기가 회복되더라도 낮아지지 않고 계속 일정한 수준을 유지하는 현상을 의미한다.

㉣ 경기적 실업이란 경기침체로 유효수요가 부족하여 발생하는 실업을 의미한다.

이론 더하기

실업
① 실업이란 일할 의사와 능력을 가진 사람이 일자리를 갖지 못한 상태를 의미한다.
② 실업은 자발적 실업과 비자발적 실업으로 구분된다.
③ 자발적 실업에는 마찰적 실업이 포함되고, 비자발적 실업에는 구조적·경기적 실업이 포함된다.

마찰적 실업(Frictional Unemployment)
① 노동시장의 정보불완전성으로 노동자들이 구직하는 과정에서 발생하는 자발적 실업을 말한다.
② 마찰적 실업의 기간은 대체로 단기이므로 실업에 따르는 고통은 크지 않다.
③ 마찰적 실업을 감소시키기 위해서는 구인 및 구직 정보를 적은 비용으로 찾을 수 있는 제도적 장치를 마련하여 경제적·시간적 비용을 줄여주어야 한다.

구조적 실업(Structural Unemployment)
① 경제가 발전하면서 산업구조가 변화하고 이에 따라 노동수요 구조가 변함에 따라 발생하는 실업을 말한다.
② 기술발전과 지식정보화 사회 등에 의한 산업구조 재편이 수반되면서 넓은 지역에서 동시에 발생하는 실업이다.
③ 구조적 실업을 감소시키기 위해서는 직업훈련, 재취업교육 등 인력정책이 필요하다.

경기적 실업(Cyclical Unemployment)
① 경기침체로 인한 총수요의 부족으로 발생하는 실업이다.
② 경기적 실업을 감소시키기 위해서는 총수요를 확장시켜 경기를 활성화시키는 경제안정화정책이 필요하다.
③ 한편, 실업보험제도나 고용보험제도도 경기적 실업을 해소하기 위한 좋은 대책이다.

실업관련지표
① 경제활동참가율
- 생산가능인구 중에서 경제활동인구가 차지하는 비율을 나타낸다.
- 경제활동참가율$(\%)=\dfrac{\text{경제활동인구}}{\text{생산가능인구}}\times100=\dfrac{\text{경제활동인구}}{\text{경제활동인구}+\text{비경제활동인구}}\times100$

② 실업률
- 경제활동인구 중에서 실업자가 차지하는 비율을 나타낸다.
- 실업률$(\%)=\dfrac{\text{실업자 수}}{\text{경제활동인구}}\times100=\dfrac{\text{실업자 수}}{\text{취업자 수}+\text{실업자 수}}\times100$
- 정규직의 구분 없이 모두 취업자로 간주하므로 고용의 질을 반영하지 못한다.

③ 고용률
- 생산가능인구 중에서 취업자가 차지하는 비율로 한 경제의 실질적인 고용창출능력을 나타낸다.
- 고용률$(\%)=\dfrac{\text{취업자 수}}{\text{생산가능인구}}\times100=\dfrac{\text{취업자 수}}{\text{경제활동인구}+\text{비경제활동인구}}\times100$

01 다음 중 인플레이션을 억제하기 위해 중앙은행이 주로 쓰는 정책은?

① 콜금리 목표 조정   ② 지급준비율 조정

③ 공개시장 조작   ④ 공공투자 정책

02 다음 글을 읽고 이 같은 현상에 대한 설명으로 옳지 않은 것을 고르면?

> 베네수엘라의 중앙은행은 지난해 물가가 무려 9,586% 치솟았다고 발표했다. 그야말로 살인적인 물가 폭등이다. 베네수엘라는 한때 1위 산유국으로 부유했던 국가 중 하나였다. 이를 바탕으로 베네수엘라의 대통령이었던 니콜라스 마두로 대통령은 국민들에게 무상 혜택을 강화하겠다는 정책을 발표하고, 부족한 부분은 국가의 돈을 찍어 국민 생활의 많은 부분을 무상으로 전환했다. 그러나 2010년 원유의 가격이 바닥을 치면서 무상복지로 제공하던 것들을 유상으로 전환했고, 이에 따라 급격히 물가가 폭등하여 현재 돈의 가치가 없어지는 상황까지 왔다. 베네수엘라에서 1,000원 짜리 커피를 한 잔 마시려면 150만 원을 지불해야 하며, 한 달 월급으로 계란 한 판을 사기 어려운 수준에 도달했다. 이를 견디지 못한 베네수엘라 국민들은 자신의 나라를 탈출하고 있으며, 정부는 화폐개혁을 예고했다.

① 상품의 퇴장 현상이 나타나며 경제는 물물교환에 의해 유지된다.

② 화폐 액면 단위를 변경시키는 디노미네이션으로 쉽게 해소된다.

③ 정부가 재정 확대 정책을 장기간 지속했을 때도 이런 현상이 나타난다.

④ 전쟁이나 혁명 등 사회가 크게 혼란한 상황에서 나타난다.

01

정답 ③

공개시장 조작은 중앙은행이 공개된 시장에서 통안채(통화안정증권)나 RP(환매조건부 채권, 한국은행이 나중에 다시 사들일 것을 약속하고 시중은행에 판매하는 채권)를 팔아서 통화량이나 금리를 조절하는 것을 말한다.

02

정답 ②

제시문은 하이퍼인플레이션에 대한 설명으로, 하이퍼인플레이션은 대부분 전쟁이나 혁명 등 사회가 크게 혼란한 상황 또는 정부가 재정을 지나치게 방만하게 운용해 통화량을 대규모로 공급할 때 발생한다. 한편, 디노미네이션은 화폐의 가치를 유지하면서 액면 단위만 줄이는 화폐개혁 방법으로 화폐를 바꾸는 데 많은 비용이 소요되고, 시스템이나 사람들이 적응하는 데 많은 시간이 필요하기 때문에 효과는 서서히 발생한다.

이론 더하기

물가지수

① 개념 : 물가의 움직임을 구체적으로 측정한 지표로서 일정 시점을 기준으로 그 이후의 물가변동을 백분율(%)로 표시한다.

② 물가지수의 계산 : $\dfrac{\text{비교 시의 물가수준}}{\text{기준 시의 물가수준}} \times 100$

③ 물가지수의 종류
- 소비자물가지수(CPI) : 가계의 소비생활에 필요한 재화와 서비스의 소매가격을 기준으로 환산한 물가지수로서 라스파이레스 방식으로 통계청에서 작성한다.
- 생산자물가지수(PPI) : 국내시장의 제1차 거래단계에서 기업 상호 간에 거래되는 모든 재화와 서비스의 평균적인 가격변동을 측정한 물가지수로서 라스파이레스 방식으로 한국은행에서 작성한다.
- GDP디플레이터 : 명목GNP를 실질가치로 환산할 때 사용하는 물가지수로서 GNP를 추계하는 과정에서 산출된다. 가장 포괄적인 물가지수로서 사후적으로 계산되며 파세방식으로 한국은행에서 작성한다.

인플레이션

① 개념 : 물가수준이 지속적으로 상승하여 화폐가치가 하락하는 현상을 말한다.

② 인플레이션의 발생원인

학파	수요견인 인플레이션	비용인상 인플레이션
고전학파	통화공급(M)의 증가	통화주의는 물가수준에 대한 적응적 기대를 하는 과정에서 생긴 현상으로 파악
통화주의 학파		
케인스 학파	정부지출 증가, 투자 증가 등 유효수요 증가와 통화량 증가	임금인상 등의 부정적 공급충격

③ 인플레이션의 경제적 효과
- 예상치 못한 인플레이션은 채권자에서 채무자에게로 소득을 재분배하며, 고정소득자와 금융자산을 많이 보유한 사람에게 불리하게 작용한다.
- 인플레이션은 물가수준의 상승을 의미하므로 수출재의 가격이 상승하여 경상수지를 악화시킨다.
- 인플레이션은 실물자산에 대한 선호를 증가시켜 저축이 감소하고 자본축적을 저해해 경제의 장기적인 성장가능성을 저하시킨다.

④ 인플레이션의 종류
- 하이퍼인플레이션 : 인플레이션의 범위를 초과하여 경제학적 통제를 벗어난 인플레이션이다.
- 스태그플레이션 : 경기침체기에서의 인플레이션으로, 저성장 고물가의 상태이다.
- 애그플레이션 : 농산물 상품의 가격 급등으로 일반 물가도 덩달아 상승하는 현상이다.
- 보틀넥인플레이션 : 생산요소의 일부가 부족하여, 생산의 증가속도가 수요의 증가속도를 따르지 못해 발생하는 물가상승 현상이다.
- 디맨드풀인플레이션 : 초과수요로 인하여 일어나는 인플레이션이다.
- 디스인플레이션 : 인플레이션을 극복하기 위해 통화증발을 억제하고 재정·금융긴축을 주축으로 하는 경제조정정책이다.

01 다음 중 게임이론에 대한 설명으로 옳지 않은 것은?

① 순수전략들로만 구성된 내쉬균형이 존재하지 않는 게임도 있다.

② 우월전략이란 상대 경기자들이 어떤 전략들을 사용하든지 상관없이 자신의 전략들 중에서 항상 가장 낮은 보수를 가져다주는 전략을 말한다.

③ 죄수의 딜레마 게임에서 두 용의자 모두가 자백하는 것은 우월전략균형이면서 동시에 내쉬균형이다.

④ 참여자 모두에게 상대방이 어떤 전략을 선택하는가에 관계없이 자신에게 더 유리한 결과를 주는 전략이 존재할 때 그 전략을 참여자 모두가 선택하면 내쉬균형이 달성된다.

02 양씨네 가족은 주말에 여가 생활을 하기로 했다. 양씨 부부는 영화 관람을 원하고, 양씨 자녀들은 놀이동산에 가고 싶어 한다. 하지만 부부와 자녀들은 모두 따로 여가 생활을 하는 것보다는 함께 여가 생활을 하는 것을 더 선호한다. 다음 중 이 사례의 내쉬균형은?(내쉬전략이란 상대방의 전략이 정해져 있을 때 자신의 이익을 극대화시키는 전략을 말하며, 내쉬균형이란 어느 누구도 이러한 전략을 변경할 유인이 없는 상태를 말한다)

> ㄱ. 가족 모두 영화를 관람한다.
> ㄴ. 가족 모두 놀이동산에 놀러간다.
> ㄷ. 부부는 영화를 관람하고, 자녀들은 놀이동산에 놀러간다.
> ㄹ. 부부는 놀이동산에 놀러가고, 자녀들은 영화를 관람한다.

① ㄱ

② ㄴ

③ ㄷ

④ ㄱ, ㄴ

01

정답 ②

우월전략은 상대방의 전략에 관계없이 항상 자신의 보수가 가장 크게 되는 전략을 말한다.

02

정답 ④

부모가 영화를 관람한다고 가정할 때 자녀들이 놀이동산에 놀러가기로 결정할 경우 따로 여가 생활을 해야 하므로 자녀들의 이익은 극대화되지 않는다. 마찬가지로 자녀들이 놀이동산에 놀러가기로 결정할 때 부부가 영화를 관람하기로 결정한다면 부부의 이익도 역시 극대화되지 않는다. 따라서 가족 모두가 영화를 관람하거나 놀이동산에 놀러갈 때 내쉬균형이 달성된다.

이론 더하기

게임이론

한 사람이 어떤 행동을 취하기 위해서 상대방이 그 행동에 어떻게 대응할지 미리 생각해야 하는 전략적인 상황(Strategic Situation)하에서 자기의 이익을 효과적으로 달성하는 의사결정과정을 분석하는 이론을 말한다.

우월전략균형

① 개념
- 우월전략이란 상대방의 전략에 상관없이 자신의 전략 중 자신의 보수를 극대화하는 전략이다.
- 우월전략균형은 경기자들의 우월전략의 배합을 말한다.
  예 A의 우월전략(자백), B의 우월전략(자백) → 우월전략균형(자백, 자백)

② 평가
- 각 경기자의 우월전략은 비협조전략이다.
- 각 경기자의 우월전략배합이 열위전략의 배합보다 파레토 열위상태이다.
- 자신만이 비협조전략(이기적인 전략)을 선택하는 경우, 보수가 증가한다.
- 효율적 자원배분은 협조전략하에 나타난다.
- 각 경기자가 자신의 이익을 극대화하는 행동이 사회적으로 바람직한 자원배분을 실현하는 것은 아니다(개인적 합리성이 집단적 합리성을 보장하지 못한다).

내쉬균형(Nash Equilibrium)

① 개념 및 특징
- 내쉬균형이란 상대방의 전략을 주어진 것으로 보고 자신의 이익을 극대화하는 전략을 선택할 때 이 최적전략의 짝을 내쉬균형이라 한다. 내쉬균형은 존재하지 않을 수도, 복수로 존재할 수도 있다.
- '유한한 경기자'와 '유한한 전략'의 틀을 가진 게임에서 혼합전략을 허용할 때 최소한 하나 이상의 내쉬균형이 존재한다.
- 우월전략균형은 반드시 내쉬균형이나, 내쉬균형은 우월전략균형이 아닐 수 있다.

② 사례
- 내쉬균형이 존재하지 않는 경우

A \ B	T	H
T	3, 2	1, 3
H	1, 1	3, −1

- 내쉬균형이 1개 존재하는 경우(자백, 자백)

A \ B	자백	부인
자백	−5, −5	−1, −10
부인	−10, −1	−2, −2

- 내쉬균형이 2개 존재하는 경우(야구, 야구) (영화, 영화)

A \ B	야구	영화
야구	3, 2	1, 1
영화	1, 1	2, 3

③ 한계점
- 경기자 모두 소극적 추종자로 행동하거나 적극적으로 행동할 때의 균형을 설명하지 못한다.
- 순차게임을 설명하지 못한다.
- 협력의 가능성이 없으며 협력의 가능성이 있는 게임을 설명하지 못한다.

02 | 경제 기출응용문제

정답 및 해설 p.047

01 다음 중 자산유동화증권의 신용등급에 대한 설명으로 옳지 않은 것은?

① 자산유동화증권 신용등급은 AAA에서 D까지 10등급으로 구성된다.

② AA에서 CCC까지의 등급에는 상대적 우열에 따라 ＋ 또는 － 기호가 부여된다.

③ 자산유동화증권의 신용등급은 재검토가 필요할 경우 최대 60일 이내에서 등급감시를 실시한다.

④ 자산유동화증권의 평가 종류에는 본평가, 정기평가, 수시평가가 있다.

02 같은 양의 외국산 마늘과 한국산 마늘에 대한 소비자의 만족도가 항상 동일할 경우 외국산 마늘의 가격이 한국산 마늘보다 5% 쌀 때, 마늘에 대한 소비자의 수요로 옳은 것은?

① 마늘의 원산지를 고려하지 않았다.

② 수요의 95%를 외국산에 의존한다.

③ 수요의 55%를 외국산에 의존한다.

④ 수요의 전량을 외국산에 의존한다.

Hard

03 화폐수량설과 피셔방정식(Fisher Equation)이 성립하고 화폐유통속도가 일정한 경제에서 실질경제성장률이 3%, 통화증가율이 6%, 명목이자율이 10%라면 실질이자율은?

① 3% ② 5%

③ 7% ④ 8%

04 다음 중 솔로우의 성장모형에 대한 설명으로 옳은 것은?

① 생산요소 간의 비대체성을 전제로 한다.

② 인구증가율이 높아질 경우 새로운 정상상태(Steady-state)의 1인당 산출량은 증가한다.

③ 저축률은 1인당 자본량을 증가시키므로 항상 저축률이 높을수록 좋다.

④ 기술진보는 균형성장경로의 변화 요인이다.

05 다음 중 통화정책과 재정정책에 대한 설명으로 옳지 않은 것은?

① 경제가 유동성 함정에 빠져 있을 경우에는 통화정책보다는 재정정책이 효과적이다.

② 전통적인 케인스 경제학자들은 통화정책이 재정정책보다 더 효과적이라고 주장했다.

③ 재정정책과 통화정책을 적절히 혼합하여 사용하는 것을 정책혼합(Policy Mix)이라고 한다.

④ 화폐공급의 증가가 장기에서 물가만을 상승시킬 뿐 실물변수에는 아무런 영향을 미치지 못하는 현상을 화폐의 장기중립성이라고 한다.

06 다음 주어진 〈보기〉의 물가수준에서 총수요곡선을 오른쪽으로 이동시키는 원인을 모두 고르면?

> **보기**
> ㄱ. 개별소득세 인하
> ㄴ. 장래경기에 대한 낙관적인 전망
> ㄷ. 통화량 감소에 따른 이자율 상승
> ㄹ. 해외경기 침체에 따른 순수출의 감소

① ㄱ, ㄴ   ② ㄴ, ㄷ

③ ㄷ, ㄹ   ④ ㄱ, ㄴ, ㄷ

07 다음 중 시장실패에 대한 설명으로 적절하지 않은 것은?

① 시장실패를 교정하려는 정부의 개입으로 인하여 오히려 사회적 비효율이 초래되는 정부실패가 나타날 수 있다.

② 타 산업에 양(+)의 외부효과를 초래하는 재화의 경우에 수입관세를 부과하는 것보다 생산보조금을 지불하는 것이 시장실패를 교정하기 위해 더 바람직한 정책이다.

③ 공공재의 경우에 무임승차의 유인이 존재하므로 사회적으로 바람직한 수준보다 적게 생산되는 경향이 있다.

④ 거래비용의 크기에 관계없이 재산권이 확립되어 있으면 당사자 간 자발적인 협상을 통하여 외부효과에 따른 시장실패를 해결할 수 있다.

08 다음 중 완전경쟁산업 내의 한 개별기업에 대한 설명으로 옳지 않은 것은?

① 한계수입은 시장가격과 일치한다.

② 이 개별기업이 직면하는 수요곡선은 우하향한다.

③ 시장가격보다 높은 가격을 책정하면 시장점유율은 없다.

④ 이윤극대화 생산량에서는 시장가격과 한계비용이 일치한다.

09 다음 중 소규모 개방경제에서 국내 생산자들을 보호하기 위해 X재의 수입에 대하여 관세를 부과할 때의 설명으로 가장 적절한 것은?(단, X재에 대한 국내 수요곡선은 우하향하고 국내 공급곡선은 우상향한다)

① X재의 국내 생산이 감소한다.

② 국내 소비자잉여가 증가한다.

③ X재에 대한 수요와 공급의 가격탄력성이 낮을수록 관세부과로 인한 자중손실이 작아진다.

④ 관세부과로 인한 경제적 손실 크기는 X재에 대한 수요와 공급의 가격탄력성과 관계없다.

10 기업은 가격차별을 통해 보다 많은 이윤을 획득하고자 한다. 다음 중 기업이 가격차별을 할 수 있는 환경이 아닌 것은?

① 제품의 재판매가 용이하다.

② 소비자들의 특성이 다양하다.

③ 기업의 독점적 시장지배력이 높다.

④ 분리된 시장에서 수요의 가격탄력성이 서로 다르다.

11 다음 중 소비이론에 대한 설명으로 옳은 것은?

① 항상소득가설에 따르면 호황기에 일시적으로 소득이 증가할 때는 소비가 늘지 않지만 불황기에 일시적으로 소득이 감소할 때는 종전보다 소비가 줄어든다.

② 생애주기가설에 따르면 소비는 일생 동안의 소득을 염두에 두고 결정되는 것은 아니다.

③ 한계저축성향과 평균저축성향의 합은 언제나 1이다.

④ 절대소득가설에 따르면 소비는 현재의 처분가능소득으로 결정된다.

12 다음 화폐발행이득(Seigniorage)에 대한 〈보기〉의 설명 중 옳은 것을 모두 고르면?

> **보기**
> ㄱ. 정부가 화폐공급량 증가를 통해 얻게 되는 추가적 재정수입을 가리킨다.
> ㄴ. 화폐라는 세원에 대해 부과하는 조세와 같다는 뜻에서 인플레이션 조세라 부른다.
> ㄷ. 화폐공급량 증가로 인해 생긴 인플레이션이 민간이 보유하는 화폐자산의 실질가치를 떨어뜨리는 데서 나온다.

① ㄱ
② ㄴ
③ ㄱ, ㄷ
④ ㄱ, ㄴ, ㄷ

Easy

13 다음은 A국 노동자와 B국 노동자가 각각 동일한 기간에 생산할 수 있는 쌀과 옷의 양을 나타낸 자료이다. 리카도의 비교우위에 따른 설명으로 옳지 않은 것은?(단, 노동이 유일한 생산요소이다)

구분	A국	B국
쌀(섬)	5	4
옷(벌)	5	2

① 쌀과 옷 생산 모두 A국의 노동생산성이 B국보다 더 크다.
② A국은 쌀을 수출하고 옷을 수입한다.
③ A국의 쌀 1섬 생산의 기회비용은 옷 1벌이다.
④ B국의 옷 1벌 생산의 기회비용은 쌀 2섬이다.

14 다음 중 리카도의 대등정리가 성립하는 경우로 옳은 것은?

① 조세징수가 국채발행보다 더 효과적인 재원조달방식이다.
② 정부가 발행한 국채는 민간의 순자산을 증가시키지 않는다.
③ 조세감면으로 발생한 재정적자를 국채발행을 통해 보전하면 이자율이 상승한다.
④ 조세감면으로 재정적자가 발생하면 민간의 저축이 감소한다.

15 다음 중 통화승수에 대한 설명으로 옳지 않은 것은?

① 통화승수는 법정지급준비율을 낮추면 커진다.
② 통화승수는 이자율 상승으로 요구불예금이 증가하면 작아진다.
③ 통화승수는 대출을 받은 개인과 기업들이 더 많은 현금을 보유할수록 작아진다.
④ 통화승수는 은행들이 지급준비금을 더 많이 보유할수록 작아진다.

03 │ 경영

빈출키워드 1 기업의 형태

01 다음 중 회사법상 분류한 회사에 대한 설명으로 옳지 않은 것은?

① 모든 손실에 대해 책임을 지는 사원을 유한책임사원이라고 한다.

② 회사의 경영은 무한책임사원이 하고 유한책임사원은 자본을 제공하여 사업이익의 분배에 참여하는 회사형태를 합자회사라고 한다.

③ 유한회사, 유한책임회사는 모두 유한책임사원으로만 구성되므로 자금조달이 편리하다.

④ 변호사나 회계사들이 모여 설립한 법무법인, 회계법인은 합명회사라 볼 수 있다.

02 다음에서 설명하는 우리나라 상법상의 회사는?

- 유한책임사원으로만 구성
- 청년 벤처 창업에 유리
- 사적 영역을 폭넓게 인정

① 합명회사
② 합자회사
③ 유한책임회사
④ 유한회사

01

정답 ①

무한책임사원에 대한 설명이다. 유한책임사원은 회사의 채무에 대하여 회사채권자에게 출자가액 한도에서만 책임을 지는 사원이다.

02

정답 ③

유한책임회사는 2012년 개정된 상법에 도입된 회사의 형태이다. 내부관계에 대하여는 정관이나 상법에 다른 규정이 없으면 합명회사에 관한 규정을 준용한다. 신속하고 유연하며 탄력적인 지배구조를 가지고 있고, 출자자가 직접 경영에 참여할 수 있다. 또한 각 사원이 출자금액만을 한도로 책임지므로 초기 상용화에 어려움을 겪는 청년 벤처 창업에 적합하다.

이론 더하기

기업의 형태

① 개인기업

```
                                    ┌─ 공기업                          ┌─ 합명회사
                          기업 ─────┤                                  ├─ 합자회사
                                    └─ 사기업 ──┬─ 개인기업            ├─ 유한회사
                                                 └─ 공통기업 ──────────┼─ 협동조합
                                                                        └─ 주식회사
```

- 가장 간단한 기업 형태로서 개인이 출자하고 직접 경영하며 이를 무한책임지는 형태이다.
- 장점 : 설립 및 폐쇄가 쉽고 의사결정이 신속하며, 비밀유지에 용이하다.
- 단점 : 자본규모가 약소하며, 개인의 지배관리능력에 쉽게 영향을 받는다.

② 합명회사
- 2인 이상의 사원이 공동으로 출자해서 회사의 경영에 대해 무한책임을 지며, 직접 경영에 참여하는 방식이다.
- 무한책임 형태로 구성되어 있어서 출자자를 폭넓게 모집할 수 없다.
- 가족 내 혹은 친척 간, 또는 이해관계가 깊은 사람의 회사 설립이 많다.
- 지분 양도 시에는 사원총회의 승인을 받아야 한다.

③ 합자회사
- 무한책임사원 및 유한책임사원으로 구성되어 있다.
- 합명회사의 단점을 보완한 형태이다.
- 지분 양도 시에는 무한책임사원 전원의 동의를 필요로 한다.
- 무한책임사원의 경우에는 회사의 경영 및 채무에 대해서 무한책임을 지고, 유한책임사원의 경우에는 출자한 금액에 대해서만 책임을 지며 경영에는 참여하지 않는다.

④ 유한회사
- 유한책임사원들이 회사를 차려 경영하는 회사의 형태이다.
- 자본결합이 상당히 폐쇄적인 관계로 중소규모의 기업형태로 적절하다.
- 기관으로는 이사, 사원총회, 감사로 이루어져 있지만, 분리가 잘되어 있지 않고, 모든 사항을 공개해야 하는 의무도 지지 않는다.
- 유한회사는 인적회사 및 물적회사의 중간 형태를 지니는 회사이다.
- 사원의 수가 제한되어 있으며, 지분의 증권화가 불가능하다.

⑤ 주식회사
- 주주가 회사의 주인인 현대사회의 가장 대표적인 기업형태이다.
- 지분의 양도와 매입이 자유로우며 주주총회를 통해 의결권을 행사할 수 있다.
- 주식회사의 기관

주주총회	• 주식회사의 최고의사결정기관으로 주주로 이루어짐 • 회사 기업에서 영업활동의 신속성 및 업무내용의 복잡성으로 인해 그 결의사항을 법령 및 정관에서 정하는 사항만으로 제한하고 있음 • 주주의 결의권은 1주 1결의권을 원칙으로 하고 의결은 다수결에 의함 • 주주총회의 주요 결의사항으로는 자본의 증감, 정관의 변경, 이사 · 감사인 및 청산인 등의 선임 · 해임에 관한 사항, 영업의 양도 · 양수 및 합병 등에 관한 사항, 주식배당, 신주인수권 및 계산 서류의 승인에 관한 사항 등이 있음
감사	• 이사의 업무집행을 감시하게 되는 필요 상설기관 • 주주총회에서 선임되고, 이러한 선임결의는 보통 결의의 방법에 따름 • 이사회는 이사 전원으로 구성되는 합의체로 회사의 업무진행상 의사결정 기관 • 이사는 주주총회에서 선임되고, 그 수는 3인 이상이어야 하며, 임기는 3년을 초과할 수 없음 • 대표이사는 이사회의 결의사항을 집행하고 통상적인 업무에 대한 결정 및 집행을 맡음과 동시에 회사를 대표함 • 이사와 회사 간 거래의 승인, 채권의 발행 등이 있음
검사인	• 회사의 계산의 정부, 업무의 적법 여부 등을 조사하는 권한을 지니는 임시기관 • 법원에서 선임하거나 주주총회 및 창립총회에서 선임하기도 함 • 법정 검사인의 경우 임시로 선임됨

01 다음 중 마이클 포터(Michael E. Porter)가 제시한 산업구조 분석의 요소로 옳지 않은 것은?

① 가치사슬 활동
② 대체재의 위협
③ 공급자의 교섭력
④ 구매자의 교섭력

02 다음은 K사가 해당 사업에서 차지하고 있는 시장점유율 및 시장성장률에 대한 자료이다. 2023년 현재 BCG 매트릭스상에서 K사의 사업이 속하는 영역은?

구분	K사	N사	S사	H사	기타
시장점유율 (2023년 기준)	45%	20%	15%	10%	10%

구분	2019년	2020년	2021년	2022년	2023년
시장성장률	4%	3%	2%	2%	1%

① 별(Star) 영역
② 자금젖소(Cash Cow) 영역
③ 물음표(Question mark) 영역
④ 개(Dog) 영역

01

정답 ①

마이클 포터(Michael E. Porter)는 산업과 경쟁을 결정짓는 5 Forces Model을 제시하였다. 이는 궁극적으로 산업의 수익 잠재력에 영향을 주는 주요 경제·기술적 세력을 분석한 것으로 신규 진입자(잠재적 경쟁자)의 위협, 공급자의 교섭력, 구매자의 교섭력, 대체품의 위협 및 기존기업 간의 경쟁이며, 5가지 요소의 힘이 강할 때는 위협(Threat)이 되고, 약하면 기회(Opportunity)가 된다.

02

정답 ②

BCG 매트릭스는 1970년대 미국의 보스턴 전략컨설팅회사(Boston Consulting Group)에 의해 개발된 사업 / 제품 포트폴리오 분석 차트이다. 이는 크게 네 단계의 영역으로 나뉘는데 시장성장률이 높고 시장점유율이 높은 산업은 별 영역, 시장성장률이 높고 시장점유율이 낮은 산업은 물음표 영역 혹은 문제아 영역, 시장성장률이 낮고 시장점유율이 높은 산업은 자금젖소 영역, 시장성장률이 낮고 시장점유율이 낮은 산업은 개 영역으로 분류된다.
따라서 제시된 K사의 경우는 시장점유율은 높으나 시장성장률이 높지 않으므로 자금젖소 영역인 것을 알 수 있다.

SWOT 분석

기업의 내부환경과 외부환경을 분석하여 강점(Strength), 약점(Weakness), 기회(Opportunity), 위협(Threat) 요인을 규정하고 이를 토대로 경영전략을 수립하는 기법으로, 미국의 경영컨설턴트인 알버트 험프리(Albert Humphrey)가 고안하였다.

Strength 강점 기업 내부환경에서의 강점	S	W	Weakness 약점 기업 내부환경에서의 약점
Opportunity 기회 기업 외부환경으로부터의 기회	O	T	Threat 위협 기업 외부환경으로부터의 위협

VRIO 분석

기업이 보유한 유·무형 자산에 대해 네 가지 기준으로 평가하여 기업의 경쟁력을 분석하는 도구이다. 기업이 자원을 잘 활용할 수 있는가를 보여주는 것이 목적이다.

• 가치 있는(Valuable) : 경제적 가치가 있는가?
• 희소성 있는(Rarity) : 가지고 있는 자원이 희소성 있는가?
• 모방 가능성이 있는(Inimitability) : 모방의 가능성이 있는가?
• 조직이 있는(Organization) : 관련 조직이 있는가?

마이클 포터의 경쟁전략

① 경쟁세력모형 – 5 Force Model 분석

• 기존기업 간의 경쟁 : 해당 시장에서 기존기업 간의 경쟁이 얼마나 치열한가를 나타낸다.
• 공급자의 교섭력 : 공급자의 규모 및 숫자와 공급자 제품의 희소성을 나타낸다.
• 대체재의 위협 : 대체가 가능한 상품의 수와 구매자의 대체하려는 성향, 대체상품의 상대적 가격 등이 있다.
• 구매자의 교섭력 : 고객의 수, 각 고객의 주문수량, 가격의 민감도, 구매자의 정보 능력이 있다.
• 신규 진입 기업의 위협 : 진입장벽, 규모의 경제, 브랜드의 충성도 등이 있다.

② 경쟁우위 전략

- 원가우위 전략 : 비용요소를 철저하게 통제하고, 기업조직의 가치사슬을 최대한 효율적으로 구사하는 전략
- 차별화 전략 : 소비자들이 가치가 있다고 판단하는 요소를 제품 및 서비스 등에 반영해서 경쟁사의 제품과 차별화한
  후 소비자들의 충성도를 확보하고 이를 통해 매출증대를 꾀하는 전략
- 집중화 전략 : 메인 시작과는 다른 특성을 지니는 틈새시장을 대상으로 소비자들의 니즈를 원가우위 또는 차별화 전략을
  통해 충족시켜 나가는 전략

BCG 매트릭스 모형

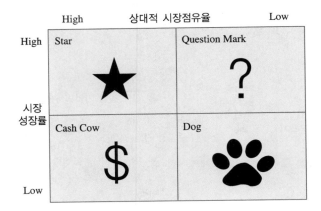

① 별(Star) 사업부
- 시장성장률도 높고 상대적 시장점유율도 높은 경우에 해당하는 사업이다.
- 이 사업부의 제품들은 제품수명주기상에서 성장기에 속한다.
- 선도기업의 지위를 유지하고 성장해가는 시장의 수용에 대처하고, 여러 경쟁기업들의 도전에 극복하기 위해 역시 자금의
  투하가 필요하다.
- 별 사업부에 속한 기업들이 효율적으로 잘 운영된다면 이들은 향후 Cash Cow가 된다.
② 자금젖소(Cash Cow) 사업부
- 시장성장률은 낮지만 높은 상대적 시장점유율을 유지하고 있다. 이 사업부는 제품수명주기상에서 성숙기에 속하는 사업
  부이다.
- 이에 속한 사업은 많은 이익을 시장으로부터 창출해낸다. 그 이유는 시장의 성장률이 둔화되었기 때문에 그만큼 새로운
  설비투자 등과 같은 신규 자금의 투입이 필요 없고, 시장 내에 선도기업에 해당되므로 규모의 경제와 높은 생산성을
  누리기 때문이다.
- Cash Cow에서 산출되는 이익은 전체 기업의 차원에서 상대적으로 많은 현금을 필요로 하는 Star나 Question Mark,
  Dog 영역에 속한 사업으로 자원이 배분된다.

③ 물음표(Question Mark) 사업부
  - '문제아'라고도 한다.
  - 시장성장률은 높으나 상대적 시장점유율이 낮은 사업이다.
  - 이 사업에 속한 제품들은 제품수명주기상에서 도입기에 속하는 사업부이다.
  - 시장에 처음으로 제품을 출시한 기업 이외의 대부분의 사업부들이 출발하는 지점이 물음표이며, 신규로 시작하는 사업이기 때문에 기존의 선도 기업을 비롯한 여러 경쟁기업에 대항하기 위해 새로운 자금의 투하를 상당량 필요로 한다.
  - 기업이 자금을 투입할 것인가 또는 사업부를 철수해야 할 것인가를 결정해야 하기 때문에 Question Mark라고 불리고 있다.
  - 한 기업에게 물음표에 해당하는 사업부가 여러 개이면, 그에 해당되는 모든 사업부에 자금을 지원하는 것보다 전략적으로 소수의 사업부에 집중적인 투자를 하는 것이 효과적이라 할 수 있다.
④ 개(Dog) 사업부
  - 시장성장률도 낮고 시장점유율도 낮은 사업부이다.
  - 제품수명주기상에서 쇠퇴기에 속하는 사업이다.
  - 낮은 시장성장률 때문에 그다지 많은 자금의 소요를 필요로 하지는 않지만, 사업활동에 있어서 얻는 이익도 매우 적은 사업이다.
  - 이 사업에 속한 시장의 성장률이 향후 다시 고성장을 할 가능성이 있는지 또는 시장 내에서 자사의 지위나 점유율이 높아질 가능성은 없는지 검토해보고 이 영역에 속한 사업들을 계속 유지할 것인가 아니면 축소 내지 철수할 것인가를 결정해야 한다.

동기부여

01 다음 중 허즈버그(F. Herzberg)의 2요인 이론에서 동기요인을 모두 고르면?

> ㄱ. 상사와의 관계　　　　　　　　ㄴ. 성취
> ㄷ. 회사 정책 및 관리방침　　　　ㄹ. 작업 조건
> ㅁ. 인정

① ㄱ, ㄴ　　　　　　　　　　　② ㄱ, ㄷ
③ ㄴ, ㄹ　　　　　　　　　　　④ ㄴ, ㅁ

02 다음 중 맥그리거(D. McGregor)의 X – Y이론에 대한 설명으로 옳은 것은?

① 조직의 감시, 감독 및 통제가 필요하다는 주장은 Y이론이다.
② 자기통제가 많은 것은 X이론이다.
③ 쌍방향 의사결정은 X이론에서 주로 발생한다.
④ 개인의 목적과 조직의 목적이 부합하는 조직에서는 Y이론에 근거해서 운영된다.

01

정답 ④

허즈버그의 2요인 이론은 직원들의 직무만족도를 증감시키는 요인을 2가지로 구분한 것이다.
• 동기요인 : 성취, 인정, 책임소재, 업무의 질 등
• 위생요인 : 회사의 정책, 작업 조건, 동료직원과의 관계, 임금, 직위 등

02

정답 ④

오답분석

① 조직의 감시, 감독 및 통제가 필요하다는 주장은 X이론이다.
② 자기통제가 많은 것은 Y이론이다.
③ 쌍방향 의사결정은 Y이론에서 주로 발생한다.

매슬로우(Maslow)의 욕구단계이론

자아실현의 욕구

존중의 욕구

애정과 소속의 욕구

안전의 욕구

생리적 욕구

① 개념 : 인간의 요구는 위계적으로 조직되어 있으며 하위 단계의 욕구 충족이 상위 계층의 욕구 발현의 조건이라고 설명한 이론이다.
② 특징
- 생리적 욕구 : 가장 기본적이면서도 강력한 욕구로 음식, 물, 수면 등 인간의 생존에 가장 필요한 본능적인 욕구이다.
- 안전의 욕구 : 두려움이나 혼란스러움이 아닌 평상심과 질서를 유지하고자 하는 욕구이다.
- 애정과 소속의 욕구 : 사회적으로 조직을 이루고 그곳에 소속되려는 성향이다.
- 존중의 욕구 : 타인으로부터 수용되고, 가치 있는 존재가 되고자 하는 욕구이다.
- 자아실현의 욕구 : 개인의 타고난 능력 혹은 성장 잠재력을 실행하려는 욕구이다.

맥그리거(McGreger)의 X-Y이론
① 개념 : 인간본성에 대한 가정을 X, Y 2가지로 구분하여 특성에 따른 관리전략을 정리한 이론으로 X이론은 인간에 대한 부정적인 면을 설명하고, Y이론은 긍정적인 면을 설명한다.
② 특징

X이론 (전통적이고 전체적인 경영자의 인간관)	Y이론 (진취적이고 협동적인 인간관)
• 인간은 철저하게 이기적이고 자기중심적이다. • 인간은 천성적으로 게으르고 일을 싫어하기 때문에 엄격한 통제와 감독이 필요하다. • 조직 구성원이 원하는 수준의 임금체계가 확립되어야 하고, 엄격한 통제와 처벌이 필요하다.	• 인간의 행위는 경제적 욕구보다 사회·심리에 더 영향을 받는다. • 인간은 사회적인 존재이다. • 노동에서 휴식과 복지는 자연스러운 것이다. • 민주적 리더십의 확립과 분권, 권한의 위임이 중요하다.

허즈버그(Herzberg)의 동기 - 위생이론
① 개념 : 허즈버그가 2개의 요인(동기요인, 위생요인)으로 나눠 동기유발에 대해 정리한 이론으로 동기요인과 위생요인은 반대의 개념이 아닌 별개의 개념이다.
② 특징

동기요인(만족요인)	위생요인(불만족요인)
• 직무에 만족을 느끼게 하는 요인 • 충족되면 만족감을 느끼게 되지만, 불충족되는 경우에도 불만이 발생하지는 않음 • 동기요인 충족 → 높은 직무성과	• 직무에 대해 불만족을 느끼게 하는 요인 • 불충족 시에는 불만이 증가 • 충족 시에도 만족감이 증가하는 것은 아님

01　다음 중 매트릭스 조직구조의 장점으로 옳지 않은 것은?

① 의사결정의 책임소재를 명확히 할 수 있다.

② 조직의 인력을 신축적으로 활용할 수 있다.

③ 전문적 지식과 기술의 활용을 극대화할 수 있다.

④ 조직 내의 협력과 팀 활동을 촉진시킨다.

02　다음에서 설명하고 있는 조직구조는?

> • 수평적 분화에 중점을 두고 있다.
> • 각자의 전문분야에서 작업능률을 증대시킬 수 있다.
> • 생산, 회계, 인사, 영업, 총무 등의 기능을 나누고 각 기능을 담당할 부서단위로 조직된 구조이다.

① 기능 조직　　　　　　　　② 사업부 조직

③ 매트릭스 조직　　　　　　④ 수평적 조직

01

정답　①

매트릭스 조직구조는 명령일원화의 원칙이 적용되지 않으므로 의사결정의 책임소재가 불명확할 수도 있다.

02

정답　①

기능 조직(Functional Structure)은 기능별 전문화의 원칙에 따라 공통의 전문지식과 기능을 지닌 부서단위로 묶는 조직구조를 의미한다.

기능 조직

① 개념 : 관리자가 담당하는 일을 전문화해 업무내용이 유사하고 관련성이 있는 기능을 분류하여 업무를 전문적으로 진행할 수 있도록 하는 형태이다.

② 장점 및 단점
- 조직원의 전문적인 업무 발전이 가능하다.
- 조직의 내부 효율성이 증대된다.
- 조직 전체의 목표보다는 직능별 목표를 중시하고 성과에 대한 책임이 불분명하다.

사업부 조직

① 개념 : 사업체에서 여러 제품을 생산하는 경우에 제품에 따라 사업부를 구분하여 사업부마다 하위조직을 구성하는 형태이다.

② 장점 및 단점
- 사업부 내 관리자와 종업원의 밀접한 상호작용이 가능하다.
- 사업부는 이익 및 책임 중심점이 되어 경영성과가 향상된다.
- 제품의 제조와 판매에 대한 전문화와 분업이 촉진된다.
- 특정 분야에 대한 지식과 능력의 전문화가 약화될 수 있다.

매트릭스 조직

① 개념 : 조직구성원들이 원래 소속되어 있는 기능부서에도 배치되는 동시에 맡은 업무에 따라 나누어진 팀에도 배치되어 있어 두 개의 단위조직에 속하여 두 명의 상급자를 두고 있는 형태이다.

② 장점 및 단점
- 조직에서의 정보 단절 문제를 해결할 수 있다.
- 일을 유연하게 대처할 수 있다.
- 조직원의 역량을 좀 더 폭넓게 향상시킬 수 있다.
- 두 개의 조직에서 두 명의 상급자가 존재하기 때문에 성과에 대한 목표나 보고가 느릴 수 있다.

네트워크 조직

① 개념 : 독립된 각 사업 부서들이 자신의 고유 기능을 수행하면서 제품 생산이나 프로젝트의 수행을 위해서는 상호 협력적인 네트워크를 지닌 조직구조이다.

② 장점 및 단점
- 조직원 사이의 수평적인 의사소통이 가능하다.
- 조직 간의 정보교류가 활발하므로 조직 내 자산으로 축적가능하다.
- 시장에 유연한 대응이 가능하다.
- 관리자가 직원을 관리하는 것이 쉽지 않다.
- 갈등이 발생하는 경우 해결에 오랜 시간이 필요하다.

03 | 경영 기출응용문제

정답 및 해설 p.050

Easy

01 다음 중 경영관리에 대한 설명으로 옳지 않은 것은?

① 경영관리란 기업의 목표를 달성하기 위하여 경영활동을 계획하는 것이다.
② 계획된 경영활동을 달성하기 위하여 자원을 효과적으로 배분하는 것이다.
③ 기업조직의 구성원이 그들의 능력을 최대한으로 발휘하도록 환경을 조성하는 것이다.
④ 기업이 이윤극대화를 위해서만 활동하는 것이다.

02 다음 중 워크아웃(Work-out)에 대한 설명으로 옳지 않은 것은?

① 기업재무구조 개선작업을 말한다.
② 감자, 출자전환 등의 과정이 선행된 연후에 금융권의 자금지원이 이루어진다.
③ 채권상환유예를 통한 부도의 유예조치와 협조융자, 출자전환까지 포괄한다.
④ 금융기관이 기업으로부터 매출채권 등을 매입하고, 이를 바탕으로 자금을 빌려준다.

03 다음 중 BCG 매트릭스에 대한 설명으로 옳은 것은?

① 횡축은 시장성장률, 종축은 상대적 시장점유율이다.
② 물음표 영역은 시장성장률이 높고, 상대적 시장점유율은 낮아 계속적인 투자가 필요하다.
③ 별 영역은 시장성장률이 낮고, 상대적 시장점유율은 높아 현상유지를 해야 한다.
④ 자금젖소 영역은 현금창출이 많지만, 상대적 시장점유율이 낮아 많은 투자가 필요하다.

04 다음 피들러의 리더십 상황이론에 대한 〈보기〉의 설명 중 옳지 않은 것을 모두 고르면?

> **보기**
> ㄱ. 과업지향적 리더십과 관계지향적 리더십을 모두 갖춘 리더가 가장 높은 성과를 달성한다.
> ㄴ. 리더의 특성을 LPC 설문에 의해 측정하였다.
> ㄷ. 상황변수로서 리더 – 구성원 관계, 과업구조, 부하의 성숙도를 고려하였다.
> ㄹ. 리더가 처한 상황이 호의적인 경우, 관계지향적 리더십이 적합하다.
> ㅁ. 리더가 처한 상황이 비호의적인 경우, 과업지향적 리더십이 적합하다.

① ㄱ, ㄷ   ② ㄴ, ㄹ
③ ㄱ, ㄷ, ㄹ   ④ ㄴ, ㄷ, ㄹ

05 다음 중 직무평가의 방법에 해당하지 않는 것은?

① 서열법   ② 요소비교법
③ 워크샘플링법   ④ 점수법

06 다음 중 제품수명주기에 대한 설명으로 옳지 않은 것은?

① 성장기에는 제품선호형 광고에서 정보제공형 광고로 전환한다.
② 도입기에는 제품인지도를 높이기 위해 광고비가 많이 소요된다.
③ 성숙기에는 제품의 매출성장률이 점차적으로 둔화되기 시작한다.
④ 쇠퇴기에는 매출이 떨어지고 순이익이 감소하기 시작한다.

07 다음 중 시장세분화에 대한 설명으로 옳지 않은 것은?

① 효과적인 시장세분화를 위해서는 시장의 규모가 측정 가능해야 한다.
② 시장세분화를 통해 소비자들의 다양한 욕구를 보다 잘 만족시킬 수 있다.
③ 하나의 특정한 시장세분화 기준변수가 모든 상황에서 가장 효과적인 것은 아니다.
④ 시장세분화에서는 동일한 세분시장 내에 있는 소비자들의 이질성이 극대화되도록 해야 한다.

08 다음 중 목표 달성과 새로운 가치 창출을 위해 공급업체들과 자원 및 정보를 협력하여 하나의 기업처럼 움직이는 생산시스템은?

① 공급사슬관리(SCM)

② 적시생산시스템(JIT)

③ 유연생산시스템(FMS)

④ 컴퓨터통합생산(CIM)

Hard

09 다음 중 경제적주문량(EOQ)모형이 성립하기 위한 가정으로 옳지 않은 것은?

① 단위당 재고 유지비용과 1회당 재고 주문비용은 주문량과 관계없이 일정하다.

② 주문량은 한 번에 모두 도착한다.

③ 연간 재고 수요량을 정확히 파악하고 있다.

④ 재고 부족현상이 발생할 수 있으며, 주문 시 정확한 리드타임이 적용된다.

10 다음 중 순현가법에 대한 설명으로 옳은 것은?

① 기업의 할인율로 현금흐름을 할인한다.

② 순현가가 1보다 크면 투자안을 선택하고 1보다 작으면 투자안을 기각하는 의사결정기준이다.

③ 자본예산기법의 하나로 투자금액을 투자로부터 산출되는 순현금흐름의 미래가치로부터 차감한 기법이다.

④ 순현가법은 현금흐름을 할인하여 대안을 평가하지만 내부수익률법은 현금흐름을 할인하지 않고 평가한다는 차이가 있다.

Easy

11 다음 중 프랑스의 사업가 앙리 페이욜(Henry Fayol)의 관리 5요소론에 해당하지 않는 것은?

① 계획

② 조직

③ 지휘

④ 분업

12 다음 중 외국 자본이 국내 시장을 지배하는 현상을 일컫는 용어는?

① 왝더독 효과

② 테킬라 효과

③ 피셔 효과

④ 윔블던 효과

13 다음 사례에서 A씨의 행동을 설명하는 동기부여이론은?

> 팀원 A씨는 작년도 목표 대비 업무실적을 100% 달성하였다. 이에 반해 같은 팀 동료인 B씨는 동일 목표 대비 업무실적이 10% 부족하였지만 A씨와 동일한 인센티브를 받았다. 이 사실을 알게 된 A씨는 팀장에게 추가 인센티브를 요구하였으나 받아들여지지 않자 결국 이직하였다.

① 기대이론

② 공정성이론

③ 욕구단계이론

④ 목표설정이론

14 다음 중 평가센터법(Assessment Center)에 대한 설명으로 옳지 않은 것은?

① 평가에 대한 신뢰성이 양호하다.

② 승진에 대한 의사결정에 유용하다.

③ 교육훈련에 대한 타당성이 높다.

④ 다른 평가기법에 비해 상대적으로 비용과 시간이 적게 소요된다.

15 다음 중 최저임금제의 필요성으로 옳지 않은 것은?

① 계약자유 원칙의 한계 보완

② 저임금 노동자 보호

③ 임금인하 경쟁 방지

④ 소비자 부담 완화

진실은 반드시 따르는 자가 있고, 정의는 반드시 이루는 날이 있다.

- 안창호 -

PART 3

최종점검 모의고사

신협중앙회 필기전형			
영역	문항 수	영역	시험시간
직무능력시험	60문항	의사소통능력, 수리능력, 문제해결능력, 자원관리능력, 조직이해능력, 정보능력	110분
직무상식시험	40문항	(일반직군) 금융, 경제, 경영	

※ 본 모의고사의 문항 수 및 시험시간은 2024년 채용공고문을 참고하여 구성하였습니다.
※ 시험 시간 종료 후 OMR 답안카드에 마킹하는 행동은 부정행위로 간주합니다.

01 다음 중 밑줄 친 부분의 맞춤법이 잘못된 것은?

① 오늘은 <u>왠지</u> 비가 올 것 같다.
② 자신에게 <u>알맞은</u> 운동을 선택해야 한다.
③ 일찍 집에 <u>가려고</u> 가방을 챙겼다.
④ 너와 나 사이는 <u>뗄레야 뗄 수</u> 없다.

02 다음 중 밑줄 친 부분의 띄어쓰기가 옳은 것은?

① 그를 <u>만난지도</u> 꽤 오래됐다. 대학 때 만났으니 올해로 <u>3년 째다</u>.
② 그녀는 <u>공부 밖에</u> 모르는 사람이지만 <u>한 번</u> 놀 때는 누구보다도 열심히 논다.
③ 편지글에 <u>나타 난</u> 선생님의 견해는 암기 위주의 공부 방법은 <u>안된다는</u> 것이다.
④ 이제 남은 것은 오직 <u>배신뿐이라는</u> 내 말에 그는 <u>어찌할 바를</u> 모르고 쩔쩔맸다.

03 다음 중 밑줄 친 말과 뜻이 가장 잘 통하는 한자성어는?

> 만 18세에 이미 성숙한 국민으로서 여러 자격을 갖도록 허락되는데 투표권만 예외라는 것도 <u>앞뒤가 맞지 않는다</u>.

① 견마지로(犬馬之勞)　　　　　② 부화뇌동(附和雷同)
③ 어불성설(語不成說)　　　　　④ 언감생심(焉敢生心)

04 P사원의 상사가 P사원에게 다음과 같이 문서를 작성해 제출할 것을 요청하였을 때, P사원이 작성해야 할 문서의 종류는?

이번 문서를 토대로 P사원의 업무 결과가 평가되므로 이 점 유의하여 작성해 주시길 바랍니다. 최대한 핵심적인 내용으로 간결하게 작성하시고, 복잡한 내용은 도표나 그림을 활용하는 것이 좋겠죠? 그리고 참고한 자료가 있다면 모두 함께 제시해 주어야 합니다. 최종적으로 부장님께 제출하기 전에 제가 확인을 할 예정이지만, P사원도 제출하기 전에 잘못 작성된 부분은 없는지 등의 점검을 해 주시기 바랍니다.

① 보도자료   ② 설명서
③ 보고서   ④ 제안서

`Easy`

05 다음 글을 읽고 문서작성 원칙에 대해 잘못 이해하고 있는 사람을 고르면?

〈문서작성의 원칙〉
1. 문장은 짧고, 간결하게 작성하도록 한다.
2. 상대방이 이해하기 쉽게 쓴다.
3. 중요하지 않은 경우 한자의 사용을 자제해야 한다.
4. 간결체로 작성한다.
5. 문장은 긍정문의 형식으로 써야 한다.
6. 간단한 표제를 붙인다.
7. 문서의 주요한 내용을 먼저 쓰도록 한다.

① A : 문장에서 끊을 수 있는 부분은 가능한 한 끊어서 짧은 문장으로 작성하되, 실질적인 내용을 담아 작성해야 해.

② B : 상대방이 이해하기 어려운 글은 좋은 글이 아니야. 우회적인 표현이나 현혹적인 문구는 되도록 삭제하는 것이 좋겠어.

③ C : 문장은 되도록 자세하게 작성하여 빠른 이해를 돕도록 하고, 문장마다 행을 바꿔 문서가 깔끔하게 보이도록 해야겠군.

④ D : 표제는 문서의 내용을 일목요연하게 파악할 수 있게 도와줘. 간단한 표제를 붙인다면 상대방이 내용을 쉽게 이해할 수 있을 거야.

06 다음 글에서 〈보기〉의 문장이 들어갈 위치로 가장 적절한 곳은?

자본주의 경제 체제는 이익을 추구하려는 인간의 욕구를 최대한 보장해주고 있다. 기업 또한 이익 추구라는 목적에서 탄생하여, 생산의 주체로서 자본주의 체제의 핵심적 역할을 수행하고 있다. 곧, 이익은 기업가로 하여금 사업을 시작하게 하는 동기가 된다. (가) 이익에는 단기적으로 실현되는 이익과 장기간에 걸쳐 지속적으로 실현되는 이익이 있다. 기업이 장기적으로 존속, 성장하기 위해서는 단기 이익보다 장기 이익을 추구하는 것이 더 중요하다. 실제로 기업은 단기 이익의 극대화가 장기 이익의 극대화와 상충할 때에는 단기 이익을 과감히 포기하기도 한다. (나) 자본주의 초기에는 기업이 단기 이익과 장기 이익을 구별하여 추구할 필요가 없었다. 소자본끼리의 자유 경쟁 상태에서는 단기든 장기든 이익을 포기하는 순간에 경쟁에서 탈락하기 때문이다. 그에 따라 기업은 치열한 경쟁에서 살아남기 위해 주어진 자원을 최대한 효율적으로 활용하여 가장 저렴한 가격으로 좋은 품질의 상품을 소비자에게 공급하게 되었다. (다) 이 단계에서는 기업의 소유자가 곧 경영자였기 때문에, 기업의 목적은 자본가의 이익을 추구하는 것으로 집중되었다.

그러나 기업의 규모가 점차 커지고 경영 활동이 복잡해지면서 전문적인 경영 능력을 갖춘 경영자가 필요하게 되었다. (라) 이에 따라 소유와 경영이 분리되어 경영의 효율성이 높아졌지만, 동시에 기업이 단기 이익과 장기 이익 사이에서 갈등을 겪게 되는 일도 발생하였다. 주주의 대리인으로 경영을 위임 받은 전문 경영인은 기업의 장기적 전망보다 단기 이익에 치중하여 경영 능력을 과시하려는 경향이 있기 때문이다. 주주는 경영자의 이러한 비효율적 경영 활동을 감시함으로써 자신의 이익은 물론 기업의 장기 이익을 극대화하고자 하였다.

보기

이는 기업의 이익 추구가 결과적으로 사회 전체의 이익도 증진시켰다는 의미이다.

① (가) ② (나)
③ (다) ④ (라)

07 다음 문단을 논리적 순서대로 바르게 나열한 것은?

> (가) 이때 보험금에 대한 기댓값은 사고가 발생할 확률에 사고 발생 시 받을 보험금을 곱한 값이다. 보험금에 대한 보험료의 비율(보험료/보험금)을 보험료율이라 하는데, 보험료율이 사고 발생 확률보다 높으면 구성원 전체의 보험료 총액이 보험금 총액보다 더 많고, 그 반대의 경우에는 구성원 전체의 보험료 총액이 보험금 총액보다 더 적게 된다. 따라서 공정한 보험에서는 보험료율과 사고 발생 확률이 같아야 한다.
>
> (나) 위험 공동체의 구성원이 내는 보험료와 지급받는 보험금은 그 위험 공동체의 사고 발생 확률을 근거로 산정된다. 특정 사고가 발생할 확률은 정확히 알 수 없지만, 그동안 발생한 사고를 바탕으로 그 확률을 예측한다면 관찰 대상이 많아짐에 따라 실제 사고 발생 확률에 근접하게 된다.
>
> (다) 본래 보험 가입의 목적은 금전적 이득을 취하는 데 있는 것이 아니라 장래의 경제적 손실을 보상받는 데 있으므로, 위험 공동체의 구성원은 자신이 속한 위험 공동체의 위험에 상응하는 보험료를 내는 것이 공정할 것이다.
>
> (라) 따라서 공정한 보험에서는 구성원 각자가 내는 보험료와 그가 지급받을 보험금에 대한 기댓값이 일치해야 하며 구성원 전체의 보험료 총액과 보험금 총액이 일치해야 한다.

① (가) – (라) – (나) – (다)
② (가) – (나) – (다) – (라)
③ (나) – (다) – (라) – (가)
④ (나) – (라) – (다) – (가)

08 다음 핀테크에 대한 기사를 읽고 핀테크에 대해 이해한 것으로 적절하지 않은 것은?

요즘은 스마트폰을 사용할 줄 알면 은행에 갈 일이 없다. 스마트폰이 은행원의 일을 한다. 송금도 다 스마트폰으로 하며, 심지어 쉽다. 예를 들어, 핀테크 간편 송금 앱 '토스(Toss)'를 사용하면 1개의 비밀번호로 3단계만 거쳐도 송금 완료. 토스 이전에 송금의 절차에는 평균적으로 5개의 암호와 약 37회의 클릭이 필요했지만 이제 다 사라졌다. 이게 핀테크다. 이처럼 핀테크(FinTech)란 금융(Finance)과 기술(Technology)의 합성어로, 금융과 IT의 결합을 통한 금융서비스를 의미한다.

핀테크의 가장 강력한 장점은 지급과 결제의 간편성으로 볼 수 있다. 그냥 앱을 열고 기기에 갖다 대기만 하면 된다. 스마트폰에 저장된 신용카드나 계좌정보가 NFC 결제 기기와 자연스럽게 반응하여 처리된다. 송금 서비스는 더 쉽다. 곧 사라지겠지만 '공인인증서'가 당신에게 선사했던 절망의 시간을 떠올려 보라. 핀테크의 물결 속에서 보수적이었던 금융권 역시 오픈 뱅킹으로 속속 전환하고 있다. 외환 송금 또한 무리 없다. 심지어 수수료도 절감할 수 있다. 여기에 우리나라 핀테크의 꽃이라고 할 수 있는 인터넷 전문은행도 있다. 가입부터 개설까지 10분도 걸리지 않는다. 조만간 핀테크는 지갑 속 신분증과 카드까지도 담아낼 것이다. 100년 후에 지갑이라는 물건은 조선시대 상투처럼 사라질지도 모른다.

핀테크는 리스크 관리 수준 또한 끌어올리고 있다. 과거의 경우 통장을 만들기 위해서는 은행 창구 방문이 필수였다. 신분증을 내밀고 본인 확인을 거쳐야만 했다. 지금은 어떤가? 비대면 실명 인증이라는 기술이 금융을 만나 핀테크로 완성되었다. 더이상 은행에 가지 않아도 된다. 인터넷 전문은행 또한 비대면 실명 인증을 통해 실현된 핀테크다. 물론 여전히 보안 문제가 걱정이긴 하다. 개인정보를 캐내는 해킹 수법도 날이 갈수록 발전하고 있다. 하지만 핀테크는 기존의 방식을 넘어 발전하고 있다. 이미 스마트폰에는 지문 인식, 안면 인식을 통한 본인 인증 기술이 쓰이고 있다. 조만간 핀테크는 간편성을 넘어 보이스피싱과 같은 금융 범죄를 근본적으로 방지하는 형태로 발전할 것이다.

다음으로 핀테크는 이상적인 금융 플랫폼을 실현하고 있다. 과거에는 수수료를 당연하게 여기던 때가 있었다. 마치 문자 하나에 50원의 가격을 매기는 것처럼 말이다. 어떤 거래에 있어 은행이나 금융기관의 매개 비용은 당연한 대가였다. 이제 핀테크는 그 당연함을 지웠다. 또한 핀테크는 온라인 플랫폼을 통해 새로운 형태의 대출을 만들어냈다. 바로 P2P(Peer to Peer) 대출이다. P2P 대출은 공급자(투자)와 수요자(대출)가 금융기관의 개입 없이도 직접 자금을 주고받을 수 있게끔 만들었다. 크라우드 펀딩도 하나의 핀테크다. 크라우드 펀딩은 사업자 등이 익명의 다수(Crowd)로부터 SNS를 통해 후원을 받거나 특정 목적으로 인터넷과 같은 플랫폼을 통해 자금을 모으는 투자 방식이다. 실험적이고 번뜩이는 아이템을 가졌지만, 수익성을 이유로 투자받지 못했던 창업가에게는 기적 같은 통로가 생긴 것이다.

① 핀테크를 활용한 P2P 대출은 금융기관의 개입을 통해 투자와 대출을 가능하게 한다.
② 핀테크는 비대면 실명 인증을 가능하게 하여, 고객들은 은행에 가지 않아도 된다.
③ 핀테크는 수수료 절감을 통해 이상적인 금융 플랫폼을 실현하고 있다.
④ 핀테크의 크라우드 펀딩은 자금력이 부족한 창업자들에게 기회가 될 수 있다.

09 다음은 S은행에서 새내기 직장인을 상대로 진행하는 '새내기 급여통장·적금 이벤트' 공고이다. 이에 대한 내용으로 옳지 않은 것은?

똑똑한 재테크의 시작, "새내기 급여통장·적금 이벤트"

◇ 행사기간
2024. 10. 15. ~ 2025. 02. 28.

◇ 대상고객
만 22 ~ 39세인 새내기 직장인으로 급여이체 및 적금 신규고객

◇ 응모요건
S은행 첫 급여이체(건당 50만 원 이상)+적금(신규)
(단, 적금은 1년 이상, 자동이체 등록분에 한함)

◇ 응모방법
응모요건 충족 시 자동 응모(랜덤추첨)

◇ 당첨자발표
홈페이지 공지 및 개별 통보(2024년 3월 15일 예정)

◇ 경품내용(총 365명)
1등(5명) : 기프트카드 20만 원
2등(60명) : H브랜드 ID 카드 홀더
3등(300명) : 스타○○ 텀블러

◇ 유의사항
• 상기 이벤트 당첨자 중 연락처 불능, 수령거절 등 고객사유로 1개월 이상 경품 미수령 시 당첨이 취소될 수 있습니다.
• 제세공과금은 S은행이 부담하며, 본 이벤트는 당행의 사정으로 변경 또는 중단될 수 있습니다.
• 당첨고객은 추첨일 현재 유효계좌(급여이체, 적금 유지고객) 보유고객에 한하며, 당첨발표는 S은행 홈페이지에서 확인할 수 있습니다.
• 기타 자세한 내용은 인터넷 홈페이지를 참고하시거나, 가까운 영업점 고객행복센터(1500-0000)에 문의하시기 바랍니다.

---

① 대상 고객은 만 22 ~ 39세의 새내기 직장인으로 신규고객이어야 한다.
② 당첨자는 2024년 3월 15일(예정)에 홈페이지 공지 및 개별로 통보를 받는다.
③ 본인이 응모요건을 충족할 경우 홈페이지에 접속해서 서류를 제출하면 된다.
④ 이벤트 당첨자 중 고객사유로 1개월 이상 경품 미수령 시 당첨이 취소될 수 있다.

10 연이율 1.8%를 제공하는 2년 만기 정기예금에 500만 원을 예치하고, 180일 후에 해지하였다면 수령할 총금액은?(단, 이자는 단리를 적용하고, 한 달은 30일로 계산한다. 또한, 중도해지금리는 적용하지 않는다)

① 504만 원　　　　　　　　　　　　② 504만 5천 원

③ 505만 원　　　　　　　　　　　　④ 505만 5천 원

11 甲과 乙의 현재 연령 비는 2 : 1이고, 8년 후의 연령 비는 6 : 4가 된다고 할 때, 甲과 乙의 현재 나이는?

① 甲 16세, 乙 8세　　　　　　　　② 甲 18세, 乙 9세

③ 甲 20세, 乙 10세　　　　　　　　④ 甲 22세, 乙 11세

Easy

12 대리 혼자서 프로젝트를 진행하면 16일이 걸리고 사원 혼자 진행하면 48일이 걸릴 때, 두 사람이 함께 프로젝트를 완료하는 데 소요되는 기간은?

① 12일　　　　　　　　　　　　　　② 13일

③ 14일　　　　　　　　　　　　　　④ 15일

13 50원, 100원, 500원짜리 동전이 14개가 있다. 이 동전들이 총 14개이고, 합이 2,250원이라면 50원짜리 동전은 몇 개인가?

① 5개　　　　　　　　　　　　　　　② 6개

③ 7개　　　　　　　　　　　　　　　④ 8개

14 다음은 A고등학교에 재학 중인 학생들의 통학 시간에 대한 자료이다. 통학 시간이 40분 이상 50분 미만인 학생의 수는?

〈A고등학교 통학 시간〉

통학 시간(분)	도수(명)
$10^{이상} \sim 20^{미만}$	80
$20^{이상} \sim 30^{미만}$	150
$30^{이상} \sim 40^{미만}$	65
$40^{이상} \sim 50^{미만}$	x
$50^{이상} \sim 60^{미만}$	5
$60^{이상}$	5
계	320

① 5명
② 10명
③ 15명
④ 20명

15 다음은 분기별 모바일 뱅킹 서비스 이용 실적에 대한 자료이다. 이에 대한 설명으로 옳지 않은 것은?

〈모바일 뱅킹 서비스 이용 실적〉

(단위 : 천 건, %)

구분	2023년				2024년
	1/4분기	2/4분기	3/4분기	4/4분기	1/4분기
조회 서비스	817	849	886	1,081	1,100
자금 이체 서비스	25	16	13	14	25
합계	842(18.6)	865(2.7)	899(3.9)	1,095(21.8)	1,125(2.7)

※ ( )는 전 분기 대비 증가율

① 조회 서비스 이용 실적은 매 분기 계속 증가하였다.

② 2023년 2/4분기의 조회 서비스 이용 실적은 전 분기보다 3만 2천 건 증가하였다.

③ 자금 이체 서비스 이용 실적은 2023년 2/4분기에 감소하였다가 다시 증가하였다.

④ 모바일 뱅킹 서비스 이용 실적의 전 분기 대비 증가율이 가장 높은 분기는 2023년 4/4분기이다.

16 다음 2개의 음식점에 대한 만족도를 5개 부문으로 나누어 한 평가로 옳지 않은 것은?

① A음식점은 2개 부문에서 B음식점을 능가한다.
② 맛 부문에서 만족도가 더 높은 음식점은 B음식점이다.
③ A와 B음식점 간 가장 큰 차이를 보이는 부문은 서비스이다.
④ B음식점은 가격보다 맛과 양 부문에서 상대적 만족도가 더 높다.

17 다음은 S그룹의 주요 경영지표이다. 이에 대한 내용으로 옳은 것은?

〈경영지표〉

(단위 : 억 원)

구분	공정자산총액	부채총액	자본총액	자본금	매출액	당기순이익
2018년	2,610	1,658	952	464	1,139	170
2019년	2,794	1,727	1,067	481	2,178	227
2020년	5,383	4,000	1,383	660	2,666	108
2021년	5,200	4,073	1,127	700	4,456	−266
2022년	5,242	3,378	1,864	592	3,764	117
2023년	5,542	3,634	1,908	417	4,427	65

① 자본총액은 꾸준히 증가하고 있다.
② 직전 해의 당기순이익과 비교했을 때, 당기순이익이 가장 많이 증가한 해는 2019년이다.
③ 공정자산총액과 부채총액의 차가 가장 큰 해는 2023년이다.
④ 각 지표 중 총액 규모가 가장 큰 것은 매출액이다.

18 다음은 A ~ F국의 2023년 GDP와 GDP 대비 국가자산총액을 나타낸 자료이다. 이에 대한 〈보기〉의 설명 중 옳은 것을 모두 고르면?

〈A ~ F국의 2022년 GDP와 GDP 대비 국가자산총액〉

※ [GDP 대비 국가자산총액(%)] = $\dfrac{(국가자산총액)}{(GDP)} \times 100$

보기

ㄱ. GDP가 높은 국가일수록 GDP 대비 국가자산총액이 작다.
ㄴ. A국의 GDP는 나머지 5개국 GDP의 합보다 크다.
ㄷ. 국가자산총액은 F국이 D국보다 크다.

① ㄱ   ② ㄴ

③ ㄷ   ④ ㄱ, ㄴ

※ 다음은 일정한 규칙으로 나열한 수열이다. 빈칸에 들어갈 알맞은 수를 고르시오. [19~20]

19

			−6	50	18	10	−54	( )	162

① 2
③ 32

② −1
④ −18

Easy

20

		7	2	9	11	20	( )

① 29
③ 33

② 31
④ 24

21 다음은 창의적 사고에 대한 설명이다. 빈칸에 들어갈 말로 적절하지 않은 것은?

창의적 사고란 당면한 문제를 해결하기 위해 이미 알고 있는 경험지식을 해체하여 새로운 아이디어를 다시 도출하는 것을 말한다. 즉, 창의적 사고는 개인이 가지고 있는 경험과 지식을 통해 새로운 가치 있는 아이디어로 다시 결합함으로써 참신한 아이디어를 산출하는 힘을 의미하며, _____이라는 특징을 지닌다.

① 발산적
③ 가치 지향성

② 독창성
④ 통상적

22 과제안 평가기준을 다음과 같이 나타냈을 때, 빈칸에 들어갈 말을 순서대로 바르게 연결한 것은?

	(A)	(B)	(C)
①	용이성	긴급성	중요성
②	용이성	중요성	긴급성
③	중요성	용이성	긴급성
④	중요성	긴급성	용이성

23 다음 중 문제해결을 위해 갖춰야 할 기본요소에 대한 설명으로 적절하지 않은 것은?

① 기존과 다른 방식으로 사고하기 위해 의식적인 노력을 기울인다.

② 문제해결에 관한 외부 강의 등을 수강하며, 문제해결을 위한 새로운 스킬을 습득한다.

③ 조직의 기능단위 수준에서 현 문제점을 분석하고 해결안을 도출하기 위해 노력한다.

④ 해결하기 어려운 문제에 당면하더라도 이를 통해 스스로를 더욱 발전시키겠다는 태도로 임한다.

24 윗마을에 사는 남자는 참말만 하고, 여자는 거짓말만 한다. 아랫마을에 사는 남자는 거짓말만 하고, 여자는 참말만 한다. 이 마을들에 사는 이는 남자거나 여자다. 윗마을 사람 두 명과 아랫마을 사람 두 명이 다음과 같이 대화하고 있을 때, 반드시 참인 것은?

> • 갑 : 나는 아랫마을에 살아.
> • 을 : 나는 아랫마을에 살아. 갑은 남자야.
> • 병 : 을은 아랫마을에 살아. 을은 남자야.
> • 정 : 을은 윗마을에 살아. 병은 윗마을에 살아.

① 갑은 윗마을에 산다.
② 갑과 을은 같은 마을에 산다.
③ 을과 병은 다른 마을에 산다.
④ 이 대화에 참여하고 있는 이들은 모두 여자다.

25 S사는 6층 건물의 모든 층을 사용하고 있으며, 건물에는 기획부, 인사교육부, 서비스개선부, 연구·개발부, 해외사업부, 디자인부가 층별로 위치하고 있다. 다음 〈조건〉을 참고할 때 항상 옳은 것은?(단, 6개의 부서는 서로 다른 층에 위치하며, 3층 이하에 위치한 부서의 직원은 출근 시 반드시 계단을 이용해야 한다)

> **조건**
> • 기획부의 문대리는 해외사업부의 이주임보다 높은 층에 근무한다.
> • 인사교육부는 서비스개선부와 해외사업부 사이에 위치한다.
> • 디자인부의 김대리는 오늘 아침 엘리베이터에서 서비스개선부의 조대리를 만났다.
> • 6개의 부서 중 건물의 옥상과 가장 가까이에 위치한 부서는 연구·개발부이다.
> • 연구·개발부의 오사원이 인사교육부 박차장에게 휴가 신청서를 제출하기 위해서는 4개의 층을 내려와야 한다.
> • 건물 1층에는 회사에서 운영하는 커피숍이 함께 있다.

① 출근 시 엘리베이터를 탄 디자인부의 김대리는 5층에서 내린다.
② 디자인부의 김대리가 서비스개선부의 조대리보다 먼저 엘리베이터에서 내린다.
③ 인사교육부와 커피숍은 같은 층에 위치한다.
④ 기획부의 문대리는 출근 시 반드시 계단을 이용해야 한다.

26 다음 〈조건〉을 보고 S은행의 대기자 중 업무를 보는 순서를 바르게 나열한 것은?

> **조건**
> - 예금 대기 순번과 공과금 대기 순번은 별개로 카운트된다.
> - 1인당 업무 처리 시간은 모두 동일하게 주어진다.
> - 예금 창구에서는 2번 대기자가 업무를 보고 있다.
> - 공과금 창구에서는 3번 대기자가 업무를 보고 있다.
> - A는 예금 업무를 보려고 한다.
> - A보다 B, D가 늦게 발권하였다.
> - B의 다음 대기자는 C이다.
> - D는 예금 업무를 보려고 한다.
> - A가 발권한 대기번호는 6번이다.
> - B가 발권한 대기번호는 4번이다.
> - E가 발권한 대기번호는 5번이다.

① A − B − C − D − E
② B − C − E − A − D
③ B − E − A − C − D
④ E − A − B − C − D

Hard

27 S사는 신제품의 품번을 다음과 같은 규칙에 따라 정한다. 제품에 설정된 임의의 영단어가 'intellectual'라면 이 제품의 품번으로 옳은 것은?

> 〈규칙〉
> 1단계 : 알파벳 a ~ z를 숫자 1, 2, 3, …으로 변환하여 계산한다.
> 2단계 : 제품에 설정된 임의의 영단어를 숫자로 변환한 값의 합을 구한다.
> 3단계 : 임의의 영단어 속 자음의 합에서 모음의 합을 뺀 값의 절댓값을 구한다.
> 4단계 : 2단계와 3단계의 값을 더한 다음 4로 나누어 2단계의 값에 더한다.
> 5단계 : 4단계의 값이 정수가 아닐 경우, 소수점 첫째 자리에서 버림한다.

① 120   ② 140
③ 160   ④ 180

28 다음 중 물적자원관리의 과정에 대한 설명으로 옳지 않은 것은?

① 물품의 정리 및 보관 시 물품을 앞으로 계속 사용할 것인지 그렇지 않을지를 구분해야 한다.

② 유사성의 원칙은 유사품을 같은 장소에 보관하는 것을 말하며, 이는 보관한 물품을 보다 쉽고 빠르게 찾을 수 있도록 하기 위해서 필요하다.

③ 물품이 특성에 맞는 보관장소를 선정해야 하므로, 종이류와 유리 등은 그 재질의 차이로 인해서 보관장소의 차이를 두는 것이 바람직하다.

④ 물품의 정리 시 회전대응 보관의 원칙은 입출하의 빈도가 높은 품목은 출입구 가까운 곳에 보관하는 것을 말한다.

Easy

29 다음 빈칸에 들어갈 말을 바르게 연결한 것은?

> 어떤 때는 시간이 빠르게 가는 것 같이 느껴지고 어떤 때는 느리게 가는 것 같이 느껴지지만, 시간은 일정한 ___㉠___ (으)로 진행된다. 또한, 시간은 잘 사용하면 무한한 이익을, 잘못 사용하면 엄청난 손해를 가져다준다. 즉, 시간은 사용하기에 따라 그 ___㉡___ 이/가 달라지는 것이다.

	㉠	㉡
①	방향	효과
②	방향	가치
③	속도	가치
④	속도	방향

30 다음은 예산관리의 정의이다. 빈칸에 들어갈 단어로 적절하지 않은 것은?

> 예산관리는 활동이나 사업에 소요되는 비용을 산정하고, 예산을 _____하는 것뿐만 아니라 예산을 _____하는 것 모두를 포함한다고 할 수 있다. 즉, 예산을 _____하고 _____하는 모든 일을 예산관리라고 할 수 있다.

① 편성   ② 구입

③ 통제   ④ 수립

31 다음은 S사에 근무하는 주혜란 사원의 급여명세서이다. 주사원이 10월에 시간외근무를 10시간 했을 경우, 시간외수당으로 받는 금액은?

〈급여지급명세서〉

사번	A26	성명	주혜란
소속	회계팀	직급	사원

• 지급 내역

지급항목(원)		공제항목(원)	
기본급여	1,800,000	주민세	4,500
시간외수당	( )	고용보험	14,400
직책수당	0	건강보험	58,140
상여금	0	국민연금	81,000
특별수당	100,000	장기요양	49,470
교통비	150,000	–	–
교육지원	0	–	–
식대	100,000	–	–
	–	–	–
급여 총액	2,150,000	공제 총액	207,510

※ (시간외수당)$=$(기본급)$\times\dfrac{\text{(시간외근무 시간)}}{200}\times150\%$

① 135,000원 ② 148,000원
③ 167,000원 ④ 195,000원

32 귀하의 팀은 출장근무를 마치고 서울로 복귀하고자 한다. 다음의 대화를 고려했을 때, 서울에 가장 일찍 도착할 수 있는 예정시각은?

〈상황〉

• 귀하가 소속된 팀의 팀원은 총 4명이다.
• 대전에서 출장을 마치고 서울로 돌아가려고 한다.
• 고속버스터미널에는 은행, 편의점, 화장실, 패스트푸드점 등이 있다.
※ 시설별 소요시간 : 은행 30분, 편의점 10분, 화장실 20분, 패스트푸드점 25분

〈대화 내용〉

A과장 : 긴장이 풀려서 그런가? 배가 출출하네. 햄버거라도 사 먹어야겠어.
B대리 : 저도 출출하긴 한데 그것보다 화장실이 더 급하네요. 금방 다녀오겠습니다.
C주임 : 그럼 버스표를 사야 하니 그 사이에 은행에 들러 현금을 찾아오겠습니다.
귀하 : 저는 그동안 버스 안에서 먹을 과자를 편의점에서 사 오겠습니다.
A과장 : 지금이 16시 50분이니까 다들 각자 볼일 보고 빨리 돌아와. 다 같이 타고 가야 하니까.

〈시외버스 배차정보〉

대전 출발	서울 도착	잔여좌석 수
17:00	19:00	6
17:15	19:15	8
17:30	19:30	3
17:45	19:45	4
18:00	20:00	8
18:15	20:15	5
18:30	20:30	6
18:45	20:45	10
19:00	21:00	16

① 17:45

② 19:15

③ 19:45

④ 20:15

33 S사는 하반기 신입사원 공개채용을 시행했다. 1차 서류전형과 인적성, 면접전형이 모두 끝나고 최종 면접자들의 점수를 확인하여 합격 점수 산출법에 따라 합격자를 선정하려고 한다. 총점이 80점 이상인 지원자가 합격한다고 할 때, 다음 중 합격자끼리 바르게 짝지어진 것은?

〈최종 면접 점수〉

구분	A	B	C	D	E
직업기초능력	75	65	60	68	90
의사소통능력	52	70	55	45	80
문제해결능력	44	55	50	50	49

〈합격 점수 산출법〉

- 직업기초능력×0.6
- 문제해결능력×0.4
- 의사소통능력×0.3
- 총점 : 80점 이상

※ 과락 점수(미만) : 직업기초능력 60점, 의사소통능력 50점, 문제해결능력 45점

① A, C

③ B, E

② A, D

④ C, E

34 ○○랜드는 S통신사 멤버십 회원들을 대상으로 다음과 같이 할인 이벤트를 진행하고 있다. S통신사 멤버십 회원인 B씨는 ○○랜드 이용권 할인을 받을 예정이며, 그의 아내와 청소년인 아들 1명, 소인인 딸 1명은 우대쿠폰을 적용할 예정이다. B씨 가족이 모두 주간권을 구입할 때 받게 될 할인금액과 야간권을 구입할 때 받게 될 할인금액의 차이는 얼마인가?

〈○○랜드 S통신사 멤버십 할인 이벤트〉

- S통신사 멤버십 카드 소지 시 본인은 정상가 40% 할인을 받습니다.
- S통신사 멤버십 카드 우대쿠폰을 통해 동반 3인까지 10% 할인을 받습니다.
- ○○랜드 이용권 정상가는 다음과 같습니다.

구분	주간권(종일)	야간권(17시 이후)
대인	54,000원	45,000원
청소년	46,000원	39,000원
소인	43,000원	36,000원

① 5,900원

③ 6,300원

② 6,100원

④ 6,500원

35 S은행에서는 건물 보수공사를 할 업체를 선정하려고 한다. 다음은 S은행에서 A ~ D 4개의 후보업체에 대한 부문별 점수와 부문별 가중치를 나타낸 자료이다. 가중치를 적용한 가중평균점수가 가장 높은 기업을 선정한다고 할 때, S은행에서 선정할 업체는?

〈후보업체별 점수 현황〉

(단위 : 점)

구분	규모	가격	위치
A업체	8	8	7
B업체	7	9	8
C업체	6	10	5
D업체	5	7	10

〈부문별 가중치〉

구분	규모	가격	위치
가중치	0.2	0.5	0.3

① A업체   ② B업체
③ C업체   ④ D업체

Easy

36 S회사는 7월 중에 신입사원 면접을 계획하고 있다. 면접에는 마케팅팀과 인사팀 차장, 인사팀 부장과 과장, 총무팀 주임이 한 명씩 참여한다. S회사에서는 6 ~ 7월에 계획된 여름 휴가를 팀별로 나누어 간다고 할 때, 다음 중 면접이 가능한 날짜는?

휴가 규정	팀별 휴가 시작일
• 차장급 이상 : 4박 5일 • 대리 ~ 과장 : 3박 4일 • 사원 ~ 주임 : 2박 3일	• 마케팅팀 : 6월 29일 • 인사팀 : 7월 6일 • 총무팀 : 7월 1일

① 7월 1일   ② 7월 3일
③ 7월 5일   ④ 7월 7일

37 다음 중 비공식적 조직과 공식적 조직에 대한 설명으로 옳지 않은 것은?

① 공식적 조직은 구성원 간 역할과 권한에 대한 규정이 있다.
② 비공식적 조직은 조직 구성원에게 소속감 등을 제공한다.
③ 공식적 조직의 유형에는 라인 조직, 매트릭스 조직 등이 있다.
④ 비공식적 조직은 의도적으로 구성된 조직으로 수명이 길다.

38 다음은 대부분의 조직에서 활용하고 있는 부서명과 담당 업무의 예를 나타낸 표이다. 이를 통해 부서명과 담당 업무의 내용으로 적절하지 않은 것은?

부서	업무 내용
총무부	주주총회 및 이사회개최 관련 업무, 의전 및 비서업무, 집기비품 및 소모품의 구매와 관리, 사무실 임차 및 관리, 차량 및 통신시설의 운영, 국내외 출장 업무 협조, 복리후생 업무, 법률자문과 소송관리, 사내외 홍보 광고업무
인사부	조직기구의 개편 및 조정, 업무분담 및 조정, 인력수급계획 및 관리, 직무 및 정원의 조정 종합, 노사관리, 평가관리, 상벌관리, 인사발령, 교육체계 수립 및 관리, 임금제도, 복리후생제도 및 지원업무, 복무관리, 퇴직관리
기획부	경영계획 및 전략 수립, 전사기획업무 종합 및 조정, 중장기 사업계획의 종합 및 조정, 경영정보 조사 및 기획보고, 경영진단업무, 종합예산수립 및 실적관리, 단기사업계획 종합 및 조정, 사업계획, 손익추정, 실적관리 및 분석
회계부	회계제도의 유지 및 관리, 재무상태 및 경영실적 보고, 결산 관련 업무, 재무제표 분석 및 보고, 법인세, 부가가치세, 국세 지방세 업무자문 및 지원, 보험가입 및 보상업무, 고정자산 관련 업무
영업부	판매 계획, 판매예산의 편성, 시장조사, 광고 선전, 견적 및 계약, 제조지시서의 발행, 외상매출금의 청구 및 회수, 제품의 재고 조절, 거래처로부터의 불만처리, 제품의 사후관리, 판매원가 및 판매가격의 조사 검토

① 지난달 퇴직자의 퇴직급여 수령액에 문제가 있어 인사부 직원은 회사 퇴직급여 규정을 찾아보고 정정 사항을 바로잡았다.
② 작년 판매분 중 일부 제품에 하자가 발생하여 고객의 클레임을 접수하고 하자보수 등의 처리를 담당하는 것은 영업부의 주도적인 역할이다.
③ 회사의 지속가능경영보고서에 수록되어 주주들에게 배포될 경영실적 관련 자료를 준비하느라 회계부 직원들은 연일 야근 중이다.
④ 사옥 이전에 따르는 이전 비용 산출과 신사옥 입주를 대내외에 홍보해야 할 업무는 기획부 소관 업무이다.

39 다음 글에서 제시된 조직의 특성으로 가장 적절한 것은?

> S기업의 사내 봉사 동아리에 소속된 70여 명의 임직원이 연탄 나르기 봉사 활동을 펼쳤다. 이날 임직원들은 지역 주민들이 보다 따뜻하게 겨울을 날 수 있도록 연탄 총 3,000장과 담요를 직접 전달했다. 사내 봉사 동아리에 소속된 S기업 ○○○대리는 "매년 진행하는 연말 연탄 나눔 봉사활동을 통해 지역사회에 도움의 손길을 전할 수 있어 기쁘다."며 "오늘의 작은 손길이 큰 불씨가 되어 많은 분들이 따뜻한 겨울을 보내길 바란다."라고 말했다.

① 인간관계에 따라 형성된 자발적인 조직
② 이윤을 목적으로 하는 조직
③ 규모와 기능 그리고 규정이 조직화되어 있는 조직
④ 조직 구성원들의 행동을 통제할 장치가 마련되어 있는 조직

40 다음 중 이사원이 처리해야 할 업무를 순서대로 바르게 나열한 것은?

> 현재 시각은 10시 30분. 이사원은 30분 후 거래처 직원과의 미팅이 예정되어 있다. 거래처 직원에게는 회사의 제1회의실에서 미팅을 진행하기로 미리 안내하였으나, 오늘 오전 현재 제1회의실 예약이 모두 완료되어 금일 사용이 불가능하다는 연락을 받았다. 또한 이사원은 오후 2시에 김팀장과 면담 예정이었으나, 오늘까지 문서 작업을 완료해달라는 부서장의 요청을 받았다. 이사원은 면담 시간을 미뤄보려 했지만 김팀장은 이사원과의 면담 이후 부서 회의에 참여해야 하므로 면담 시간을 미룰 수 없다고 답변했다.

> ㄱ. 거래처 직원과의 미팅
> ㄴ. 11시에 사용 가능한 회의실 사용 예약
> ㄷ. 거래처 직원에게 미팅 장소 변경 안내
> ㄹ. 김팀장과의 면담
> ㅁ. 부서장이 요청한 문서 작업 완료

① ㄱ - ㄷ - ㄴ - ㄹ - ㅁ
② ㄴ - ㄷ - ㄱ - ㅁ - ㄹ
③ ㄴ - ㄷ - ㄱ - ㄹ - ㅁ
④ ㄷ - ㄴ - ㄱ - ㅁ - ㄹ

41 다음은 S공사의 해외시장 진출 및 지원 확대를 위한 전략과제의 필요성을 제시한 자료이다. 이를 통해 도출된 과제의 추진 방향으로 적절하지 않은 것은?

전략과제의 필요성
1. 해외시장에서 기관이 수주할 수 있는 산업 발굴
2. 국제사업 수행을 통한 경험축적 및 컨소시엄을 통한 기술·노하우 습득
3. 해당 산업 관련 민간기업의 해외진출 활성화를 위한 실질적 지원

① 국제기관의 다양한 자금을 활용하여 사업을 발굴하고, 해당 사업의 해외진출을 위한 기술역량을 강화한다.
② 해외봉사활동 등과 연계하여 기관 이미지 제고 및 사업에 대한 사전조사, 시장조사를 통한 선제적 마케팅 활동을 추진한다.
③ 국제경쟁입찰의 과열 경쟁 심화와 컨소시엄 구성 시 민간기업과 업무배분, 이윤 추구성향 조율에 어려움이 예상된다.
④ 해당 산업 민간(중소)기업을 대상으로 입찰 정보제공, 사업전략 상담, 동반 진출 등을 통한 실질적 지원을 확대한다.

Easy

42 다음 지시사항의 내용으로 적절하지 않은 것은?

> 은경씨, 금요일 오후 2시부터 10명의 인·적성검사 합격자의 1차 면접이 진행될 예정입니다. 5층 회의실 사용 예약을 지금 미팅이 끝난 직후 해주시고, 2명씩 5개 조로 구성하여 10분씩 면접을 진행하니 지금 드리는 지원 서류를 참고하시어 수요일 오전까지 5개 조를 구성한 보고서를 저에게 주십시오. 그리고 2명의 면접 위원님께 목요일 오전에 면접 진행에 대해 말씀드려 미리 일정 조정을 완료해주시기 바랍니다.

① 면접은 10분씩 진행된다.
② 은경씨는 수요일 오전까지 보고서를 제출해야 한다.
③ 면접은 금요일 오후에 10명을 대상으로 실시된다.
④ 인·적성검사 합격자는 본인이 몇 조인지 알 수 있다.

43 다음 중 승진을 하면 할수록 무능력하게 되는 현상으로 가장 적절한 것은?

① 피터의 법칙   ② 샐리의 법칙
③ 무어의 법칙   ④ 머피의 법칙

44 S은행에서 근무하는 강과장은 '한여름 밤의 음악회'와 관련하여 유대리에게 다음과 같이 부탁하였다. 유대리가 가장 먼저 처리해야 할 일로 가장 적절한 것은?

> 유대리님, 퇴근하기 전에 음악회 장소를 다시 점검하러 가보셔야 할 것 같아요. 저번에 김과장님이 오른쪽 조명이 깜빡인다고 말씀하시더라고요. △△조명은 11시부터 영업을 시작하고, 음악회 주최 위원들은 점심시간에 오신다고 하니 함께 점심 드시고 오후에 연락하여 점검을 같이 나가자고 연락드려 주세요.
> 아, 그리고 제가 지금 외근을 나가야 하는데 오늘 몇 시에 들어올 수 있을지 모르겠어요. 일단 점심식사 후 음악회 주최 위원들께 음악회 일정표를 전달해주세요. 그리고 조명 점검하시고 꼭 김과장님께 상황 보고해 주세요.

① 한여름 밤의 음악회 장소 점검
② △△조명에 조명 점검 협조 연락
③ 음악회 주최 의원들과 점심
④ 음악회 주최 의원들에게 일정표 전달

45 다음 〈보기〉의 맥킨지 7S 모델을 소프트웨어적 요소와 하드웨어적 요소로 바르게 구분한 것은?

> **보기**
>
> ㄱ. 스타일(Style)
> ㄷ. 전략(Strategy)
> ㅁ. 구조(Structure)
> ㅅ. 시스템(Systems)
>
> ㄴ. 구성원(Staff)
> ㄹ. 스킬(Skills)
> ㅂ. 공유가치(Shared Values)

	소프트웨어	하드웨어
①	ㄱ, ㄴ, ㄷ, ㅂ	ㄹ, ㅁ, ㅅ
②	ㄱ, ㄴ, ㄹ, ㅂ	ㄷ, ㅁ, ㅅ
③	ㄴ, ㄷ, ㅂ, ㅅ	ㄱ, ㄹ, ㅁ
④	ㄴ, ㄹ, ㅁ, ㅅ	ㄱ, ㄷ, ㅂ

46 다음 중 데이터베이스 설계 단계를 올바른 순서로 나열한 것은?

① 요구조건 분석 → 개념적 설계 → 물리적 설계 → 논리적 설계 → 구현
② 요구조건 분석 → 물리적 설계 → 개념적 설계 → 논리적 설계 → 구현
③ 개념적 설계 → 물리적 설계 → 논리적 설계 → 요구조건 분석 → 구현
④ 요구조건 분석 → 개념적 설계 → 논리적 설계 → 물리적 설계 → 구현

47 다음 프로토콜 중 IP주소를 MAC주소로 변환시켜주는 프로토콜은?

① ARP
② TCP
③ SMTP
④ UDP

48 다음 중 CPU를 경유하지 않고 고속의 입출력장치와 기억장치가 직접 데이터를 주고받는 방식은?

① DMA(Direct Memory Access)
② 채널 제어기에 의한 입출력
③ 프로그램에 의한 입출력(Programmed I/O)
④ 인터럽트에 의한 입출력(Interrupt Driven I/O)

`Easy`

49 다음 중 UNIX 운영체제에 대한 설명으로 옳지 않은 것은?

① 다중 사용자 운영체제이다.
② Windows기반 운영체제이다.
③ 다중 프로세스 운영체제이다.
④ 주로 C언어로 작성된 운영체제이다.

50 다음 중 중앙처리장치(CPU)의 기능에 대한 설명으로 옳지 않은 것은?

① 산술연산, 논리연산을 수행

② 원시프로그램을 목적프로그램으로 변환하는 기능 수행

③ 프로그램과 데이터를 저장하는 기능 수행

④ 작업을 감독하는 기능 수행

51 다음 중 워크시트의 인쇄에 대한 설명으로 옳지 않은 것은?

① 인쇄 영역에 포함된 도형은 기본적으로 인쇄가 되지 않으므로 인쇄를 하려면 도형의 [크기 및 속성] 대화상자에서 '개체 인쇄' 옵션을 선택해야 한다.

② 인쇄하기 전에 워크시트를 미리 보려면 〈Ctrl〉＋〈F2〉키를 누른다.

③ 기본적으로 화면에 표시되는 열 머리글(A, B, C 등)이나 행 머리글(1, 2, 3 등)은 인쇄되지 않는다.

④ 워크시트의 내용 중 특정 부분만을 인쇄 영역으로 설정하여 인쇄할 수 있다.

52 다음 중 데이터 유효성 검사에 대한 설명으로 옳지 않은 것은?

① 목록의 값들을 미리 지정하여 데이터 입력을 제한할 수 있다.

② 입력할 수 있는 정수의 범위를 제한할 수 있다.

③ 목록으로 값을 제한하는 경우 드롭다운 목록의 너비를 지정할 수 있다.

④ 유효성 조건 변경 시 변경 내용을 범위로 지정된 모든 셀에 적용할 수 있다.

53 귀하는 회사 내의 자원봉사활동으로 S보육원에서 워드프로세서 강의를 맡게 되었다. S보육원에서 강의하는 내용 중 삽입, 삭제, 수정에 대한 설명으로 옳지 않은 것은?

① 삽입 상태에서 삽입할 위치에 커서를 두고 새로운 내용을 입력하면 원래의 내용은 뒤로 밀려나며 내용이 입력됩니다.

② 임의의 내용을 블록(영역) 지정한 후 [Delete] 키를 누르면 영역을 지정한 곳의 내용은 모두 삭제됩니다.

③ [Delete] 키는 커서는 움직이지 않고 오른쪽 문자열을 하나씩 삭제합니다.

④ [Space Bar]는 삽입 상태에서 커서를 오른쪽으로 이동시키면서 한 문자씩 삭제합니다.

54 다음 중 Windows 탐색기에서 사용하는 바로가기 키에 대한 설명으로 옳지 않은 것은?

① [F4] : 선택한 파일 / 폴더의 이름 변경하기
② [F3] : 검색
③ [F1] : 도움말 보기
④ [F5] : 목록 내용을 최신 정보로 수정

55 다음 중 파워포인트에서 텍스트의 단축키 기능으로 옳지 않은 것은?

① Ctrl + E → 텍스트를 가운데에 맞춘다.
② Ctrl + B → 텍스트를 굵게 만든다.
③ Ctrl + I → 텍스트에 밑줄을 긋는다.
④ Ctrl + Shift + . → 텍스트 크기를 늘린다.

56 다음은 A주식회사의 공장별 9월 생산량 현황이다. 각 셀에 들어간 함수의 결괏값으로 옳지 않은 것은?

	A	B	C	D	E	F
1	〈A주식회사 공장별 9월 생산량 현황〉					
2	구분	생산량	단가	금액	순위	
3					생산량 기준	금액 기준
4	안양공장	123,000	10	1,230,000		
5	청주공장	90,000	15	1,350,000		
6	제주공장	50,000	15	750,000		
7	강원공장	110,000	11	1,210,000		
8	진주공장	99,000	12	1,188,000		
9	계	472,000		5,728,000		

① [F4] : =RANK(D4,D4:D8,1) → 4
② [E4] : =RANK(B4,B4:B8,0) → 1
③ [E6] : =RANK(B6,B4:B8,0) → 5
④ [F8] : =RANK(D8,D4:D8,0) → 2

57 다음 시트에서 현재를 기준으로 재직기간이 8년 이상인 재직자의 수를 구하려고 한다. 재직연수를 구하는 함수식을 [D2] 셀에 넣고 [D8] 셀까지 드래그한 후 [F2] 셀에 앞서 구한 재직연수를 이용하여 조건에 맞는 재직자 수를 구하는 함수식을 넣으려 할 때, 각 셀에 넣을 함수식으로 옳은 것은?

	A	B	C	D	E	F
1	재직자	부서	입사일	재직연수		8년 이상 재직자 수
2	K씨	인사팀	2011-12-21			
3	O씨	회계팀	2009-05-01			
4	G씨	개발팀	2010-10-25			
5	J씨	경영팀	2005-05-05			
6	M씨	마케팅팀	2009-11-02			
7	L씨	디자인팀	2012-01-05			
8	C씨	물류팀	2013-05-07			
9						

[D2] [F2]

① =DATEDIF(C2,TODAY(),"Y") =COUNTIF(D2:D8,">=8")

② =DATEDIF(C2,TODAY(),Y) =COUNTIF(D2:D8,>=8)

③ =DATEDIF(C2,NOW(),"Y") =COUNTIF(D2:D8,>=8)

④ =DATEDIF(C2,TODAY(),Y) =COUNTIF(D2:D8,"<=8")

58 다음 워크시트를 참조하여 작성한 수식 「=INDEX(B2:D9,2,3)」의 결과는?

	A	B	C	D
1	코드	정가	판매수량	판매가격
2	L-001	25,400	503	12,776,000
3	D-001	23,200	1,000	23,200,000
4	D-002	19,500	805	15,698,000
5	C-001	28,000	3,500	98,000,000
6	C-002	20,000	6,000	96,000,000
7	L-002	24,000	750	18,000,000
8	L-003	26,500	935	24,778,000
9	D-003	22,000	850	18,700,000

① 19,500 ② 23,200,000

③ 1,000 ④ 805

Easy

59

```
#include 〈stdio.h〉
int main( )
{
    int sum = 95;
    sum + = 3;
    printf("5 + 3 = %d\n", sum);
     return 0;
}
```

① 98   ② 92

③ 0   ④ 95

60

```
#include 〈stdio.h〉
#define XN(n)  x ## n

int main(void)
{
                                int XN(1) = 10;
                                int XN(2) = 20;
                                printf("%d", x2);

                                return 0;
}
```

① 1   ② 2

③ 10   ④ 20

61 다음 중 금융기관에 대한 설명으로 옳은 것은?

① 예금은행은 통화금융정책을 사용할 권한을 가지고 있다.

② 예금은행은 통화금융기관으로 제1금융권이라고 한다.

③ 산업은행과 같은 개발기관은 주로 단기자금을 공급하기 위해 설립된 금융기관이다.

④ 자금중개기능을 담당하는 투자기관의 대표적인 예가 증권회사이다.

62 다음 중 주식 및 채권에 대한 설명으로 옳지 않은 것은?

① 보합은 주가가 아주 조금 상승했거나 하락했을 때 사용하는 용어로 상승한 채로 보합인 상태는 강보합, 하락한 채로 보합인 상태는 약보합이라고 한다.

② 불마켓(Bull Market)은 경기가 상승하면서 주가가 장기적으로 오르는 시기를 말한다.

③ 액면은 각 채권마다 권면에 표시되어 있는 금액을 지칭하며, 권면 금액이라고도 한다.

④ 발행이율은 액면에 대한 1개월 당 이자의 월이율을 의미한다.

63 다음 중 두 거래 당사자가 계약일에 약정된 환율에 따라 해당통화를 일정 시점에서 상호 교환하는 외환거래는?

① 통화옵션(Money Option)

② 금리스왑(Interest Rate Swap)

③ 통화스왑(Currency Swaps)

④ 외환스왑(Foreign Exchange Swap)

64 다음 중 자금긴축과 함께 금리인상 정책을 펴는 것을 의미하는 용어는?

① 타이트닝   ② 테이퍼링

③ 양적완화   ④ 긴축발작

65 다음 중 금융회사로 하여금 내부통제와 법규 준수를 용이하게 하는 정보기술은?

① 인슈어테크
② 레그테크
③ 블록체인
④ 핀테크

66 다음 중 채권가격이 상승하는 조건으로 옳지 않은 것은?

① 시중금리가 높아지면 채권가격도 상승한다.
② 채권의 현재가치가 높아지면, 채권가격도 상승한다.
③ 채권의 만기일이 가까워지면 채권가격이 상승한다.
④ 주식 투자를 통한 수익이 작아지면 상대적으로 채권가격이 상승한다.

67 다음 중 미국 트리핀 교수가 처음 주장한 것으로, 국제 결제나 금융거래의 기본이 되는 통화를 일컫는 용어는?

① 준비통화
② 결제통화
③ 기축통화
④ 개입통화

68 다음 중 국내 기업이 발행한 가상화폐로 국내 가상자산 거래소에 상장되어 거래가 가능한 코인을 가리키는 용어는?

① 김치코인
② 스캠코인
③ 알트코인
④ 스테이블코인

69 수표는 은행 등 발행인이 지급인에 대하여 수취인, 기타 정당한 소지인에게 일정한 금액을 지급할 것을 위탁하는 증권을 말한다. 다음 중 수표의 종류에 대한 설명으로 옳지 않은 것은?

① 당좌수표는 발행인이 은행에 당좌 거래를 개설한 후 발행한 수표이다.

② 선일자수표는 발행일보다 후일을 발행일자로 기재하여 미리 발행한 수표이다.

③ 횡선수표는 수표의 발행인 또는 소지인이 수표의 표면에 세 줄의 평행선을 그은 수표이다.

④ 위탁수표는 발행인이 타인의 계산으로 발행한 수표이다.

70 다음 중 환매조건부채권을 뜻하는 약어는?

① RP   ② MMF
③ CP   ④ CD

71 다음 중 국제결제은행(BIS)이 정한 은행의 자기자본비율은 얼마인가?(단, 바젤 III을 기준으로 한다)

① 7% 이상   ② 8% 이상
③ 9% 이상   ④ 10% 이상

Easy
72 다음 중 백화점과 같은 오프라인 매장에서 상품을 직접 만져보고 체험한 후, 실제 구매는 가격이 더 싼 온라인에서 하는 소비자를 일컫는 용어는?

① 트윈슈머(Twinsumer)   ② 쇼루밍족(Showrooming)
③ 체리 피커(Cherry Picker)   ④ 얼리 어답터(Early Adopter)

73 다음 〈보기〉에서 경제 용어에 대한 설명으로 옳은 것을 모두 고르면?

> **보기**
>
> ㄱ. 립스틱 효과(Lipstick Effect) : 경제적 불황기에 나타나는 특이한 소비패턴으로, 소비자 만족
>   도가 높으면서도 가격이 저렴한 사치품(기호품)의 판매량이 증가하는 현상
> ㄴ. 링겔만 효과(Ringelmann Effect) : 어떤 집단에 속하는 구성원의 개인별 집단 공헌도(생산성)
>   가 집단 크기가 커질수록 점점 낮아지는 경향을 가리키는 말
> ㄷ. 메디치 효과(Medici Effect) : 서로 다른 분야의 요소들이 결합할 때 각 요소들이 갖는 에너지
>   의 합보다 더 큰 에너지를 분출하게 되는 효과
> ㄹ. 시뇨리지 효과(Seigniorage Effect) : 중앙은행이 화폐를 발행함으로써 얻는 손해 또는 국제통
>   화를 보유한 국가가 누리는 경제적 손해

① ㄱ, ㄴ
② ㄴ, ㄷ
③ ㄷ, ㄹ
④ ㄱ, ㄴ, ㄷ

74 경제 전반적으로 상품과 서비스의 가격이 지속적으로 하락하는 현상을 디플레이션(Deflation)이라
고 한다. 다음 중 디플레이션의 상황으로 옳지 않은 것은?

① 고용이 증가된다.
② 돈의 가치가 올라간다.
③ 채무자의 채무 실질가치가 더욱 상승한다.
④ 주가는 하락하고 부동산의 가격도 하락한다.

75 다음 중 케인스의 유동성선호설에 대한 설명으로 옳지 않은 것은?

① 이자율이 최저수준이면 투기적 화폐수요는 최대가 된다.
② 투기적 화폐수요에 영향을 미치는 이자율은 국공채와 회사채, 주식 등 각종 자산의 예상수익률을
   포함하고 있다.
③ 실질화폐수요는 실질국민소득과 명목이자율의 함수이다.
④ 통화량의 변동이 이자율의 변동을 통해 총수요와 실질국민소득을 변동시킨다고 가정한다.

76 기업이 자금을 조달하는 방식 중 직접금융방식이 아닌 것은?

① 은행으로부터 차입
② 주식공모
③ 회사채 발행
④ 외국인에 의한 직접투자

Hard
77 다음 중 마코위츠의 평균분산모델에 대한 설명으로 옳지 않은 것은?

① 포트폴리오의 위험은 개별종목의 고유위험＋타종목의 공분산위험이다.
② 분산종목수를 증가시켜도 줄어들지 않는 위험을 체계적 위험이라고 한다.
③ n개의 자산에 투자하게 되면 공분산의 수는 $2n$개가 된다.
④ 무위험 자산을 실제로는 국채 수익률로 가정하고 있다.

78 다음 내용의 전략적 자산배분의 실행방법은?

> '지배원리'와 효용함수에 따라 '최적 포트폴리오'를 구성하고 이를 전략적 자산배분으로 간주한다.
> 다만, 입력변수의 수준변화에 지나치게 민감한 단점이 있다.

① 시장가치 접근방법
② 위험 – 수익 최적화방법
③ 전술적 자산배분전략
④ 포뮬러 플랜(Formula Plan)

79 다음 중 기대수익률의 측정방식에 대한 설명으로 옳지 않은 것은?

① 주식의 기대수익률＝무위험이자율＋위험프리미엄
② 주식의 기대수익률＝1/PER
③ 주식의 기대수익률＝배당수익률＋PER 장기성장률
④ 추세분석법은 자산집단의 과거 장기간 수익률을 분석하여 미래의 수익률로 사용하는 방법이다.

80 다음 중 전략적 자산분배의 실행단계의 순서로 가장 적절한 것은?

> ㄱ. 자산집단의 선택
> ㄴ. 선택된 자산집단의 기대수익, 원금, 상관관계의 추정
> ㄷ. 투자자의 투자목적과 투자제약조건을 파악
> ㄹ. 효율적인 최적자산의 구성

① ㄱ - ㄷ - ㄴ - ㄹ
② ㄱ - ㄷ - ㄹ - ㄴ
③ ㄴ - ㄹ - ㄷ - ㄱ
④ ㄷ - ㄱ - ㄴ - ㄹ

81 다음 빈칸에 공통으로 들어갈 말로 가장 적절한 것은?

> • _____은/는 1970년대 미국 청년들 사이에서 유행한 자동차 게임이론에서 유래되었다.
> • _____의 예로 중동 최대 산유국인 사우디아라비아는 러시아가 국제유가 부양을 위한 정책을 거부하자 석유 생산량을 늘리고 공급 가격을 낮춰 러시아와 미국 셰일 업계를 동시에 압박하는 석유전쟁을 시작한 것을 볼 수 있다.

① 필리버스터
② 모라벡의 역설
③ 제로섬게임
④ 치킨게임

82 다음 중 고소득층의 소득 증대가 소비 및 투자 확대로 이어져 궁극적으로 저소득층의 소득도 증가하게 되는 효과를 일컫는 용어는?

① 낙수효과
② 분수효과
③ 풍선효과
④ 기저효과

83 다음 중 거미집 이론과 관계가 없는 것은?

① 가격차별
② 시장균형가격
③ 시장균형의 안정조건
④ 생산자의 가격예상

84 다음 중 목표에 의한 관리의 장점이 아닌 것은?

① 개선된 경영관리를 가져온다.
② 조직의 구조와 역할을 명확히 한다.
③ 효과적인 통제를 할 수 있다.
④ 타당하고 실현성 있는 목표를 설정하기 쉽다.

85 다음 중 수직적 마케팅 시스템에 대한 설명으로 적절하지 않은 것은?

① 산업재 마케팅 유통경로의 지배적인 시스템이다.
② 경로활동을 통제하고 경로갈등을 해소하기 위해 생겨났다.
③ 경로상의 한 구성원이 다른 구성원들을 모두 소유할 경우도 있다.
④ 생산자와 도매상, 소매상들이 하나의 통일된 시스템을 이룬 유통경로이다.

86 다음에서 설명하고 있는 용어는?

> 회사들이 과거의 부실요소를 한 회계연도에 모두 반영하여 손실이나 이익규모를 있는 그대로 회계장부에 드러내는 것으로 과오를 과거의 CEO에게 모두 돌리고 앞으로의 실적향상이라던가 하는 긍정적인 요소는 자기의 공으로 돌릴 수 있기 때문에 회사의 CEO가 교체될 때 종종 행해진다.

① 윈도 드레싱
② 빅 배스
③ 분식회계
④ 숏 커버링

87 다음 중 프로젝트 조직에 대한 설명으로 옳지 않은 것은?

① 환경변화로 인한 불확실성을 감소시키기 위해 등장한 기술적 의사결정구조이다.

② 신규・혁신적・비상례적 문제달성을 위해 형성된 정태적 조직이다.

③ 계층적 구조라는 성격보다 직무설계의 체계라는 성격이 더 강하다.

④ 특정 목표의 달성을 위한 일시적 조직이다.

88 다음 중 직업생활의 질(QWL)의 내용으로 옳지 않은 것은?

① 교육기회의 확대 　　　　　　② 근로환경의 쾌적
③ 고충처리의 신속 　　　　　　④ 노동의 상품화

89 다음 중 의사결정에 대한 설명으로 옳지 않은 것은?

① 문제해결을 위한 여러 가지 대안 중에서 하나의 대안을 선택하는 것이다.

② 목표달성을 위한 미래의 행동방안을 결정하는 계획수립의 핵심이 된다.

③ 의사결정은 경영자의 역할 중 중요한 부분을 차지하고 있다.

④ 한 부서의 의사결정은 다른 부서와는 관계가 없다.

Easy
90 다음 중 생산할 품목 수가 적고 생산공정이 단순한 생산계획에 그래프나 표를 이용하여 계획을 수립하는 총괄생산계획기법은?

① 도표적 접근방법 　　　　　　② 수리적 접근방법
③ 휴리스틱 접근방법 　　　　　④ 확률적 접근방법

91 다음 중 제품수명주기의 정의로 가장 적절한 것은?

① 제품개발에서부터 소비자에게 전달될 때까지의 기간을 말한다.

② 신제품이 시장에 도입되어 쇠퇴할 때까지의 기간을 말한다.

③ 고객이 만족할 때까지 계획에서부터 판매 이후까지도 포함되는 개념이다.

④ 제품개발에서부터 고객의 욕구가 충족될 때까지의 기간을 말한다.

92 다음 중 Off - JT에 대한 설명으로 옳은 것은?

① 신입사원이 직무를 착수하기 전에 특별한 훈련을 받지 않고 직접 어떤 직무에 배치되어 현장에서 작업을 하는 시간에 훈련을 받는 것이다.

② 신입사원이 기업에 들어오기 이전의 학교나 기타 훈련기관에서 받은 교육을 말하는 것이다.

③ 신입사원이 직무에 착수하기 전에 별도로 현장 밖에서 사전에 직무수행을 위한 훈련을 받는 것이다.

④ 신입사원이 현장에서 작업을 계속하는 도중에 직장이나 고참사원에 의하여 직무훈련을 받는 것이다.

93 다음은 테일러(F. Taylor)의 과학적 관리법에 대한 설명이다. 빈칸에 들어갈 개념으로 올바른 것은?

테일러(F. Taylor)의 _____의 목표는 '높은 임금, 낮은 노무비의 원리'로 집약된다.
테일러는 작업에 관련된 시간과 동작을 과학적으로 분석해 가장 생산성을 높일 수 있는 방법을 찾고자 하였다.

① 조직관리   ② 시간관리
③ 과업관리   ④ 동작관리

94 다음 협동조합 중 사업 이용 규모에 비례해 의결권(투표권)을 부여하는 형태의 조합은?

① 소비자협동조합   ② 농업협동조합

③ 노동자협동조합   ④ 신세대협동조합

95 다음 중 채권이나 주식과 같이 전통적인 투자 상품 대신 부동산, 인프라스트럭처, 사모펀드 등에 투자하는 방식은?

① 대체투자   ② 순투자

③ 재고투자   ④ 민간투자

96 다음 중 기업의 경영이념에 대한 설명으로 옳지 않은 것은?

① 기업경영의 지도원리를 의미한다.

② 기업의 행동기준이 되는 존립철학이다.

③ 기업이 지향해 나가야 할 궁극적인 목적을 말한다.

④ 경영활동을 전개하는 데 있어 설정되어야 할 정신자세이다.

97 다음 중 커뮤니케이션 네트워크형태 중에서 집단의 만족도는 높으나 문제해결의 속도나 정확도가 낮은 유형은?

① 원형　　　　　　　　　　　　② 완전연결형
③ Y자형　　　　　　　　　　　 ④ 쇠사슬형

98 다음 중 관리자에게 자주 발생하는 일에 관한 메모, 보고서, 전화, 메시지 등과 같은 업무용 자료를 주고 이 자료에 포함된 정보에 따라 행동하도록 하는 훈련방법은?

① 회의식 방법　　　　　　　　② 역할연기법
③ 감수성 훈련　　　　　　　　④ 인바스켓(In-Basket) 훈련

99 기업은 영업활동을 수행하면서 최소의 비용으로 재고자산을 관리하여야 한다. 다음 중 재고 관련 비용이 최소가 되는 경제적 주문량(EOQ) 모형의 기본적인 가정에 속하지 않는 것은?

① 단위당 재고유지비용은 일정하다.
② 재고조달기간이 정확히 지켜진다.
③ 재고자산의 사용률은 일정하게 알려져 있다.
④ 재고자산의 단위당 구입원가는 일정하다.

100 다음 중 아이디어를 빠르게 시제품으로 만들어 시장의 반응을 본 후, 이를 반영하여 다음 제품을 만들고 이런 과정을 반복하여 성공률을 높이는 전략을 가리키는 용어는?

① 린 스타트업(Lean Startup)　　　② 팝업 스토어(Pop-up Store)
③ 패스트 패션(Fast Fashion)　　　④ 콜라보레이션(Collaboration)

PART 4

인성검사

4 | 인성검사

개인이 업무를 수행하면서 능률적인 성과물을 만들기 위해서는 개인의 능력과 경험 그리고 회사에서의 교육 및 훈련 등이 필요하지만, 개인의 성격이나 성향 역시 중요하다. 여러 직무분석 연구에서 나온 결과들에 따르면, 직무에서의 성공과 관련된 특성들 중 최고 70% 이상이 능력보다는 성격과 관련이 있다고 한다. 따라서 최근 기업들은 인적성검사의 비중을 높이고 있는 추세이다.

현재 기업들은 인적성검사를 KIRBS(한국행동과학연구소)나 SHR(에스에이치알) 등의 전문기관에 의뢰해서 시행하고 있다. 전문기관에 따라서 인적성검사 방법에 차이가 있고, 보안을 위해서 인적성검사를 의뢰한 기업을 공개하지 않아 특정 기업의 인적성검사를 정확하게 판단할 수 없지만, 지원자들이 후기에 올린 문제를 통해 인적성검사 유형을 예상할 수 있다. 본서는 신협중앙회의 인적성검사와 수검요령 및 검사 시 유의사항에 대해 간략하게 정리하였다. 또한 인적성검사 모의연습을 통해 실제 시험 유형을 확인할 수 있도록 하였다.

01 인적성검사의 개요

신협중앙회의 인재상과 적합한 인재인지를 평가하는 테스트로, 지원자의 개인 성향이나 인성에 대한 질문으로 구성되어 있다. 자신이 선호하는 도형과 색을 묻는 질문, 개인의 성향 질문에 대하여 묻는 질문 등 총 250문항이 출제되었다.

02 인적성검사 수검요령

인적성검사는 특별한 수검요령이 없다. 다시 말하면 모범답안이 없고, 정답이 없다는 이야기이다. 국어 문제처럼 말의 뜻을 풀이하는 것도 아니다. 굳이 수검요령을 말하자면, 진실하고 솔직한 자신의 생각이 최고의 답변이라고 할 수 있을 것이다.

인적성검사에서 가장 중요한 것은 첫째, 솔직한 답변이다. 지금까지의 경험을 통해서 축적해 온 자신의 생각과 행동을 거짓 없이 솔직하게 기재를 하는 것이다. 예를 들어, '나는 타인의 물건을 훔치고 싶은 충동을 느껴본 적이 있다.'란 질문에 지원자들은 많은 생각을 하게 된다. 생각해 보라. 유년기에 또는 성인이 되어서도 타인의 물건을 훔치는 일을 저지른 적은 없더라도, 훔치고 싶은 충동은 누구나 조금이라도 느껴보았을 것이다. 그런데 이 질문에 고민을 하는 사람이 간혹 있다. 이 질문에 '예'라고 대답하면 담당 검사관들이 나를 사회적으로 문제가 있는 사람으로 여기지는 않을까 하는 생각에 '아니오'라는 답을 기재하게 된다. 이런 솔직하지 않은 답변이 답변의 신뢰와 솔직함을 나타내는 타당성 척도에 좋지 않은 점수를 주게 된다.

둘째, 일관성 있는 답변이다. 인적성검사의 수많은 질문 문항 중에는 비슷한 뜻의 질문이 여러 개 숨어 있는 경우가 많이 있다. 그 질문들은 지원자의 솔직한 답변과 심리적인 상태를 알아보기 위해 내포되어 있는 문항들이다. 예컨대 '나는 유년시절 타인의 물건을 훔친 적이 있다.'라는 질문에 '예'라고 대답했는데, '나는 유년시절 타인의 물건을 훔쳐보고 싶은 충동을 느껴본 적이 있다.'라는 질문에는 '아니오'라는 답을 기재한다면 어떻겠는가. 일관성 없이 '대충 기재하자.'라는 식의 심리적 무성의성 답변이 되거나, 정신적으로 문제가 있는 사람으로 보일 수 있다.

인적성검사는 많은 문항을 풀어야하므로 지원자들은 지루함과 따분함, 반복된 뜻의 질문에 의한 인내력 상실 등이 나타날 수 있다. 인내를 가지고 솔직하게 내 생각을 대답하는 것이 무엇보다 중요한 요령이 될 것이다.

03 인적성검사 시 유의사항

(1) 충분한 휴식으로 불안을 없애고 정서적인 안정을 취한다. 심신이 안정되어야 자신의 마음을 표현할 수 있다.

(2) 생각나는 대로 솔직하게 응답한다. 자신을 너무 과대포장하지도, 너무 비하하지 않도록 한다. 답변을 꾸며서 하면 앞뒤가 맞지 않게끔 구성돼 있어 불리한 평가를 받게 되므로 솔직하게 답하도록 한다.

(3) 검사문항에 대해 지나치게 골똘히 생각해서는 안 된다. 지나치게 몰두하면 엉뚱한 답변이 나올 수 있으므로 불필요한 생각은 삼간다.

(4) 인적성검사는 대개 문항수가 많기에 자칫 건너뛰는 경우가 있는데, 가능한 모든 문항에 답해야 한다. 응답하지 않은 문항이 많을 경우 평가자가 정확한 평가를 내리지 못해 불리한 평가를 받을 수 있기 때문이다.

※ 본 모의연습은 개인 성향 파악을 위한 문제로 정답을 따로 제공하지 않는 유형이니 참고하기 바랍니다.

※ 다음 중 자신이 선호하는 도형의 형태를 고르시오. [1~20]

01 ①   ②

③ ④

⑤

02 ① ②

③ ④

⑤

03 ①   ②

③ ④

⑤

04

① □ (square inside square)

② (arrow inside square)

③ S (inside square)

④ ○ (circle inside square)

⑤ △ (triangle inside square)

05

① ○ (circle)

② (half circle)

③ (quarter circle)

④ (pac-man shape)

⑤ (S-shaped figure)

06

① (triangle over rectangle)

② (inverted triangle over half circle)

③ (triangle over half circle)

④ (triangle over half circle, teardrop)

⑤ (inverted triangle over half circle)

07
①
②
③
④
⑤

08
①
②
③
④
⑤

09
①
②
③
④
⑤

10
①
②
③
④
⑤

11
①
②
③
④
⑤

12
①
②
③
④
⑤

13

①   ②

③   ④

⑤

14

①   ②

③   ④

⑤

15

①   ②

③   ④

⑤

16   ①   ②

③   ④

⑤

17   ①   ②

③   ④

⑤

18   ①   ②

③   ④

⑤

19
① A
② F
③ G
④ J
⑤ Q

20
① 가
② 가
③ 가
④ 가
⑤ 가

※ 다음 중 자신이 선호하는 색을 고르시오. **[21~40]**

21
① 빨간색
② 주황색
③ 노란색
④ 초록색
⑤ 파란색

22
① 보라색
② 분홍색
③ 자주색
④ 붉은보라색
⑤ 남보라색

23
① 주황색   ② 귤색
③ 노란색   ④ 노란연두색
⑤ 연두색

24
① 연두색   ② 풀색
③ 녹색   ④ 초록색
⑤ 청록색

25
① 바다색   ② 파란색
③ 감청색   ④ 남색
⑤ 남보라색

26
① 자주색   ② 연지색
③ 빨간색   ④ 다홍색
⑤ 주황색

27
① 빨간색   ② 노란색
③ 녹색   ④ 파란색
⑤ 보라색

28
① 다홍색   ② 귤색
③ 노란색   ④ 노란연두색
⑤ 회색

29
① 자주색
③ 풀색
⑤ 다홍색

② 귤색
④ 감청색

30
① 노란연두색
③ 자주색
⑤ 청록색

② 남보라색
④ 바다색

31
① 빨간색, 노란색
③ 보라색, 노란색
⑤ 노란색, 주황색

② 연두색, 파란색
④ 빨간색, 파란색

32
① 연지색, 보라색
③ 연두색, 청록색
⑤ 주황색, 보라색

② 노란색, 다홍색
④ 남색, 노란색

33
① 노란색, 파란색
③ 보라색, 빨간색
⑤ 풀색, 감청색

② 노란색, 초록색
④ 빨간색, 남색

34
① 빨간색, 자주색
③ 바다색, 귤색
⑤ 풀색, 자주색

② 남보라색, 연두색
④ 붉은보라색, 청록색

35
① 빨간색, 주황색
③ 빨간색, 연두색
⑤ 빨간색, 보라색

② 빨간색, 귤색
④ 빨간색, 청록색

36
① 노란색, 연두색
③ 노란색, 파란색
⑤ 노란색, 보라색

② 노란색, 초록색
④ 노란색, 남색

37
① 녹색, 청록색
③ 녹색, 남색
⑤ 녹색, 자주색

② 녹색, 바다색
④ 녹색, 보라색

38
① 파란색, 남색
③ 파란색, 붉은보라색
⑤ 파란색, 연지색

② 파란색, 보라색
④ 파란색, 자주색

39
① 빨간색, 청록색
③ 노란색, 남색
⑤ 녹색, 자주색

② 주황색, 파란색
④ 연두색, 보라색

40
① 빨간색, 노란색
③ 녹색, 파란색
⑤ 남색, 보라색

② 노란색, 녹색
④ 파란색, 남색

※ 다음 질문내용을 읽고 '예', '아니오' 중 본인에 해당하는 곳에 ○표 하시오. [41~250]

번호	질문	응답	
41	조심스러운 성격이라고 생각한다.	예	아니오
42	사물을 신중하게 생각하는 편이라고 생각한다.	예	아니오
43	동작이 기민한 편이다.	예	아니오
44	포기하지 않고 노력하는 것이 중요하다.	예	아니오
45	일주일의 예정을 만드는 것을 좋아한다.	예	아니오
46	노력의 여하보다 결과가 중요하다.	예	아니오
47	자기주장이 강하다.	예	아니오
48	장래의 일을 생각하면 불안해질 때가 있다.	예	아니오
49	소외감을 느낄 때가 있다.	예	아니오
50	훌쩍 여행을 떠나고 싶을 때가 자주 있다.	예	아니오
51	대인관계가 귀찮다고 느낄 때가 있다.	예	아니오
52	자신의 권리를 주장하는 편이다.	예	아니오
53	낙천가라고 생각한다.	예	아니오
54	싸움을 한 적이 없다.	예	아니오
55	자신의 의견을 상대에게 잘 주장하지 못한다.	예	아니오
56	좀처럼 결단하지 못하는 경우가 있다.	예	아니오
57	하나의 취미를 오래 지속하는 편이다.	예	아니오
58	한 번 시작한 일은 끝을 맺는다.	예	아니오
59	행동으로 옮기기까지 시간이 걸린다.	예	아니오
60	다른 사람들이 하지 못하는 일을 하고 싶다.	예	아니오
61	해야 할 일은 신속하게 처리한다.	예	아니오
62	병이 아닌지 걱정이 들 때가 있다.	예	아니오
63	다른 사람의 충고를 기분 좋게 듣는 편이다.	예	아니오
64	다른 사람에게 의존적이게 될 때가 많다.	예	아니오
65	타인에게 간섭받는 것은 싫다.	예	아니오
66	자의식 과잉이라는 생각이 들 때가 있다.	예	아니오
67	수다를 좋아한다.	예	아니오
68	잘못된 일을 한 적이 한 번도 없다.	예	아니오
69	모르는 사람과 이야기하는 것은 용기가 필요하다.	예	아니오
70	끙끙거리며 생각할 때가 있다.	예	아니오
71	다른 사람에게 항상 움직이고 있다는 말을 듣는다.	예	아니오
72	매사에 얽매인다.	예	아니오
73	잘하지 못하는 게임은 하지 않으려고 한다.	예	아니오
74	어떠한 일이 있어도 출세하고 싶다.	예	아니오
75	막무가내라는 말을 들을 때가 많다.	예	아니오
76	신경이 예민한 편이라고 생각한다.	예	아니오
77	쉽게 침울해한다.	예	아니오
78	쉽게 싫증을 내는 편이다.	예	아니오
79	옆에 사람이 있으면 싫다.	예	아니오

번호	질문	응답	
80	토론에서 이길 자신이 있다.	예	아니오
81	친구들과 남의 이야기를 하는 것을 좋아한다.	예	아니오
82	푸념을 한 적이 없다.	예	아니오
83	남과 친해지려면 용기가 필요하다.	예	아니오
84	통찰력이 있다고 생각한다.	예	아니오
85	집에서 가만히 있으면 기분이 우울해진다.	예	아니오
86	매사에 느긋하고 차분하게 매달린다.	예	아니오
87	좋은 생각이 떠올라도 실행하기 전에 여러모로 검토한다.	예	아니오
88	누구나 권력자를 동경하고 있다고 생각한다.	예	아니오
89	몸으로 부딪혀 도전하는 편이다.	예	아니오
90	당황하면 갑자기 땀이 나서 신경 쓰일 때가 있다.	예	아니오
91	친구들이 진지한 사람으로 생각하고 있다.	예	아니오
92	감정적으로 될 때가 많다.	예	아니오
93	다른 사람의 일에 관심이 없다.	예	아니오
94	다른 사람으로부터 지적받는 것은 싫다.	예	아니오
95	지루하면 마구 떠들고 싶어진다.	예	아니오
96	부모에게 불평을 한 적이 한 번도 없다.	예	아니오
97	내성적이라고 생각한다.	예	아니오
98	돌다리도 두들기고 건너는 타입이라고 생각한다.	예	아니오
99	굳이 말하자면 시원시원하다.	예	아니오
100	나는 끈기가 강하다.	예	아니오
101	전망을 세우고 행동할 때가 많다.	예	아니오
102	일에는 결과가 중요하다고 생각한다.	예	아니오
103	활력이 있다.	예	아니오
104	항상 천재지변을 당하지는 않을까 걱정하고 있다.	예	아니오
105	때로는 후회할 때도 있다.	예	아니오
106	다른 사람에게 위해를 가할 것 같은 기분이 든 때가 있다.	예	아니오
107	진정으로 마음을 허락할 수 있는 사람은 없다.	예	아니오
108	기다리는 것에 짜증내는 편이다.	예	아니오
109	친구들로부터 줏대 없는 사람이라는 말을 듣는다.	예	아니오
110	사물을 과장해서 말한 적은 없다.	예	아니오
111	인간관계가 폐쇄적이라는 말을 듣는다.	예	아니오
112	매사에 신중한 편이라고 생각한다.	예	아니오
113	눈을 뜨면 바로 일어난다.	예	아니오
114	난관에 봉착해도 포기하지 않고 열심히 해본다.	예	아니오
115	실행하기 전에 재확인할 때가 많다.	예	아니오
116	리더로서 인정을 받고 싶다.	예	아니오
117	어떤 일이 있어도 의욕을 가지고 열심히 하는 편이다.	예	아니오
118	다른 사람의 감정에 민감하다.	예	아니오
119	다른 사람들이 남을 배려하는 마음씨가 있다는 말을 한다.	예	아니오

번호	질문	응답	
120	사소한 일로 우는 일이 많다.	예	아니오
121	반대에 부딪혀도 자신의 의견을 바꾸는 일은 없다.	예	아니오
122	누구와도 편하게 이야기할 수 있다.	예	아니오
123	가만히 있지 못할 정도로 침착하지 못할 때가 있다.	예	아니오
124	다른 사람을 싫어한 적은 한 번도 없다.	예	아니오
125	그룹 내에서는 누군가의 주도하에 따라가는 경우가 많다.	예	아니오
126	차분하다는 말을 듣는다.	예	아니오
127	스포츠 선수가 되고 싶다고 생각한 적이 있다.	예	아니오
128	모두가 싫증을 내는 일에도 혼자서 열심히 한다.	예	아니오
129	휴일은 세부적인 예정을 세우고 보낸다.	예	아니오
130	완성된 것보다 미완성인 것에 흥미가 있다.	예	아니오
131	잘하지 못하는 것이라도 자진해서 한다.	예	아니오
132	가만히 있지 못할 정도로 불안해질 때가 많다.	예	아니오
133	자주 깊은 생각에 잠긴다.	예	아니오
134	이유도 없이 다른 사람과 부딪힐 때가 있다.	예	아니오
135	타인의 일에는 별로 관여하고 싶지 않다고 생각한다.	예	아니오
136	무슨 일이든 자신을 가지고 행동한다.	예	아니오
137	유명인과 서로 아는 사람이 되고 싶다.	예	아니오
138	지금까지 후회를 한 적이 없다.	예	아니오
139	의견이 다른 사람과는 어울리지 않는다.	예	아니오
140	무슨 일이든 생각해 보지 않으면 만족하지 못한다.	예	아니오
141	다소 무리를 하더라도 피로해지지 않는다.	예	아니오
142	굳이 말하자면 장거리 주자에 어울린다고 생각한다.	예	아니오
143	여행을 가기 전에는 세세한 계획을 세운다.	예	아니오
144	능력을 살릴 수 있는 일을 하고 싶다.	예	아니오
145	성격이 시원시원하다고 생각한다.	예	아니오
146	굳이 말하자면 자의식 과잉이다.	예	아니오
147	자신을 쓸모없는 인간이라고 생각할 때가 있다.	예	아니오
148	주위의 영향을 받기 쉽다.	예	아니오
149	지인을 발견해도 만나고 싶지 않을 때가 많다.	예	아니오
150	다수의 반대가 있더라도 자신의 생각대로 행동한다.	예	아니오
151	번화한 곳에 외출하는 것을 좋아한다.	예	아니오
152	지금까지 다른 사람의 마음에 상처준 일이 없다.	예	아니오
153	다른 사람에게 자신이 소개되는 것을 좋아한다.	예	아니오
154	실행하기 전에 재고하는 경우가 많다.	예	아니오
155	몸을 움직이는 것을 좋아한다.	예	아니오
156	나는 완고한 편이라고 생각한다.	예	아니오
157	신중하게 생각하는 편이다.	예	아니오
158	커다란 일을 해보고 싶다.	예	아니오
159	계획을 생각하기보다 빨리 실행하고 싶어한다.	예	아니오

번호	질문	응답	
160	작은 소리도 신경 쓰인다.	예	아니오
161	나는 자질구레한 걱정이 많다.	예	아니오
162	이유도 없이 화가 치밀 때가 있다.	예	아니오
163	융통성이 없는 편이다.	예	아니오
164	나는 다른 사람보다 기가 세다.	예	아니오
165	다른 사람보다 쉽게 우쭐해진다.	예	아니오
166	다른 사람을 의심한 적이 한 번도 없다.	예	아니오
167	어색해지면 입을 다무는 경우가 많다.	예	아니오
168	하루의 행동을 반성하는 경우가 많다.	예	아니오
169	격렬한 운동도 그다지 힘들어하지 않는다.	예	아니오
170	새로운 일에 처음 한 발을 좀처럼 떼지 못한다.	예	아니오
171	앞으로의 일을 생각하지 않으면 진정이 되지 않는다.	예	아니오
172	인생에서 중요한 것은 높은 목표를 갖는 것이다.	예	아니오
173	무슨 일이든 선수를 쳐야 이긴다고 생각한다.	예	아니오
174	다른 사람이 나를 어떻게 생각하는지 궁금할 때가 많다.	예	아니오
175	침울해지면서 아무 것도 손에 잡히지 않을 때가 있다.	예	아니오
176	어린 시절로 돌아가고 싶을 때가 있다.	예	아니오
177	아는 사람을 발견해도 피해버릴 때가 있다.	예	아니오
178	굳이 말하자면 기가 센 편이다.	예	아니오
179	성격이 밝다는 말을 듣는다.	예	아니오
180	다른 사람이 부럽다고 생각한 적이 한 번도 없다.	예	아니오
181	결점을 지적받아도 아무렇지 않다.	예	아니오
182	피곤하더라도 밝게 행동한다.	예	아니오
183	실패했던 경험을 생각하면서 고민하는 편이다.	예	아니오
184	언제나 생기가 있다.	예	아니오
185	선배의 지적을 순수하게 받아들일 수 있다.	예	아니오
186	매일 목표가 있는 생활을 하고 있다.	예	아니오
187	열등감으로 자주 고민한다.	예	아니오
188	남에게 무시당하면 화가 난다.	예	아니오
189	무엇이든지 하면 된다고 생각하는 편이다.	예	아니오
190	자신의 존재를 과시하고 싶다.	예	아니오
191	사람을 많이 만나는 것을 좋아한다.	예	아니오
192	사람들이 당신에게 말수가 적다고 하는 편이다.	예	아니오
193	특정한 사람과 교제를 하는 타입이다.	예	아니오
194	친구에게 먼저 말을 하는 편이다	예	아니오
195	친구만 있으면 된다고 생각한다.	예	아니오
196	많은 사람 앞에서 말하는 것이 서툴다.	예	아니오
197	새로운 환경으로 이동하는 것을 싫어한다.	예	아니오
198	송년회 등에서 자주 책임을 맡는다.	예	아니오
199	새 팀의 분위기에 쉽게 적응하지 못하는 편이다.	예	아니오

번호	질문	응답	
200	누구하고나 친하게 교제한다.	예	아니오
201	충동구매는 절대 하지 않는다.	예	아니오
202	컨디션에 따라 기분이 잘 변한다.	예	아니오
203	옷 입는 취향이 오랫동안 바뀌지 않고 그대로이다.	예	아니오
204	남의 물건이 좋아 보인다.	예	아니오
205	광고를 보면 그 물건을 사고 싶다.	예	아니오
206	자신이 낙천주의자라고 생각한다.	예	아니오
207	에스컬레이터에서도 걷지 않는다.	예	아니오
208	꾸물대는 것을 싫어한다.	예	아니오
209	고민이 생겨도 심각하게 생각하지 않는다.	예	아니오
210	반성하는 일이 거의 없다.	예	아니오
211	남의 말을 호의적으로 받아들인다.	예	아니오
212	혼자 있을 때가 편안하다.	예	아니오
213	친구에게 불만이 있다.	예	아니오
214	남의 말을 좋은 쪽으로 해석한다.	예	아니오
215	남의 의견을 절대 참고하지 않는다.	예	아니오
216	문화재 위원과 체육대회 위원 중 체육대회 위원을 하고 싶다.	예	아니오
217	보고 들은 것을 문장으로 옮기기를 좋아한다.	예	아니오
218	남에게 뭔가 가르쳐주는 일이 좋다.	예	아니오
219	많은 사람과 장시간 함께 있으면 피곤하다.	예	아니오
220	엉뚱한 일을 하기 좋아하고 발상도 개성적이다.	예	아니오
221	전표 계산 또는 장부 기입 같은 일을 싫증내지 않고 할 수 있다.	예	아니오
222	책이나 신문을 열심히 읽는 편이다.	예	아니오
223	신경이 예민한 편이며, 감수성도 예민하다.	예	아니오
224	연회석에서 망설임 없이 노래를 부르거나 장기를 보이는 편이다.	예	아니오
225	즐거운 캠프를 위해 계획 세우는 것을 좋아한다.	예	아니오
226	데이터를 분류하거나 통계 내는 일을 싫어하지는 않는다.	예	아니오
227	드라마나 소설 속 등장인물의 생활과 사고방식에 흥미가 있다.	예	아니오
228	자신의 미적 표현력을 살리면 상당히 좋은 작품이 나올 것 같다.	예	아니오
229	화려한 것을 좋아하며 주위의 평판에 신경을 쓰는 편이다.	예	아니오
230	여럿이서 여행할 기회가 있다면 즐겁게 참가한다.	예	아니오
231	여행 소감문을 쓰는 것을 좋아한다.	예	아니오
232	상품 전시회에서 상품설명을 한다면 잘할 수 있을 것 같다.	예	아니오
233	변화가 적고 손이 많이 가는 일도 꾸준히 하는 편이다.	예	아니오
234	신제품 홍보에 흥미가 있다.	예	아니오
235	열차 시간표 한 페이지 정도라면 정확하게 옮겨 쓸 자신이 있다.	예	아니오
236	자신의 장래에 대해 자주 생각해본다.	예	아니오
237	혼자 있는 것에 익숙하다.	예	아니오
238	별 근심이 없다.	예	아니오
239	나의 환경에 아주 만족한다.	예	아니오

번호	질문	응답	
240	상품을 고를 때 디자인과 색에 신경을 많이 쓴다.	예	아니오
241	극단이나 연기학원에서 공부해보고 싶다는 생각을 한 적 있다.	예	아니오
242	외출할 때 날씨가 좋지 않아도 그다지 신경을 쓰지 않는다.	예	아니오
243	손님을 불러들이는 호객행위도 마음만 먹으면 할 수 있을 것 같다.	예	아니오
244	신중하고 주의 깊은 편이다.	예	아니오
245	하루 종일 책상 앞에 앉아 있어도 지루해 하지 않는 편이다.	예	아니오
246	알기 쉽게 요점을 정리한 다음 남에게 잘 설명하는 편이다.	예	아니오
247	생물 시간보다는 미술 시간에 흥미가 있다.	예	아니오
248	남이 자신에게 상담을 해오는 경우가 많다.	예	아니오
249	친목회나 송년회 등의 총무 역할을 좋아하는 편이다.	예	아니오
250	실패하든 성공하든 그 원인은 꼭 분석한다.	예	아니오

교육이란 사람이 학교에서 배운 것을 잊어버린 후에 남은 것을 말한다.

– 알버트 아인슈타인 –

PART 5

논술

01 | 논술 작성법

1. 논술 작성법

실전에서 논술 질문들이 나오면 어떤 식으로 작성해 나갈 것인지에 대해서 다음과 같이 9가지 정도로 정리하여 요령을 익혀 보도록 하자.

(1) 논술을 적기 전에 먼저 '구조(Structure) 작업'을 한다.

보통 은행권 논술시험에는 50 ~ 60분 정도의 시간이 주어지게 된다. 이때 실전에서 질문을 받자마자 바로 적어 내려가는 경우를 가끔 보게 되는데, 그 모습을 보면서 속으로 '저 친구는 평소에 연습을 매우 많이 했나 보다.'라는 생각을 하게 되기도 한다. 그러나 막상 결과를 보면 그렇게 바로 적어 내려가는 사람이 높은 점수를 받는 경우는 오히려 흔치 않다.

사전 구조작업이라는 것은 서론·본론·결론을 어떻게 나누고, 각각을 어떤 내용으로 채워나갈 것인지에 대해 고민해 보는 작업이다. 즉, 서론 부분에서는 이런저런 내용을 통해서 도입 부분의 이야기를 적어 나가야겠다는 구조를 짜고, 본론 부분에서는 크게 이런저런 내용들을 적음으로써 구성하겠다는 구조를 짜고, 마지막으로 결론 부분에서는 이런 방향으로 이야기를 마무리하겠다는 구상을 사전에 해보는 작업이다. 이 시간이 총시험시간 중 최소한 20 ~ 30%를 차지해야만 나머지 70 ~ 80%의 실제 작성시간 중에 더 좋은 내용을 적을 수 있게 된다.

(2) 본론 부분의 구조작업에서는 꼭 'Breakdown(분석) 작업'을 한다.

서론·본론·결론 부분의 구조작업을 하는 데 있어서, 특히 본론 부분에서는 질문의 핵심 내용에 대한 답변이 모두 기술되어야 한다. 본론 부분에 있어서의 구조작업, 즉 Breakdown 작업이 전체 논술에 있어서 굉장히 중요하다는 점은 아마 실전 경험이 있는 지원자라면 누구나 느낄 수 있을 것이다. 만약 논술 준비를 할 시간이 충분하지 않다면 논술 예상질문들에 대해서 이 구조작업과 함께 본론 부분의 Breakdown 작업까지만 여러 번 훈련해 보는 것만으로도 아주 훌륭한 준비가 될 수 있다.

(3) 서론 : 본론 : 결론 = 2 : 6 : 2

이는 전체적인 분량에 있어서의 구조이다. 위에서 구조작업을 하자고 했는데, 이 부분 역시 구조작업의 일환으로서 분량의 구조를 이 정도로 가져가자는 것이다. 예를 들어 총 1,000자의 논술을 적어야 한다면, 서론 부분이 200자, 본론 부분이 600자, 결론 부분이 200자 정도가 되는 것이 가장 안정적인 구조가 된다.

지금까지 이야기한 세 가지 내용인 구조작업, 본론 부분에서의 Breakdown(분석) 작업, 전체적인 분량의 구성작업까지가 논술시험 시간의 사전 구조작업 시간(최대 30%) 중 이루어져야 하는 내용들이다.

(4) 반대 측의 논리가 있다면 본론에서 함께 언급해 준다.

이 경우에는 서론 : 본론(자기주장 : 반대 측 논박) : 결론 = 2 : 6(4 : 2) : 2의 분량으로 구성 한다. 실제 시험에서 찬성 측과 반대 측의 논리가 분명한 논술질문이 나오는 경우가 있다. 이런 질문에서 본인의 견해를 이야기해야 하는 경우가 발생한다면, 본론 내용 중에 본인의 견해에 대해서 이야기함과 동시에 반대 측의 견해에 대해서도 언급하는 것이 좋다. 찬반이 나누어지는 질문의 경우 나와 반대되는 입장에 대해 언급하고, 이 입장이 왜 옳지 않다고 생각하는지 논리적으로 정리할 수 있다면 좀 더 설득력 있는 글이 될 수 있다.

(5) 본론에서는 첫째, 둘째, 셋째 등의 표현을 적어본다.

작성과 관련된 기술적(Skill)인 내용인데, 본론 부분에서는 항상 '첫째·둘째·셋째……'라는 표현을 활용하면서 논술을 적어보도록 하자. 한결 깔끔한 논술이 될 것이다.

(6) 문단 나누기를 하면서 논술을 적는다.

논술시험 용지는 일반적인 경우 대학교에서 중간고사, 기말고사를 볼 때 답안지로 활용되는 사이즈와 동일한 크기의 답안지가 사용된다. 작성된 답안지를 보면, 글씨도 깨끗하지 않은데 문단 나누기도 전혀 되어 있지 않은 논술을 자주 접하게 된다. 이는 평가자의 입장에서 시각적으로 부정적인 관점을 가지게 되는 요소이니만큼 특히 본론 부분에서는 문단 나누기를 100% 활용하도록 하자.

(7) 자주 나오는 논술은 최근의 시사적인 내용이다.

과거 기출문제 유형들을 보는 것은 좋지만, 최대한 2년 정도까지만 보도록 하며, 그 이전의 기출문제에 대해서는 '유형'은 참고할 수 있지만 '질문 자체'는 참고할 필요가 거의 없다는 것이다. 그만큼 시사적이면서도 정치·경제·사회적으로 이슈가 되었던 내용 중에 시대적인 시간성을 고려한 '최근의 문제'가 많이 나오고 있다.

(8) 분량은 최대한 맞춰 적는다(최소 90% 이상).

이 역시 맨 처음에 구조작업이 잘 되어 있을 경우에는 결코 어렵지 않은 부분이다. 사전에 구조작업을 하지 않고 바로 논술을 작성하다 보면 항상 이 문제에 부딪히게 된다는 것을 경험자 들은 느낄 수 있을 것이다. 42.195km의 마라톤을 하는 데 있어서 어느 구간에서는 어떤 전략을 쓸 것인지 등의 사전 전략이 있어야 하는데, 마라톤이 시작되자마자 아무 생각 없이 달리게 되면 10km도 못 뛰고 기진맥진해지는 경우와 같은 이치이다. 분량을 최대 1,000자까지 적으라고 요구하면 최소한 900자 이상은 적어 보도록 하자. 꾸준히 사전작업을 연습하다 보면 어렵지 않게 이 부분을 만족시킬 수 있을 것이다.

(9) 국어 맞춤법에 맞게 성의 있는 필체로 적는다.

국어 맞춤법과 글씨체에 대한 내용이다. 이 부분은 하루아침에 훈련이나 연습으로 절대 되지 않는 부분이며, 경우에 따라서는 포기해야 하는 부분이 될 수도 있다. 이 내용을 9가지 중에 마지막으로 언급하는 이유도 그 때문이지만, 조금이라도 더 나은 논술을 작성하기 위해서 간과할 수 없는 부분이기도 하다. 우선, 평상시의 훈련을 통해서 글씨를 좀 더 알아보기 쉽게 적는 연습을 하도록 하자.

보기 좋고 예쁘게 적는 것이 도저히 불가능하다고 생각되면 '성의 있게'라도 적어 보도록 하자. 다시 한 번 이야기하지만 이 부분이 당락에 있어서의 결정적인 요소가 아님에는 틀림없다.

2. 논술문의 구성

(1) 구성의 필요성

모든 글은 자신의 사고를 효과적으로 전달하기에 알맞은 방법으로 구성되어 있다. 더욱이 논술문은 자신의 주장을 내세워서 독자를 이해시키고 설득해야 하므로 글의 구성이 갖는 의미는 더욱 크다고 하겠다. 하나의 글은 여러 단락이 모여 이루어진다. 그러나 글은 단순히 단락의 집합이 아니기 때문에 일정한 체계에 따라 그 단락들을 엮어내는 과정으로서의 구성이 필요하다. 전체적으로 보아 주제를 분명히 드러내면서, 말하고자 하는 내용을 충실히 전달할 수 있도록 단락들을 구조화해야 한다.

(2) 구성의 종류

① 전개적 구성
  ㉠ 시간적 구성
  ㉡ 공간적 구성
  ㉢ 대조적 구성
  ㉣ 인과적 구성
  ㉤ 열거식 구성
② 종합적 구성
  ㉠ 단계식 구성(2단 구성, 3단 구성, 4단 구성, 5단 구성)
  ㉡ 포괄식 구성(두괄식, 미괄식, 양괄식, 무괄식)
  ㉢ 점층식 구성

위와 같이 구성의 종류는 다양하지만, 글의 성격이나 목적에 맞게 구성의 종류가 선택되어야 한다. 그런데 실제로 한 편의 글을 완성하기 위해서는 이들 중 몇 가지가 병행적으로 사용되는 것이 보통이다. 논술에서 일반적으로 사용되는 구성 방식은 단계식 구성이다. 그중에서도 3단 구성이 가장 보편적으로 활용된다.

(3) 개요 작성법

모든 글이 다 그러하지만 특히 논술문의 경우는 글쓴이의 예리하고 분명한 시각이 드러나야 한다. 논술문이란, 있는 상황을 객관적으로 서술하기보다는 상황에 대한 주관적인 해석과 주장이 담겨야만 생명력을 지닐 수 있기 때문이다. 그런데 그러한 글쓴이의 해석과 주장이 효과적으로 전달되기위해서는 일목요연(一目瞭然)한 과정을 거쳐야 되는데, 이때 반드시 거쳐야 하는 과정이 개요(Outline) 작성법을 익히는 것이다. 개요는 흔히 건물의 설계도에 비유된다. 설계도 없이 건물을 지을 수가 없듯이 개요를 작성하지 않고는 글을 쓸 수 없다. 개요 작성은 문맥의 혼란과 탈선을 방지하고, 먼저 생각했던 내용의 망각을 막아주며, 내용의 중복을 피하게 하고, 문장 전체의 균형을 잡는 데 필수적 과정이다.

① **문제를 발견하는 과정** : 주어진 제시문을 읽고 논점을 파악한다. 다음에는 '논제'에 기초하여 문제를 발견해야 한다. 이 과정은 주어진 정보에서 문제를 발견하고 분석하여 그 해결책을 제시하는 것이므로 실제 개요 작성을 하기에 앞서 매우 중요한 단계이다.

② **발견한 문제를 분석하는 과정** : 논제를 통해 문제가 드러나면 문제의 실태나 문제를 발생시키는 원인과 같은 것들을 구체적인 삶의 현실과 관련하여 여러 측면에서 통합적으로 생각한다.

③ **문제를 해결하는 과정** : 먼저 문제 해결을 위한 관점과 논지를 정한다. 그리고 논지가 정해지면 이 논지를 뒷받침할 여러 가지 창의적인 아이디어를 생성한다. 그런데 대부분은 이 단계에서 어려움을 겪는다. 그 이유는 머릿속에 들어 있는 자료가 없어 아이디어를 생성할 수 없기 때문이다. 그러므로 처음에는 연상 기법에 의거하여, 어떤 사물과 관련하여 많은 단어를 떠올리는 연습을 하거나 관련 있는 단어 '빨리 많이 쓰기'를 훈련하는 것이 좋다. 예를 들어, '환경오염'이 나오면 이와 관련된 단어들을 적고, 나중에 관련이 없다고 생각되는 단어는 빼는 연습을 하는 것 등이 있다.

④ **개요를 작성하는 과정** : 다음으로 생성된 아이디어나 단어들의 성격이 비슷하거나 논점이 가까운 것끼리 묶어 내는 연습을 한다. 논리적 위계에 따라 배열하되 반드시 하나의 문장으로 작성하며, 중심 생각이 담긴 내용과 뒷받침하는 내용을 구분해야 한다. 내용의 흐름이 어느 정도 논리성을 갖추게 되면 그 내용에 적절한 구성 방법을 선택하여 형식적 체계를 갖추도록 한다. 이때에는 항목 간의 논리적 긴밀성이 유지되어야 하며, 논거의 적절성이 검토되어야 한다.

3. 논술문의 요건

(1) 내용이 충실해야 한다.

① 말할 것이 있을 때만 말하라는 것처럼 글도 쓸 것이 있을 때 쓰는 것이다.

② 글을 쓰기 전에 '무엇'을, '왜', 그리고 '어떻게' 쓸 것인가를 분명히 해야 한다.

    ㉠ 무엇 : 내용

    ㉡ 왜 : 글을 쓰는 목적이나 이유와 동기

    ㉢ 어떻게 : 표현 기교와 문장 기교 등

③ 글쓰기는 기교에 앞서 우선 내용에 충실해야 한다.

(2) 독창성이 있어야 한다.

① 남의 글을 모방한다거나 표절하는 등 새로움이 없는 글은 읽을 가치가 없다.

② 독창성은 경험과 지식, 상상력을 통하여 형성된다. 사물과 현상을 치밀하고 날카롭게 살피는 태도와 습관을 길러야 하며, 고정 관념에서 벗어나도록 해야 한다.

③ 독창성이 있는 글은 소재가 참신하며, 평범한 소재에 독특한 의미를 부여하거나 문장 표현, 언어 조직 등이 개성이 있다.

(3) 정직한 글이어야 한다.

① 타인의 글이나 표현을 이용했을 때는 그 출처를 밝혀야 한다.

② 정직성을 가지려면 되도록 독창성을 발휘하여 써야 하며, 출처를 밝혀 독자에게 신뢰감을 준다.

(4) 성실성을 인정받아야 한다.

① 성실성이란 자기가 생각하고 있는 내용을 있는 그대로 정성껏 쓰는 것으로, 자기다운 글을 쓰는 것을 말한다.

② 자기다운 글을 쓰기 위해서는 생각하는 바를 그대로 드러내야 하며, 꾸미거나 과장하지 말고 자기 수준에 맞는 내용과 언어를 사용해야 한다.

(5) 명료하게 써야 한다.

① 글의 의미가 분명히 드러나야 좋은 글이 될 수 있다.

② 어법에 맞는 표현과 되도록 간결한 문장을 써야 한다.

③ 대상을 정확하게 관찰하고 파악하여 솔직하게 써야 한다.

(6) 경제성이 있어야 한다.

① 글이 길어질수록 내용이 모호해져 전달 효과를 낮추게 된다.

② 필요한 자리에, 필요한 만큼만 쓰는 것이 중요하다.

③ 불필요한 말이나 중복되는 말을 빼고 문장 구조를 간결하게 한다.

④ 내용에 적합한 어휘를 선택하고 표현을 압축하는 것이 필요하다.

(7) 글의 내용을 효과적으로 전달하기 위해서는 정확해야 한다.

① 정서법에 어긋나거나 문장 부호를 잘못 사용해서는 안 된다.

② 단어의 의미를 정확히 알고 사용해야 하며 표준어를 사용한다.

③ 문장은 되도록 간결하게 하며 문단 구분을 정확히 하도록 한다.

(8) 타당성이 있어야 한다.

① 글쓴이가 결정한 입장이나 태도, 글 쓰는 목적이 보편적인 가치와 맞아야 한다.

② 글쓴이의 주장을 뒷받침할 수 있는 사실적 근거를 들어야 한다.

(9) 일관성을 유지해야 한다.

① 문체, 어조, 관점 등이 처음부터 끝까지 한결같아야 한다.

② 내용이 서로 어긋나지 않도록 하나로 일관되어야 한다.

(10) 평이하게 쓰는 것이 좋다.

① 독자의 지적 능력이나 관심을 충분히 고려하여 이해하기 쉽도록 써야 한다.

② 내용이나 어휘가 독자의 수준을 넘어서는 안 된다.

③ 현학(衒學)적인 자세를 버리고 독자의 입장에서 친절하게 서술한다.

4. 논술문 작성 시 주의사항

(1) 문장은 짧게 써라.

아무리 훌륭한 내용이 담긴 문장일지라도 마지막까지 읽을 수 없다면 쓴 의미가 없다. 일률적으로 긴 문장은 좋지 않다고 단정할 수 없지만, 문장은 될 수 있는 한 짧게 쓰는 것이 상대방에게 쉽게 읽힌다. 짧다는 것은 구체적으로 몇 자까지를 가리켜 말하는 것이 아니라 한 문장에 한 가지 내용만을 담는 것을 의미한다.

(2) 수동태 문장은 피해라.

우리말 문장에는 본래 수동태 문장이 없다. 수동태 문장은 영문의 번역에서 흔히 볼 수 있는 데, 번역문의 영향으로 우리 문장에서도 수동태 문장을 쓰기 시작했고, 이제는 마치 우리식 문장처럼 쓰고 있다. 우리의 사고를 표현하는 데는 우리식 문장을 써야 한다.

(3) 이중부정(二重否定)은 피하는 것이 좋다.

논술문은 논리적 문장이므로 표현이 간결하고 명확해야 한다. 부정어를 중복하여 쓰는 것은 의미의 정확한 파악에 방해가 되고, 문장의 길이를 길게 만든다. 예를 들어 '그것이 사실이 아님을 모르는 바가 아니다.'는 '그것은 사실이 아니다.'로 표현하는 것이 좋다.

(4) 현학적(衒學的) 표현은 피하는 것이 좋다.

문장은 될 수 있으면 쉽게 쓰는 것이 좋다. 자신의 유식함과 박식함을 과시하는 현학적 서술은 오히려 글에 유치함만 더해준다. 글은 어려운 것도 쉽게 표현할 때, 비로소 읽는 이에게 자기의 생각을 바르게 전달할 수 있는 것이다. 본인 수준에 맞는 적절한 어휘 선택의 훈련이 필요하다.

(5) 형용사는 구체적인 표현으로 바꾸어 써라.

형용사의 남발은 문장의 논리성을 약화시키고 문장을 막연하게 한다. '그녀는 아름다운 여성이었다.'라는 문장에서 '아름다운'은 막연한 말로, 쓰는 사람이 홀로 그 말에 도취하여 쓴 것에 불과하다. '아름다운'이 구체적으로 어떤 것인지를 밝혀 주는 표현이 있어야 한다. 따라서 '그녀는 이목구비가 뚜렷하고 쌍꺼풀이 졌으며, 피부가 곱고 청바지 차림이 어울리는 아름다운 여성이었다.'라고 써야 한다.

(6) 조사 '의'는 가능한 한 쓰지 마라.

우리말 조사 중에서 '의'는 쓰이는 자리와 의미가 아주 다양하다. 그래서 때로는 '의'가 어떤 뜻으로 쓰였는지 애매한 경우가 있다. '어머니의 사진'은 '어머니가 찍은 사진(주체)', '어머니가 가진 사진(소유)', '어머니를 찍은 사진(대상)' 등의 여러 의미로 해석될 수 있다. 이런 경우에는 '의'를 피하고 그 뜻을 풀어 쓰는 것이 의미나 논리의 모호성을 피할 수 있다. '강원도의 설악산'은 '강원도에 있는 설악산'으로, '대구의 사과'는 '대구에서 나는 사과'로 쓰면 의미가 분명해진다.

(7) '~이다, ~입니다'를 혼용하지 마라.

문체의 혼용은 글의 내용과는 관계없이 아주 사소한 일처럼 보이지만, 훌륭한 논술 내용까지도 허술하게 보이게 만들고 내용의 호소력도 반감시킨다. 이런 결점은 다른 어떤 요소보다도 눈에 띄기 쉽고, 글의 설득력을 약화시켜 감점의 대상이 될 수 있다.

(8) '했다' 보다는 '하였다'를 써라.

논술문은 비록 대단한 이론을 담고 있는 무게 있는 글은 아니지만, 논리적 문장임에는 틀림없다. 이러한 글에서 줄어진 말을 쓰는 것은 글의 내용 전체를 가볍게 만든다. 아무리 풍채가 좋고 위엄을 갖춘 사람이라도 그에 어울리지 않는 목소리를 가졌을 때 그의 인상은 반감된다. 글도 마찬가지이다.

(9) 숫자가 필요한 곳에는 반드시 숫자를 넣어라.

정확한 통계 숫자 등이 필요한 경우, 그것에 대한 지식이 없이 '대단히 많다, 다소 적다, 대체로~, 무척 많다'와 같은 식으로 쓰는 것은 글의 정확성을 떨어뜨리는 표현이다.

숫자는 논술문에 사실감을 부여하는 힘이 있다. 그리고 그 방면에 대한 정확하고 깊이 있는 지식을 가진 논술문으로 인정받을 수 있게 한다. 그러나 잘못된 숫자는 오히려 논술문 전체를 부정확하게 하는 역효과를 가져온다. 채점자가 논술문을 평가할 때 단지 부정확한 지식으로 숫자를 인용하였다고만 생각하는 것이 아니라 전체의 내용을 거짓으로 볼 수 있기 때문이다.

(10) 진부한 어구나 표현은 피해라.

판에 박힌 진부한 어구나 참신하지 못한 비유는 글의 내용을 유치하게 만든다. '세월은 날아가는 화살과 같다.', '정신일도 하사불성(精神一到何事不成)' 등의 글귀를 인용할 때 채점자는 거부감을 느낀다. 가능한 한 최신의 화제와 기발한 어구, 참신한 비유를 써야 주목을 받을 수 있다.

(11) 문학적으로 쓰려고 하지 마라.

논술문은 문학적 문장이 아니다. 정서나 감동을 목적으로 하는 글이 아니므로 문학적으로 쓰려는 노력은 필요하지 않다. 논술문은 자신의 생각을 논리적으로 진술하는 글이다. 문학적으로 글을 쓰려고 할수록 문장의 논리는 오히려 빈약해진다.

(12) 불확실한 한자나 숙어는 쓰지 마라.

논술문에 한자를 혼용하는 것이 반드시 좋은 것은 아니다. 오히려 한자 혼용을 달갑지 않게 여기는 경우도 있다. 한자 혼용은 한자로 써야만 그 의미가 확실한 경우에 한하는 것이 좋다. 얼핏 보기에 한자를 혼용했다는 인상만을 주기 위해서 한글로 써도 의미 파악이 가능한 말을 굳이 한자로 쓰는 것은 아무런 효과가 없다. 확실히 알지도 못하면서 잘못 섞어 쓴 한자는 도리어 감점의 대상이 될 수 있다. '眞摯한 態度'라고 쓰고 싶을 때 '摯'자를 몰라 '眞지한 態度'라고 쓰는 것보다는 '진지한 態度'라고 쓰든지 말을 바꾸어 '성실한 태도'로 쓰는 것이 좋다.

(13) 객관적 사실과 자신의 의견은 구별하라.

우리말에는 주어가 불명확한 경우가 더러 있다. '당분간 원료 구입은 삼가는 편이 좋다고들 합니다.'라는 식의 표현이 사용된다. 자신이 그러한 제안을 하고 있음에도 누군가의 의견이라는 형태로 표현하는 것이다. 이러한 표현은 객관적 사실과 자신의 의견이 구별되지 않아 논지가 뚜렷하지 못하다. 논술문은 구체적, 객관적 사실을 바탕으로 자신의 의견을 끌어내는 글이다. 따라서 객관적 사실과 자신의 의견을 분리시키는 것이 중요하다. 그렇게 하면 논점이 살아나 논리의 전개도 분명해진다.

02 | 신협중앙회 논술 기출문제

신협중앙회의 논술시험은 일반직군 지원자에 한하여 지원자의 논리성, 창의성, 전문성 등 종합사고능력을 평가한다. 관련 지문과 함께 주어진 1문항에 대한 서술식 답변을 60분 동안 작성한다.

❚ 2024년 01.13(토) 기출

01 간접금융시장에서 정보 비대칭으로 인해 발생할 수 있는 문제를 거래 전과 거래 후로 구분하여 설명하시오. 그리고 주식 등 지분계약에서 정보 비대칭 문제를 해결할 수 있는 구체적인 방안을 논하시오.

> 예시답안 정보의 비대칭이란 시장에서 각 거래 주체가 보유한 정보에 차이가 있을 때 그 불균등한 정보의 구조를 의미한다. 은행, 보험회사, 투자신탁회사 등 금융 중개기관이 개입하는 간접금융시장의 경우 금융기관과 채무자 간 정보의 차이로 인해 정보 비대칭이 발생하는데, 일반적으로 거래 전에는 역선택, 거래 후에는 도덕적 해이 문제가 발생한다.
>
> 역선택은 거래 전에 정보의 비대칭으로 발생하는 문제이다. 대표적인 간접금융시장인 은행의 경우 신용점수, 소득, 자산 등을 통해 차입자의 신용 위험을 평가하지만 차입자에 대한 정보들이 불완전하거나 왜곡될 수 있다. 신용도가 낮은 사람이 자신의 실질적인 신용 위험을 감추고 대출을 받으려 할 경우, 은행은 이러한 위험을 충분히 평가하지 못하고 대출을 승인하게 된다. 결국 은행은 기대했던 것보다 높은 신용 위험에 노출되고 이는 부적절한 대출의 지속으로 이어질 수 있다.
>
> 반면 도덕적 해이는 거래 후에 정보의 비대칭으로 발생하는 문제이다. 이 문제는 차입자가 대출을 받은 후 자신이 감수해야 할 위험을 충분히 인지하지 못하거나 무시하는 상황에서 발생한다. 차입자는 자신의 신용도와 상환 능력을 과대평가하거나, 대출 이후 은행의 감시를 받지 않으므로 기존의 목적보다 무모한 행동을 할 수 있다. 이 경우 차입자는 대출을 상환하지 못할 위험이 높아지고 이는 결국 은행의 손실로 이어지게 된다.

이러한 정보의 비대칭 문제는 주식 등 지분계약에서도 정보 우위자와 정보 열위자 차이로 발생한다. 정보의 비대칭 문제를 해결하기 위한 구체적인 방안은 다음과 같다.

첫 번째는 정보공개 강화이다. 지분계약의 대상인 기업은 투자자들에게 투명하게 정보를 제공하는 것이 중요하다. 이를 위해 연간 및 분기별 재무제표를 정기적으로 공개해야 하며 여기에는 기업의 경영 성과, 재무 상태, 시장 환경 등이 포함되어야 한다. 또한 정기적인 투자자 설명회를 개최하여 경영진이 기업의 전략과 계획에 대해 설명함으로써 투자자들의 이해도를 높이는 것이 중요하다.

두 번째는 법적 규제이다. 정부나 금융 당국은 기업의 재무 투명성을 높이기 위해 규제를 강화하고, 기업이 정보를 제대로 공개하지 않을 경우 이에 따른 제재를 가할 수 있어야 한다. 특히 내부자 거래나 정보 조작 등의 불법 행위를 강력히 처벌하는 것이 중요하다.

세 번째는 투자자 교육 및 지원이다. 투자자들이 지분계약을 할 때, 관련 정보를 이해하고 활용할 수 있도록 교육 프로그램을 제공해야 한다. 이는 투자자들이 투자 결정을 내릴 때 필요한 지식을 습득하고, 정보의 비대칭 문제를 최소화하는 데 도움을 주며, 전문가의 조언을 받을 수 있는 기회를 제공하여 보다 신뢰할 수 있는 투자를 유도할 수 있다.

네 번째는 투명한 투자 환경 조성이다. 기업의 투명한 거래 시스템 구축, 정기적인 외부 감사 및 평가제도 도입, 정보 공개의 표준화 등 여러 방법을 통해 시장 내에서 투명성을 높일 수 있도록 투자 환경을 조성해야 한다.

02 원 – 달러 환율 급등이 지속적으로 진행될 때 우리나라의 경제 상황에 생길 수 있는 부작용 및 이를 안정화시켜 해결하기 위한 방안을 다음 기사를 참고하여 제시하시오.

> 한국은행(한은) 금융통화위원회(금통위)가 기준금리를 한번에 0.5%p 올리는 '빅스텝'을 단행한 것은 고공행진하고 있는 환율과 고물가 고착화 우려가 커진 것에 따른 조치로 보인다. 금통위는 2022년 10월 12일 기준금리를 연 2.5%에서 3.0%로 0.5%p 인상했다. 지난 7월에 이어 두 번째 빅스텝이다. 2022년 4월, 5월, 7월, 8월에 이어 10월까지 사상 처음 다섯 차례 연속 금리 인상이다.
>
> 미국 연방준비제도(Fed, 연준) 긴축 가속화, 영국 금융 불안, 유럽발 경기 침체 등 대내·외 불확실성이 커지면서 서울 외환시장에서 원–달러 환율이 1,422.2원까지 올라가며 13년 6개월 만에 최고치를 기록하는 등 금융위기 당시의 수준까지 치솟았다. 한은은 원–달러 환율의 폭등이 연준의 고강도 긴축 기조에 따른 달러 강세에 기인하는 면이 크며, 이러한 불안정성이 커질 경우 원–달러 환율이 소비자물가 상방 압력으로 작용하는 등 국내 물가와 실물경제 흐름에 부정적 영향을 끼칠 수 있다고 판단한다. 원화 가치가 하락하면 수입 제품의 원화 환산 가격이 높아져 소비자물가 상승으로 이어지기 때문에 환율이 계속 오르면 5%대로 겨우 내려간 물가가 요동칠 수 있는 것이다.
>
> 한·미 금리가 역전폭이 더 확대될 수 있다는 것 또한 빅스텝 단행의 필요성을 높였다. 연준은 고강도 긴축 의지를 재확인한 상황인데, 한·미 금리가 역전폭이 확대되면 더 높은 수익률을 좇아 외국인 자본이 대거 유출되고, 원화 가치가 하락할 수 있다. 2023년 초까지 5%대의 물가가 지속될 수 있다는 것 또한 빅스텝을 취한 이유이다. 2022년 9월 소비자물가가 5.6% 상승하면서 8월(5.7%)에 이어 2개월 연속 낮아졌지만 5%대 중반에서 더 내려오지 않고 있다.
>
> 한은은 경기 회복에 부담이 가더라도 적극적인 통화 정책으로 대응해야 한다는 판단이다. 한국 경제의 성장세 둔화 추세가 이어지고 있지만, 여전히 높은 수준의 물가 상승 압력을 먼저 차단할 필요가 높다고 본 것이다. 물가 상승세가 꺾이지 않은 상황에서 성장 둔화를 우려해 통화 정책 대응을 하지 않으면 고물가가 고착화될 수 있는 등 물가 상승 악순환을 거듭할 수 있다고 보고 있다.

[예시답안] 미국 연방준비제도(연준) 긴축 가속화, 영국 금융 불안, 유럽발(發) 경기 침체 등 대내외 불확실성이 확대됨에 따라 달러 대비 원화의 환율이 1,400원을 훌쩍 돌파해 2022년 9월 1422.2원으로 13년 6개월 만에 최고치를 기록하는 등 금융위기 당시의 수준까지 치솟았다. 이에 따라 높은 환율과 5% 이상의 고물가 고착화에 대한 우려가 커지고 있다.

먼저 원−달러 환율이 지속적으로 급등할 경우 한국 경제 상황에서 발생할 수 있는 부작용을 살펴보고자 한다. 원−달러 환율의 지속적인 급등, 즉 원화 가치의 하락은 수입 제품의 원화 환산 가격을 높아지게 하는 등 국내 물가와 실물경제 흐름에 부정적인 영향을 끼칠 수 있다. 또한 연준의 긴축 가속화로 인해 한미 금리의 역전폭이 더 커지면 환율이 상승하여(원화 가치가 하락하여) 원화 표시 금융 자산의 수익률이 악화되고 투자자들은 상대적으로 수익률이 양호한 달러화 표시 금융 자산을 매입하려고 원화를 팔고 달러를 사려 할 것이고, 이때 달러에 대한 초과 수요로 발생한 원화 가치의 하락은 물가 상승으로 이어질 수 있다. 외국 자본이 대거 유출되고 원화 가치가 계속해서 떨어질 경우 5%대 이상의 높은 물가가 지속되면서 고물가의 고착화라는 악순환이 이어질 수 있는 것이다.

실제로 2022년에 사상 처음으로 한 해에만 다섯 차례나 기준금리를 인상하고, 이 가운데 두 번이나 빅스텝(0.5% 이상의 기준금리 인상)을 단행한 것은 빅스텝 조치로 기대했던 효과를 거두지 못했음을 반증한다. 이는 한국은행의 빅스텝보다 미국의 자언언트 스텝(0.75% 이상의 인상)의 영향이 더 컸기에 환율이 상승했기 때문으로 분석된다. 이러한 높은 환율은 수입 물가의 상승으로 고스란히 이어져 국내 물가의 상승을 부채질할 수 있다.

다음으로 물가 상승세를 꺾고 안정화시켜 해결하기 위한 방안을 생각해 보았다. 원−달러 환율의 상승으로 인한 물가 상승의 고리를 끊으려면 경제 성장세 둔화 추세에 대응해 경기를 회복시키는 정책보다는, 빅스텝 같은 적극적인 통화 정책을 통해 높은 수준의 물가 상승 압력을 차단하는 것이 우선이다. 이는 물가 상승세가 꺾이지 않은 상황에서 성장 둔화를 우려해 적극적인 통화 정책으로 대응하지 않으면 고물가가 고착화되는 등 물가 상승의 악순환을 반복할 수 있기 때문이다.

환율은 지극히 상대적이다. 한 나라만의 깜냥만으로 환율의 변화를 정확히 판단하거나 정책 의도대로 통제하는 것은 사실상 불가능하다는 뜻이다. 이는 한국은행 등의 정부 당국이 '환율 전쟁'에 맞서 통화 정책을 조정할 때 반드시 적극성과 함께 신중함을 최우선의 덕목으로 삼아야 하는 이유이기도 하다. 또한 미국 등 기축통화국의 영향력이 증대되고 있는 오늘날에는 외환 운용의 묘를 최대한으로 살릴 수 있는 '신의 한 수'가 당국자들에게 요구된다.

03 다음 기사의 내용처럼 연방준비제도(Fed)의 정책은 우리나라 국내경제와 금융시장에 영향을 끼친다. 여러 가지 영향 중 자신이 중요하다고 생각하는 세 가지를 골라 근거와 함께 서술하시오.

> 미국 연방준비제도가 2021년 11월 테이퍼링의 시작을 공식 선언했다. 곧 양적완화 수준을 축소하겠다고 천명한 것이다. 이에 대해 우리 정부 관계자는 '시장의 예상에서 크게 벗어나지 않아 국내 금융시장에 미치는 영향은 제한적'이라고 평가하고 필요 시에 적절한 시장 안정 조치를 취할 것이라고 밝혔다. 그러나 외환위기 그림자가 다시 드리워지는 것이 아니냐며 우려하는 금융 전문가들 또한 많다는 점에서 정부에서 어떤 시장 안정 조치를 내놓을지 귀추가 주목된다.

예시답안 미국의 테이퍼링으로 인해 금리가 인상된 경우를 가정해 미국의 경제정책이 한국에 어떻게 영향을 끼치는지 설명하고자 한다. 첫 번째로, 달러 유출로 인해 한국 경제의 불확실성과 리스크가 증가한다. 미국이 금리를 올리면 달러는 고수익을 쫓아 미국으로 대거 환류하고, 한국의 통화가치·주가가 낮아져 자본 이탈이 조장되고 달러값은 더욱 상승해 금융 불안이 발생할 수 있다. 따라서 '자본 이탈 → 통화가치 하락 → 추가적인 자본 이탈'의 악순환에 빠질 수 있다. 이러한 자본 유출을 방지하려고 미국보다 더 많이, 더 빠르게 금리를 인상한다면 그 과정에서 경제는 큰 리스크를 떠안게 되고, 이러한 충격을 견디지 못하면 외환 위기를 겪게 된다.

두 번째로, 미국의 금리 인상은 '신흥국의 화폐가치 하락 → 경제 불황'을 초래해 수입에 대한 신흥국의 수요가 감소할 수 있다. 그러면 신흥국에 대한 한국의 수출도 감소한다. 또한 한국의 수입 비용을 증가시켜 수출 채산성이 악화된다. 수출할 상품을 만들기 위해 원자재를 수입할 때 환율이 하락해 더 많은 달러를 주어야 하는 것이다. 요컨대, 시장 감소와 수출품의 가격 경쟁력 약화가 초래된다. 아울러 경제성장에 있어 한국은 수출의존도가 높은 반면, 미국은 소비(내수) 시장의 비중이 크다. 이때 미국의 경제정책은 자국민의 소비에 큰 영향을 끼친다. 그리고 미국의 소비 증감이 한국의 수출 증감으로 이어지는 것은 한국의 수출에서 미국의 비중은 매우 크기 때문이다. 이처럼 미국의 경제정책은 한국의 경제성장에 큰 영향을 끼친다.

세 번째로, 미국 금리 인상 충격은 한국 금융시장에 전반적인 악재로 작용하지만, 자본의 유출입 면에서는 한국인의 해외투자 자금이 한국으로 환류되어 외국인 투자자금 이탈을 상쇄함으로써 충격이 완화되기도 한다. 이는 국제금융시장 불안으로 신흥국 수익률 하락 시 신흥국에 투자된 한국인의 자금이 회수될 수 있는 점, 원화가치 하락에 따른 환차익 실현 기회가 발생하는 점 등 여러 가지 원인에서 해석할 수 있다.

04 다음 기사의 내용처럼 초저금리 시대에 금융 분야에서 맞이할 리스크 중 중요한 3가지와 그 이유를 논하시오.

> 글로벌 금융위기 이후 지속적인 금리 하락세로 초저금리 현상이 확산되고 있다. 이러한 초저금리 환경에서는 자산수익률 제고와 투자변동성 관리를 함께 기대할 수 있는 전략적인 자산운용이 필요하다. 특히 금융권이 수익률을 높이기 위해 자산운용에 있어 회사채나 구조화채권, 펀드 등을 확대할 수 있으며, 이에 따라 리스크를 정밀하게 예측하고, 건전성 관리와 함께 적정 수익률을 찾는 것이 자산운용의 과제로 대두되고 있다. 이와 관련해 금융전문가들은 "고수익을 위해 무리하게 고위험을 감수하지 말아야 하며, 목표를 정하고 그만큼의 리스크만 감수해야 한다"고 조언한다.

예시답안 각국 정부의 완화적 통화정책, 저축 과잉(안전자산 선호), 유효투자 감소(기술 혁신), 고령화(인구증가율 감소) 등으로 인한 소비·투자의 위축으로 초저금리 시대가 촉발되었고, 이러한 초저금리 시대에 금융권이 떠안게 될 리스크를 설명하고자 한다.

첫 번째로, 금융회사의 금융중개 기능의 약화를 들 수 있다. 초저금리 상황에서 장단기 스프레드와 신용스프레드의 축소가 동시에 발생하면 이를 활용하는 금융회사의 신용평가와 선별 기능이 약해져 금융중개 기능이 제대로 작동하지 못하고 효율적인 자원 배분을 수행하기 어렵다. 이에 따라 은행은 이자마진 축소, 보험사는 이차역마진 고착화, 투자회사는 채권투자 운용전략 위축 등을 겪을 수 있다.

두 번째로, 고수익 – 고위험 부문으로 쏠림 현상이 예상된다. 초저금리 상황에서 장단기 시장금리 하락에 따른 수익성 악화에 대응하기 위해 금융회사의 수익률 추구 성향이 강화되어 리스크가 큰 자산으로 자금이 과도하게 유입될 수 있는 것이다. 이에 따라 고수익 – 고위험 추구 과정에서 소비자 보호 및 금융 분쟁 문제 또한 증가할 수 있다.

세 번째로, 금리 반등으로 인한 위험성을 지적할 수 있다. 경기의 회복 시점에서 금융당국이 유동성 축소를 위해 정책금리를 인상하면 금융시장의 변동성 확대가 우려되는 것이다. 금리의 상승 전환은 금융회사들의 고위험 – 고수익 자산 투자에 따라 누적된 금융 불안 요인을 현실화할 수 있으며, 또한 금리가 빠르게 상승하면 보험사·증권회사·카드사 등의 수익성·건전성이 악화될 수 있다. 은행은 금리 상승으로 인해 부실여신이 증가할 수 있고, 보험사는 보유채권의 평가손실이 확대되는 반면 이차역마진은 축소될 수 있으며, 증권사는 보유채권의 평가손실과 우발채무의 손실 가능성이 확대될 수 있고, 카드사는 취약차주의 증가 가능성이 높아진다.

이상에서 설명한 초저금리로 인한 잠재적 리스크에 효과적으로 대응하려면 금융권에서는 금융안정성 강화를 위해 금융 시스템의 전반적인 리스크 요인을 파악하고 체계적인 관리를 통해 경쟁력을 강화해야 한다.

PART 5

05 금리인하의 긍정적, 부정적 영향을 적고 우리나라 현 상황을 고려할 때 어떤 금리 정책이 올바른지 서술하시오.

> 한국은행이 기준금리를 사상 최초 0%대로 내리기로 결정했다. 기준금리가 암묵적 실효하한선인 0.75%을 기록함에 따라 한동안은 한국은행에서 금리인하 정책을 내지는 않을 것이라는 전망이 유력해지고 있다. 또한 경제주체의 심리안정과 시장안정 목적을 위한 국고채매입의 가능성 또한 높아지는 상황에서 향후 한국은행의 추이가 주목된다.

[예시답안]　한국은행의 기준금리 인하로 인한 영향은 다각적으로 나타난다. 은행들이 한국은행에서 더욱 저렴하게 돈을 빌릴 수 있게 됨에 따라 대출 이자에 대한 부담이 경감되어 서민들의 소비 심리와 기업투자가 활성화되고, 투자로 인한 이점이 예·적금보다 많아지기 때문에 주식시장과 부동산시장이 강세를 보이게 된다. 원화환율이 상승함에 따라 수출상품에 대한 수요가 증가함은 물론 국제수지 또한 개선되어 임금 상승으로 내수가 활성화되어 경제전반이 활력을 되찾게 된다. 즉, 금리인하 정책이 발표되었다는 것은 그만큼 국내 경제상황이 침체되어 있다는 이야기로 해석할 수도 있다.

하지만 금리인하로 인해 발생하는 부정적 영향 또한 결코 가볍지는 않다. 가장 먼저 저축한 예금의 이자를 받아 생활하는 이자생활자들의 경우 소비가 위축되거나 원금을 소비하게 되는 상황이 발생하게 된다. 거기에 물가상승에 대한 압력이 늘어나 인플레이션이 발생할 우려를 낳아 시장에 불안이 증가할 것이다. 투자심리가 자칫 투기로 이어져 전세가율을 비롯한 부동산 가격이 급등해 도리어 서민경제에 타격을 입히거나 지나친 대출로 인해 가계파산이나 은행부실과 같은 상황을 초래할 수도 있다. 무엇보다 규모의 경제를 형성해놓은 대기업이 금리인하로 인한 대출 혜택을 더 많이 받음에 따라 중소기업들의 입장에서 건강한 경쟁이 어려워지는 사태가 벌어지기도 한다. 금리가 인하된다고 해도 은행에 있는 자금이 시장에 오롯이 풀려 경제 활성화의 순기능으로 이어지는 것은 아니라는 것이다.

2015년부터 1%대의 저금리 상태를 유지하고 있는 상황이지만 이러한 저금리 정책이 실질적으로 서민경제에 큰 도움이 된다고는 확언하기 어려운 것이 현실이다. 가까운 일본의 경우 이자율이 연 0%에 가까운 상황이 수십 년 째 이어졌으나 저축이 줄어들기는커녕 더욱 활성화되는 결과를 낳았으며, 과거 연 이자율이 마이너스를 기록했던 스웨덴에서도 비슷한 사례를 확인할 수 있다. 금리가 낮아짐으로 인해 경제가 반드시 활성화된다고 말하기 어려운 이유가 바로 여기에 있다. 대다수 서민들은 주식이나 부동산과 같은 위험도가 높은 투자보다 비록 이자가 낮을지라도 적금이 더 친숙한 것이 사실이기 때문이다.

대기업 의존도가 매우 높고 저임금·저출산 문제로 골머리를 앓고 있는 대한민국의 현 상황에서 섣불리 금리인상 또는 금리인하를 결정하는 것이 어려운 것은 사실이다. 하지만 그것은 곧 금리인상과 금리인하 결정만으로 이러한 문제가 쉽게 해결되지는 않는다는 것을 의미하기도 한다. 따라서 금리인상보다는 현재의 저금리를 유지하되 이로 인해서 발생하는 문제들을 보조하는 정책, 즉 이자생활자들을 위한 근로정책이나 보조금정책을 발의하거나 신중한 대출을 위한 상담사 배치, 중소기업 보조금 정책과 같은 우회적인 정책을 통해 장점은 살리되 약점은 분석해 이에 대응하는 방법이 가장 안전하고 확실할 것이다.

약자를 보조하는 정책 이외에도 혜택을 누리거나 호황을 누리는 기업에 대해서는 고용 증대를 어느 수준으로 의무화시키는 등 성장을 이룩한 기업에 의한 혜택의 분배 또한 필요하다. 기업이 되살아난다고 해도 서민들의 양극화가 심해질 뿐이라면 그 정책은 실패했다고 밖에 말할 수 없을 것이다. 많은 우려를 낳았던 낙수효과가 만든 병폐를 생각했을 때, 균형을 잃고 고삐를 놓친 성장정책이 기업을 어떠한 방향으로 몰고 가는지는 자명하다고 할 수 있을 것이다.

많은 문제와 이익이 거미줄처럼 얽혀 있는 현재의 상황에서 섣부른 정책변화는 흐름에 적응해가는 이들에게 큰 혼란을 야기함은 물론 사태를 더욱 더 예측할 수 없는 방향으로 몰고 갈 가능성마저 내포하고 있다. 정책에 있어 모두를 만족시키며 문제를 단번에 해결할 수 있는 도깨비방망이는 존재할 수 없는 법이다. 그저 모두의 목소리에 귀 기울이고, 채 걷기도 힘든 이들에게 어깨를 빌려줄 수 있는 최소한의 도움이 우선되어야 할 것이다.

06 비트코인(가상화폐)에 대한 긍정론, 부정론 중 하나를 선택하고 이에 대해 서술하시오.

예시답안　비트코인으로 대표되는 가상화폐에 대한 열기가 한동안 매우 거세었다. 유명인들은 저마다의 혜안을 뽐내듯 '비트코인은 금보다 가치가 있다.', '가상화폐는 현재 매우 저평가되어 있다.', '비트코인은 기존 실물통화의 역할을 대체할 수 있다.'며 목소리를 높였다. 누군가는 심지어 '현재 사용되는 실물화폐는 정치·경제적인 이유로 언제라도 더 찍어낼 수 있기 때문에 비트코인이 더욱 실체가 뚜렷하며, 오늘날의 화폐가 가짜다.'라고까지 말하기도 했다.

비트코인이 지닌 장점을 생각하면 그리 과장된 말은 아닐지도 모른다. 비트코인, 즉 가상화폐의 핵심이라고도 할 수 있는 블록체인 기술은 가상화폐의 거래기록을 금융기관 등의 개인이 아닌 다수의 제3자에게 남기기 때문에 장부조작이 거의 불가능하다. 또한 채굴로 기록을 정리해주는 이에게 수수료와 함께 코인을 제공하기 때문에 블록체인이 유지되는 기반 또한 충분하다고 할 수 있다.

하지만 이러한 장점만을 나열하며 비트코인이 새로운 통화의 기준이 될 것이라고 판단하는 것은 지나치게 기술주의적인 사고방식일 것이다. 비트코인이 새로운 통화의 기준이 되기 위해서는 분명 여러 조건이 필요할 것이지만, 가장 문제가 되는 것 중 하나는 바로 '합의'라고 할 수 있다. 비트코인의 창시자인 나카모토 사토시를 비롯해 여러 인사들은 '신뢰'를 강조하며 현재 사용되는 실물화폐는 무수한 편법으로 신뢰를 위반한다고 주장한 바 있다. 하지만 이것은 기술의 '보완'으로 해결이 가능한 문제일 뿐이며, 모든 실물화폐를 비트코인과 같은 가상화폐로 대체하자는 사회적 '합의'를 이끌어내기는 쉽지 않을 것이다. IT기술의 발전이 현 산업에 지대한 영향을 미친 것은 사실이다. 하지만 모두의 '합의'에는 분명 IT기술의 혜택을 받지 못하는 소외계층이 포함되어야 한다. '전체'를 도외시한 기술의 발전이 낳는 것은 치명적인 불평등의 탄생 또는 공동체의 붕괴일 뿐이다.

실물화폐의 단점을 '보완'하는 것에 블록체인 기술이 응용될 수는 있을지 모른다. 하지만 현재 화제가 되고 있는 비트코인 열풍이 투기의 성향을 띠고 있다는 점을 생각하면, 비트코인 그 자체를 화폐로 인정하기는 더더욱 어려울 것으로 예상된다. 가치란 상대적이지만, 서로가 생각하는 일정한 합의점이 있기에 거래가 가능하다. 그리고 그 거래를 수월하게 만들기 위해 사회적 합의를 거쳐 사용되는 것이 화폐이다. 따라서 화폐는 서로가 합의할 수 있는 일정한 '가치'를 대표해야 한다. 하지만 비트코인을 비롯한 가상화폐는 지금 이 순간에도 시시각각 그 가치가 오르내리고 있다. 사실상 비트코인은 화폐라기보다는 가치를 지닌 금이나 주식의 다른 형태인 셈이다.

무엇보다 비트코인의 장점으로 부각되는 '투명성'과 '신뢰' 그 자체에도 문제점이 존재한다. 비트코인을 사용할 때마다 다수의 사용자에게 기록이 남는 것은 사실이지만 익명성을 강조하는 비트코인이 해외거래소를 거칠 경우 특정한 금융기관을 거치지 않기 때문에 음지에서의 거래를 추적하는 일은 몹시 힘들어진다. 거기에 앞서 언급했듯 IT기술의 혜택을 받은 몇몇 개발자들은 하드포크라는 블록체인 분리 기술을 악용해 새로운 가상화폐를 탄생시켜 수십억에 이르는 이득을 챙기기도 했고, 랜섬웨어 등의 프로그램을 개발해 가상화폐를 저장하고 있는 컴퓨터나 스마트폰 자체를 공격한 뒤 비트코인을 갈취하기도 했다. 기술의 발전이 도리어 기술의 보안과 신뢰를 깨뜨리는 결과를 불러온 것이다.

현대가 기술의 발전 속도를 따라가기에도 벅찬 시대라는 사실을 부정하기는 어려울 것이다. 하지만 화려함에 눈이 멀어 본질을 잊고 신기루를 쫓기 전에 한번쯤 실사구시(實事求是)의 정신으로 현실을 바라볼 여유가 필요하지 않을까.

07 4차 산업혁명의 핵심기술인 빅데이터, 인공지능, 블록체인 기술이 금융업에 어떻게 활용되고 있는 지와 더불어 이러한 상황에서 경쟁력을 갖추려면 어떤 핵심역량이 필요한지, 성장하는 금융기관이 되려면 어떤 전략이 필요한지를 서술하시오.

예시답안   컴퓨터와 인터넷, 스마트폰으로 대표되는 3차 산업혁명은 지구촌에 사는 모두가 쉽게 소통하고 정보를 공유할 수 있도록 만들었다. 그렇다면 4차 산업혁명은 구체적으로 우리에게 어떠한 변화를 일으킨 걸까? 과연 4차 산업혁명의 핵심기술로 불리는 빅데이터와 인공지능, 블록체인 기술은 금융업에 어떠한 변화를 일으켰다고 할 수 있을까?

빅데이터 기술은 인터넷과 스마트폰 등으로 인해 촘촘히 연결된 망(網)에 축적된 사람들의 행동과 패턴을 읽고 다양한 분야에 활용함을 뜻한다. 쉽게 말해 사람들의 행동기록을 읽어 성향을 파악하는 것인데, SNS나 신용카드의 사용 기록 등을 통해 연령, 직업, 성별에 따른 소비성향을 파악하여 보다 매력적이고 효율적인 금융상품의 개발을 예시로 들 수 있다.

비트코인 등의 암호화폐를 통해 유명세를 탄 블록체인 기술의 핵심은 데이터 분산 처리 기술이다. 개인과 개인의 거래에 데이터가 모두에게 기록되는 장부를 '블록'이라고 하는데, 시간이 흐를수록 이것이 사슬 형태로 이어지기 때문에 블록체인이라고 부른다. 블록체인 기술은 중앙 관리자 없이 장부가 변조될 가능성이 배제된다는 장점으로 인해 은행은 물론 다양한 업종에서 계약서, 물류관리, 의료정보관리, 저작권 관리, 신원확인 등 정보보안에 사용할 것으로 큰 기대를 모으고 있다.

인공지능(AI)은 빅데이터 기술을 포함한 모든 데이터를 아우르는 기술이라고 할 수 있다. 현재 금융업계에서 사용되는 인공지능 기술은 기술발전의 한계상 인간과 같이 감정과 자의식, 인지능력을 지니는 강인공지능(Strong AI)보다는 특정 분야에서 인간보다 우수한 지능을 발휘하는 약인공지능(Weak AI)이 주류를 이룬다고 할 수 있는데, 대출자의 리스크를 파악하거나 빅데이터를 활용해 금융 분야의 향후 전망을 예측하는 로보 어드바이저가 대표적이다.

4차 산업혁명의 핵심기술들은 금융업계에서 각각 분석(빅데이터), 보안(블록체인), 그리고 속도(AI)의 영역에서 활약하고 있다. 분석과 보안이 강화됨에 따라 금융업계의 상품들은 보다 개인적이고 탈중심적으로 변하였고, 초연결 사회를 기반으로 속도가 중요시됨에 따라 효율성과 접근성이 큰 쟁점이 되었다고 할 수 있다.

금융과 4차 산업혁명의 시대의 기술이 융합한 핀테크 시대에서 가장 중요한 것은 단연 접근성이다. 보안과 속도의 강화로 물리적 제약이 한층 완화되어 구글, 애플, 아마존 등 빅테크 기업이 금융시장에 진출하기 시작한 지금, 보다 개개인의 성향을 분석하여 언제 어디서라도 고객의 취향에 맞는 상품을 제공할 수 있는 금융기업만이 살아남을 수 있게 된 것이다.

'카카오뱅크'는 이러한 핀테크 시대의 흐름에 발맞춰 등장하였는데, 보안을 기반으로 인건비부담을 줄이고 높은 예금금리와 낮은 대출금리 및 수수료를 제공함과 동시에 접근성을 높여 금융기업으로서 자리 잡는 데 성공하였다. 거기에 카카오톡 애플리케이션과의 연동을 통해 쇼핑은 물론 자체 콘텐츠 소비가 가능한 생태계를 구축하기도 했다. 한편, 농협은행의 경우 상대적으로 디지털 접근성에 취약한 농촌계층을 겨냥한 '올원뱅크'를 내놓기도 했다. 올원뱅크는 편의성과 개방성을 장점으로 내세웠는데, 타 은행 공인인증서나 계좌를 통해서도 회원가입이 가능한 오픈뱅킹을 지향한다. VOD 및 웹툰·웹소설, 할인쿠폰 등의 콘텐츠를 무료로 제공함은 물론 농축산물을 구입할 수 있는 유통망을 연결하거나 세금납부, 5060 세대를 위한 귀농정보나 자산 관리 서비스를 제공한다.

4차 산업혁명의 등장이 결코 기존 금융기관에 악재로만 작용하지는 않을 것이다. 장기간 쌓아온 신뢰도와 인지도는 신흥 금융기관이 기술력만으로는 따라잡기 힘든 큰 무기이다. 그리고 눈부신 발전을 이룩한 4차 산업혁명의 이면에는 혜택을 오롯이 받지 못하는 고객들이 존재하는 것 또한 사실이다. 따라서 기존 고객과 신규 고객들을 아우를 수 있는 접근성과 보안을 기반으로 하는 신뢰, 그리고 고객들이 원하는 효율 높은 금융상품들을 앞서 제시할 수 있는 능력을 갖추는 것이 무엇보다 중요할 것이다.

03 | 금융권 논술 예상문제

01 소득불균형이 미치는 부정적인 영향과 그에 따른 금융 산업의 대응방안에 대하여 논술하시오.

[예시답안] 능력주의로 대두되는 현대사회에서 소득불균형은 사실 현상 혹은 결과에 가까운 문제일지도 모른다. '개인의 능력에 따라 사회적 지위나 권력이 주어지는 사회'를 추구하는 현대사회에서는 시험결과나 개개인의 역량에 따라 타인보다 더 많은 부를 축적하는 것을 부정하지 않기 때문이다.

그럼에도 소득불균형이 문제로 지목되며 이것을 해결하고자 많은 이야기가 오고가는 까닭은, 이로 인해 사회 전반에 기회가 공평하게 돌아가지 않는 사태가 일어나기 때문이다. 즉, 공평한 기회로 인하여 소득격차가 발생하는 것이 아니라, 소득격차로 인해 공평한 기회가 박탈당하는 사례가 발생한다는 것이다. 이는 도리어 정당한 능력을 가진 이들이 금전적인 문제로 기회를 박탈당해 공정한 평가를 받지 못하며, 그럼에도 정당한 평가를 받지 못한 이들에게 '능력이 부족하기 때문'이라는 낙인이 찍히는 악순환을 만들게 되는 결과를 만들어 낸다.

정당한 능력을 가진 이들이 능력을 펼치지 못하는 사회, 그리고 그로 인하여 부의 대물림이 고착화 되는 사회에 남는 것은 만연한 열등감과 우울감, 그리고 허무주의일 것이다. 실제로 부의 고착화 및 소득불균형이 심화된 중국의 경우 청년층 사이에서 국가의 미래에 협조하지 않고, 욕망하지 않고, 국가의 비전에 무관심하며 그저 살아있기만을 추구하는, 즉 노력하지 않는 삶을 추구하는 '탕핑 운동'이 전개되고 있다. 탕핑 운동은 대한민국의 '수저 계급론'이나 'N포 세대'과 비슷하면서도 노력 자체를 포기한다는 점에서 대처가 더욱 까다로운 현상으로 지적되고 있다.

대한민국의 경우 최근 청년층에서 평범한 방법으로는 계층이동이 어렵다는 사고가 만연함에 따라 비트코인이나 선물거래 등 한탕주의에 가까운 투자를 통하여 경제적 파산에 이르는 사태가 발생하고 있다. 이들은 결혼자금, 대학등록금 등 중요한 자산을 투자로 탕진하거나, 거액의 빚을 지게 됨에 따라 경제적으로 위험에 매우 취약한 상황에 놓이게 된다.

그렇다면 이러한 소득불균형에 대하여 대한민국에서는 금융 산업과 손을 잡고 어떠한 대응을 하고 있을까. 가장 먼저 떠올릴 수 있는 것은 청년 우대형 주택청약이다. 청년들이 내 집 마련의 꿈을 이룰 수 있도록 도움을 주는 것으로 만 19세 이상부터 만 34세 이하 청년들이 가입 가능하다. 소득불균형 문제 완화를 위한 것으로 연 소득은 3,000만 원 이하, 무주택 세대주 혹은 세대원만 신청이 가능한 것이 특징이다. 또한 청년 맞춤형 전세대출이 있는데, 청년들이 전월세를 들어가는 데 도움이 될 수 있도록 만 34세 이하, 배우자 합산 소득 7,000만 원 이하, 무주택자에 한하여 낮은 금리로 전세자금을 대출해주는 제도이다. 산업단지 내 중소기업에서 근무하는 청년 근로자를 위한 지원카드도 있다. '청년동행카드'는 산업통상자원부 및 한국산업단지공단에서 지정한 산업단지 내 중소기업 재직 청년근로자를 대상으로 매월 교통비 5만 원을 지원하며 다양한 청년 특화 서비스를 제공한다.

하지만 이와 같은 소득불균형 대책의 경우 만 19세 이상에서 만 34세 이하의 청년층에 한하여 지원하는 경우가 대부분이며, 그나마도 3,000만 원 이하 혹은 배우자 합산 소득 7,000만 원 이하라는 상당히 높은 진입장벽으로 인해 실질적인 혜택을 받지 못하는 이들이 많은 것 또한 사실이다. 무엇보다 이러한 혜택은 소득불균형으로 인해 생계가 어려운 이들을 간신히 살 수 있도록 지원하는 안전장치에 가까우며, 소득불균형 자체를 해결할 수 있는 힘을 가지고 있다고 보기에는 어려운 것이 현실이다.

따라서 안전장치의 기능을 하는 정책과 더불어 소득불균형을 해결하기 위해 금융 산업에 필요한 것은 뜻이 있는 자들의 계층이동을 돕는 공격적인 성향의 지원정책일 것이다. 학자금대출, 창업지원대출과 같이 새로운 시도를 하려는 이들을 돕는 대출 제품을 늘리고 대출 기준 또한 완화해야 한다. 물론 노년층의 파산과 같은 사회문제를 해결하기 위한 대책에도 힘을 쏟아야 하며, 소득불균형 해결을 위한 정책이 도리어 소득불균형을 악화시키는 사태 역시 지양할 수 있도록 고심해야 할 것이다.

소득불균형 문제는 시대의 거대한 흐름 중 하나이며 어느 관점에서는 유사 이래 해결된 적이 없는 고질적인 문제로, 금융 산업만으로 해결될 수 있는 문제라고 보기는 어렵다고 볼 수도 있다. 하지만 계층이동이라는 절벽에 작은 물꼬를 트고, 나아가 소득불균형이라는 문제를 마주하는 자세를 잃지 않는 것 또한 대한민국 금융 산업이 해나가야 할 일일 것이다.

02 인플레이션 발생 원인과 기준금리 인상이 금융기관에 미치는 긍정적·부정적 영향에 대해 서술하시오.

예시답안 | 인플레이션은 '통화량 증가, 화폐 가치 하락, 물가의 지속적 상승 등이 원인이 되어 실질적 소득이 감소하는 현상'으로 요약할 수 있다. 그리고 인플레이션에 대응하기 위해 정부는 긴축 정책을, 중앙 은행은 기준금리 인상 정책을 통해 시중의 통화량을 줄인다. 이때 기준금리는 다른 모든 금리의 기준이 되어 금융시장에서 지배적인 영향을 끼친다. 이는 기준금리 조절이 국가경제 전반은 물론 특히 금융기관에 직접적인 영향을 주기 때문이다. 그렇다면 기준금리 인상이 금융기관에 어떤 영향을 끼치는지 살펴보자.

먼저, 기준금리 인상이 금융기관에 끼치는 긍정적 영향에 대해 살펴보자. 총수요가 총공급을 초과할 때, 재화의 생산비가 올라 가격도 상승할 때, 독과점기업이 시장지배력을 행사하며 이윤을 극대화하려 할 때, 선거철·명절처럼 시중 통화량이 급증할 때, 환율이 고공행진(평가절하)을 할 때 등 여러 원인 때문에 인플레이션이 초래될 수 있고, 통상적으로 연 4~5% 정도의 물가상승률이 관측되면 인플레이션이 발생했다고 해석한다. 인플레이션이 발생하면 한국은행 금융통화위원회는 기준금리를 인상해 금융기관의 지급준비율, 재할인율, 채권의 매매, 통화량, 물가, 금리 등을 조절하려 한다.
이처럼 기준금리가 인상되면 저축으로 얻는 이자소득이 증가하므로 가계는 저축을 늘리게 되어 은행의 수신고도 상승하는 한편 은행 차입비용이 올라가 과도한 투자나 물가상승이 억제되어 과열된 경기가 진정되고 물가가 진정된다. 또한 기준금리 인상으로 시장금리가 상승하면 은행의 예대금리차와 순이자마진(NIM)의 확대 가능성이 커진다. 그리고 우리나라 은행에 예금하고자 하는 유인이 커져 해외 자본의 유입도 증가하게 된다. 아울러 채권 수익률 상승으로 인해 채권에 투자하는 사람들이 늘어나면서 채권시장이 활성화되는 한편, 주식시장에서는 은행주·보험주·경기민감주에 긍정적인 환경이 조성될 수 있다.

반대로 기준금리 인상으로 금융기관이 받을 수 있는 부정적 영향에는 무엇이 있는지 살펴보자. 기준금리가 인상되면 통화량이 감소되면서 시중은행의 대출금리가 인상되기 때문에 금융 소비자들의 대출 상환 부담은 증가하게 되고 대출 신규계약은 감소되는 한편, 시중에 유통되는 돈이 줄어들어 소비 심리와 투자가 위축되며 재화(상품)의 재고 증가, 생산과 고용의 감소, 실업률 상승 등이 연쇄적으로 발생할 수 있다. 또한 주식 수요가 감소하고 주가가 하락하며, 민간의 실질 자산이 감소되어 소비가 감소한다.
국가경제 면에서는 해외 자본의 국내 유입이 증가하면서 원화 가치 상승(환율 하락)과 수출 감소 및 수입 증가 등이 연이어 발생할 가능성이 커진다. 또한 해외 주요 선진국, 특히 달러라는 안정적인 기축통화를 발행하는 미국의 기준금리 인상으로 금리 역전 현상이 발생하면 한국 증시 등의 금융상품에 투자한 외국인의 자금이 대거 유출되면서 증시와 원화 가치 하락을 부채질해 환율이 불안정해질 가능성이 상승한다. 이때 한국이 환율 방어를 위해 선제적으로 기준금리를 인상할 가능성도 커진다.

기준금리 인상을 통해 인플레이션을 해소할 수 있으나, 이와 동시에 소비와 투자 등 총수요와 수출이 위축되어 전반적으로 경제 활동이 침체할 수 있다. 또한 기준금리의 변경은 예금·대출금리, 시장금리, 주식·채권·부동산·외환 등 자산 가격 등에 직접적인 영향을 끼쳐 실물경제와 물가를 변동시키는 주요 원인이 된다. 이처럼 기준금리는 일반 국민의 경제생활과 금융시장에 지대한 영향을 끼치며, 자본 이동이 자유화되고 금융시장이 발전함에 따라 그 영향력은 더욱 커지고 있다. 따라서 양날의 검 같은 기준금리 변경 여부를 결정할 때는 반드시 국내외의 경제 여건을 정밀히 타진하면서 이해득실을 꼼꼼히 따져야 하며, 기준금리를 조정하기로 하더라도 점진적으로 변경해야 한다.
끝으로 '호시우보(虎視牛步)'라는 말이 있다. 범처럼 노려보고 소처럼 걸으라, 즉 예리한 통찰력으로 꿰뚫어 보며 성실하고 신중하게 행동하라는 뜻이다. 기준금리 인상을 결정할 때는 경제에 대한 거시적 결정도 필요하지만, 소비 주체인 개인에게 끼치는 미시적 파급력을 반드시 고려해야 한다. 따라서 정부와 한국은행 등의 권위 기관은 기준금리를 조절할 때 '호시우보'를 마음 깊이 새겨야 할 것이다.

03 글로벌 경제가 위기 상황을 맞으면서 증시가 크게 떨어지고 있는 가운데 펀드의 수익률도 급감하고 있는 상황이 발생한다면, 이러한 상황에서 펀드 리모델링 방안을 서술하시오.

예시답안　고수익을 쫓던 일방적인 투자 패턴에서 벗어나 분산과 기대수익률을 낮추고 기존의 포트폴리오와 펀드투자 전략에 대한 새로운 변화를 시도해야 한다. 이에 따라 펀드 투자자들이 고려해야 할 원칙을 제시하였다.

첫째, 수익률이 낮아도 안정적인 기존의 펀드에 눈을 돌리자.
스태그플레이션 상황에서는 새로운 펀드보다는 기존의 펀드에서 새로운 반등의 기회를 발굴하는 것이 유리하다. 특히 물가가 불안정할 때는 펀드 선정에 더욱 유의할 필요가 있다. 특히 위험이 낮은 국고채 중심의 채권형 펀드와 전 세계 다양한 자산에 투자하는 자산 배분형 펀드도 주목해야 한다.

둘째, 국내 주식형 펀드를 중심으로 투자하자.
전 세계적인 불확실성이 증가되고 있는 상황에서는 보다 빠르게 시장에 대한 정보를 체감할 수 있는 국내 펀드에 비중을 두는 것이 유리하다. 잘 아는 시장에 대한 투자는 보다 신속하고 정확하게 의사결정을 내릴 수 있으며 또한 환매 주기가 국외 펀드보다 짧다는 장점을 갖고 있다.

셋째, 신흥시장에 대한 일방적인 낙관론에서 벗어나라.
그동안 고성장을 지속해 온 신흥시장도 성장 둔화와 인플레이션으로 인한 피해를 입고 있다. 신흥시장 증시의 조정이 불가피한 상황이기 때문에 기존의 성장잠재력뿐만 아니라 신흥시장 국가별 위기 대응, 경제 상황 등을 고려한 종합적인 분석이 필요하다.

넷째, 기대수익률을 낮추자.
수년간 기록한 신흥시장의 두 자릿수의 높은 수익률은 잊어야 한다. 현재 상황에 부합되는 합리적인 기대수익률을 설정하는 것이 중요하다.

다섯째, 자금의 종류에 따라서 투자 기간을 차별화시키자.
단기성 자금은 기대수익률이 낮고 변동성이 작은 혼합형, 채권형, 머니마켓펀드(MMF), 종합자산관리계좌(CMA) 등에 투자해야 한다. 중장기성 자금은 높은 수익률을 기대할 수 있지만 위험부담이 크기 때문에 안정적 이익 창출이 가능한 ELF 등에 투자하는 것이 좋다.

04 금융권에서 도입되는 성과주의에 따른 긍정적인 요소와 부정적인 요소가 무엇인지 서술하시오.

예시답안 우리나라 노동시장에서 성과주의 도입에 대한 찬성과 반대 논쟁이 뜨겁다. 과거 고속성장 시기 소득 불균형과 복지제도 미비를 고용 및 임금안정으로 보완해야 했던 시대적 상황에서의 호봉제 효과가 한계에 도달했다는 진단 때문이다. 성과주의는 민간 기업을 넘어 공공분야에서의 도입까지 검토되고 있다.

금융권 역시 성과주의 도입 논란에서 자유로울 수 없다. 주력 제조 산업과 마찬가지로 금융 산업의 수익성도 악화되고 있기 때문이다. 수익성이 악화되는 반면 호봉제의 임금 체계가 은행권의 고임금과 저생산을 부추기는 원인으로 지목되고 있다.

무엇보다 성과주의를 찬성하는 측은 임금체계 개편을 통한 인건비의 조절을 근거로 삼는다. 수익성이 악화된 상황에서 비용을 줄이는 방안을 고민할 수밖에 없고, 인건비는 금융권의 지출 비용 중에 가장 높은 비중을 차지하기 때문이다. 금융권 직원 4명 중 1명꼴로 연봉이 1억 원 이상이라는 수치는 이를 뒷받침해 준다. 점포와 직원이 없는 인터넷 전문 은행이 출연하여 기존 금융권의 서비스와 동일한 서비스를 제공하기 시작하면서 성과주의 도입을 통한 '고임금 저인건비' 정책 도입에 대한 목소리는 점차 커지는 상황이다.

성과주의에 반대하는 목소리는 자칫하면 성과급이 인력통제와 같이 구조조정의 도구로 작용할 수 있다고 주장한다. 성과를 측정할 객관적 평가 기준의 마련이 불가능하고, 평가자의 객관적인 태도에 대한 신뢰성 문제로 인해 성과 자체를 신뢰할 수 없다는 주장이다. 그 경우 특정인에 대한 표적평가가 가능해져 성과를 통한 인력통제가 가능해진다는 것이다. 무엇보다 이를 통한 쉬운 해고가 가능해지는 결과로 이어질 수 있어 성과주의에 반대하는 목소리는 커지고 있다.

이와 같은 성과주의 도입에 대한 찬반 논란을 살펴볼 때 무엇보다 중요한 것은 신뢰라 할 수 있다. 아무리 좋은 의도를 가진 정책이라 하더라도 제도의 변경으로 인해 불이익을 당할 가능성이 있는 사람들에 대한 최소한의 제도적 장치가 뒷받침되지 못한다면 성과주의 도입의 찬성이든 반대든 모두 공감 받지 못하는 공허한 주장에 그치고 말 것이다.

PART 5

05 마이너스 금리에 대한 간단한 역사와 만약 시행될 경우 우리나라에 어떤 영향을 미칠지 서술하시오.

예시답안   아베노믹스의 시행으로 '잃어버린 20년'을 만회하려 노력하던 일본 정부는 국제유가 하락과 신흥국 금융시장 불안 등으로 투자 심리가 위축되면서 닛케이 주가가 하락하는 한편 엔화가 강세로 돌아서는 등 일본 경제의 부정적 요인이 지속되자 충격요법으로 경제를 반전시킬 필요성을 느끼게 되었다.

또한 실물경제지표가 악화되어 일본은행이 공표한 물가목표의 달성이 사실상 불가능해지면서 새로운 정책수단의 도입을 통해 물가목표 달성에 대한 강력한 의지를 시장에 전달할 필요성이 높아졌다.

이러한 배경 하에 일본 정부는 마이너스 금리를 전격 도입하기에 이른다. 마이너스 금리란 예금이나 채권 등에서 실질적으로 이자 수익을 얻을 수 없는 것을 의미한다. 예금자가 이자를 받는 것이 아니라 오히려 보관료를 내야 하는 상황인 것이다. 상황이 이렇다보니 일반적으로 저축보다는 높은 이율을 얻을 수 있는 투자나 소비로 관심이 옮겨갈 수밖에 없다. 이러한 마이너스 금리의 도입 배경에는 명목금리가 0%까지 낮아진 상황에서 예상인플레이션율이 하락하여 실질금리가 상승하는 현상도 한몫했다. 실질금리는 명목금리에서 예상인플레이션율을 차감하여 도출된다. 이에 따라 실질 금리를 낮춰 소비와 투자 등을 자극함으로써 제로금리 제약에서 벗어나고자 마이너스 금리를 도입하였다. 과거 유럽의 마이너스 금리 정책의 도입에 따른 부작용이 크지 않았다는 분석도 과감한 반전 요법의 도입 근거로 작용하였다.

일본 마이너스 금리의 도입은 우리나라의 입장에서는 반갑지 않다. 일본의 금리 인하는 일본 시장에 있던 해외투자자금이 일본 시장을 빠져나가게 되고, 이로 인해 엔화 가치의 하락을 야기하기 때문이다. 수출의존도가 높은 한국 경제의 경우 일본 마이너스 금리 도입으로 인해 엔화의 가치가 원화보다 낮아지면 수출 시장에서 국내 기업의 경쟁력이 약해진다. 특히 세계시장에서 일본과 경쟁관계에 놓인 자동차나 IT 분야의 수출 부진이 우려된다.

06 간편결제와 가상화폐가 제3의 화폐로 떠오르며 현금 없는 사회가 대두되었다. 이에 대한 논쟁 중 은행이 나아가야 할 방안에 대해 서술하시오.

예시답안 비트코인으로 대표되는 디지털 화폐는 금융사기의 가능성으로 인해 개발 및 활용에 회의적이었지만, 블록체인 기술의 발전으로 인해 활용의 폭이 꾸준히 넓어지고 있다.

'공공거래장부'로도 불리는 블록체인은 거래에 참여하는 모든 사람이 온라인상에서 같은 장부를 기록해나가는 분산형 데이터 운영 시스템이다. 농사를 짓는 마을에서 매일 곡물 거래가 일어난다고 하자. 기존에는 곡물을 거래한 뒤 이를 기록관에게 가서 일일이 보고하고 기록해야 했다. 이 때문에 장부에 잘못된 내용을 기록하거나 곡물을 빼돌리는 것이 가능했다. 하지만 블록체인은 곡물거래가 이뤄질 때마다 마을 사람이 모두 광장에 모여 거래 내역을 확인한 뒤 즉시 자신의 장부에 기록한다. 모든 사람의 장부를 훔치지 않는한 거래 내역을 속이는 것이 불가능해진 것이다.

이처럼 디지털 화폐의 보안이 강화되자 국가적 차원에서도 디지털 통화를 활용할 수 있는 제도화가 추진되고 있다. 국내 시중은행들 역시 이에 맞춰 디지털 화폐 서비스가 필요하다. 가장 쉽게 시작할 수 있는 서비스는 해외송금 서비스이다. 인터넷만 연결돼 있으면 누구나 계좌를 개설할 수 있고, 별도의 중앙관리기관 없이 개인과 개인이 돈을 주고받을 수 있는 P2P 방식으로 모든 거래가 이뤄진다. 국내 시중 은행들이 도입을 추진하는 외환송금의 경우 비트코인을 활용하면 고객들의 환전 시간이 짧아지고 송금 수수료가 낮아지는 장점이 있다.

한편, 온라인 쇼핑몰 등에서 결제 수단으로도 사용가능하다. 관리자가 없는 블록체인 네트워크를 활용하기 때문에 결제 때 공인인증서가 필요 없다. 상품의 매매나 송금, 대출 등 일반화폐가 할 수 있는 대부분의 역할을 할 수 있는 것이다. 따라서 디지털 화폐를 사용하는 거래가 활발해질 수 있도록 새로운 포인트제도, 우대제도 등을 마련할 필요가 있다.

하지만 무엇보다 신경 써야 하는 부분은 보안이다. 블록체인 기술로 인해 신뢰성이 높아졌지만, 보안에 문제가 생길 경우 손해는 치명적이기 때문이다. 따라서 기존 은행권에서는 새로운 서비스에 대한 고민뿐 아니라 보안 기술을 향상시켜야 한다. 이를 위해 기존 핀테크 스타트업 기업들의 초기 단계에서 M&A하는 방안도 고민해봐야 한다.

07 최근 퇴직연금시장이 확대되면서 퇴직연금사업자 평가가 중요해지고 있으며, 변화하는 상황에서 금융권에서는 어떤 대응책이 필요하겠는지 서술하시오.

예시답안 　우리나라의 고령화 추세는 전 세계에서 유례를 찾아볼 수 없을 정도로 빠르게 진행 중이다. 이러한 상황에서 연금제도를 통한 노후소득 보장은 금융 산업 뿐 아니라 국가적으로도 매우 중요한 과제이다. 이를 반영하듯 퇴직연금시장의 규모가 급격하게 확장하고 있다.

퇴직연금은 다수 근로자의 안정적인 노후생활을 위해 긴요한 노후 소득원임에도 불구하고 국민들의 노후 안전판으로서 퇴직연금의 역할이 미흡한 실정이다. 퇴직연금제도의 안정적·성공적 운영은 국민들의 노후 행복과 직결된다는 인식을 정부와 사업자 모두 공유하는 것이 필요하다.

이와 더불어 퇴직연금 시장 전반에 관한 감시기능과 퇴직연금사업자에 대한 평가도 병행해야 한다. 고용노동부는 퇴직연금 가입자 수급권 보장 방안의 하나로 퇴직연금사업자에 대한 시범평가를 시행할 예정으로 시장 감시 기능 강화를 위해 공적 사업자 평가 시행을 고려하고 있다. 보다 면밀한 사업자 평가제도를 구축하기 위해서는 해외 제도를 살펴볼 필요가 있다.

호주의 경우 연구·조사 및 평가를 전문으로 하는 독립기관에서 퇴직사업자에 대한 평가를 수행한다. 이는 퇴직연금 사업자 평가에 있어 단계별 가입자의 니즈가 다르다는 점을 반영하여 기금의 적립단계와 인출단계를 구분해 평가하는 방식을 취하고 있다. 미국의 경우 컨설팅 회사가 평가를 수행하지만, 호주와 다른 점은 정량적 요소보다는 정성적 요소에 더 많은 비중을 두고 있다는 점이다. 일본의 경우 언론사가 퇴직연금 사업자 평가를 담당한다. 일본경제신문사와 니케이 그룹의 연금정보에서 퇴직연금 고객만족도 설문조사를 실시하여 매년 평가결과를 발표한다.

우리나라는 머니투데이, 한국경제, 매일경제의 언론사에서 사업자 평가 중이다. 가입자 수급권 보호에 기여하는 방안에 중점을 두고 진행되어야 하며, 수익률과 같은 특정 평가항목에 높은 비중을 두기보다는 가입에서부터 사후관리에 이르는 제도 전반에 대한 균형 있는 평가가 요구된다. 아울러 금융권에서는 사후관리에 초점을 맞춘 대응책 마련이 뒷받침되어야 건전한 퇴직연금 시장 구축에 퇴직연금사업자 평가제도가 기여할 수 있을 것이다.

08 카드 수수료 인하의 배경과 수수료 인하로 인한 영향, 그리고 카드 수수료 인하에 대한 자신의 생각을 서술해 보시오.

예시답안 '여신전문금융법 시행령' 개정안이 국무회의를 통과하면서 카드 수수료 인하가 현실화되었다. 이번 시행령 개정안은 최저임금 인상에 따른 소상공인들의 경영상 부담 증가에 대응하여 영세·중소가맹점 적용 범위를 합리적으로 확대함으로써 일정 규모 이하 소상공인들의 카드수수료 부담을 완화하고 양질의 일자리 창출 여력을 확보하기 위해 마련되었다.

본 개정안을 통해 구체적으로 영세가맹점의 범위는 연 매출액 2억 원 이하에서 3억 원 이하로 확대되고, 2～3억 원 구간에 속한 약 18만 8천여 가맹점의 수수료가 1.3%에서 0.8%로 인하된다. 중소가맹점의 범위는 기존 2～3억 원에서 3～5억 원으로 확대돼 약 26만 7천여 가맹점이 2% 내외에서 1.3%의 우대 수수료율을 적용받을 수 있게 된다.

하지만 이러한 정부의 시장 개입은 시장을 통해 이뤄지는 효율적인 자원배분을 방해할 수 있다. 일부 카드회사는 현재의 정부 정책을 두고 가전회사가 자신들이 만든 냉장고를 고객들에게 판매할 때 정부가 개입해 아파트 평수에 따라 다른 가격을 매기도록 강제하는 것과 마찬가지라며 정부의 비합리적인 시장 개입을 강조하고 있다.

한편 핀테크, 블록체인 등과 같이 4차 산업혁명 시대를 대비해 신기술에 투자해야 할 카드사의 활동을 저해할 우려도 존재한다. 수수료가 주된 수입원인 카드사의 입장에서는 정부의 개입으로 인해 수입이 감소하고, 이로 인해 신산업에 대한 투자 여력이 감소하게 된다.

이러한 정부의 개입이 무엇보다 문제가 되는 것은 시장에서 자율적으로 결정된 수수료, 즉 시장 가격을 정부가 인위적으로 통제하였다는 점이다. 정부의 인위적인 가격통제는 취지에 반하는 또 다른 부정적인 영향을 발생시킨다는 것이 경제학의 통설이다. 노동자를 보호하기 위한 무리한 최저임금의 인상은 도리어 노동자가 일할 일자리 자체를 감소시키는 것과 같은 맥락이다. 본 제도의 혜택을 입는 누군가에게는 현재의 조치가 정의로운 행동으로 여겨지지만, 경제 전반의 입장에서 효과를 살펴봐야 하는 정부의 입장에서 시장에 개입할 때에는 무엇보다도 종합적이고 세밀한 판단이 요구된다.

09 다음 사례를 통해 은행 및 금융업계에 시사하는 바를 논하시오.

〈사례〉

로마황제 시저는 당대 최고의 웅변가이자 부자인 카토에게 엄청난 돈을 빌리기 시작했고, 나중에는 카토의 모든 재산에 가까운 금액을 빌려간 상황이 되었다.

이로 인해 역설적으로 카토가 시저를 보호하게 된다. 상황이 역전되어 이제 카토가 시저에게 애원하는 관계로 바뀌게 된 것이다. 시저가 빌려간 돈이 점점 커지자 빌려준 돈을 받지 못하면 오히려 카토가 망하게 되는 상황이었기 때문이다.

예시답안 은행은 기본적으로 예대 마진을 통해 수익을 올린다. 따라서 차입자가 상환하지 못할 위험에 빠지면 기본적인 수익구조가 위협받게 된다고 할 수 있다. 결국 적절한 대출 금액을 산정하고, 빌려준 후에도 차입자에 대한 관리가 필요한 것이다. 주어진 사례의 돈을 빌려준 카토가 시저를 보호할 수밖에 없는 상황은 이를 말해준다.

은행 및 금융업계의 차입자는 크게 가계, 기업, 정부 세 가지이며, 각 주체의 현 상황을 진단해 볼 필요가 있다.

가계를 먼저 살펴보면, 집값 상승이 부진하고 금리하락으로 인해 전세 물량이 줄어들고 월세 물량은 늘고 있으며, 가계의 소득은 물가상승률을 고려하면 체감상 별로 오르지 않고 있다. 때문에 가계의 상환능력은 악화되고 있다. 이런 요인들이 맞물려서 가계부채는 현재 1,000조를 넘어서 계속 증가하고 있다. 수출의 비중이 큰 우리나라 기업의 현재 상황도 낙관적이지는 않은 것으로 보인다. 미국의 양적완화 종료는 미국 및 글로벌 경제가 회복세에 접어들었기 때문이지만, 여전히 IS나 크림반도 사태 등 세계 경제에 위협이 될 요인이 존재한다. 게다가 국내 경제도 내수 부진에 빠져있는 상황이기 때문에 현재 국내 기업의 경영 환경을 좋다고 평가하기에는 힘든 상황이다.

정부의 경우, 복지가 화두가 되고 잇따른 대규모 사업의 실패로 인해 지자체의 재정 부담이 가중되고 있다. '증세 없는 복지'를 슬로건으로 내세웠지만 무상급식, 무상보육으로 인해 각 지자체의 재정자립도는 악화되고 있다. 또한 평창올림픽이나 송도 신도시 등 지자체의 각종 대규모 사업이 수익성이 없는 것으로 판단되는 것도 지자체의 재정을 악화시키는 요인으로 볼 수 있겠다.

은행 및 금융업계는 이와 같은 현 상황에 대응할 방안을 마련할 필요가 있다. 먼저 가계부채에 대한 대책 마련이 시급해 보인다. 가계는 모든 경제의 근간이며 은행을 비롯한 금융권에도 마찬가지기 때문이다. 예를 들면 안심전환대출 상품은 가계의 부채 부담을 실질적으로 줄여주기 때문에 가계부채 총량을 줄이는 데 도움이 될 것이다. 하지만 제2금융권에서의 대출은 해당이 안 되기 때문에 이에 대한 관리 대책이 나온다면 좀 더 보완된 가계부채 관리가 가능해질 것이다.

기업에 대한 관리는 우선 중도상환수수료를 낮추는 것을 생각해볼 수 있다. 대출금의 규모가 가계와는 다르기 때문에 수수료율을 0.5 ~ 1%p 정도 낮추더라도 금액이 상당히 크다. 이런 혜택을 줄 경우 은행권의 수익 악화가 우려될 수도 있으나, 비이자수익 등의 확대로 상쇄시킬 필요가 있겠다. 또한 일부 제2금융권에서 나타나는 상환여력이 낮은 기업에 대한 무분별한 대출은 철저한 검증 제도를 통해 줄여야 할 것이다.

정부에 관하여는 지자체의 대규모 사업에 참여할 경우에 사업성에 대한 철저한 검토가 이루어져야 할 것이다. 가까운 예로 송도 신도시를 살펴보면 이전하기로 했던 해외 기업이나 병원 등이 들어오지 않아 거의 실패한 사례로 꼽히고 있다. 해외자본 뿐만 아니라 지자체의 재정, 은행의 대출까지 다양한 자금이 들어가는 이런 대규모 사업이 실패할 경우 큰 투자 손실을 입을 수도 있다.

은행 및 금융업계는 투자를 하려는 기업에게 필요 자금을 공급하고, 생계를 꾸리기 위한 가계에는 생활자금을 빌려주는 '중개인' 역할을 하고 있다. 하지만 이에 못지않게 중요한 역할이 '감시자'의 역할이라고 생각된다. 차입자들이 진행하려는 일이 가능성과 함께, 자금이 올바르게 사용되는지도 제대로 파악해야 필요한 곳에 적절한 양을 공급하는 금융권의 역할을 다한 것으로 볼 수 있을 것이다.

PART 5

배우기만 하고 생각하지 않으면 얻는 것이 없고,
생각만 하고 배우지 않으면 위태롭다.

－공자－

PART 6

면접

01 | 면접 유형 및 실전 대책

면접의 사전적 정의는 면접관이 지원자를 직접 만나보고 인품(人品)이나 언행(言行) 따위를 시험하는 일로, 흔히 필기시험 후에 최종적으로 심사하는 방법이다.

최근 주요 기업의 인사담당자들을 대상으로 채용 시 면접이 차지하는 비중을 설문조사했을 때, 50 ~ 80% 이상이라고 답한 사람이 전체 응답자의 80%를 넘었다. 이와 대조적으로 지원자들을 대상으로 취업 시험에서 면접을 준비하는 기간을 물었을 때, 대부분의 응답자가 2 ~ 3일 정도라고 대답했다.

지원자가 일정 수준의 스펙을 갖추기 위해 자격증 시험과 토익을 치르고 이력서와 자기소개서까지 쓰다 보면 면접까지 챙길 여유가 없는 것이 사실이다. 그리고 서류전형과 인적성검사를 통과해야만 면접을 볼 수 있기 때문에 자연스럽게 면접은 취업시험 과정에서 그 비중이 작아질 수밖에 없다. 하지만 아이러니하게도 실제 채용 과정에서 면접이 차지하는 비중은 절대적이라고 해도 과언이 아니다.

기업들은 채용 과정에서 토론 면접, 인성 면접, 프레젠테이션 면접, 역량 면접 등의 다양한 면접을 실시한다. 1차 커트라인이라고 할 수 있는 서류전형을 통과한 지원자들의 스펙이나 능력은 서로 엇비슷하다고 판단되기 때문에 서류상 보이는 자격증이나 토익 성적보다는 지원자의 인성을 파악하기 위해 면접을 더욱 강화하는 것이다. 일부 기업은 의도적으로 압박 면접을 실시하기도 한다. 지원자가 당황할 수 있는 질문을 던져서 그것에 대한 지원자의 반응을 살펴보는 것이다.

면접은 다르게 생각한다면 '나는 누구인가'에 대한 물음에 해답을 줄 수 있는 가장 현실적이고 미래적인 경험이 될 수 있다. 취업난 속에서 자격증을 취득하고 토익 성적을 올리기 위해 앞만 보고 달려온 지원자들은 자신에 대해서 고민하고 탐구할 수 있는 시간을 평소 쉽게 가질 수 없었을 것이다. 자신을 잘 알고 있어야 자신에 대해서 자신감 있게 말할 수 있다. 대체로 사람들은 자신에게 관대한 편이기 때문에 자신에 대해서 어떤 기대와 환상을 가지고 있는 경우가 많다. 하지만 면접은 제삼자에 의해 개인의 능력을 객관적으로 평가받는 시험이다. 어떤 지원자들은 다른 사람에게 자신을 표현하는 것을 어려워한다. 평소에 잘 사용하지 않는 용어를 내뱉으면서 거창하게 자신을 포장하는 지원자도 많다. 면접에서 가장 기본은 자기 자신을 면접관에게 알기 쉽게 표현하는 것이다.

이러한 표현을 바탕으로 자신이 앞으로 하고자 하는 것과 그에 대한 이유를 설명해야 한다. 최근에는 자신감을 향상시키거나 말하는 능력을 높이는 학원도 많기 때문에 얼마든지 자신의 단점을 극복할 수 있다.

1. 자기소개의 기술

자기소개를 시키는 이유는 면접자가 지원자의 자기소개서를 압축해서 듣고, 지원자의 첫인상을 평가할 시간을 가질 수 있기 때문이다. 면접을 위한 워밍업이라고 할 수 있으며, 첫인상을 결정하는 과정이므로 매우 중요한 순간이다.

(1) 정해진 시간에 자기소개를 마쳐야 한다.

쉬워 보이지만 의외로 지원자들이 정해진 시간을 넘기거나 혹은 빨리 끝내서 면접관에게 지적을 받는 경우가 많다. 본인이 면접을 받는 마지막 지원자가 아닌 이상, 정해진 시간을 지키지 않는 것은 수많은 지원자를 상대하기에 바쁜 면접관과 대기 시간에 지친 다른 지원자들에게 불쾌감을 줄 수 있다.

또한 회사에서 시간관념은 절대적인 것이므로 반드시 자기소개 시간을 지켜야 한다. 말하기는 1분에 200자 원고지 2장 분량의 글을 읽는 만큼의 속도가 가장 적당하다. 이를 A4 용지에 10point 글자 크기로 작성하면 반 장 분량이 된다.

(2) 간단하지만 신선한 문구로 자기소개를 시작하자.

요즈음 많은 지원자가 이 방법을 사용하고 있기 때문에 웬만한 소재의 문구가 아니면 면접관의 관심을 받을 수 없다. 이러한 문구는 시대적으로 유행하는 광고 카피를 패러디하는 경우와 격언 등을 인용하는 경우, 그리고 지원한 회사의 IC나 경영이념, 인재상 등을 사용하는 경우 등이 있다. 지원자는 이러한 여러 문구 중에 자신의 첫인상을 북돋아 줄 수 있는 것을 선택해서 말해야 한다. 자신의 이름을 문구 속에 적절하게 넣어서 말한다면 좀 더 효과적인 자기소개가 될 것이다.

(3) 무엇을 먼저 말할 것인지 고민하자.

면접관이 많이 던지는 질문 중 하나가 지원동기이다. 그래서 성장기를 바로 건너뛰고, 지원한 회사에 들어오기 위해 대학에서 어떻게 준비했는지를 설명하는 자기소개가 대세이다.

(4) 면접관의 호기심을 자극해 관심을 불러일으킬 수 있게 말하라.

면접관에게 질문을 많이 받는 지원자의 합격률이 반드시 높은 것은 아니지만, 질문을 전혀 안 받는 것보다는 좋은 평가를 기대할 수 있다. 질문을 받기 위해 면접관의 호기심을 자극할 수 있는 가장 좋은 방법은 대학생활을 이야기하면서 자신의 장기를 잠깐 넣는 것이다.

지원한 분야와 관련된 수상 경력이나 프로젝트 등을 말하는 것도 좋다. 이는 지원자의 업무 능력과 직접 연결되는 것이므로 효과적인 자기 홍보가 될 수 있다. 일부 지원자들은 자신만의 특별한 경험을 이야기하는데, 이때는 그 경험이 보편적으로 사람들의 공감대를 얻을 수 있는 것인지 다시 생각해봐야 한다.

(5) 마지막 고개를 넘기가 가장 힘들다.

첫 단추도 중요하지만, 마지막 단추도 중요하다. 하지만 왠지 격식을 따지는 인사말은 지나가는 인사말 같고, 다르게 하자니 예의에 어긋나는 것 같은 기분이 든다. 이때는 처음에 했던 자신만의 문구를 다시 한 번 말하는 것도 좋은 방법이다. 자연스러운 끝맺음이 될 수 있도록 적절한 연습이 필요하다.

2. 1분 자기소개 시 주의사항

(1) 자기소개서와 자기소개가 똑같다면 감점일까?

아무리 자기소개서를 외워서 말한다 해도 자기소개가 자기소개서와 완전히 똑같을 수는 없다. 자기소개서의 분량이 더 많고 회사마다 요구하는 필수 항목들이 있기 때문에 굳이 고민할 필요는 없다. 오히려 자기소개서의 내용을 잘 정리한 자기소개가 더 좋은 결과를 만들 수 있다. 하지만 자기소개서와 상반된 내용을 말하는 것은 적절하지 않다. 지원자의 신뢰성이 떨어진다는 것은 곧 불합격을 의미하기 때문이다.

(2) 말하는 자세를 바르게 익혀라.

지원자가 자기소개를 하는 동안 면접관은 지원자의 동작 하나하나를 관찰한다. 그렇기 때문에 바른 자세가 중요하다는 것은 우리가 익히 알고 있다. 하지만 문제는 무의식적으로 나오는 습관 때문에 자세가 흐트러져 나쁜 인상을 줄 수 있다는 것이다. 이러한 습관을 고칠 수 있는 가장 좋은 방법은 휴대폰 등으로 자신의 모습을 촬영하는 것이다. 거울을 사용할 경우에는 시선이 자꾸 자기 눈과 마주치기 때문에 집중하기 힘들다. 하지만 촬영된 동영상은 제삼자의 입장에서 자신을 볼 수 있기 때문에 많은 도움이 된다.

(3) 정확한 발음과 억양으로 자신 있게 말하라.

지원자의 모양새가 아무리 뛰어나도, 목소리가 작고 발음이 부정확하면 큰 감점을 받는다. 이러한 모습은 지원자의 좋은 점에까지 악영향을 끼칠 수 있다. 직장을 흔히 사회생활의 시작이라고 말하는 시대적 정서에서 사람들과 의사소통을 하는 데 문제가 있다고 판단되는 지원자는 부적절한 인재로 평가될 수밖에 없다.

3. 대화법

전문가들이 말하는 대화법의 핵심은 '상대방을 배려하면서 이야기하라.'는 것이다. 대화는 나와 다른 사람의 소통이다. 내용에 대한 공감이나 이해가 없다면 대화는 더 진전되지 않는다.

『카네기 인간관계론』이라는 베스트셀러의 작가인 철학자 카네기가 말하는 최상의 대화법은 자신의 경험을 토대로 이야기하는 것이다. 즉, 살아오면서 직접 겪은 경험이 상대방의 관심을 끌 수 있는 가장 좋은 이야깃거리인 것이다. 특히, 어떤 일을 이루기 위해 노력하는 과정에서 겪은 실패나 희망에 대해 진솔하게 얘기한다면 상대방은 어느새 당신의 편에 서서 그 이야기에 동조할 것이다.

독일의 사업가이자, 동기부여 트레이너인 위르겐 힐러의 연설법 중 가장 유명한 것은 '시즐(Sizzle)'을 잡는 것이다. 시즐이란, 새우튀김이나 돈가스가 기름에서 지글지글 튀겨질 때 나는 소리이다. 즉, 자신의 말을 듣고 시즐처럼 반응하는 상대방의 감정에 적절하게 대응하라는 것이다.

말을 시작한 지 10 ~ 15초 안에 상대방의 '시즐'을 알아차려야 한다. 자신의 이야기에 대한 상대방의 첫 반응에 따라 말하기 전략도 달라져야 한다. 첫 이야기의 반응이 미지근하다면 가능한 한 그 이야기를 빨리 마무리하고 새로운 이야깃거리를 생각해내야 한다. 길지 않은 면접 시간 내에 몇 번 오지 않는 대답의 기회를 살리기 위해서 보다 전략적이고 냉철해야 하는 것이다.

4. 차림새

(1) 구두

면접에 어떤 옷을 입어야 할지를 며칠 동안 고민하면서 정작 구두는 면접 보는 날 현관을 나서면서 즉흥적으로 신고 가는 지원자들이 많다. 특히, 남자 지원자들이 이러한 실수를 많이 한다. 구두를 보면 그 사람의 됨됨이를 알 수 있다고 한다. 면접관 역시 이러한 것을 놓치지 않기 때문에 지원자는 자신의 구두에 더욱 신경을 써야 한다. 스타일의 마무리는 발끝에서 이루어지는 것이다. 아무리 멋진 옷을 입고 있어도 구두가 어울리지 않는다면 전체 스타일이 흐트러지기 때문이다.

정장용 구두는 디자인이 깔끔하고, 에나멜 가공처리를 하여 광택이 도는 페이턴트 가죽 소재 제품이 무난하다. 검정 계열 구두는 회색과 감색 정장에, 브라운 계열의 구두는 베이지나 갈색 정장에 어울린다. 참고로 구두는 오전에 사는 것보다 발이 충분히 부은 상태인 저녁에 사는 것이 좋다. 마지막으로 당연한 일이지만 반드시 면접을 보는 전날 구두 뒤축이 닳지는 않았는지 확인하고 구두에 광을 내 둔다.

(2) 양말

양말은 정장과 구두의 색상을 비교해서 골라야 한다. 특히 검정이나 감색의 진한 색상의 바지에 흰 양말을 신는 것은 시대에 뒤처지는 일이다. 일반적으로 양말의 색깔은 바지의 색깔과 같아야 한다. 또한 양말의 길이도 신경 써야 한다. 남성의 경우에 의자에 바르게 앉거나 다리를 꼬아서 앉을 때 다리털이 보여서는 안 된다. 반드시 긴 정장 양말을 신어야 한다.

(3) 정장

지원자는 평소에 정장을 입을 기회가 많지 않기 때문에 면접을 볼 때 본인 스스로도 옷을 어색하게 느끼는 경우가 많다. 옷을 불편하게 느끼기 때문에 자세마저 불안정한 지원자도 볼 수 있다. 그러므로 면접 전에 정장을 입고 생활해 보는 것도 나쁘지는 않다.

일반적으로 면접을 볼 때는 상대방에게 신뢰감을 줄 수 있는 남색 계열의 옷이나 어떤 계절이든 무난하고 깔끔해 보이는 회색 계열의 정장을 많이 입는다. 정장은 유행에 따라서 재킷의 디자인이나 버튼의 개수가 바뀌기 때문에 특히 남성 지원자의 경우, 너무 오래된 옷을 입어서 아버지 옷을 빌려 입고 나온 듯한 인상을 주어서는 안 된다.

(4) 헤어스타일과 메이크업

헤어스타일에 자신이 없다면 미용실에 다녀오는 것도 좋은 방법이다. 그리고 여성 지원자의 경우에는 자신에게 어울리는 메이크업을 하는 것도 괜찮다. 메이크업은 상대에 대한 예의를 갖추는 것이므로 지나치게 화려한 메이크업이 아니라면 보다 준비된 지원자처럼 보일 수 있다.

5. 첫인상

취업을 위해 성형수술을 받는 남성들에 대한 이야기는 더 이상 뉴스거리가 되지 않는다. 그만큼 많은 사람이 좁은 취업문을 뚫기 위해 이미지 향상에 신경을 쓰고 있다. 이는 면접관에게 좋은 첫인상을 주기 위한 것으로, 지원서에 올리는 증명사진을 이미지 프로그램을 통해 수정하는 이른바 '사이버 성형'이 유행하는 것과 같은 맥락이다. 실제로 외모가 채용 과정에서 영향을 끼치는가에 대한 설문조사에서도 60% 이상의 인사담당자들이 그렇다고 답변했다.

하지만 외모와 첫인상을 절대적인 관계로 이해하는 것은 잘못된 판단이다. 외모가 첫인상에서 많은 부분을 차지하지만, 외모 외에 다른 결점이 발견된다면 그로 인해 장점들이 가려질 수도 있다. 이러한 현상은 아래에서 다시 논하겠다.

첫인상은 말 그대로 한 번밖에 기회가 주어지지 않으며 몇 초 안에 결정된다. 첫인상을 결정짓는 요소 중 시각적인 요소가 80% 이상을 차지한다. 첫눈에 들어오는 생김새나 복장, 표정 등에 의해서 결정되는 것이다. 면접을 시작할 때 자기소개를 시키는 것도 지원자별로 첫인상을 평가하기 위해서이다. 첫인상이 중요한 이유는 만약 첫인상이 부정적으로 인지될 경우, 지원자의 다른 좋은 면까지 거부당하기 때문이다. 이러한 현상을 심리학에서는 초두효과(Primacy Effect)라고 한다.

잘생긴 남성 지원자가 학업과 토익 성적이 좋다면 완소남이 되고, 못생긴 남성 지원자가 학업과 토익 성적이 나쁘다면 비호감으로 찍힌다. 그래서 한 번 형성된 첫인상은 여간해서 바꾸기 힘들다. 이는 첫인상이 나중에 들어오는 정보까지 영향을 주기 때문이다. 첫인상의 정보가 나중에 들어오는 정보 처리의 지침이 되는 것을 심리학에서는 맥락효과(Context Effect)라고 한다. 따라서 평소에 첫인상을 좋게 만들기 위한 노력을 꾸준히 해야만 하는 것이다.

좋은 첫인상이 반드시 외모에만 집중되는 것은 아니다. 오히려 깔끔한 옷차림과 부드러운 표정 그리고 말과 행동 등에 의해 전반적인 이미지가 만들어진다. 누구나 이러한 것 중에 한두 가지 단점을 가지고 있다. 요즈음은 이미지 컨설팅을 통해서 자신의 단점들을 보완하는 지원자도 있다. 특히, 표정이 밝지 않은 지원자는 평소 웃는 연습을 의식적으로 하여 면접을 받는 동안 계속해서 여유 있는 표정을 짓는 것이 중요하다. 성공한 사람들은 인상이 좋다는 것을 명심하자.

1. 면접의 유형

과거 천편일률적인 일대일 면접과 달리 면접에는 다양한 유형이 도입되어 현재는 "면접은 이렇게 보는 것이다."라고 말할 수 있는 정해진 유형이 없어졌다. 그러나 어느 정도 유형을 파악하여 사전에 대비가 가능하다. 면접의 기본인 단독 면접부터, 다대일 면접, 집단 면접의 유형과 그 대책에 대해 알아보자.

(1) 단독 면접

단독 면접이란 응시자와 면접관이 1대1로 마주하는 형식을 말한다. 면접위원 한 사람과 응시자 한 사람이 마주 앉아 자유로운 화제를 가지고 질의응답을 되풀이하는 방식이다. 이 방식은 면접의 가장 기본적인 방법으로 소요시간은 10 ~ 20분 정도가 일반적이다.

① 장점

필기시험 등으로 판단할 수 없는 성품이나 능력을 알아내는 데 가장 적합하다고 평가받아 온 면접방식으로 응시자 한 사람 한 사람에 대해 여러 면에서 비교적 폭넓게 파악할 수 있다. 응시자의 입장에서는 한 사람의 면접관만을 대하는 것이므로 상대방에게 집중할 수 있으며, 긴장감도 다른 면접방식에 비해서는 적은 편이다.

② 단점

면접관의 주관이 강하게 작용해 객관성을 저해할 소지가 있으며, 면접 평가표를 활용한다 하더라도 일면적인 평가에 그칠 가능성을 배제할 수 없다. 또한 시간이 많이 소요되는 것도 단점이다.

단독 면접 준비 Point

단독 면접에 대비하기 위해서는 평소 1대1로 논리 정연하게 대화를 나눌 수 있는 능력을 기르는 것이 중요하다. 그리고 면접장에서는 면접관을 선배나 선생님 혹은 아버지를 대하는 기분으로 면접에 임하는 것이 부담도 훨씬 적고 실력을 발휘할 수 있는 방법이 될 것이다.

(2) 다대일 면접

다대일 면접은 일반적으로 가장 많이 사용되는 면접방법으로 보통 2 ~ 5명의 면접관이 1명의 응시자에게 질문하는 형태의 면접방법이다. 면접관이 여러 명이므로 다각도에서 질문을 하여 응시자에 대한 정보를 많이 알아낼 수 있다는 점 때문에 선호하는 면접방법이다.

하지만 응시자의 입장에서는 질문도 면접관에 따라 각양각색이고 동료 응시자가 없으므로 숨 돌릴 틈도 없게 느껴진다. 또한 관찰하는 눈도 많아서 조그만 실수라도 지나치는 법이 없기 때문에 정신적 압박과 긴장감이 높은 면접방법이다. 따라서 응시자는 긴장을 풀고 한 시험관이 묻더라도 면접관 전원을 향해 대답한다는 기분으로 또박또박 대답하는 자세가 필요하다.

① 장점

면접관이 집중적인 질문과 다양한 관찰을 통해 응시자가 과연 조직에 필요한 인물인가를 완벽히 검증할 수 있다.

② 단점

면접시간이 보통 10 ～ 30분 정도로 좀 긴 편이고 응시자에게 지나친 긴장감을 조성하는 면접방법이다.

다대일 면접 준비 Point

질문을 들을 때 시선은 면접위원을 향하고 다른 데로 돌리지 말아야 하며, 대답할 때에도 고개를 숙이거나 입속에서 우물거리는 소극적인 태도는 피하도록 한다. 면접위원과 대등하다는 마음가짐으로 편안한 태도를 유지하면 대답도 자연스러운 상태에서 좀 더 충실히 할 수 있고, 이에 따라 면접위원이 받는 인상도 달라진다.

(3) 집단 면접

집단 면접은 다수의 면접관이 여러 명의 응시자를 한꺼번에 평가하는 방식으로 짧은 시간에 능률적으로 면접을 진행할 수 있다. 각 응시자에 대한 질문내용, 질문횟수, 시간배분이 똑같지는 않으며, 모두에게 같은 질문이 주어지기도 하고, 각각 다른 질문을 받기도 한다.

또한 어떤 응시자가 한 대답에 대한 의견을 묻는 등 그때그때의 분위기나 면접관의 의향에 따라 변수가 많다. 집단 면접은 응시자의 입장에서는 개별 면접에 비해 긴장감은 다소 덜한 반면에 다른 응시자들과의 비교가 확실하게 나타나므로 응시자는 몸가짐이나 표현력·논리성 등이 결여되지 않도록 자신의 생각이나 의견을 솔직하게 발표하여 집단 속에 묻히거나 밀려나지 않도록 주의해야 한다.

① 장점

집단 면접의 장점은 면접관이 응시자 한 사람에 대한 관찰시간이 상대적으로 길고, 비교 평가가 가능하기 때문에 결과적으로 평가의 객관성과 신뢰성을 높일 수 있다는 점이며, 응시자는 동료들과 함께 면접을 받기 때문에 긴장감이 다소 덜하다는 것을 들 수 있다. 또한 동료가 답변하는 것을 들으며, 자신의 답변 방식이나 자세를 조정할 수 있다는 것도 큰 이점이다.

② 단점

응답하는 순서에 따라 응시자마다 유리하고 불리한 점이 있고, 면접위원의 입장에서는 각각의 개인적인 문제를 깊게 다루기가 곤란하다는 것이 단점이다.

단독 면접 준비 Point

너무 자기 과시를 하지 않는 것이 좋다. 대답은 자신이 말하고 싶은 내용을 간단명료하게 말해야 한다. 내용이 없는 발언을 한다거나 대답을 질질 끄는 태도는 좋지 않다. 또 말하는 중에 내용이 주제에서 벗어나거나 자기중심적으로만 말하는 것도 피해야 한다. 집단 면접에 대비하기 위해서는 평소에 설득력을 지닌 자신의 논리력을 계발하는 데 힘써야 하며, 다른 사람 앞에서 자신의 의견을 조리 있게 개진할 수 있는 발표력을 갖추는 데에도 많은 노력을 기울여야 한다.

• 실력에는 큰 차이가 없다는 것을 기억하라.
• 동료 응시자들과 서로 협조하라.
• 답변하지 않을 때의 자세가 중요하다.
• 개성 표현은 좋지만 튀는 것은 위험하다.

(4) 집단 토론식 면접

집단 토론식 면접은 집단 면접과 형태는 유사하지만 질의응답이 아니라 응시자들끼리의 토론이 중심이 되는 면접방법으로 최근 들어 급증세를 보이고 있다. 이는 공통의 주제에 대해 다양한 견해들이 개진되고 결론을 도출하는 과정, 즉 토론을 통해 응시자의 다양한 면에 대한 평가가 가능하다는 집단 토론식 면접의 장점이 널리 확산된 데 따른 것으로 보인다. 사실 집단 토론식 면접을 활용하면 주제와 관련된 지식 정도와 이해력, 판단력, 설득력, 협동성은 물론 리더십, 조직 적응력, 적극성과 대인관계 능력 등을 쉽게 파악할 수 있다.

토론식 면접에서는 자신의 의견을 명확히 제시하면서도 상대방의 의견을 경청하는 토론의 기본자세가 필수적이며, 지나친 경쟁심이나 자기 과시욕은 접어두는 것이 좋다. 또한 집단 토론의 목적이 결론을 도출해 나가는 과정에 있다는 것을 감안하여 무리하게 자신의 주장을 관철시키기보다 오히려 토론의 질을 높이는 데 기여하는 것이 좋은 인상을 줄 수 있다는 점을 알아야 한다. 취업 희망자들은 토론식 면접이 급속도로 확산되는 추세임을 감안해 특히 철저한 준비를 해야 한다. 평소에 신문의 사설이나 매스컴 등의 토론 프로그램을 주의 깊게 보면서 논리 전개방식을 비롯한 토론 과정을 익히도록 하고, 친구들과 함께 간단한 주제를 놓고 토론을 진행해 볼 필요가 있다. 또한 사회·시사문제에 대해 자기 나름대로의 관점을 정립해두는 것도 꼭 필요하다.

(5) PT 면접

PT 면접, 즉 프레젠테이션 면접은 최근 들어 집단 토론 면접과 더불어 그 활용도가 점차 커지고 있다. PT 면접은 기업마다 특성이 다르고 인재상이 다른 만큼 인성 면접만으로는 알 수 없는 지원자의 문제해결 능력, 전문성, 창의성, 기본 실무능력, 논리성 등을 관찰하는 데 중점을 두는 면접으로, 지원자 간의 변별력이 높아 대부분의 기업에서 적용하고 있으며, 확산되는 추세이다.

면접 시간은 기업별로 차이가 있지만, 전문지식, 시사성 관련 주제를 제시한 다음, 보통 20～50분 정도 준비하여 5분가량 발표할 시간을 준다. 면접관과 지원자의 단순한 질의응답식이 아닌, 주제에 대해 일정 시간 동안 지원자의 발언과 발표하는 모습 등을 관찰하게 된다. 정확한 답이나 지식보다는 논리적 사고와 의사표현력이 더 중시되기 때문에 자신의 생각을 어떻게 설명하느냐가 매우 중요하다.

PT 면접에서 같은 주제라도 직무별로 평가요소가 달리 나타난다. 예를 들어, 영업직은 설득력과 의사소통 능력에 중점을 둘 수 있겠고, 관리직은 신뢰성과 창의성 등을 더 중요하게 평가한다.

PT 면접 준비 Point

- 면접관의 관심과 주의를 집중시키고, 발표 태도에 유의한다.
- 모의 면접이나 거울 면접을 통해 미리 점검한다.
- PT 내용은 세 가지 정도로 정리해서 말한다.
- PT 내용에는 자신의 생각이 담겨 있어야 한다.
- 중간에 자문자답 방식을 활용한다.
- 평소 지원하는 업계의 동향이나 직무에 대한 전문지식을 쌓아둔다.
- 부적절한 용어 사용이나 무리한 주장 등은 하지 않는다.

(6) 합숙 면접

합숙 면접은 대체로 1박 2일이나 2박 3일 동안 해당 기업의 연수원이나 수련원 등에서 이루어지는 면접으로, 평가 항목으로는 PT 면접, 토론 면접, 인성 면접 등을 기본으로 새벽등산, 레크리에이션, 게임 등 다양한 형태로 진행된다. 경쟁자들과 함께 생활하고 협동해야 하는 만큼 스트레스도 많이 받는 경우가 허다하다.

모든 지원자를 하루 동안 평가하게 되므로 지원자 1명을 평가하는 데 걸리는 시간은 짧게는 5분에서 길게는 1시간 이상 정도인데, 이 시간으로는 지원자를 제대로 평가하기에는 한계가 있다. 합숙 면접은 24시간 이상을 지원자와 면접관이 함께 생활하면서 다양한 프로그램을 통해 지원자의 역량을 폭넓게 평가할 수 있기 때문에 기업에서는 합숙 면접을 선호한다. 대체로 은행, 증권 등 금융권에서 합숙 면접을 통해 지원자의 의도되고 꾸며진 모습 외에 창의력, 의사소통 능력, 협동심, 책임감, 리더십 등 다양한 모습을 평가하였지만, 최근에는 기업에서도 많이 실시되고 있다.

합숙 면접에서 좋은 점수를 얻기 위해서는 무엇보다 팀워크를 중시하는 모습을 보여야 한다. 합숙 면접은 일반 면접과는 달리 개인보다는 그룹별로 과제가 주어지고 해결해야 하므로 조원 또는 동료와 얼마나 잘 어울리느냐가 중요한 평가기준이 된다. 장시간에 걸쳐 평가하기 때문에 힘든 부분도 있지만, 지원자들이 지쳐 있거나 당황하고 있는 사이에도 면접관들은 지원자들의 조직 적응력, 적극성, 사회성, 친화력 등을 꼼꼼하게 체크하기 때문에 잠시도 긴장을 늦춰서는 안 된다.

2. 면접의 실전 대책

(1) 면접 대비사항

① 지원 회사에 대한 사전지식을 충분히 준비한다.

필기시험에서 합격 또는 서류전형에서의 합격통지가 온 후 면접시험 날짜가 정해지는 것이 보통이다. 이때 수험자는 면접시험을 대비해 사전에 자기가 지원한 계열사 또는 부서에 대해 폭넓은 지식을 준비할 필요가 있다.

> **지원 회사에 대해 알아두어야 할 사항**
>
> - 회사의 연혁
> - 회장 또는 사장의 이름, 출신학교, 관심사
> - 회장 또는 사장이 요구하는 신입사원의 인재상
> - 회사의 사훈, 사시, 경영이념, 창업정신
> - 회사의 대표적 상품, 특색
> - 업종별 계열회사의 수
> - 해외지사의 수와 그 위치
> - 신 개발품에 대한 기획 여부
> - 자기가 생각하는 회사의 장단점
> - 회사의 잠재적 능력개발에 대한 제언

② 충분한 수면을 취한다.

충분한 수면으로 안정감을 유지하고 첫 출발의 상쾌한 마음가짐을 갖는다.

③ 얼굴을 생기 있게 한다.

첫인상은 면접에 있어서 가장 결정적인 당락요인이다. 면접관에게 좋은 인상을 줄 수 있도록 화장하는 것도 필요하다. 면접관들이 가장 좋아하는 인상은 얼굴에 생기가 있고 눈동자가 살아 있는 사람, 즉 기가 살아 있는 사람이다.

④ 아침에 인터넷 뉴스를 읽고 간다.

그날의 뉴스가 질문 대상에 오를 수가 있다. 특히 경제면, 정치면, 문화면 등을 유의해서 볼 필요가 있다.

출발 전 확인할 사항

이력서, 자기소개서, 지갑, 신분증(주민등록증), 손수건, 휴지, 볼펜, 메모지 등을 준비하자.

(2) 면접 시 옷차림

면접에서 옷차림은 간결하고 단정한 느낌을 주는 것이 가장 중요하다. 색상과 디자인 면에서 지나치게 화려한 색상이나, 노출이 심한 디자인은 자칫 면접관의 눈살을 찌푸리게 할 수 있다. 단정한 차림을 유지하면서 자신만의 독특한 멋을 연출하는 것, 지원하는 회사의 분위기를 파악했다는 센스를 보여주는 것 또한 코디네이션의 포인트이다.

복장 점검

- 구두는 잘 닦여 있는가?
- 옷은 깨끗이 다려져 있는가?
- 손톱은 길지 않고 깨끗한가?
- 머리는 흐트러짐 없이 단정한가?

(3) 면접요령

① 첫인상을 중요시한다.

상대에게 인상을 좋게 주지 않으면 어떠한 얘기를 해도 이쪽의 기분이 충분히 전달되지 않을 수 있다. 예를 들어, '저 친구는 표정이 없고 무엇을 생각하고 있는지 전혀 알 길이 없다.'처럼 생각되면 최악의 상태이다. 우선 청결한 복장, 바른 자세로 침착하게 들어가야 한다. 건강하고 신선한 이미지를 주어야 하기 때문이다.

② 좋은 표정을 짓는다.

얘기를 할 때의 표정은 중요한 사항의 하나다. 거울 앞에서 웃는 연습을 해본다. 웃는 얼굴은 상대를 편안하게 하고, 특히 면접 등 긴박한 분위기에서는 천금의 값이 있다 할 것이다. 그렇다고 하여 항상 웃고만 있어서는 안 된다. 자기의 할 얘기를 진정으로 전하고 싶을 때는 진지한 얼굴로 상대의 눈을 바라보며 얘기한다. 면접을 볼 때 눈을 감고 있으면 마이너스 이미지를 주게 된다.

③ 결론부터 이야기한다.

자기의 의사나 생각을 상대에게 정확하게 전달하기 위해서 먼저 무엇을 말하고자 하는가를 명확히 결정해 두어야 한다. 대답을 할 경우에는 결론을 먼저 이야기하고 나서 그에 따른 설명과 이유를 덧붙이면 논지(論旨)가 명확해지고 이야기가 깔끔하게 정리된다.

한 가지 사실을 이야기하거나 설명하는 데는 3분이면 충분하다. 복잡한 이야기라도 어느 정도의 길이로 요약해서 이야기하면 상대도 이해하기 쉽고 자기도 정리할 수 있다. 긴 이야기는 오히려 상대를 불쾌하게 할 수가 있다.

④ 질문의 요지를 파악한다.

면접 때의 이야기는 간결성만으로는 부족하다. 상대의 질문이나 이야기에 대해 적절하고 필요한 대답을 하지 않으면 대화는 끊어지고 자기의 생각도 제대로 표현하지 못하여 면접자로 하여금 수험생의 인품이나 사고방식 등을 명확히 파악할 수 없게 한다. 무엇을 묻고 있는지, 무슨 이야기를 하고 있는지 그 요점을 정확히 알아내야 한다.

면접에서 고득점을 받을 수 있는 성공요령(10가지)

1. 자기 자신을 겸허하게 판단하라.
2. 지원한 회사에 대해 100% 이해하라.
3. 실전과 같은 연습으로 감각을 익히라.
4. 단답형 답변보다는 구체적으로 이야기를 풀어나가라.
5. 거짓말을 하지 말라.
6. 면접하는 동안 대화의 흐름을 유지하라.
7. 친밀감과 신뢰를 구축하라.
8. 상대방의 말을 성실하게 들으라.
9. 근로조건에 대한 이야기를 풀어나갈 준비를 하라.
10. 끝까지 긴장을 풀지 말라.

02 | 신협중앙회 실제 면접

01 **1차 면접**

1. 인성면접

자기소개서를 기반으로 한 다대다 인성 및 역량 면접이다. 3명의 실무진 면접관이 평가하며, 지원자 5명이 한 조가 되어 면접을 치르게 된다.

[기출질문]
- 키워드로 자기소개를 해보시오.
- 30초 동안 자기소개를 해보시오.
- 경매 절차에서 배당금을 받는 순위대로 말해 보시오.
- 등기부를 볼 때, 중점적으로 보는 것은 무엇인지 말해 보시오.
- 신협중앙회에 지원하게 된 동기를 말해 보시오.
- 이직 사유를 말해 보시오.
- 대학생활 중 가장 기억나는 것을 말해 보시오.
- 인턴 경험이나 은행 관련 경력이 있는지 말해 보시오.
- 본인의 가치관에 대해서 말해 보시오.
- 자신의 강점에 대해서 말해 보시오.
- 자신의 좌우명을 말해 보시오.
- LTV와 DIT에 대해서 말해 보시오.
- ESG 경영과 사회적 기업의 차이를 말해 보시오.
- 신협중앙회의 직원이 필요한 역량은 무엇이 있을지 말해 보시오.
- 신협에 대해서 아는 대로 말해 보시오.
- 신협의 지상목표가 무엇인지 말해 보시오.
- 신협의 위기 극복 방안이 무엇인지 말해 보시오.
- 신협과 시중은행의 차이점이 무엇인지 말해 보시오.
- 100억이 생기면 어떻게 할 것인지 말해 보시오.
- 본인의 스마트폰에서 가장 독특한 애플리케이션은 무엇인지 말해 보시오.
- 신협이 나아가야 할 방향에 대해서 말해 보시오.
- 신협 상품 중 마음에 드는 상품은 무엇인지 말해 보시오.
- 신협 지점에 가본 적이 있는지 말해 보시오.
- 신협의 강점에 대해서 말해 보시오.
- 전공과 직무 연관성을 말해 보시오.
- 자신의 취미와 특기를 말해 보시오.

2. 영어면접

[기출질문]
- 자기소개를 해보시오.
- 무인도에 한 가지만 가지고 갈 수 있다면 어떤 것을 가지고 가고 싶은지 말해 보시오.

3. PT면접

한 가지 주제를 선택하여 15분 동안 준비하고 5분 동안 발표하며 5분 정도 질의응답 시간을 갖는다. 사회 주제뿐만 아니라 경제, 금융 등 다양한 분야의 주제가 주어진다.

[기출주제]
- 출자금 비과세 한도가 1,000만 원에서 2,000만 원으로 상향된 것에 따른 영향과 대응 방안을 조합 / 조합원 / 중앙회 입장에서 말해 보시오.
- 신협에 대한 부정적인 또는 긍정적인 고정관념에 대해 말해 보시오.
- 386세대와 Z세대의 갈등극복 방안에 대해 말해 보시오.
- 4차 산업혁명이 금융업에 미치는 영향에 대해 말해 보시오.
- 직장생활 중 어떤 갈등상황이 있었는지 말해 보시오.
- 사회공헌활동에 대해 말해 보시오.
- 젊은 조합원 유치 방안에 대해 말해 보시오.

1. 임원면접

3명이 한 조가 되어 자기소개서를 기반으로 다대다 면접을 치르며, 인성 및 역량 면접으로 지원자는 자기소개서를 기반으로 한 질의응답과 직무 관련 질문을 받게 된다.

[기출질문]
- 신협중앙회에 대한 정보를 수집한 경로를 말해 보시오.
- 사회적 협동조합에 대한 의견을 말해 보시오.
- 협동조합과 신협의 차이에 대해서 말해 보시오.
- 농협과 수협 그리고 신협의 차이에 대해서 말해 보시오.
- 신협의 강점과 약점을 말해 보시오.
- 자신의 장점으로 신협에서 할 수 있는 일은 무엇이 있는지 말해 보시오.
- 타금융기관과 차별화되는 신협의 강점과 이러한 점에 자신이 기여할 수 있는 부분은 무엇이 있는지 말해 보시오.
- 세계 신협의 조합국 수, 세계 각국 신협의 총자산은 얼마나 되는지 말해 보시오.
- 남들과는 차별화되는 자신만의 장점을 말해 보시오.
- 밀레니얼세대를 고객으로 유인할 방법에 대해서 말해 보시오.

작은 기회로부터 종종 위대한 업적이 시작된다.

– 데모스테네스 –

현재 나의 실력을 객관적으로 파악해 보자!

모바일 OMR
답안채점 / 성적분석 서비스

도서에 수록된 모의고사에 대한 객관적인 결과(정답률, 순위)를 종합적으로 분석하여 제공합니다.

OMR 입력

성적분석

채점결과

※OMR 답안채점 / 성적분석 서비스는 등록 후 30일간 사용 가능합니다.

 ➡ ➡ ➡ ➡ ➡ ➡

도서 내 모의고사
우측 상단에 위치한
QR코드 찍기

로그인
하기

'시작하기'
클릭

'응시하기'
클릭

나의 답안을
모바일 OMR
카드에 입력

'성적분석 & 채점결과'
클릭

현재 내 실력
확인하기

시대에듀

금융권 필기시험
시리즈

알차다!
꼭 알아야 할 내용을
담고 있으니까

친절하다!
핵심내용을 쉽게
설명하고 있으니까

명쾌하다!
상세한 풀이로 완벽하게
익힐 수 있으니까

핵심을 뚫는다!
시험 유형과 흡사한
문제를 다루니까

"신뢰와 책임의 마음으로 수험생 여러분에게 다가갑니다."

"농협" 합격을 위한 시리즈

농협 계열사 취업의 문을 여는
Master Key!

※도서의 이미지 및 구성은 변동될 수 있습니다.

신협
중앙회

정답 및 해설

편저 | SDC(Sidae Data Center)

SDC

SDC는 **시대에듀 데이터 센터의 약자로 약 30만 개의 NCS · 적성 문제 데이터를**
바탕으로 최신 출제경향을 반영하여 문제를 출제합니다.

| 최신기출유형 | + | 모의고사 4회 | + | 논술 | + | 무료 NCS 특강 |

대표기출유형 및 기출응용문제로 필기전형 대비!
2024년 직무상식 시험 변경된 문항 수 전면 반영!

PART 1

직무능력시험

01 | 의사소통능력

대표기출유형 01 | 기출응용문제

01
정답 ②

오답분석
① 냉냉하다 → 냉랭하다
③ 요컨데 → 요컨대
④ 바램 → 바람

02
정답 ②

ⓒ의 '데'는 '일'이나 '것'의 뜻을 나타내는 의존 명사로 사용되었으므로 '수행하는 데'와 같이 띄어 쓴다.

오답분석
㉠ '만하다' : 어떤 대상이 앞말이 뜻하는 행동을 할 타당한 이유를 가질 정도로 가치가 있음을 나타내는 보조 형용사이다. 보조
  용언은 띄어 씀을 원칙으로 하나, ㉠과 같은 경우 붙여 씀도 허용하므로 앞말에 붙여 쓸 수 있다.
ⓒ '-만' : 다른 것으로부터 제한하여 어느 것을 한정함을 나타내는 보조사로 사용되었으므로 앞말에 붙여 쓴다.

03
정답 ③

• 고객에게 불편을 초레한 경우 … : 초레 → 초래
• 즉시 계선·시정하고 … : 계선 → 개선
• 이를 성실이 준수할 것을 … : 성실이 → 성실히

대표기출유형 02　기출응용문제

01

多文化[많을 다(多), 글월 문(文), 될 화(化)] 다문화란 한 사회 안에 여러 민족이나 여러 국가의 문화가 혼재하는 것을 이르는 말이다.

02

'등잔 밑이 어둡다.'는 가까이 있어도 도리어 알아보지 못하는 경우를 이르는 속담이다.
그러나 '풍전등화(風前燈火)'는 바람 앞에 흔들리는 등불, 즉 '위태로운 상황'이라는 뜻의 한자성어이므로 연결이 적절하지 않다.

03

제시된 문장은 겉만 그럴듯하고 실속이 없는 경우를 뜻하는 '빛 좋은 개살구'와 관련이 있다.

오답분석

① 보기 좋은 떡이 먹기도 좋다. : 겉모양새를 잘 꾸미는 것도 필요함을 이르는 말이다.
② 볶은 콩에 싹이 날까? : 아주 가망이 없음을 비유적으로 이르는 말이다.
④ 뚝배기보다 장맛이 좋다. : 겉모양은 보잘것없으나 내용은 훨씬 훌륭함을 이르는 말이다.

대표기출유형 03　기출응용문제

01

보기의 문장은 미첼이 찾아낸 '탈출 속도'의 계산법과 공식에 대한 것이다. 따라서 탈출 속도에 대한 언급이 본문의 어디서 시작되는지 살펴봐야 한다. 본문의 경우 (가) 영국의 자연 철학자 존 미첼이 제시한 이론에 대한 소개, (나) 해당 이론에 대한 가정과 '탈출 속도'의 소개, (다) '임계 둘레'에 대한 소개와 사고 실험, (라) 앞선 임계 둘레 사고 실험의 결과, (마) 사고 실험을 통한 미첼의 추측의 순으로 쓰여 있으므로 보기의 문장은 '탈출 속도'가 언급된 (나)의 다음이자 '탈출 속도'를 바탕으로 임계 둘레를 추론해낸 (다)의 앞에 위치하는 것이 가장 적절하다.

02

세 번째 문단에서 설명하는 수정주의는 미국이 시장을 얻기 위해 세계를 개방 경제 체제로 만들려는 과정에서 냉전이 비롯됐다며 냉전의 발생 원인을 보기에서 언급한 것처럼 (정치적) 이념 때문이 아닌 미국의 경제적 동기에서 찾고 있다. 따라서 보기의 문장은 (나)에 들어가는 것이 가장 적절하다.

03

• 첫 번째 빈칸 : 공간 정보가 정보 통신 기술의 발전으로 시간에 따른 변화를 반영할 수 있게 되었다는 빈칸 뒤의 내용을 통해 빈칸에는 시간에 따른 공간의 변화를 포함한 공간 정보를 이용할 수 있게 되면서 '최적의 경로 탐색'이 가능해졌다는 내용의 ㉠이 적절함을 알 수 있다.
• 두 번째 빈칸 : ㉡은 빈칸 앞 문장의 '탑승할 버스 정류장의 위치, 다양한 버스 노선, 최단 시간 등을 분석하여 제공하는' 지리정보시스템이 '더 나아가' 제공하는 정보에 대해 이야기한다. 따라서 빈칸에는 ㉡이 적절하다.
• 세 번째 빈칸 : 빈칸 뒤의 내용에서는 공간 정보가 활용되고 있는 다양한 분야와 앞으로 활용될 수 있는 분야를 이야기하고 있으므로 빈칸에는 공간 정보의 활용 범위가 계속 확대되고 있다는 ㉢이 적절함을 알 수 있다.

04

㉠ : ㉠에서 '민간화'와 '경영화'의 두 가지 방법으로써 지역 주민의 요구를 수용하려는 이유는 첫 번째 문단의 내용처럼 전문적인 행정 담당자 중심의 정책 결정으로 인해 정책이 지역 주민의 의사와 무관하거나 배치되는 문제를 개선하기 위한 것이다. 또한 (나)의 바로 뒤에 있는 문장의 '이 둘'은 '민간화'와 '경영화'를 가리킨다. 따라서 ㉠의 위치는 (나)가 가장 적절하다.

㉡ : 마지막 문단 첫 문장의 '이러한 한계'는 ㉡에서 말하는 '행정 담당자들이 기존의 관행에 따라 업무를 처리하는 경향'을 가리키므로 ㉡은 마지막 문단의 바로 앞에 있어야 하며, 마지막 문단에서는 앞선 문단에서 지적한 문제의 개선 방안을 제시하고 있다. 따라서 ㉡의 위치는 (라)가 가장 적절하다.

05

㉠ : ㉠은 반본질주의자가 본질주의자를 비판하는 주장으로서, 두 번째 문단 마지막 문장의 '반(反)본질주의는 그런 본질이란 없으며, …… 본질의 역할을 충분히 달성할 수 있다.'는 내용을 요약한 것이다. 따라서 ㉠의 위치는 (나)가 가장 적절하다.

㉡ : ㉡에서 말하는 '비판'은 마지막 문단에서 지적한 '아직까지 본질적인 것을 명확히 찾는 데 성공하지 못했다.'는 본질주의가 받는 비판을 뜻한다. 이는 앞의 내용이 뒤의 내용의 원인이 될 때 쓰는 접속 부사 '그래서'를 통해 알 수 있다. 따라서 ㉡의 위치는 (라)가 가장 적절하다.

대표기출유형 04 | 기출응용문제

01

제시문에서는 글로벌 시대에 남의 것을 모방하는 것이 아닌 창의적인 개발이 중요하다고 말하고 있다.

02

첫 번째 문단에서 얼음이 물이 될 때까지 지속적으로 녹아내릴 것이라는 상식이 사실과 다르다는 것을 제시하였다. 따라서 빈칸에는 이와 반대되는 내용이 들어가야 한다.

오답분석

② 실험 결과에서 $-38\degree C$와 $-16\degree C$에서 하나의 분자 층이 준 액체로 변한 것을 알 수 있지만, 그 다음 녹는 온도는 언급하지 않았다.

③ $-16\degree C$ 이상의 온도에 대한 결과는 나와 있지 않다.

03

제시문은 '발전'에 대한 개념을 설명하고 있다. 빈칸 앞에서는 '발전'에 대해 '모든 형태의 변화가 전부 발전에 해당하는 것은 아니다.'라고 하면서 교통신호등을 예로 들고, 빈칸 뒤에서는 '사태의 진전 과정에서 나중에 나타나는 것은 적어도 그 이전 단계에 내재적으로나마 존재했던 것의 전개에 해당한다는 것이다.'라고 상술하고 있다. 여기에 첫 번째 문장까지 고려한다면, ①의 내용이 빈칸에 들어가는 것이 가장 적절하다.

04

증거를 표현할 때 포함될 수밖에 없는 발룽엔의 의미는 본질적으로 불명료하기 때문에 그 의미를 정확하고 엄밀하게 규정할 수 없다. 한편, 증거와 가설의 논리적 관계를 판단하기 위해서는 증거의 의미 파악이 선행되어야 한다. 그러나 이미 발룽엔이 포함된 증거는 그 의미를 명확하게 규정하기 어렵다. 따라서 증거의 의미가 정확하게 파악되지 않는다면, 과학적 가설과 증거의 논리적 관계 역시 정확하게 판단할 수 없다.

[오답분석]
② 과학적 이론이나 가설을 검사하는 과정에는 물리학적 언어 외에 감각적 경험을 표현하는 일상적 언어도 사용될 수밖에 없다.
③ 과학적 이론이나 가설을 검사하는 과정에 사용되는 일상적 언어에는 발룽엔이 포함되므로 발룽엔은 증거를 표현할 때 포함될 수밖에 없다.
④ 과학적 가설을 표현하는 데에는 물리학적 언어가 사용되며, 발룽엔은 과학적 가설을 검사하는 과정에서 개입된다.

05

㉠ : 서로 다르다고 인식하는 소리는 음소이며, 서로 다르다는 것을 인식하지 못하는 소리는 이음 또는 변이음이다. [x]와 [y] 가운데 하나만 음소일 경우 우리는 음소만 인식할 수 있고, 변이음은 인식하지 못한다. 따라서 [x]를 들어도 [y]로 인식한다면, 인식할 수 있는 [y]는 음소이며, 인식하지 못하는 [x]가 [y]의 변이음이 된다. 반대로 [y]를 들어도 [x]로 인식한다면, [x]가 음소, [y]가 [x]의 변이음이 된다.
㉡ : 인간이 낼 수 있는 소리의 목록은 언어가 다르더라도 동일하지만, 변별적으로 인식하는 소리인 음소의 목록은 다르다. 따라서 모국어의 음소 목록에 포함되어 있지 않은 소리를 듣는다면, 그 소리를 들어도 변별적으로 인식할 수 없으므로 모국어에 존재하는 음소 중의 하나로 인식하게 될 것이다. 한편 모국어에 존재하는 유사한 음소들의 중간음은 모국어의 음소 목록에 포함되지 않으므로 인식할 수 없다.

대표기출유형 05 ┃ 기출응용문제

01

업사이클링은 재활용이 가능한 제품을 디자인과 활용성을 더해 새로운 제품으로 만들어 사용하는 것을 말한다. 이는 기존 재활용 방식과는 달리 큰 범위에 적용할 수 있으며, 최근 인더스트리얼 인테리어 방식이 유행하는 만큼, 사람들의 인식이 좋아져 인기를 끌고 있는 방식이다. 따라서 제시문의 내용으로 ①이 적절하지 않다.

02

두 번째 문단의 마지막 두 문장에 따르면 지구상의 많은 식물들이 꿀벌을 매개로 번식하며, 꽃가루받이를 할 꿀벌이 사라진다면 이러한 식물군 전체가 열매를 맺지 못할 위기에 놓인다고 하였으나 마지막 문단 네 번째 줄에 따르면 자원봉사자를 투입하여 꽃가루받이 수작업이 이루어지고 있다고 하였다. 따라서 벌을 매개로 한 방법 이외에 번식할 수 있는 방법이 없다는 것은 적절하지 않다.

[오답분석]
① 첫 번째 문단에 따르면 벌은 꽃가루와 꿀을 얻는 과정에서 꽃가루를 옮겨 식물의 번식에 도움을 주므로, 비의도적인 것이라고 할 수 있다.
② 두 번째 문단의 첫 번째 문장부터 세 번째 문장을 통해 알 수 있다.
③ 마지막 문단에서 꿀벌의 개체 수가 줄어드는 원인으로 살충제와 항생제, 대기오염, 전자파 등을 들고 있으며, 이는 현대 문명사회에 이르러서 생겨난 것들이다.

03

④

ㄴ. 몸무게 80kg인 사람에게 4조 개의 감마선 입자가 흡수된 것이 1rem이므로, 몸무게 50kg인 사람에게 1rem은 2.5조 개의 감마선 입자가 흡수된 것이라는 것을 알 수 있다. ㄴ에서는 500조 개의 감마선 입자가 흡수되었다고 하였으므로 결국 이 사람은 200rem의 피해를 입은 것이다. 따라서 머리카락이 빠지기 시작하고 구역질을 할 것이다.

ㄷ. 가벼운 손상은 몸이 스스로 짧은 시간 내 회복할 뿐만 아니라, 정상적인 신체 기능에 영향을 미치지 않는다. 이를 '문턱효과'라고 하였으므로 옳은 내용이다.

ㄹ. 몸무게 80kg인 사람에게 4조 개의 감마선 입자가 흡수된 것이 1rem이므로 400조 개 이상의 감마선을 흡수한 체르노빌 사고 현장의 소방대원은 100rem 이상의 피해를 입었다고 할 수 있다.

오답분석

ㄱ. 방사선에 300rem 정도의 피해를 입었다면 수혈이나 집중적인 치료를 받지 않는 한 방사선 피폭에 의한 사망 확률이 50%에 달한다고 하였으므로 옳지 않은 내용이다. 또한 1rem은 몸무게 1g당 감마선 입자 5천만 개가 흡수된 것을 의미하므로 몸무게에 따라 1rem에서 흡수된 감마선 입자의 양은 다르다.

04

정답 ④

약관의 제7항을 살펴보면 '변경 기준일로부터 1개월간'이라고 제시되어 있으므로 약관의 내용을 바르게 이해하지 못한 사람은 D주임이다.

05

정답 ④

새로운 여신심사 가이드라인으로 인해 대출심사가 까다로워진다는 것은 신문기사에서 확인할 수 있다. 그러나 '은행권에서는 무작정 대출받기가 어려워지는 것은 아니다.'라고 설명하면서, '실수요자들이 대출받기 어려워지는 부작용은 발생하지 않을 것'이라는 부분을 참고했을 때 Q대리는 기사 내용을 바르게 이해했다고 볼 수 없다.

01

정답 ④

먼저 '빅뱅 이전에는 아무것도 없었다.'는 '영겁의 시간 동안 우주는 단지 진공이었을 것이다.'를 의미하는 (라) 문단이 오는 것이 적절하며, 다음으로 '이런 식으로 사고하려면', 즉 우주가 단지 진공이었다면 왜 우주가 탄생하게 되었는지를 설명할 수 없다는 (다) 문단이 오는 것이 적절하다. 그 뒤를 이어 우주 탄생 원인을 설명할 수 없는 이유를 이야기하는 (나) 문단과 이와 달리 아예 다른 방식으로 해석하는 (가) 문단 순으로 나열하는 것이 가장 적절하다.

02

정답 ②

제시문은 진리에 대한 세 가지 이론인 대응설, 정합설, 실용설을 소개하고 그 한계점에 대하여 설명하고 있다. 따라서 '(나) 진리에 대한 세 가지 이론 소개 – (바) 대응설 이론 소개 – (사) 대응설의 한계점 – (가) 정합설 이론 소개 – (마) 정합설의 한계점 – (다) 실용설 이론 소개 – (라) 실용설의 한계점' 순으로 나열하는 것이 가장 적절하다.

03

정답 ③

첫 단락에서는 경기적 실업에 대한 고전학파의 입장을 설명하고 있으며, (나)의 '이들'은 바로 이 고전학파를 지시하고 있다. 따라서 제시된 글 바로 다음에 (나)가 와야 함을 알 수 있다. 다음으로 (가)의 '이렇게 실질임금이 상승하게 되면'을 통해 실질임금 상승에 대해 언급하는 (나) 뒤에 (가)가 와야 함을 알 수 있다. 마지막으로 정부의 역할에 반대하는 고전학파의 주장을 강조하는 (다)는 결론에 해당하므로, '(나) – (가) – (다)' 순으로 나열하는 것이 가장 적절하다.

04

정답 ③

첫 단락에서는 국내 산업 보호를 위해 정부가 사용하는 관세 조치와 비관세 조치를 언급하고 있다. 따라서 '먼저'라고 언급하며 관세 조치의 개념을 설명하는 (나) 문단이 첫 문단 뒤에 오는 것이 적절하며, 다음으로 관세 조치에 따른 부과 방법으로 종가세 방식을 설명하는 (가) 문단과 종량세 방식을 설명하는 (다) 문단이 차례대로 오는 것이 적절하다. 그 뒤를 이어 종가세와 종량세를 혼합 적용한 복합세 부과 방식을 설명하는 (마) 문단이 오는 것이 적절하며, 마지막으로 정부의 비관세 조치를 설명하는 (라) 문단이 오는 것이 적절하다. 따라서 '(나) – (가) – (다) – (마) – (라)' 순으로 나열하는 것이 가장 적절하다.

05

정답 ②

첫 단락에서는 휘슬블로어를 소개하며, 휘슬블로어가 집단의 부정부패를 고발하는 것이 쉽지 않다는 점을 언급하고 있으므로, 뒤이어 내부고발이 어려운 이유를 설명하는 문단이 와야 한다. 따라서 '(다) 내부고발이 어려운 이유와 휘슬블로어가 겪는 여러 사례 – (나) 휘슬블로어의 실태와 법적인 보호의 필요성 제기 – (라) 휘슬블로어를 보호하기 위한 법의 실태 설명 – (가) 법 밖에서도 보호받지 못하는 휘슬블로어' 순으로 나열하는 것이 가장 적절하다.

01

마지막 문단의 '기다리지 못함도 삼가고 아무것도 안함도 삼가야 한다. 작동 중에 있는 자연스런 성향이 발휘되도록 기다리면서도 전력을 다할 수 있도록 돕는 노력도 멈추지 말아야 한다.'를 통해 '잠재력을 발휘하도록 하려면 의도적 개입과 방관적 태도 모두를 경계해야 한다'인 ④가 제시문의 중심 주제가 됨을 알 수 있다.

[오답분석]
① 인위적 노력을 가하는 것은 일을 '조장(助長)'하지 말라고 한 맹자의 말과 반대된다.
② 싹이 성장하도록 기다리는 것도 중요하지만 '전력을 다할 수 있도록 돕는 노력'도 해야 한다.
③ 명확한 목적성을 강조하는 부분은 제시문에 나와 있지 않다.

02
정답 ②

제시문에서는 종합지급결제사업자 제도가 등장한 배경과 해당 제도를 통해 얻을 수 있는 이익과 우려되는 상황에 대해 다루고 있다. 따라서 ②가 가장 적절한 주제이다.

[오답분석]
① 제시문에서는 은행의 과점체제 해소를 위한 여러 방안 중 금융당국 판단에서 가장 큰 효과가 기대되는 종합지급결제사업자 제도에 대해서만 언급하고 있으므로 지나치게 포괄적인 주제이다.
③ 제시문은 비은행 업계가 은행의 권리를 침해한다기보다는 은행의 과점체제인 현 상황을 개선하기 위해 은행 업무 중 일부를 비은행 기관이 같이 하게 된 배경과 그로 인해 발생하는 장점과 단점을 다루고 있다. 따라서 제시문의 주제로 적절하지 않다.
④ 제시문은 종합지급결제사업자 제도의 도입으로 인한 은행과 비은행의 경쟁과 그로 인해 발생할 수 있는 장점과 단점을 다루고 있으며, 이는 소비자의 실익에만 국한되어 있지 않기 때문에 주제로 보기에는 적절하지 않다.

03
정답 ①

제시문은 일반적인 의미와 다른 나라의 사례를 통해 대체의학의 정의를 설명하고, 크게 세 가지 유형으로 대체의학의 종류를 설명하고 있다. 따라서 '대체의학의 의미와 종류'가 제목으로 가장 적절하다.

[오답분석]
② 제시문에서 대체의학이 지니는 문제점은 언급되지 않았다.
③ 제시문에서 대체의학에 따른 부작용 사례는 언급되지 않았다.
④ 제시문에서는 대체의학이 무엇인지 설명하고 있을 뿐 개선방향에 대해 언급하지 않았다.

04
정답 ②

제시문은 세습 무당 집안 출신의 남자들이 조선 후기의 사회적 분위기에 힘입어 돈을 벌기 위해 소리판을 벌이기 시작하였고, 자신의 명성과 소득을 위해 대중이 좋아할 만한 소리를 발굴하고 개발하였다는 내용을 핵심으로 하고 있다.

05
정답 ④

제시문은 물리학의 근본 법칙들이 사실을 정확하게 기술하기 위해 조건을 추가할 경우 오히려 일반적인 상황이 아닌 특수한 상황만을 설명하게 되는 문제점을 서술하고 있으므로 ④가 논지로 가장 적절하다.

대표기출유형 08 기출응용문제

01
정답 ④

제시문은 창조 도시가 가져올 경제적인 효과를 언급하며 창조 도시의 동력을 무엇으로 볼 것이냐에 따라 창조 산업과 창조 계층에 대한 입장을 설명하고 있다. 따라서 창조 도시가 무조건적으로 경제적인 효과를 가져오지 않을 것이라는 논지의 반박을 제시할 수 있다.

[오답분석]
① · ③ 창조 산업을 동력으로 삼는 입장이다.
② 창조 도시에 대한 설명이다.

02
정답 ②

제시문의 쾌락주의자들은 최대의 쾌락을 산출하는 행위를 올바른 것으로 간주하고, 쾌락을 기준으로 가치를 평가한다. 또한 이들은 장기적인 쾌락을 추구하며, 순간적이고 감각적인 쾌락만을 추구하는 삶은 쾌락주의적 삶으로 여기지 않는다. 따라서 이러한 쾌락주의자들의 주장에 대한 반론으로 ②가 적절하지 않다.

03
정답 ④

제시문의 핵심 내용은 4차 산업혁명의 신기술로 인해 금융의 종말이 올 것임을 예상하는 것이다. 따라서 앞으로도 기술 발전은 금융업의 본질을 바꾸지 못할 것임을 나타내는 ④가 비판 내용으로 가장 적절하다.

04
정답 ②

제시문의 '나'는 세상의 사물이나 현상을 선입견에 사로잡히지 말고 본질을 제대로 파악하여 이해해야 한다고 말하고 있다. 따라서 ㄱ · ㄷ · ㄹ은 '나'의 비판을 받을 수 있다.

05
정답 ③

제시문은 인간에게 어떠한 이익을 주는가에 초점을 맞춰 생물 다양성의 가치를 논하고 있다. 즉, 인간 자신의 이익을 위해 생물 다양성을 보존해야 한다는 것이다. 따라서 인간 중심적인 시각을 비판한 ③이 가장 적절하다.

[오답분석]
① 마지막 문단에서 문제 해결을 촉구하며 그 실천 방안이 제시되었다.
② 생물 다양성의 경제적 가치뿐만 아니라 생태적 봉사 기능, 학술적 가치 등을 설명하며 동등하게 언급하였다.
④ 자연을 우선시하고 있지는 않지만, 마지막 문단에서 인간 중심에 따른 생태계 파괴의 문제를 지적하고 보존 대책을 제시하는 등 인간과 자연이 공존할 수 있는 길을 모색하고 있다.

01

정답 ④

일반적으로 다의어의 중심 의미는 주변 의미보다 사용 빈도가 높다. 다만, '사회생활에서의 관계나 인연'의 의미와 '길이로 죽 벌이거나 늘여 있는 것'의 의미는 모두 '줄'의 주변 의미에 해당하므로 이 둘의 사용 빈도는 서로 비교하기 어렵다.

오답분석

① 문법적 제약이나 의미의 추상성·관련성 등은 제시문에서 설명하는 다의어의 특징이므로 이를 통해 동음이의어와 다의어를 구분할 수 있음을 추론할 수 있다.
② '손'이 '노동력'의 의미로 쓰일 때는 '부족하다', '남다' 등의 용언과만 함께 쓰일 수 있으므로 '넣다'와는 사용될 수 없다.
③ 다의어의 문법적 제약은 주변 의미로 사용될 때 나타나며, 중심 의미로 사용된다면 '물을 먹이다.' '물이 먹히다.'와 같이 사용될 수 있다.

02

정답 ②

르네상스의 야만인 담론은 이전과는 달리 현실적 구체성을 띠고 있지만 서구의 전통 야만인관에 의해 각색되는 것은 여전하다.

오답분석

①·④는 두 번째 문단, ③은 첫 번째 문단에서 확인할 수 있다.

03

정답 ③

두 번째 문단에서 '절차적 지식을 갖기 위해 … 정보를 마음에 떠올릴 필요는 없다.'고 하였다.

오답분석

① 마지막 문단에서 '표상적 지식은 절차적 지식과 달리 특정한 일을 수행하는 능력과 직접 연결되어 있지 않다.'고 하였으나, 특정 능력의 습득에 전혀 도움을 줄 수 있는지 아닌지는 제시문의 내용을 통해서는 알 수 없다.
② 마지막 문단에 따르면 '이 사과는 둥글다.'라는 지식은 둥근 사과의 이미지일 수도, '이 사과는 둥글다.'는 명제일 수도 있다.
④ 인식론에서 나눈 지식의 유형에는 능력의 소유를 의미하는 절차적 지식과 정보의 소유를 의미하는 표상적 지식이 모두 포함된다.

04

정답 ③

①~④는 운석 충돌 이후의 영향에 대한 각종 가설이다. 그중에서도 제시문에서 다루고 있는 내용은 충돌 이후 발생한 먼지가 태양광선을 가림으로써 지구 기온이 급락(急落)하였다는 것을 전제로 하고 있다. 그 근거는 세 번째 문단의 '급속한 기온의 변화'와 네 번째 문단의 '길고 긴 겨울'에서 찾을 수 있다. 따라서 ①의 구체적 내용을 추론한 것으로 가장 적절한 것은 ③이다.

05

정답 ①

제시문에서는 천재가 선천적인 재능뿐만 아니라 후천적인 노력에 의해서 만들어지는 존재라고 주장하고 있기 때문에 ①은 옳지 않다.

오답분석

②·③·④ 제시문에서 언급된 절충적 천재(선천적 재능과 후천적 노력이 결합한 천재)에 대한 내용이다.

02 | 수리능력

대표기출유형 01 | 기출응용문제

01

정답 ②

기차의 길이와 속력을 각각 xm, ym/min라고 하자.

$1 \times y = (700 + x) \cdots \text{㉠}$

$2 \times y = (1,500 + x) \cdots \text{㉡}$

㉠과 ㉡을 연립하면 다음과 같다.

$\therefore x = 100$

따라서 기차의 길이는 100m이다.

02

정답 ③

• 출발지로부터 20분 동안 30m/min로 간 거리 : $20 \times 30 = 600$m

• 도착지까지 남은 거리 : $2,000 - 600 = 1,400$m

• 1시간 중 남은 시간 : $60 - 20 = 40$분

따라서 20분 후에는 $1,400 \div 40 = 35$m/min의 속력으로 가야 한다.

03

정답 ④

5곳의 배송지에 배달할 때, 첫 배송지와 마지막 배송지 사이에는 4번의 이동이 있다. 총 80분(=1시간 20분)이 걸렸으므로 1번 이동 시에 평균적으로 20분이 걸린다. 따라서 12곳에 배달을 하려면 11번의 이동을 해야 하므로 $20 \times 11 = 220$분=3시간 40분이 걸린다.

대표기출유형 02 | 기출응용문제

01

정답 ④

• 11% 설탕물의 양 : $(100 - x) + x + y = 300 \rightarrow y = 200$

• 덜어낸 설탕물의 양 : $\dfrac{20}{100}(100 - x) + x + \dfrac{11}{100} \times 200 = \dfrac{26}{100} \times 300$

$\rightarrow 2,000 - 20x + 100x + 2,200 = 7,800$

$\therefore x = 45$

따라서 $x + y = 245$이다.

02

정답 ④

증발하기 전 농도가 15%인 소금물의 양을 xg이라고 하자.

이 소금물의 소금의 양은 $0.15x$g이고, 5% 증발했으므로 증발한 후의 소금물의 양은 $0.95x$g이다. 또한, 농도가 30%인 소금물의 소금의 양은 $200 \times 0.3 = 60$g이다.

$$\frac{0.15x + 60}{0.95x + 200} \times 100 = 20 \rightarrow 0.15x + 60 = 0.2(0.95x + 200)$$

$$\rightarrow 0.15x + 60 = 0.19x + 40 \rightarrow 0.04x = 20$$

$$\therefore x = 500$$

따라서 증발 전 농도가 15%인 소금물의 양은 500g이다.

03

정답 ②

코코아 분말의 양을 xg이라 하자.

$$\frac{x}{700} \times 100 = 25 \rightarrow x = \frac{25}{100} \times 700$$

$$\therefore x = 175$$

따라서 코코아 분말의 양은 175g이다.

대표기출유형 03 | 기출응용문제

01

정답 ②

500개 상자를 접는 일의 양을 1이라고 하면 2,500개의 상자를 접는 일은 5배이므로 5가 되고, 갑이 하루에 할 수 있는 일의 양은 $\frac{1}{5}$, 을은 $\frac{1}{13}$이다. 2,500개 상자를 접는 데 갑와 을이 같이 일한 기간을 x일이라고 하고 방정식을 세우면 다음과 같다.

$$\left(\frac{1}{5} + \frac{1}{13}\right)x + \frac{1}{5} \times (20 - x) = 5 \rightarrow 18x + 13(20 - x) = 5 \times 5 \times 13$$

$$\rightarrow 18x + 260 - 13x = 25 \times 13 \rightarrow 5x = 65$$

$$\therefore x = 13$$

따라서 갑과 을이 같이 일한 기간은 13일이다.

02

정답 ②

갑과 을이 한 시간 동안 만들 수 있는 곰인형의 수는 각각 $\frac{100}{4} = 25$개, $\frac{25}{10} = 2.5$개이다.

갑과 을이 함께 곰인형 132개를 만드는 데 걸린 시간을 x시간이라고 하자.

$$(25 + 2.5) \times 0.8 \times x = 132 \rightarrow 27.5x = 165$$

$$\therefore x = 6$$

따라서 갑과 을이 함께 곰인형 132개를 만드는 데 걸린 시간은 6시간이다.

03

초콜릿 한 상자를 완성하는 일의 양을 1이라 하면, 명훈이와 우진이가 한 시간 동안 만들 수 있는 초콜릿 양은 각각 $\frac{1}{30}$, $\frac{1}{20}$ 이다. 명훈이와 우진이가 같이 초콜릿을 만드는 시간을 x시간이라고 하자.

$$\frac{1}{30} \times 3 + \frac{1}{20} \times 5 + \left(\frac{1}{30} + \frac{1}{20}\right) \times x = 1 \rightarrow \frac{1}{12}x = \frac{13}{20}$$

$$\therefore \ x = \frac{39}{5}$$

따라서 명훈이와 우진이는 $\frac{39}{5}$ 시간 동안 함께 초콜릿을 만든다.

대표기출유형 04   기출응용문제

01

작년 교통비를 x원, 숙박비를 y원이라 하자.
$1.15x + 1.24y = 1.2(x + y) \cdots \textcircled{\tiny ㉠}$
$x + y = 36 \cdots \textcircled{\tiny ㉡}$
㉠과 ㉡을 연립하면 다음과 같다.
$\therefore \ x = 16, \ y = 20$
따라서 올해 숙박비는 $20 \times 1.24 = 24.8$만 원이다.

02

A가 첫 번째로 낸 금액을 a원, B가 첫 번째로 낸 금액을 b원이라고 하자.
$(a + 0.5a) + (b + 1.5b) = 32,000 \rightarrow 1.5a + 2.5b = 32,000 \cdots \textcircled{\tiny ㉠}$
$(a + 0.5a) + 5,000 = (b + 1.5b) \rightarrow 1.5a = 2.5b - 5,000 \cdots \textcircled{\tiny ㉡}$
㉠과 ㉡을 연립하면, 다음과 같다.
$\therefore \ a = 9,000, \ b = 7,400$
따라서 A가 첫 번째로 낸 금액은 9,000원이다.

03

매년 갚아야 할 금액을 a원이라고 하자.
$$(1.8 \times 10^7) \times (1 + 0.01)^6 = \frac{a(1.01^6 - 1)}{1.01 - 1}$$
$$(1.8 \times 10^7) \times 1.06 = \frac{a(1.06 - 1)}{0.01}$$
$\therefore \ a = 3.18 \times 10^6$
따라서 매년 318만 원씩 갚아야 한다.

01

x일 후 정산을 했다면 다음과 같다.

$1,000x = 2 \times 800 \times (x-3)$

$\rightarrow 1,000x = 1,600x - 4,800$

$\therefore x = 8$

따라서 정산은 8일 후에 한 것이다.

02

휴일이 5일, 7일 간격이기 때문에 각각 6번째 날과 8번째 날이 휴일이 된다.

두 회사 휴일의 최소공배수는 24이므로 두 회사는 24일마다 함께 휴일을 맞는다.

4번째로 함께 하는 휴일은 $24 \times 4 = 96$이므로 $96 \div 7 = 13 \cdots 5$이다.

따라서 금요일이 4번째로 함께하는 휴일이다.

03

365일은 52주+1일이므로 평년인 해에 1월 1일과 12월 31일은 같은 요일이다. 따라서 평년인 해에 1월 1일이 월, 화, 수, 목, 금요일 중 하나라면 휴일 수는 $52 \times 2 = 104$일이고, 1월 1일이 토, 일요일 중 하나라면 휴일 수는 $52 \times 2 + 1 = 105$일이다. 재작년을 0년도로 두고 1월 1일이 토, 일요일인 경우로 조건을 따져보면 다음과 같다.

ⅰ) 1월 1일이 토요일인 경우

구분	1월 1일	12월 31일	휴일 수
0년도(평년)	토	토	105일
1년도(윤년)	일	월	105일
2년도(평년)	화	화	104일

ⅱ) 1월 1일이 일요일인 경우

구분	1월 1일	12월 31일	휴일 수
0년도(평년)	일	일	105일
1년도(윤년)	월	화	104일
2년도(평년)	수	수	104일

따라서 올해 1월 1일은 평일이고, 휴일 수는 104일이다.

PART 1

01

정답 ②

2명씩 짝을 지어 한 그룹으로 보고 원탁에 앉는 방법을 구하기 위해서 원순열 공식 $(n-1)!$을 이용한다.
2명씩 3그룹이므로 $(3-1)!=2\times1=2$가지이다. 또한 그룹 내에서 2명이 자리를 바꿔 앉을 수 있는 경우는 2가지씩이다.
따라서 6명이 원탁에 앉을 수 있는 방법은 $2\times2\times2\times2=16$가지이다.

02

정답 ④

토너먼트 경기는 대진표에 따라 한 번 진 사람은 탈락하고, 이긴 사람이 올라가서 우승자를 정하는 방식이다.
16명이 경기를 하면 처음에는 8번의 경기가 이루어지고, 다음은 4번, 2번, 1번의 경기가 차례로 진행된다.
따라서 총 $8+4+2+1=15$번의 경기가 진행된다.

03

정답 ③

그림을 통해 최단 경로를 나타내면 다음과 같다.

따라서 A점에서 B점으로 가는 최단 경로의 수는 42이다.

01

제품 4개 중 2개를 불량품으로 고르는 경우의 수는 $_4C_2=6$가지이고, 불량품이 들어 있을 확률은 $\frac{1}{10}$ 이다.

따라서 임의로 4개의 제품을 택할 때, 2개의 제품이 불량품일 확률은 $_4C_2 \times \left(\frac{1}{10}\right)^2 \times \left(\frac{9}{10}\right)^2 = \frac{486}{10,000} = 0.0486$이다.

02

A과목과 B과목을 선택한 학생의 비율이 각각 전체의 40%, 60%이고,
A과목을 선택한 학생 중 여학생은 30%, B과목을 선택한 학생 중 여학생은 40%이므로 비율은 다음과 같다.
• A과목을 선택한 여학생의 비율 : $0.4 \times 0.3 = 0.12$
• B과목을 선택한 여학생의 비율 : $0.6 \times 0.4 = 0.24$

따라서 구하고자 하는 확률은 $\frac{0.24}{0.12+0.24} = \frac{2}{3}$ 이다.

03

탁구공 12개 중에서 4개를 꺼내는 경우의 수는 $_{12}C_4 = 495$가지이다.
흰색 탁구공이 노란색 탁구공보다 많은 경우는 흰색 탁구공 3개, 노란색 탁구공 1개 또는 흰색 탁구공 4개를 꺼내는 경우이다.
ⅰ) 흰색 탁구공 3개, 노란색 탁구공 1개를 꺼내는 경우의 수 : $_7C_3 \times _5C_1 = 35 \times 5 = 175$가지
ⅱ) 흰색 탁구공 4개를 꺼내는 경우의 수 : $_7C_4 = 35$가지

따라서 구하고자 하는 확률은 $\frac{175+35}{495} = \frac{210}{495} = \frac{14}{33}$ 이다.

01

중국 1,000위안을 태국 바트로 환전하면 다음과 같다.

$1,000$위안$\times \frac{170원}{1위안} \times \frac{1바트}{35원} = \frac{1,000 \times 170}{35} = 4,857.14$바트

02

러시아 : 1루블/13원$= \frac{1,250}{13}$ 루블/USD$≒ 96.15$루블/USD

① 중국 : 1위안/170원=$\dfrac{1,250}{170}$ 위안/USD≒7.35위안/USD

② 일본 : 1엔/8.5원=$\dfrac{1,250}{8.5}$ 엔/USD≒147.06엔/USD

④ 태국 : 1바트/35원=$\dfrac{1,250}{35}$ 바트/USD≒35.71바트/USD

03

정답 ②

파운드화를 유로화로 환전할 때 이중환전을 해야 하므로 파운드화에서 원화, 원화에서 유로화로 두 번 환전해야 한다.
• 파운드화를 원화로 환전 : 1,400파운드×1,500원/파운드=2,100,000원
• 원화를 유로화로 환전 : 2,100,000원÷1,200원/유로=1,750유로
따라서 K씨가 환전한 유로화는 1,750유로이다.

대표기출유형 09 기출응용문제

01

정답 ②

중도해지 시 받을 수 있는 중도해지 이율은 36개월 미만으로 0.025×0.6=0.015이다.

따라서 중도해지 환급금은 $15,000,000\times\left(1+0.015\times\dfrac{30}{12}\right)=15,562,500$원이다.

02

정답 ④

$(만기\ 시\ 수령하는\ 이자액)=200,000\times\left(\dfrac{24\times25}{2}\right)\times\left(\dfrac{0.02}{12}\right)=100,000$원

따라서 만기 시 원리금 수령액은 200,000×24+100,000=4,900,000원이다.

03

정답 ③

목표 수익률은 원금의 10%인 2,000만 원×0.1=200만 원이다.

현재 2,000만 원×0.04=80만 원의 수익을 얻었고, 앞으로 6개월 동안 120만 원의 수익을 더 내야 한다.

따라서 현재부터 6개월까지 누적 수익률은 2,000만 원 중 120만 원이므로 6%이다.

04

정답 ③

연단리와 연복리 예금의 만기환급금을 계산하는 문제가 나왔을 때는 다음 식을 사용한다(원금 a원, 연이율 $r\%$, 예치기간 n개월).

• $(연단리\ 예금\ 만기환급금)=a\left(1+\dfrac{n}{12}r\right)$

• $(연복리\ 예금\ 만기환급금)=a(1+r)^{\frac{n}{12}}$

단리 예금상품의 만기환급금은 4,000+4,000×0.07×3=4,840만 원이고,

복리 예금상품의 만기환급금은 $4,000\times(1+0.1)^3=4,000\times1.331=5,324$만 원이다.

따라서 두 예금상품의 만기 시 수령액 차이는 5,324−4,840=484만 원임을 알 수 있다.

05

정답 ③

기본이율과 앱 가입 시 이율일 때의 단리 예금상품의 금액 차이는 두 경우 모두 원금이 동일하기 때문에 이자금액의 차이와 같다. 따라서 $4,000 \times (0.09 \times 3 - 0.07 \times 3) = 240$만 원임을 알 수 있다.

대표기출유형 10 | 기출응용문제

01

정답 ④

4개 종목 모두 2019년부터 2023년까지 전년 대비 경기 수 추이가 '증가 – 감소 – 증가 – 감소 – 증가'를 반복하고 있다. 따라서 빈칸에 가장 알맞은 수는 420보다 큰 425이다.

02

정답 ③

주어진 자료를 바탕으로 지점 수를 정리하면 다음과 같다. 증감표의 부호를 반대로 하여 2023년 지점 수에 대입하면 쉽게 계산이 가능하다.

(단위 : 개)

지역	2020년 지점 수	2021년 지점 수	2022년 지점 수	2023년 지점 수
서울	15	17	19	17
경기	13	15	16	14
인천	14	13	15	10
부산	13	11	7	10

따라서 2020년에 지점 수가 두 번째로 많은 지역은 인천이며, 지점 수는 14개이다.

03

정답 ④

각 연령대를 기준으로 남성과 여성의 인구비율을 계산하면 다음과 같다.

구분	남성	여성
0 ~ 14세	$\frac{323}{627} \times 100 \fallingdotseq 51.5\%$	$\frac{304}{627} \times 100 \fallingdotseq 48.5\%$
15 ~ 29세	$\frac{453}{905} \times 100 \fallingdotseq 50.1\%$	$\frac{452}{905} \times 100 \fallingdotseq 49.9\%$
30 ~ 44세	$\frac{565}{1,110} \times 100 \fallingdotseq 50.9\%$	$\frac{545}{1,110} \times 100 \fallingdotseq 49.1\%$
45 ~ 59세	$\frac{630}{1,257} \times 100 \fallingdotseq 50.1\%$	$\frac{627}{1,257} \times 100 \fallingdotseq 49.9\%$
60 ~ 74세	$\frac{345}{720} \times 100 \fallingdotseq 47.9\%$	$\frac{375}{720} \times 100 \fallingdotseq 52.1\%$
75세 이상	$\frac{113}{309} \times 100 \fallingdotseq 36.6\%$	$\frac{196}{309} \times 100 \fallingdotseq 63.4\%$

따라서 남성 인구가 40% 이하인 연령대는 75세 이상(36.6%)이며, 여성 인구가 50% 초과 60% 이하인 연령대는 60 ~ 74세(52.1%)이므로 정답은 ④이다.

04

(단위 : 명)

구분	2023년 하반기 입사자 수	2024년 상반기 입사자 수
마케팅	50	100
영업	a	$a+30$
상품기획	100	$100 \times (1-0.2)=80$
인사	b	$50 \times 2=100$
합계	320	$320 \times (1+0.25)=400$

- 2024년 상반기 입사자 수의 합 : $400=100+(a+30)+80+100 \rightarrow a=90$
- 2023년 하반기 입사자 수의 합 : $320=50+90+100+b \rightarrow b=80$

따라서 2023년 하반기 대비 2024년 상반기 인사팀 입사자 수의 증감률은 $\frac{100-80}{80} \times 100 = 25\%$이다.

05

정답 ②

미술과 수학을 신청한 학생의 비율 차이는 $16-14=2\%$p이고, 신청한 전체 학생은 200명이다.
따라서 수학을 선택한 학생 수는 미술을 선택한 학생 수보다 $200 \times 0.02 = 4$명 더 적다.

대표기출유형 11 | 기출응용문제

01

정답 ③

2023년 2분기부터 2024년 1분기까지 차이가 줄어들다가, 2024년 2분기에 차이가 다시 늘어난다.

[오답분석]

② 2023년 4분기의 한국과 일본, 일본과 중국의 점유율 차이는 각각 10.2%p이다.
④ 한국과 중국의 점유율 차이가 가장 적었던 시기는 2024년 3분기로, 점유율 차이는 15.6%p이다.

02

정답 ④

ㄴ. 미국 크루즈 방한객 수 대비 미국의 한국발 크루즈 탑승객 수의 비율은 $\frac{14,376}{15,462} \times 100 ≒ 93.0\%$이므로 옳은 설명이다.

ㄹ. 영국의 한국발 크루즈 탑승객 수는 일본의 한국발 크루즈 탑승객 수의 $\frac{7,976}{54,273} \times 100 ≒ 14.7\%$이므로 옳은 설명이다.

[오답분석]

ㄱ. 전체 크루즈 방한객 수의 순위는 중국, 필리핀, 일본 순서이지만, 한국발 크루즈 탑승객 수의 국가별 순위는 중국, 일본, 미국 순서이므로 다르다.

ㄷ. 필리핀의 한국발 크루즈 탑승객 수는 기타로 분류되어 있다. 따라서 최대일 때의 인원은 7,976명인 영국보다 1명이 적은 7,975명이다. 따라서 필리핀의 크루즈 방한객 수는 필리핀의 한국발 크루즈 탑승객 수의 최소 $\frac{60,861}{7,975} ≒ 7.63$배이다. 필리핀의 한국발 크루즈 탑승객 수가 7,975명보다 작을수록 그 배수는 더 높아질 것이므로, 최소 7.63배 이상임을 알 수 있다.

03

ㄱ. 대도시 간 예상 최대 소요 시간의 모든 구간에서 주중이 주말보다 적게 걸림을 알 수 있다.

ㄴ. 주중 전국 교통량 중 수도권에서 지방으로 가는 교통량의 비율은 $\frac{42}{380} \times 100 \fallingdotseq 11.1\%$이다.

ㄹ. 서울 – 광주 구간 주중 소요 시간과 서울 – 강릉 구간 주말 소요 시간은 3시간 20분으로 같다.

오답분석

ㄷ. 지방에서 수도권으로 가는 주말 예상 교통량은 주중보다 $\frac{51-35}{35} \times 100 \fallingdotseq 45.7\%$ 많다.

04

유로/달러 환율은 $\frac{(원/달러\ 환율)}{(원/유로\ 환율)}$로 구할 수 있다. 유로/달러 환율은 10월이 약 0.808로 약 0.801인 11월보다 더 높다.

오답분석

① 9월에는 전월 대비 원/달러 환율은 불변이고, 원/100엔 환율은 증가했다. 또한 10월에는 전월 대비 원/달러 환율은 증가했지만 원/100엔 환율은 불변이다.

③ 9월에 원/달러 환율이 원/유로 환율보다 낮으므로 유럽보다 미국으로 유학을 가는 것이 경제적으로 더 이득이다.

④ 12월의 원/100엔 환율은 1,100.00으로 7월 환율의 110%인 1,108.80보다 낮으므로 틀린 설명이다.

05

ㄴ. 보험금 지급 부문에서 지원된 금융 구조조정 자금 중 저축은행이 지원받은 금액의 비중은 $\frac{72,892}{303,125} \times 100 \fallingdotseq 24.0\%$로 20%를 초과한다.

ㄷ. 제2금융에서 지원받은 금융 구조조정 자금 중 보험금 지급 부문으로 지원받은 금액이 차지하는 비중은 $\frac{182,718}{217,080} \times 100 \fallingdotseq 84.2\%$로, 80% 이상이다.

ㄹ. 부실자산 매입 부문에서 지원된 금융 구조조정 자금 중 은행이 지급받은 금액의 비중은 $\frac{81,064}{105,798} \times 100 \fallingdotseq 76.6\%$로, 보험사가 지급받은 금액의 비중의 20배인 $\frac{3,495}{105,798} \times 100 \times 20 \fallingdotseq 66.1\%$ 이상이다.

오답분석

ㄱ. 출자 부문에서 은행이 지원받은 금융 구조조정 자금은 222,039억 원으로, 증권사가 지원받은 금융 구조조정 자금의 3배인 99,769×3=299,307억 원보다 작다.

01

변환된 그래프의 단위는 백만 주이고, 주어진 자료에는 주식 수의 단위가 억 주이므로 이를 주의하여 종목당 평균 주식 수를 구하면 다음과 같다.

구분	2013년	2014년	2015년	2016년	2017년	2018년	2019년	2020년	2021년	2022년	2023년
종목당 평균 주식 수 (백만 주)	9.39	12.32	21.07	21.73	22.17	30.78	27.69	27.73	27.04	28.25	31.13

이를 토대로 전년 대비 증감 추세를 나타내면 다음과 같다.

구분	2013년	2014년	2015년	2016년	2017년	2018년	2019년	2020년	2021년	2022년	2023년
전년 대비 변동 추이	-	증가	증가	증가	증가	증가	감소	증가	감소	증가	증가

이와 동일한 추세를 보이는 그래프는 ②이다.

02

네 번째 문단에 제시된 영업용으로 등록된 특수차의 수에 따라 2020 ~ 2023년 전년 대비 증가량 중 2020년과 2023년의 전년 대비 증가량이 자료보다 높다.

구분	2020년	2021년	2022년	2023년
증가량	59,281-57,277=2,004대	60,902-59,281=1,621대	62,554-60,902=1,652대	62,946-62,554=392대

오답분석
① 두 번째 문단에서 자가용으로 등록된 특수차의 연도별 수를 계산하면 2019년 2만 대, 2020년 2.4만 대, 2021년 2.8만 대이며, 2022년 3만 대, 2023년 3.07만 대가 된다.
② 두 번째 문단에서 자가용으로 등록된 연도별 승용차 수와 일치한다.
③ 네 번째 문단에서 영업용으로 등록된 연도별 특수차 수와 일치한다.

03

ㄱ. 연도별 층간소음 분쟁은 2020년 430건, 2021년 520건, 2022년 860건, 2023년 1,280건이다.
ㄴ. 2021년 전체 분쟁신고에서 각 항목이 차지하는 비중을 구하면 다음과 같다.
- 2021년 전체 분쟁신고 건수 : 280+60+20+10+110+520=1,000건
- 관리비 회계 분쟁 : $\frac{280}{1,000}\times100=28\%$
- 입주자대표회의 운영 분쟁 : $\frac{60}{1,000}\times100=6\%$
- 정보공개 관련 분쟁 : $\frac{20}{1,000}\times100=2\%$
- 하자처리 분쟁 : $\frac{10}{1,000}\times100=1\%$
- 여름철 누수 분쟁 : $\frac{110}{1,000}\times100=11\%$
- 층간소음 분쟁 : $\frac{520}{1,000}\times100=52\%$

ㄷ. 연도별 분쟁신고 건수를 구하면 다음과 같다.
- 2020년 : 220+40+10+20+80+430=800건
- 2021년 : 280+60+20+10+110+520=1,000건
- 2022년 : 340+100+10+10+180+860=1,500건
- 2023년 : 350+120+30+20+200+1,280=2,000건

전년 대비 아파트 분쟁신고 증가율이 잘못 입력되어 있어, 바르게 구하면 다음과 같다.

- 2021년 : $\dfrac{1,000-800}{800}\times100=25\%$

- 2022년 : $\dfrac{1,500-1,000}{1,000}\times100=50\%$

- 2023년 : $\dfrac{2,000-1,500}{1,500}\times100 = 33\%$

ㄹ. 2021년 아파트 분쟁신고 현황이 2020년 값으로 잘못 입력되어 있다.

03 | 문제해결능력

대표기출유형 01 기출응용문제

01

정답 ①

홀수 항은 $\times\dfrac{1}{2}$, 짝수 항은 -3.7, -4.2, -4.7, $\cdots$인 수열이다.

따라서 (　)$=1\times\dfrac{1}{2}=\dfrac{1}{2}$이다.

02

정답 ④

앞의 항에 $+2^0\times10$, $+2^1\times10$, $+2^2\times10$, $+2^3\times10$, $+2^4\times10$, $+2^5\times10$, $\cdots$하는 수열이다.

따라서 (　)$=632+2^6\times10=632+640=1{,}272$이다.

03

정답 ②

각 항을 3개씩 묶고 각각 A B C라고 하면 다음과 같다.

$\underline{A\ B\ C}\rightarrow B=(A+C)\div3$

따라서 (　)$=(12-1)\div3=\dfrac{11}{3}$이다.

대표기출유형 02 기출응용문제

01

정답 ②

앞의 항에 $+3$씩 하는 수열이다.

J	M	P	(S)	V
10	13	16	19	22

02

정답 ①

-1, $+2$, -3, $+4$, -5, $\cdots$인 수열이다.

ㄹ	ㄷ	ㅁ	ㄴ	ㅂ	(ㄱ)
4	3	5	2	6	1

03

1, 2, 2, 3, 3, 3, 4, 4, 4, 4, …인 수열이다.

A	ㄴ	B	三	ㄷ	C	iv	四	(ㄹ)	D
1	2	2	3	3	3	4	4	4	4

대표기출유형 03   기출응용문제

01

정답 ②

'양식 자격증이 있다.'를 A, '레스토랑에 취직하다.'를 B, '양식 실기시험 합격'을 C라고 하면 첫 번째 명제는 ~A → ~B, 두 번째 명제는 A → C며, 첫 번째 명제의 대우는 B → A이므로 B → A → C가 성립한다. 따라서 B → C인 '레스토랑에 취직하려면 양식 실기시험에 합격해야 한다.'가 적절하다.

02

정답 ②

모든 1과 사원은 가장 실적이 많은 2과 사원보다 실적이 많고, 3과 사원 중 일부는 가장 실적이 많은 2과 사원보다 실적이 적다. 따라서 3과 사원 중 일부는 모든 1과 사원보다 실적이 적다.

03

정답 ③

a는 'A가 외근을 나감', b는 'B가 외근을 나감', c는 'C가 외근을 나감', d는 'D가 외근을 나감', e는 'E가 외근을 나감'이라고 할 때, 네 번째 명제와 다섯 번째 명제의 대우인 $b → c$, $c → d$에 따라 $a → b → c → d → e$가 성립한다. 따라서 'A가 외근을 나가면 E도 외근을 나간다.'는 항상 참이 된다.

04

정답 ④

'등산을 하는 사람'을 A, '심폐지구력이 좋은 사람'을 B, '마라톤 대회에 출전하는 사람'을 C, '자전거를 타는 사람'을 D라고 하면, 첫 번째 명제와 세 번째 명제, 네 번째 명제는 다음과 같은 벤 다이어그램으로 나타낼 수 있다.

1) 첫 번째 명제

2) 세 번째 명제

3) 네 번째 명제

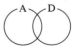

이를 정리하면 다음과 같은 벤 다이어그램이 성립한다.

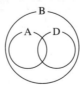

따라서 반드시 참인 명제는 '심폐지구력이 좋은 어떤 사람은 등산을 하고 자전거도 탄다.'의 ④이다.

두 번째 명제를 벤 다이어그램으로 나타내면 다음과 같으며, C와 A·D가 공통되는 부분이 있는지 여부에 따라 반례를 찾아 답을 지워나가야 한다.

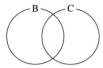

① C와 A가 공통되는 부분이 없는 다음과 같은 경우 성립하지 않는다.

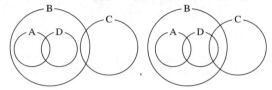

② C와 D가 공통되는 부분이 없는 다음과 같은 경우 성립하지 않는다.

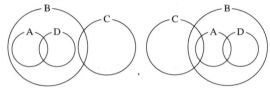

③ 다음과 같은 경우 성립하지 않는다.

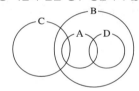

05

정답 ④

월요일부터 토요일까지 각 팀의 회의 진행 횟수가 같으므로 6일 동안 6개 팀은 각각 두 번씩 회의를 진행해야 한다.
주어진 조건에 따라 A ~ F팀의 회의 진행 요일을 정리하면 다음과 같다.

월	화	수	목	금	토
C, B	D, B	C, E	A, F	A, F	D, E
		D, E			C, E

따라서 F팀은 목요일과 금요일에 회의를 진행한다.

① E팀은 수요일과 토요일에 모두 회의를 진행한다.
② 화요일에 회의를 진행한 팀은 B팀과 D팀이다.
③ C팀과 E팀은 수요일과 토요일 중 하루는 함께 회의를 진행한다.

06

정답 ③

C사원은 10개의 도장에서 2개의 도장이 모자라므로 현재 8개의 도장을 모았으며, A사원은 C사원보다 1개의 도장이 적으므로 현재 7개의 도장을 모은 것을 알 수 있다. 또한 B사원은 A사원보다 2개 적은 5개의 도장을 모았으며, D사원은 무료 음료 한 잔을 포함하여 3잔을 주문하였으므로 10개의 도장을 모은 쿠폰을 반납하고, 새로운 쿠폰에 2개의 도장을 받았음을 추론할 수 있다. 따라서 D사원보다 6개의 도장을 더 모은 E사원은 8개의 도장을 받아 C사원의 도장 개수와 동일함을 알 수 있다.

01

A와 B는 하나가 참이면 하나가 거짓인 명제이다. 문제에서 1명이 거짓말을 한다고 하였으므로, A가 거짓말을 했을 경우와 B가 거짓말을 했을 경우로 나눌 수 있다.

ⅰ) A가 거짓말을 했을 경우

1층	2층	3층	4층	5층
C	D	B	A	E

ⅱ) B가 거짓말을 했을 경우

1층	2층	3층	4층	5층
B	D	C	A	E

따라서 두 경우를 고려했을 때, A는 항상 D보다 높은 층에서 내린다.

02

우선 A의 아이가 아들이라고 하면 A의 진술에 따라 B, C의 아이도 아들이므로 이것은 아들이 2명밖에 없다는 조건에 모순된다. 그러므로 A의 아이는 딸이다.

그 다음에 C의 아이가 아들이라고 하면 C의 진술에서 D의 아이는 딸이 되므로 B의 아이는 아들이어야 한다. 그런데 이것은 아들의 아버지인 B가 거짓말을 한 것이 되므로 아들의 아버지인 2명만 진실을 말한다는 조건에 모순된다. 따라서 C의 아이도 딸이므로 아들의 아버지는 B와 D이다.

03

A가 참을 말하는 경우와 A가 거짓을 말하는 경우로 나눌 수 있는데, 만약 A가 거짓이라면 B와 C가 모두 범인인 경우와 모두 범인이 아닌 경우로 나눌 수 있고, A가 참이라면 B가 범인인 경우와 C가 범인인 경우로 나눌 수 있다.

ⅰ) A가 거짓이고 B와 C가 모두 범인인 경우

   B, C, D, E의 진술이 모두 거짓이 되어 5명이 모두 거짓말을 한 것이 되므로 조건에 모순된다.

ⅱ) A가 거짓이고 B와 C가 모두 범인이 아닌 경우

   B가 참이 되므로 C, D, E 중 1명만 거짓, 나머지는 참이 되어야 한다. C가 참이면 E도 반드시 참, C가 거짓이면 E도 반드시 거짓이므로 D가 거짓, C, E가 참을 말하는 것이 되어야 한다. 따라서 이 경우 D와 E가 범인이 된다.

ⅲ) A가 참이고 B가 범인인 경우

   B가 거짓이 되기 때문에 C, D, E 중 1명만 거짓, 나머지는 참이 되어야 하므로 C, E가 참, D가 거짓이 된다. 따라서 이 경우 B와 E가 범인이 된다.

ⅳ) A가 참이고 C가 범인인 경우

   B가 참이 되기 때문에 C, D, E 중 1명만 참, 나머지는 거짓이 되어야 하므로 C, E가 거짓, D가 참이 된다. 따라서 범인은 A와 C가 된다.

따라서 선택지 중 ④만 동시에 범인이 될 수 있다.

04

ⅰ) A의 말이 거짓인 경우

구분	A(원료 분류)	B(제품 성형)	C(제품 색칠)	D(포장)
실수	○		×	○

실수는 한 곳에서만 발생했으므로 A의 말은 진실이다.

ⅱ) B의 말이 거짓인 경우

구분	A(원료 분류)	B(제품 성형)	C(제품 색칠)	D(포장)
실수	× / ○		×	×

A와 D 두 사람 말이 모두 진실일 때 모순이 발생하므로 B의 말은 진실이다.

ⅲ) C의 말이 거짓인 경우

구분	A(원료 분류)	B(제품 성형)	C(제품 색칠)	D(포장)
실수	× / ○		○	

A와 D 두 사람 말이 모두 진실일 때 모순이 발생하며 실수는 한 곳에서만 발생했으므로 C의 말은 진실이다.

ⅳ) D의 말이 거짓인 경우

구분	A(원료 분류)	B(제품 성형)	C(제품 색칠)	D(포장)
실수	×		×	○

D가 거짓을 말했을 때 조건이 성립한다.
따라서 거짓을 말한 사람은 D이며, 실수가 발생한 단계는 포장 단계이다.

05

작품상을 p, 감독상을 q, 각본상을 r, 편집상을 s라고 한다면 심사위원의 진술은 다음과 같이 도식화할 수 있다.
• A : $\sim s \rightarrow \sim q$ and $\sim s \rightarrow r$
• B : $p \rightarrow q$
• C : $\sim q \rightarrow \sim s$
• D : $\sim s$ and $\sim r$

이때, D의 진술에 따라 편집상과 각본상을 모두 받지 못한다면, 편집상을 받지 못한다면 대신 각본상을 받을 것이라는 A의 진술이 성립하지 않으므로 A와 D의 진술 중 하나는 반드시 거짓임을 알 수 있다.

ⅰ) D의 진술이 참인 경우
    편집상과 각본상을 모두 받지 못하며, 최대 개수를 구하기 위해 작품상을 받는다고 가정하면 B의 진술에 따라 감독상도 받을 수 있다. 따라서 최대 2개의 상을 수상할 수 있다.

ⅱ) D의 진술이 거짓인 경우
    편집상과 각본상을 모두 받으며, 최대 개수를 구하기 위해 작품상을 받는다고 가정하면 감독상도 받을 수 있다. 따라서 최대 4개의 상을 수상할 수 있다.

따라서 해당 작품이 수상할 수 있는 상의 최대 개수는 4개이다.

PART 1

06

정답 ①

대화 내용을 살펴보면 영석이의 말에 선영이가 동의했으므로, 영석과 선영은 진실 혹은 거짓을 함께 말한다는 것을 알 수 있다. 이때 지훈은 선영이가 거짓말만 한다고 하였으므로 반대가 된다. 그리고 동현의 말에 정은이가 부정했기 때문에 둘 다 진실일 수 없다. 하지만 정은이가 둘 다 좋아한다는 경우의 수가 있으므로 둘 다 거짓일 수 있다. 또한 마지막 선영이의 말로 선영이가 진실일 경우에는 동현과 정은은 모두 거짓만을 말하게 된다. 이를 미루어 경우의 수를 정리하면 다음과 같다.

구분	경우 1	경우 2	경우 3
동현	거짓	거짓	진실
정은	거짓	진실	거짓
선영	진실	거짓	거짓
지훈	거짓	진실	진실
영석	진실	거짓	거짓

따라서 지훈이가 거짓을 말할 때 진실만을 말하는 사람을 찾고 있으므로 선영, 영석이 된다.

대표기출유형 05 | 기출응용문제

01

정답 ④

영래의 맞은편이 현석이고 현석이의 바로 옆자리가 수민이이므로, 이를 기준으로 주어진 조건에 맞추어 자리를 배치해야 한다. 영래의 왼쪽·수민이의 오른쪽이 비어있을 때 또는 영래의 오른쪽·수민이의 왼쪽이 비어있을 때는 성표와 진모가 마주보면서 앉을 수 없으므로 성립하지 않는다. 그러므로 영래의 왼쪽·수민이의 왼쪽이 비어있을 때와 영래의 오른쪽·수민이의 오른쪽이 비어있을 때를 정리하면 다음과 같다.

ⅰ) 영래의 왼쪽, 수민이의 왼쪽이 비어있을 때

ⅱ)영래의 오른쪽, 수민이의 오른쪽이 비어있을 때

따라서 어느 상황에서든 진모와 수민이는 1명을 사이에 두고 앉는다.

02

B가 과장이므로 대리가 아닌 A는 부장의 직위를 가진다.

[오답분석]

주어진 조건에 따라 A, B, C, D의 사무실 위치를 정리하면 다음과 같다.

구분	2층	3층	4층	5층
경우 1	부장	B과장	대리	A부장
경우 2	B과장	대리	부장	A부장
경우 3	B과장	부장	대리	A부장

① A부장 외의 또 다른 부장은 2층, 3층 또는 4층에 근무한다.
③ 대리는 3층 또는 4층에 근무한다.
④ B는 과장이며 2층 또는 3층에 근무한다.

03

세 번째 조건에 따라 D는 6명 중 두 번째로 키가 크므로 1팀에 배치되는 것을 알 수 있다. 또한 두 번째 조건에 따라 B는 2팀에 배치되므로 한 팀에 배치되어야 하는 E와 F는 아무도 배치되지 않은 3팀에 배치되는 것을 알 수 있다. 마지막으로 네 번째 조건에 따라 B보다 키가 큰 A는 2팀에 배치되므로 결국 A ~ F는 다음과 같이 배치된다.

1팀	2팀	3팀
C > D	A > B	E, F

따라서 키가 가장 큰 사람은 C이다.

04

직원 갑, 을, 병의 공정 순서에 따른 시간을 표로 나타내면 다음과 같다. 선행공정에 따른 순서가 알맞고, A공정이 동시에 진행되지 않으므로 가장 적절한 생산 공정 순서이다. 표에 제시된 숫자는 공정의 소요시간을 나타낸다.

구분	1	2	3	4	5	6	7	8
갑	E	D		C	B	A		
을		C		E	D	B	A	
병			E	D	B		C	A

[오답분석]

① 갑은 D공정이 선행공정인 E공정보다 먼저 배치되었고, 을은 A, D공정이 각각 선행공정인 B, E공정보다 먼저 배치되었다.
② 을과 병의 A공정이 30분 겹치므로 불가능하다.

구분	1	2	3	4	5	6	7	8
갑	B	E	A	D		C		
을		B	C		E	D	A	
병			C		B	E	A	D

③ 을과 병의 A공정이 동시에 진행되므로 불가능하다.

구분	1	2	3	4	5	6	7	8
갑		C		E	B	A	D	
을		B	E	A	D		C	
병				B	A	E		C	D

05

정답 ③

대표의 옆방에는 부장만 배정받을 수 있으므로 대표는 오직 111호에만 묵을 수 있으며, 110호에는 총무팀 박부장이 배정받는다. 따라서 111호에는 생산팀 장과장은 묵을 수 없다.

오답분석

① 두 번째 조건에서 같은 부서 임직원은 마주보는 방을 배정받을 수 없으므로 인사팀 유과장은 105호에 배정받을 수 없다.
② 만약 105호에 생산팀 장과장이 배정받으면, 인사팀 유과장은 102 · 104 · 107호에 배정받을 수 있으므로 102호 또는 107호에 배정받으면 104호는 빈방으로 남을 수 있다.
④ 111호에 대표가 묵는다고 했으므로 총무팀 박부장은 110호로 배정받는다.

06

정답 ③

김대리의 10월 일정을 달력에 정리하면 다음과 같다.

〈10월 일정〉

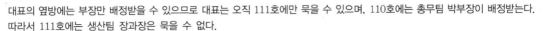

일	월	화	수	목	금	토
				1 추석	2 추석연휴, 제주도 여행	3 개천절, 제주도 여행
4 제주도 여행	5 제주도 여행	6 제주도 여행, 휴가 마지막 날	7	8	9 한글날	10
11	12	13	14	15	16	17
18	19	20 외부출장	21 외부출장	22 외부출장	23 외부출장	24
25	26	27	28 프로젝트 발표	29 프로젝트 발표	30	31

따라서 김대리는 12일 월요일부터 그 주에 스케줄이 없으므로 이틀간 연차를 쓰고 할머니댁 방문이 가능하다.

오답분석

① 제주도 여행 기간이며, 주말에는 할머니댁에 가지 않는다고 하였다.
② 6일은 제주도 여행에서 돌아오는 날로 휴가기간이다.
④ 20 ~ 23일까지 외부출장이 있다.

01

정답 ③

휴대품 손해로 인한 보상 시, 가입금액 한도 내에서 보상하되 휴대품 1개 또는 1쌍에 대해서 20만 원 한도로 보상한다.

02

정답 ④

소득평가액은 실제소득에서 가구특성별 지출비용을 뺀 것이다.

03

정답 ②

예금명의변경에 따른 통장(증서) 재발급수수료를 제외한 명의변경 수수료는 건당 5,000원이 징수된다.

04

정답 ④

이벤트 포스터에 당첨자 명단은 홈페이지에서도 확인할 수 있다고 명시되어 있다.

05

정답 ③

부서별 투표인원과 여행상품별 투표결과를 산정하면 다음과 같다.

여행상품	1인당 비용(원)	총무팀	영업팀	개발팀	홍보팀	공장 1	공장 2	합계
A	500,000	2	1	2	0	15	6	26
B	750,000	1	2	1	1	20	5	30
C	600,000	3	1	0	1	10	4	19
D	1,000,000	3	4	2	1	30	10	50
E	850,000	1	2	0	2	5	5	15
합계		10	10	5	5	80	30	140

ㄱ. 총 여행상품 비용은 1억 500만 원이 필요하다.
   → 가장 인기가 높은 상품은 D이다. 그러나 공장 1의 고려사항은 회사에 손해를 줄 수 있으므로, 2박 3일 상품이 아닌 1박 2일 상품 중 가장 인기 있는 B상품이 선택된다. 따라서 총 여행상품 비용은 750,000×140=105,000,000원이므로 옳다.
ㄷ. 공장 1은 여행상품 선택에 가장 큰 영향력을 발휘했다.
   → B상품을 고른 30명의 2/3인 20명이 공장 1 직원이므로 절대다수를 차지하고 있으므로 옳다.

[오답분석]

ㄴ. 가장 인기가 높은 여행 상품은 B이다.
   → 가장 인기가 높은 상품은 D이므로 옳지 않다.

01

정답 ②

국내 금융기관에 대한 SWOT 분석 결과는 다음과 같다.

강점(Strength)	약점(Weakness)
• 높은 국내 시장 지배력 • 우수한 자산건전성 • 뛰어난 위기관리 역량	• 은행과 이자수익에 편중된 수익구조 • 취약한 해외 비즈니스와 글로벌 경쟁력
기회(Opportunities)	위협(Threats)
• 해외 금융시장 진출 확대 • 기술 발달에 따른 핀테크의 등장 • IT 인프라를 활용한 새로운 수익 창출	• 새로운 금융 서비스의 등장 • 글로벌 금융기관과의 경쟁 심화

ㄱ. SO전략은 강점을 살려 기회를 포착하는 전략으로, 강점인 국내 시장 점유율을 기반으로 핀테크 사업에 진출하려는 ㄱ은 적절한 SO전략으로 볼 수 있다.

ㄷ. ST전략은 강점을 살려 위협을 회피하는 전략으로, 강점인 우수한 자산건전성을 강조하여 글로벌 금융기관과의 경쟁에서 우위를 차지하려는 ㄷ은 적절한 ST전략으로 볼 수 있다.

[오답분석]

ㄴ. WO전략은 약점을 강화하여 기회를 포착하는 전략이다. 그러나 위기관리 역량은 국내 금융기관이 지니고 있는 강점에 해당하므로 WO전략으로 적절하지 않다.

ㄹ. 해외 비즈니스 역량을 강화하여 해외 금융시장에 진출하는 것은 약점을 보완하여 기회를 포착하는 WO전략에 해당한다.

02

정답 ③

해결해야 할 전략 과제란 취약한 부분에 대해 보완해야 할 과제를 말한다. 따라서 이미 우수한 고객서비스 부문을 강화한다는 것은 전략 과제로 삼기에 적절하지 않다.

[오답분석]

① 해외 판매망이 취약하다고 분석되었으므로 중국 시장의 판매유통망을 구축하는 전략 과제를 세우는 것은 적절하다.

② 중국 시장에서 보조배터리 제품의 구매 방식이 대부분 온라인으로 이루어지는 데 반해, 자사의 온라인 구매시스템은 미흡하기 때문에 온라인 구매시스템을 강화한다는 전략 과제는 적절하다.

④ 보조배터리 제품에 대해 중국기업들 간의 가격 경쟁이 치열하다는 것은 제품의 가격이 내려가고 있다는 의미인데, 자사는 생산원가가 높다는 약점이 있다. 따라서 원가 절감을 통한 가격경쟁력 강화 전략은 적절하다.

03

정답 ④

WT전략은 외부 환경의 위협을 회피하고 약점을 보완하는 전략을 적용해야 한다. 그러나 ④는 강점(S)을 강화하는 방법에 대해 이야기하고 있으므로 적절하지 않다.

[오답분석]

① SO전략은 기회를 활용하면서 강점을 더욱 강화시키는 전략이므로 옳다.

② WO전략은 외부의 기회를 사용해 약점을 보완하는 전략이므로 옳다.

③ ST전략은 외부 환경의 위협을 회피하며 강점을 적극 활용하는 전략이므로 옳다.

04

ⓛ 특허를 통한 기술 독점은 기업의 내부환경으로 볼 수 있다. 따라서 내부환경의 강점(Strength) 사례이다.
ⓒ 점점 증가하는 유전자 의뢰는 기업의 외부환경(고객)으로 볼 수 있다. 따라서 외부환경에서 비롯된 기회(Opportunity) 사례이다.

[오답분석]
㉠ 투자 유치의 어려움은 기업의 외부환경(거시적 환경)으로 볼 수 있다. 따라서 외부환경에서 비롯된 위협(Threat) 사례이다.
㉣ 높은 실험 비용은 기업의 내부환경으로 볼 수 있다. 따라서 내부환경의 약점(Weakness) 사례이다.

05

ㄱ. 기술개발을 통해 연비를 개선하는 것은 막대한 R&D 역량이라는 강점으로 휘발유의 부족 및 가격의 급등이라는 위협을 회피하거나 최소화하는 전략에 해당하므로 적절하다.
ㄹ. 생산설비에 막대한 투자를 했기 때문에 차량모델 변경의 어려움이라는 약점이 있는데, 레저용 차량 전반에 대한 수요 침체 및 다른 회사들과의 경쟁이 심화되고 있으므로 생산량 감축을 고려할 수 있다.
ㅁ. 생산 공장을 한 곳만 가지고 있다는 약점이 있지만 새로운 해외시장이 출현하고 있는 기회를 살려서 국내 다른 지역이나 해외에 공장들을 분산 설립할 수 있을 것이다.
ㅂ. 막대한 R&D 역량이라는 강점을 이용하여 휘발유의 부족 및 가격의 급등이라는 위협을 회피하거나 최소화하기 위해 경유용 레저 차량 생산을 고려할 수 있다.

[오답분석]
ㄴ. 소형 레저용 차량에 대한 수요 증대라는 기회 상황에서 대형 레저용 차량을 생산하는 것은 적절하지 않은 전략이다.
ㄷ. 차량모델 변경의 어려움이라는 약점을 보완하는 전략도 아니고, 소형 또는 저가형 레저용 차량에 대한 선호가 증가하는 기회에 대응하는 전략도 아니다. 또한, 차량 안전 기준의 강화 같은 규제 강화는 기회 요인이 아니라 위협 요인이다.
ㅅ. 기회는 새로운 해외시장의 출현인데 내수 확대에 집중하는 것은 기회를 살리는 전략이 아니다.

04 | 자원관리능력

대표기출유형 01 기출응용문제

01

ㄴ. 시간계획을 하는 데 있어서 가장 중요한 것은 그 계획을 따르는 것이지만, 너무 계획에 얽매여서는 안 된다. 이를 방지하기 위해 융통성 있는 시간계획을 세워야 한다.

ㄷ. 시간계획을 세우더라도 실제 행동할 때는 차이가 발생하기 마련이다. 자신은 뜻하지 않았지만 다른 일을 해야 할 상황이 발생할 수 있기 때문이다. 따라서 이를 염두하고 시간계획을 세우는 것이 중요하다.

ㄹ. 이동시간이나 기다리는 시간 등 자유로운 여유시간도 시간계획에 포함하여 활용해야 한다.

02

전 직원이 이미 확정된 스케줄의 변동 없이 1시간을 사용할 수 있는 시간은 10:00 ~ 11:00와 14:00 ~ 15:00의 두 시간대이다. 은행장은 가능한 빨리 완료할 것을 지시하였으므로 10:00 ~ 11:00가 가장 적절하다.

대표기출유형 02 기출응용문제

01

정답 ③

정규시간 외에 초과근무가 있는 날의 시간외근무시간을 구하면 다음과 같다.

근무요일	초과근무시간			1시간 공제
	출근	야근	합계	
1 ~ 15일	–	–	–	770분
18(월)	–	70분	70분	10분
20(수)	60분	20분	80분	20분
21(목)	30분	70분	100분	40분
25(월)	60분	90분	150분	90분
26(화)	30분	160분	190분	130분
27(수)	30분	100분	130분	70분
합계	–	–	–	1,130분

∴ 1,130분=18시간 50분

따라서 1시간 미만은 절사하므로 7,000원×18시간=126,000원이다.

02

직접비용은 제품 또는 서비스를 창출하기 위해 직접 소비된 것으로 여겨지는 비용으로, 영업팀의 출장 교통비와 관리팀의 컴퓨터 구입비, 인사팀의 강사에게 지급한 비용이 이에 해당한다.

[오답분석]

홍보팀의 자사 홍보를 위한 책자 제작에 사용된 금액은 생산에 직접 관련되지 않은 비용이므로 간접비용에 해당한다.

대표기출유형 03 | 기출응용문제

01

정답 ②

프린터 성능 점수표를 이용하여 제품별 프린터의 점수를 정리하면 다음과 같다.

구분	출력 가능 용지 장수	출력 속도	인쇄 해상도
A프린터	80점	70점	70점
B프린터	100점	60점	90점
C프린터	70점	90점	70점
D프린터	100점	70점	60점

가중치를 적용하여 제품별 프린터의 성능 점수를 구하면 다음과 같다.
- A프린터 : $(80 \times 0.5) + (70 \times 0.3) + (70 \times 0.2) = 75$점
- B프린터 : $(100 \times 0.5) + (60 \times 0.3) + (90 \times 0.2) = 86$점
- C프린터 : $(70 \times 0.5) + (90 \times 0.3) + (70 \times 0.2) = 76$점
- D프린터 : $(100 \times 0.5) + (70 \times 0.3) + (60 \times 0.2) = 83$점

따라서 C사원이 구매할 프린트는 성능 점수가 가장 높은 B프린터이다.

02

정답 ①

두 번째 조건에서 총구매금액이 30만 원 이상이면 총금액에서 5% 할인을 해주므로, 한 벌당 가격이 $300,000 \div 50 = 6,000$원 이상인 품목은 할인 적용이 들어간다. '업체별 품목 금액'을 보면 모든 품목이 6,000원 이상이므로 5% 할인 적용대상이다. 그러므로 모든 품목에 할인 조건이 적용되어 정가로 비교가 가능하다.

마지막 조건에서 차순위 품목이 1순위 품목보다 총금액이 20% 이상 저렴한 경우 차순위를 선택하므로, 한 벌당 가격으로 계산하면 1순위인 카라 티셔츠의 20% 할인된 가격은 $8,000 \times 0.8 = 6,400$원이다. 따라서 정가가 6,400원 이하인 품목은 A업체의 티셔츠이므로 팀장은 1순위 카라 티셔츠보다 2순위인 A업체의 티셔츠를 구입할 것이다.

CHAPTER 04 자원관리능력 • **35**

03

정답 ④

핸드폰은 총 3가지 공정을 순차적으로 거치는데, A ~ D생산라인에서 각 공정을 맡는다면 라인별 공정현황을 고려해 총 8가지의
경우의 수가 나온다. 또한 앞선 공정에서 생산된 재공품(불량품 제외)이 다음 공정의 재료가 되며 완성품이 될 때까지 기본 3시간이
소요된다.

이를 참고하여 각 공정의 경우마다 3시간 후 처음으로 완성되는 제품의 개수는 다음과 같이 제3공정의 개수를 보면 알 수 있다.

구분	제1공정	제2공정	제3공정
경우 1	A	B	C
	$100 \times (1-0.2) = 80$개	$80 \times (1-0.1) = 72$개	$70 \times (1-0.2) = 56$개
경우 2	A	B	D
	$100 \times (1-0.2) = 80$개	$80 \times (1-0.1) = 72$개	$60 \times (1-0.1) = 54$개
경우 3	A	C	D
	$100 \times (1-0.2) = 80$개	$70 \times (1-0.1) = 63$개	$60 \times (1-0.1) = 54$개
경우 4	A	D	C
	$100 \times (1-0.2) = 80$개	$80 \times (1-0.1) = 72$개	$70 \times (1-0.2) = 56$개
경우 5	B	A	C
	$90 \times (1-0.1) = 81$개	$80 \times (1-0.2) = 64$개	$64 \times (1-0.2) ≒ 51$개
경우 6	B	A	D
	$90 \times (1-0.1) = 81$개	$80 \times (1-0.2) = 64$개	$60 \times (1-0.1) = 54$개
경우 7	B	C	D
	$90 \times (1-0.1) = 81$개	$70 \times (1-0.1) = 63$개	$60 \times (1-0.1) = 54$개
경우 8	B	D	C
	$90 \times (1-0.1) = 81$개	$80 \times (1-0.1) = 72$개	$70 \times (1-0.2) = 56$개

완성품이 될 때까지 3시간이 소요되므로 5시간 동안 생산할 수 있는 완제품은 제3공정의 개수에 3배를 해주어야 한다.

따라서 5시간 동안 생산할 때, 가장 효율적인 생산구조의 완성품 생산량은 $56 \times 3 = 168$개임을 알 수 있다.

01

구분	월요일	화요일	수요일	목요일	금요일	토요일	일요일
낮	가, 나, 마	나, 다	다, 마	아, 자	바, 자	라, 사, 차	바
야간	라	마, 바, 아, 자	가, 나, 라, 바, 사	가, 사, 차	나, 다, 아	마, 자	다, 차

일정표를 보면 일요일 낮에 한 명, 월요일 야간에 한 명이 필요하고, 수요일 야간에 한 명이 빠져야 한다. 그러므로 가, 나, 라, 바, 사 중 한 명이 옮겨야 한다. 이때 세 번째 당직 근무 규칙에 따라 같은 날에 낮과 야간 당직 근무는 함께 설 수 없으므로 월요일에 근무하는 '가, 나, 라, 마'와 일요일에 근무하는 '다, 바, 차'는 제외된다. 따라서 '사'가 당직 근무 일정을 변경하여 일요일 낮과 월요일 야간에 당직 근무를 해야 한다.

02

승진후보자 A ~ E의 승진점수를 계산하면 다음과 같다.

승진후보자	실적평가점수	동료평가점수	혁신사례점수	이수교육	합계
A	34	26	22	다자협력	82+2=84
B	36	25	18	혁신역량	79+3=82
C	39	26	24		89
D	37	21	23	조직문화, 혁신역량	81+2+3=86
E	36	29	21	−	86

따라서 2순위로 동점인 D와 E 중에 실적평가점수가 더 높은 D가 선발되므로 승진자는 C와 D이다.

03

변경된 승진자 선발 방식에 따라 승진후보자 A ~ E의 승진점수를 계산하면 다음과 같다.

승진후보자	실적평가점수	동료평가점수	혁신사례점수	이수교육	합계
A	34	26	33	다자협력	93+2=95
B	36	25	27	혁신역량	88+4=92
C	39	26	36	−	101
D	37	21	34.5	조직문화, 혁신역량	92.5+2+4=98.5
E	36	29	31.5	−	96.5

따라서 승진점수가 가장 높은 두 명은 C와 D이다.

05 | 조직이해능력

01

정답 ①

(가)는 경영전략 추진과정 중 환경분석이며, 이는 외부 환경분석과 내부 환경분석으로 구분된다. 외부환경으로는 기업을 둘러싸고 있는 경쟁자, 공급자, 소비자, 법과 규제, 정치적 환경, 경제적 환경 등을 볼 수 있으며, 내부환경은 기업구조, 기업문화, 기업자원 등이 해당된다. 따라서 ①에서 설명하는 예산은 기업자원으로서 내부 환경분석의 성격을 가지며, 다른 사례들은 모두 외부 환경분석의 성격을 가짐을 알 수 있다.

02

정답 ④

㉠ 집중화 전략, ㉡ 원가우위 전략, ㉢ 차별화 전략

03

정답 ③

조직의 규모가 커지면 한 명의 경영자가 조직의 모든 경영활동을 수행하는 데 한계가 있다.

04

정답 ③

①·②·④는 전략과제에서 도출할 수 있는 추진방향이지만, ③의 국제경쟁입찰의 과열 경쟁 심화와 컨소시엄 구성 시 민간기업과 업무배분, 이윤추구성향 조율의 어려움 등은 문제점에 대한 언급이기 때문에 추진방향으로 적절하지 않다.

05

정답 ④

④는 제품차별화에 대한 설명으로 반도체의 이러한 특성은 반도체산업 내의 경쟁을 심화시키고, 신규기업의 진입 장벽을 낮추기도 한다. 또한 낮은 차별성으로 인한 치열한 가격경쟁은 구매자의 교섭력을 높이는 반면, 공급자의 교섭력은 낮아지게 한다. 포터의 산업구조분석기법을 정리하면 다음과 같다.

〈포터의 산업구조분석기법〉

```
                          ┌─────────────────────────────┐
                          │      공급자의 교섭력         │
                          │  공급자의 교섭력의 결정요인은 구매자 │
                          │  의 교섭력의 결정요인과 동일     │
                          └─────────────────────────────┘
                                        ↓
┌──────────────────┐    ┌─────────────────────┐    ┌──────────────────────┐
│   잠재적 진입      │    │    산업 내의 경쟁     │    │    대체재의 위협       │
│  1. 자본소요량     │    │  1. 산업의 집중도     │    │  1. 대체재에 대한 구매자의 │
│  2. 규모의 경제    │  → │  2. 제품차별화        │ ← │     성향             │
│  3. 절대비용우위   │    │  3. 초과설비          │    │  2. 대체재의 상대 가격  │
│  4. 제품차별화     │    │  4. 퇴거장벽          │    │                      │
│  5. 유통채널       │    │  5. 비용구조          │    │                      │
└──────────────────┘    └─────────────────────┘    └──────────────────────┘
                                        ↑
                          ┌─────────────────────┐
                          │    구매자의 교섭력     │
                          │  1. 구매자가 갖고 있는 정보력 │
                          │  2. 전환 비용         │
                          │  3. 수직적 통합       │
                          └─────────────────────┘
```

따라서 ④는 ②을 제외한 ③ · ⑥ · ⑥에 해당하는 사례이며, ②은 반도체를 대체할 수 있는 다른 제품의 여부에 대한 것으로 대체제의 상대가격, 대체제에 대한 구매자의 성향이 이에 해당한다.

06
정답 ④

구매자의 교섭력은 소수의 구매자만 존재하거나 구매자의 구매량이 판매자의 규모에 비해 클 때, 시장에 다수 기업의 제품이 존재할 때, 구매자가 직접 상품을 생산할 수 있을 때, 공급자의 제품 차별성이 낮을 때, 구매자가 공급자를 바꾸는 데 전환 비용이 거의 발생하지 않을 때 높아진다.

대표기출유형 02 | 기출응용문제

01
정답 ④

부서 명칭만 듣고도 대략 어떤 업무를 담당하는지 파악하고 있어야 한다. 인사팀의 주요 업무는 근태관리 · 채용관리 · 인사관리 등이 있다. 따라서 인사기록카드 작성은 인사팀의 업무인 인사관리에 해당하는 부분이므로, 인사팀에 제출하는 것이 옳다. 한편, 총무팀은 회사의 재무와 관련된 전반적 업무를 총괄하므로 S기업의 조직도를 보았을 때 비품 구매는 총무팀의 소관 업무로 보는 것이 옳다.

02
정답 ④

공식집단의 예시로 제시되어 있는 동아리는 비공식집단의 예이며, 비공식집단의 예시로 제시되어 있는 임시 위원회는 공식집단의 예이다. 따라서 지속 기간의 차이에 따라 상설과 임시로 나누어질 뿐이지 조직의 공식 목표를 위해 조직에서 만든 위원회이므로 공식집단에 속한다.

03
정답 ①

조직 개편 방향에 따르면 마케팅본부를 신설한다고 하였다.

04
정답 ②

- 경영본부 : 기획조정실, 경영지원팀, 재무관리팀, 미래사업팀, 사회가치실현(TF팀), 인사관리팀 → 6팀
- 운영본부 : 물류전략실, 항만관리팀, 물류단지팀, 물류정보팀, 안전·보안(TF)팀 → 5팀
- 건설본부 : 항만개발실, 항만건설팀, 항만시설팀, 갑문운영팀, 스마트갑문(TF)팀 → 5팀

05
정답 ③

조직 개편 방향에 따르면 마케팅본부에는 글로벌마케팅1·2팀, 국내마케팅팀, 홍보팀이 속한다.

대표기출유형 03 기출응용문제

01
정답 ③

김과장의 개인 주간 스케줄 및 업무 점검을 보면 홍보팀, 외부 디자이너와의 미팅이 기재되어 있다. 따라서 김과장은 이번 주에 내부 미팅과 외부 미팅을 할 예정이다.

02
정답 ①

서약서 집행 담당자는 보안담당관으로, 보안담당관은 총무국장이다. 따라서 서약서는 이사장이 아닌 총무국장에게 제출해야 한다.

03
정답 ④

교육 홍보물의 교육내용은 '연구개발의 성공을 보장하는 R&D 기획서 작성'과 'R&D 기획서 작성 및 사업화 연계'이므로 A사원이 속한 부서의 업무는 R&D 연구 기획과 사업 연계이다. 따라서 장비 활용 지원은 부서의 수행업무로 적절하지 않다.

04
정답 ②

교육을 바탕으로 기획서를 작성하여 성과를 내는 것은 교육의 효과성으로 이는 교육을 받은 회사 또는 사람의 역량이 가장 중요하다. 따라서 홍보물과 관련이 적은 성과에 대한 답변은 A사원이 답하기에는 어려운 질문이다.

06 | 정보능력

대표기출유형 01 · 기출응용문제

01 · 정답 ②

호환성(Compatibility)이란 하드웨어 장치나 소프트웨어 프로그램이 여러 가지의 다른 기종의 컴퓨터에서도 사용되거나 수행될 수 있는 성질을 말한다.

02 · 정답 ②

바이러스에 감염되는 경로로는 불법 무단 복제, 다른 사람들과 공동으로 사용하는 컴퓨터, 인터넷, 전자우편의 첨부파일 등이 있다.

바이러스를 예방할 수 있는 방법
• 다운로드한 파일이나 외부에서 가져온 파일은 반드시 바이러스 검사를 수행한 후에 사용한다.
• 전자우편을 통해 감염될 수 있으므로 발신자가 불분명한 전자우편은 열어보지 않고 삭제한다.
• 중요한 자료는 정기적으로 백업한다.
• 바이러스 예방 프로그램을 램(RAM)에 상주시킨다.
• 백신 프로그램의 시스템 감시 및 인터넷 감시 기능을 이용해서 바이러스를 사전에 검색한다.
• 백신 프로그램의 업데이트를 통해 주기적으로 바이러스 검사를 수행한다.

03 · 정답 ③

구조적 질의어(SQL: Structured Query Language)의 DROP TABLE 명령문을 사용한 RESTRICT는 제거할 요소가 다른 개체에 참조되지 않은 경우에만 삭제한다.

대표기출유형 02 · 기출응용문제

01 · 정답 ③

'=RANK(순위를 구하려는 수, 목록의 배열 또는 셀 주소, 순위를 정할 방법을 지정하는 수)'로 표시되기 때문에 '=RANK (C5,C2:C6)'가 올바르다.

02 · 정답 ②

DSUM 함수는 지정한 조건에 맞는 데이터베이스에서 필드 값들의 합을 구하는 함수이다. [A1:C7]에서 상여금이 100만 원 이상인 합계를 구하므로 2,500,000원이 도출된다.

03

- [D11] 셀에 입력된 COUNTA 함수는 범위에서 비어있지 않은 셀의 개수를 구하는 함수이다. [B3:D9] 범위에서 비어있지 않은 셀의 개수는 숫자 '1' 10개와 '재제출 요망'으로 입력된 텍스트 2개로, 「=COUNTA(B3:D9)」의 결괏값은 12이다.
- [D12] 셀에 입력된 COUNT 함수는 범위에서 숫자가 포함된 셀의 개수를 구하는 함수이다. [B3:D9] 범위에서 숫자가 포함된 셀의 개수는 숫자 '1' 10개로, 「=COUNT(B3:D9)」의 결괏값은 10이다.
- [D13] 셀에 입력된 COUNTBLANK 함수는 범위에서 비어있는 셀의 개수를 구하는 함수이다. [B3:D9] 범위에서 비어있는 셀의 개수는 9개로, 「=COUNTBLANK(B3:D9)」의 결괏값은 9이다.

04

- COUNTIF : 지정한 범위 내에서 조건에 맞는 셀의 개수를 구한다.
- 함수식 : =COUNTIF(D3:D10, ">=2023-07-01")

[오답분석]
① COUNT : 범위에서 숫자가 포함된 셀의 개수를 구한다.
② COUNTA : 범위가 비어있지 않은 셀의 개수를 구한다.
③ SUMIF : 주어진 조건에 의해 지정된 셀들의 합을 구한다.

05

[오답분석]
① · ② AND 함수는 인수의 모든 조건이 참(TRUE)일 경우에 성별을 구분하여 표시할 수 있으므로 적절하지 않다.
④ 함수식에서 "남자"와 "여자"가 바뀌었다.

대표기출유형 03 기출응용문제

01

문자열 배열 str은 'h', 'e', 'l', 'l', 'o', ' ', 'w', 'o', 'r', 'l', 'd', '₩0'로 초기화되며, str[4]에 '₩0'을 넣게 되면 str[4]가 문자열 배열 str의 마지막을 가리키게 되므로 해당 배열을 출력하게 되면 'hell'까지만 출력하게 된다. 이때, 앞뒤로 'S'와 'E'를 붙여 출력하도록 하므로 출력되는 문자열은 'ShellE'이다.

02

x값을 1 증가하여 x에 저장하고, 변경된 x값과 y값을 덧셈한 결과를 p에 저장한 후 y값을 1 증가하여 y에 저장한다.
따라서 x=10+1=11, y=x+1=12 → p=x+y=23이다.

PART **2**

합격의 공식 시대에듀 www.sdedu.co.kr

직무상식시험

01	02	03	04	05	06	07	08	09	10	11	12	13	14	15			
④	③	①	④	②	③	①	④	③	②	①	②	④	④	①			

01

정답 ④

가계대출과 기업대출 모두 금리인하요구권을 가지므로 ④는 적절하지 않다.

02

정답 ③

ㄴ. IRA는 개인퇴직계좌로, 근로자가 퇴직 혹은 퇴직금 중간정산 시 일시적으로 자금을 보관하는 저축계좌의 기능을 수행하였다. 이러한 IRA의 운용이 사실상 경직적이었던 점을 보완하며 근로자퇴직급여보장법에 따라 등장한 것이 IRP이다.

ㄷ. 근로자의 퇴직금을 회사가 운용한 후 근로자에게 지정 금액을 지급하는 것은 DB형(확정급여형)이다.

03

정답 ①

코픽스(COFIX)는 2010년에 도입된 대출기준금리로, 우리나라 8개 은행사가 제공하는 자금조달 관련 정보를 기반으로 산출한 자금조달비용지수를 말한다. 또한 코픽스는 은행연합회가 산출하여 발표하며, 코픽스의 종류에는 잔액기준 코픽스, 신규취급액기준 코픽스, 단기 코픽스 등이 있다.

04

정답 ④

스튜어드십 코드(Stewardship Code)는 투자 수탁자들이 고객의 자금을 투명하게 운용하고 수익률을 높이는 데 목적을 둔 일종의 가이드라인이며, 우리나라도 2018년 7월 도입하여 국민연금 운용에 적용하고 있다.

05

정답 ②

기준금리란 중앙은행이 시중은행에 돈을 빌려주는 금리로, 기준금리의 조정을 통해 경기부양과 부채축소를 조절할 수 있다. 따라서 미국이나 일본 등의 기준금리가 올라갈 경우 한국은 외국 자본이 빠져나가 경기가 침체되는 현상이 나타난다.

> **기준금리**
> 한국은행 금융통화위원회에서 결정하는 정책금리를 말한다. 한국은행과 금융기관 간에 환매조건부채권매매(RP)와 대기성 여수신 등의 자금거래를 할 때 기준으로 적용된다. 2008년 3월부터 한국은행은 정책금리의 실체를 종전의 '익일물 콜금리 목표'에서 '기준금리(Base Rate)'로 변경하였다. 콜금리는 대표적인 시장금리 중 하나로 초단기 금융시장의 자금상황을 반영하는 금리이다. 그러나 1999년 콜금리목표제를 도입한 이후 콜금리가 자금수급사정에 관계없이 목표수준에서 고정되면서 콜금리의 시장신호 전달 및 자금배분 기능이 약화되었고, 단기자금거래가 콜시장에 과도하게 집중되어 금융기관 간 RP 등 기일물 단기자금시장의 발달이 저해되는 부작용이 발생하였다. 한국은행이 정책금리의 실체를 '기준금리'로 변경한 것은 이러한 문제를 해소하는 한편 통화정책 파급경로(정책금리 변경 → 단기 및 장기 시장금리 변동)의 원활한 작동을 도모한 것이다.
> © 한국은행 경제 용어 해설

06

2013년 당시 벤 버냉키 미국 연방준비제도(Fed) 의장이 처음으로 양적완화 종료를 시사한 뒤 신흥국의 통화 가치와 증시가 급락하는 현상이 발생했는데, 이를 가리켜 강대국의 금리 정책에 대한 신흥국의 '긴축발작(Taper Tantrum)'이라고 부르게 되었다. 미국의 금리인상 정책 여부에 따라 신흥국이 타격을 입을 때마다 관심이 집중되는 용어이다.

07

그린스펀의 수수께끼는 중앙은행이 금리인상을 해도 시중의 금리가 반응을 보이지 않는 현상을 말하며, 여러 차례 미국 연방준비제도(Fed)의 의장을 역임한 앨런 그린스펀의 이름에서 비롯된 금융 용어이다. 2005년 당시 그린스펀은 기준금리 인상을 단행했지만, 미국 국채수익률의 상승률은 미미했다. 이에 연준은 곤혹스러워했고 미국 경제계는 이를 그린스펀의 수수께끼라고 불렀는데, 후에 경상수지에서 흑자를 낸 국가들이 막대한 미국 국채를 사들였음이 밝혀지면서 수수께끼가 풀리게 됐다.

오답분석

② 낙타의 코 : 처음에는 매우 사소해서 별것 아닌 것처럼 보이지만, 차츰 커져서 결국에는 예기치 않은 일이 발생하게 된다는 의미이다. 큰 규모의 예산이 필요한 사업인데도 처음에는 정보 수집, 수요 조사 명목으로 소액만 요구한 뒤 여러 가지 명분을 붙여 해마다 예산을 눈덩이처럼 키우는 수법을 말한다. 낙타가 사막의 추위를 피하려고 처음에는 텐트 안으로 코를 들이밀다가 결국에는 텐트 안을 다 차지하게 되어 정작 텐트 안에 있던 사람을 내쫓게 만든다는 뜻에서 유래했다.

08

업틱룰(Up-tick Rule)은 주식을 공매도할 경우 직전 거래가격 이상으로 매도호가를 제시하도록 한 규정이며, 대규모 공매도로 인한 주가 하락을 방지하려는 조치이다. 공매도는 보통 기관 등 고액 투자자들에 의해 이루어지며, 주가가 하락할 것이라 예상되는 종목을 빌려 투자한 뒤 하락하면 낮은 가격에 구입해 갚고 이익을 얻는다. 이 과정에서 해당 종목의 주가는 추가적으로 하락하게 되는데, 이로 인한 소액 투자자들의 피해를 막기 위한 것이다. 한편, 업틱룰과 대립되는 개념으로 매도호가를 자유롭게 제시할 수 있는 것을 '제로틱룰'이라고 한다.

09

• 금융업계에서 브래키팅(Bracketing)은 새롭게 발행하는 주식(신주)을 모집할 때 인수기관들의 중요성을 기준으로 그 이름을 순서대로 표시하는 것을 말한다.
• 유통업계에서 브래키팅은 온라인 구매에서 단일 제품을 여러 사이즈 혹은 색상으로 구매 후 마음에 드는 제품을 제외하고 반품하는 관행을 뜻한다.
• 영상업계에서 브래키팅은 가장 적절한 노출값을 찾기 위해 노출값을 다르게 해놓고 촬영하는 과정을 뜻한다.

오답분석

① 섀도보팅(Shadow Voting) : 의결권 분산을 목적으로 뮤추얼 펀드가 특정 기업의 경영권을 지배할 정도로 지분을 보유할 경우, 그 의결권을 중립적으로 행사하도록 제한하는 것을 뜻한다. 그러나 섀도보팅을 활용하면 쉽게 의결정족수를 확보할 수 있지만, 소액주주의 권리를 경시하는 풍조가 생겼다는 비판이 제기돼 2017년 말 폐지되었다.
② 캐리트레이드(Carry Trade) : 투자자가 자기 자본에 대한 수익률을 높이기 위하여 투자 기대 수익률보다 낮은 이자율로 빌린 돈으로 유가증권 등의 금융 자산을 사들였다가 일정한 기간이 지난 후에 팔아 그 차액으로 수익을 얻으려고 하는 거래나 투자 기법이다.
④ 피보팅(Pivoting) : 외부 환경의 급변에 대응해 기존 사업 아이템이나 모델을 바탕으로 사업의 방향을 전환하는 것을 뜻한다.

10

정답 ②

디폴트 옵션은 자동투자 옵션이라고도 한다. 개인책임형(DC) 퇴직연금에 가입한 사람이 별도로 운용 지시를 하지 않을 경우 금융회사가 미리 지정되었던 방법으로 연금을 운용하는 방식으로 장기적 운용이 필요한 퇴직연금 가입자들에게 운용의 어려움을 덜어줄수 있는 방법으로 평가받는다.

11

정답 ①

국제결제은행(BIS)이 은행의 건전성과 안정성을 확보할 목적으로 은행의 위험자산에 대해 일정 비율 이상의 자기자본을 보유하도록하는 것은 BIS비율로, 은행의 신용위험과 시장위험에 대비해 최소 8% 이상이 되도록 권고하고 있으며, 10% 이상이면 우량은행으로평가받는다.

12

정답 ②

국제은행간통신협회(SWIFT)는 전 세계의 금융기관들이 국제 금융거래를 원활하게 할 수 있도록 지원하는 기구이다. 가입된 금융기관에 국제적으로 표준화된 금융정보 및 서비스 · 통신망을 제공한다. 거의 모든 국가의 금융기관이 외환거래를 위해 SWIFT를 이용하고 있고, 여기서 퇴출되면 사실상 금융거래는 불가능하다.

13

정답 ④

자기자본은 재무상태표를 구성하는 요소 중 하나로 흔히 소유자지분 혹은 주주지분으로 칭한다. 회계적으로는 전체 자산 중 부채를제외한 나머지 금액이며, 주주들 소유이다. 이러한 자기자본의 계정과목으로는 자본금, 자본잉여금, 이익잉여금, 자본조정, 기타포괄손익누계액이 해당하며, 차입금은 부채계정 중 유동부채에 해당하므로 자기자본에 해당하지 않는다.

14

정답 ④

$$부채비율 = \frac{타인자본}{자기자본} \times 100$$

당기 말 (주)한국의 부채비율은 200%, 전년도 대비 부채비율은 100%p 하락하였다.
따라서 전년도 대비 부채비율의 변동률은 33.33% 하락하였다.

15

정답 ①

[오답분석]
② 출구전략(Exit Strategy) : 경제회복을 위해 공급됐던 과잉 유동성이나 각종 완화 정책을 경제에 큰 부작용 없이 서서히 거두는전략
③ 테이퍼링(Tapering) : 연방준비제도(FRS)가 양적완화 정책의 규모를 점진적으로 축소해 나가는 것
④ 오퍼레이션 트위스트(Operation Twist) : 중앙은행이 장기채권을 매입하고 단기채권을 매도하여 경제를 활성화 시키려는 통화정책

02 | 경제

01	02	03	04	05	06	07	08	09	10	11	12	13	14	15				
③	④	③	④	②	①	④	②	③	①	④	④	②	②	②				

01
정답 ③

신용등급의 재검토가 필요할 경우 등급감시를 실시하는데 통상 90일 이내의 기간을 부여한다. 단, 부득이한 경우에는 기간을 연장할 수 있다.

오답분석

① 자산유동화증권 신용등급은 A, B, C 각 3단계(AAA, AA, A ~ CCC, CC, C)와 D등급으로 총 10개이다.
② 최상위등급 AAA와 최하위등급에 속하는 CC, C, D는 별도의 기호를 부여하지 않는다.
④ 본평가는 유동화증권의 발행 전에 실시하고, 정기평가는 연 1회 정기적으로 실시하며, 수시평가는 필요 시 실시한다.

02
정답 ④

외국산 마늘과 한국산 마늘에 대한 만족도가 동일하다는 것은 완전대체를 의미한다. 따라서 외국산 마늘이 더 저렴할 경우 국내소비의 전량을 외국산에 의존한다.

03
정답 ③

화폐수량설에 따르면 $MV = PY$

$\rightarrow \frac{\Delta M}{M} + \frac{\Delta V}{V} = \frac{\Delta P}{P} + \frac{\Delta Y}{Y}$ 이다.

그러므로 $\frac{\Delta P}{P} = \frac{\Delta M}{M} + \frac{\Delta V}{V} - \frac{\Delta Y}{Y} = 6\% + 0\% - 3\% = 3\%$

피셔방정식에 따르면 i(명목이자율) $= r$(실질이자율) $+ \pi$(물가상승률)이다.

따라서 $r = i - \pi = 10\% - 3\% = 7\%(\pi = \frac{\Delta P}{P})$이다.

04
정답 ④

솔로우 성장모형에서 기술진보가 이루어지면 경제성장률이 높아지므로 균형성장경로가 변하게 되는데 기술진보는 외생적으로 주어진 것으로 가정할 뿐 모형 내에서는 기술진보의 원인을 설명하지 못한다.

오답분석

② 솔로우 성장모형은 생산요소 간 대체가 가능한 콥 – 더글라스 생산함수를 가정하는데, 인구증가율이 높아지면 1인당 자본량이 감소하므로 새로운 정상상태에서 1인당 산출량은 감소한다.
③ 솔로우 성장모형에서는 저축률이 높을수록 투자가 증가하여 1인당 자본량과 1인당 소득은 증가하지만 저축률이 황금률의 균제상태보다 더 높다면 저축을 감소시켜야 1인당 소비가 증가하게 된다. 따라서 저축률이 높다고 해서 항상 좋은 것은 아니다.

05

정답 ②

케인스 학파는 생산물시장과 화폐시장을 동시에 고려하는 IS－LM 모형으로 재정정책과 통화정책의 효과를 분석했다. 케인스 학파에 의하면 투자의 이자율탄력성이 작기 때문에 IS 곡선은 대체로 급경사이고, 화폐수요의 이자율탄력성이 크므로 LM 곡선은 매우 완만한 형태이다. 따라서 전통적인 케인스 경제학자들은 재정정책은 매우 효과적이나, 통화정책은 별로 효과가 없다는 입장이다.

06

정답 ①

IS 곡선 혹은 LM 곡선이 오른쪽으로 이동하면 총수요곡선도 우측으로 이동한다.
개별소득세가 인하되면 투자가 증가하며, 장래경기에 대한 낙관적인 전망은 미래 소득 및 미래 소비심리의 상승에 영향을 미치기 때문에 소비가 증가하여 IS 곡선이 오른쪽으로 이동한다.

- IS 곡선의 우측이동 요인 : 소비 증가, 투자 증가, 정부지출 증가, 수출 증가
- LM 곡선의 우측이동 요인 : 통화량 증가

07

정답 ④

재산권이 확립되어 있다고 하더라도 거래비용이 너무 크면 협상이 이루어지지 않는다. 따라서 거래비용이 너무 크면 협상을 통해 외부성 문제가 해결될 수 없다.

08

정답 ②

개별기업의 수요곡선을 수평으로 합한 시장 전체의 수요곡선은 우하향하는 형태이다. 그러나 완전경쟁기업은 시장에서 결정된 시장가격으로 원하는 만큼 판매하는 것이 가능하므로, 개별기업이 직면하는 수요곡선은 수평선으로 도출된다.

09

정답 ③

X재 수입에 대해 관세를 부과하면 X재의 국내 가격이 상승한다. X재의 국내 가격이 상승하면 국내 생산량은 증가하고 소비량은 감소하게 된다. 또한 국내 가격 상승으로 생산자잉여는 증가하지만 소비자잉여는 감소하게 된다. X재에 대한 수요와 공급의 가격탄력성이 낮다면 관세가 부과되더라도 수입량은 별로 줄어들지 않으므로, 관세부과에 따른 손실이 작아진다.

10

정답 ①

가격차별(Price Discrimination)이란 동일한 상품에 대하여 서로 다른 가격을 설정하는 것을 의미하며, 다른 시장 간에는 재판매가 불가능해야 한다.

오답분석
② 가격차별이 가능하기 위해서는 소비자를 특성에 따라 구분할 수 있어야 한다.
③ 가격차별이 가능하다는 것은 기업에 시장지배력이 있다는 의미이다.

11

정답 ④

오답분석
① 불황기의 평균소비성향이 호황기의 평균소비성향보다 크다. 호황기에는 일시적으로 소득이 증가하며 이러한 일시소득이 대부분 저축되는 반면, 일시적으로 소득이 감소하는 불황기에는 돈의 차입 등을 통해 종전과 비슷한 소비수준을 유지한다.
② 생애주기가설에 따르면 소비는 일생 동안의 총소득에 의해 결정된다.
③ 한계소비성향과 한계저축성향의 합이 언제나 1이다.

12

화폐발행이득은 화폐발행의 특권에서 나오는 이득을 의미하는 것으로, ㄱ, ㄴ, ㄷ 모두 옳은 설명에 해당한다.

13

정답 ②

두 나라의 쌀과 옷 생산의 기회비용을 계산해 보면 다음과 같다.

구분	A국	B국
쌀(섬)	1	0.5
옷(벌)	1	2

쌀 생산의 기회비용은 B국이 더 작고, 옷 생산의 기회비용은 A국이 더 작으므로 A국은 옷 생산에 비교우위가 있고, B국은 쌀 생산에 비교우위가 있다. 따라서 A국은 옷을 수출하고 쌀을 수입한다.

14

정답 ②

리카도의 대등정리는 정부지출 수준이 일정할 때 정부가 재원조달 방법(조세 또는 채권 등)을 변화시키더라도 민간의 경제활동은 아무런 영향을 받지 않는다는 이론이다. 정부가 세금을 감면하고 이에 따른 재정적자를 국채발행을 통해 정부지출 재원을 조달하는 경기부양정책을 펼치게 되면, 정부는 언젠가 늘어난 부채를 갚기 위해 세금을 올려야 하고, 사람들은 이를 예상하여 감세로 인해 늘어난 소득만큼 저축을 늘려 미래의 증세에 대비한다. 따라서 저축에는 변화가 생기지만 소비에는 아무런 변화가 생기지 않는다는 것이고, 실질이자율도 변하지 않게 된다. 이러한 리카도의 대등정리를 바탕으로 배로(R. Barro)는 재정정책의 무력성을 주장하였다.

15

정답 ②

이자율 상승으로 요구불예금이 증가하면 시장에 있는 현금들이 예금 쪽으로 들어와서 민간 화폐보유성향이 낮아져 통화승수가 증가한다.

03 | 경영

01	02	03	04	05	06	07	08	09	10	11	12	13	14	15					
④	④	②	③	③	①	④	①	④	①	④	④	②	④	④					

01
정답 ④

경영관리란 경영상에서의 각종 업무수행이 경영목적을 위하여 가장 효과적으로 행해질 수 있도록 여러 가지 시책을 체계적으로 연구하고 경영조직체를 만들어 이를 운영하는 일을 의미한다.

02
정답 ④

금융기관이 기업으로부터 매출채권 등을 매입하고, 이를 바탕으로 자금을 빌려주는 것은 팩토링(Factoring)이다. 팩토링은 기업들이 상거래 대가로 현금 대신 받은 매출채권을 신속히 현금화하여 기업활동을 돕자는 취지로 도입되었다.

03
정답 ②

오답분석
① 횡축은 상대적 시장점유율, 종축은 시장성장률이다.
③ 별 영역은 시장성장률이 높고, 상대적 시장점유율도 높다.
④ 자금젖소 영역은 시장점유율이 높아 자금투자보다 자금산출이 많다.

04
정답 ③

ㄱ. 피들러(Fiedler)의 리더십 상황이론에 따르면 리더십 스타일은 리더가 가진 고유한 특성으로 한 명의 리더가 과업지향적 리더십과 관계지향적 리더십을 모두 가질 수 없으므로 어떤 상황에 어떤 리더십이 어울리는가를 분석한 것이다.
ㄷ. 상황이 호의적인지 비호의적인지를 판단하는 상황변수로 리더 – 구성원 관계, 과업구조, 리더의 직위권력을 고려하였다.
ㄹ. 상황변수들을 고려하여 총 8가지 상황으로 분류하였고, 이를 다시 호의적인 상황, 보통의 상황, 비호의적인 상황으로 구분하였다. 상황이 호의적이거나 비호의적인 경우에는 과업지향적 리더십이 적합하고, 상황이 보통인 경우에는 관계지향적 리더십이 적합하다.

오답분석
ㄴ. LPC 설문을 통해 리더의 특성을 측정하였다. LPC 점수가 낮으면 과업지향적 리더십, 높으면 관계지향적 리더십으로 정의한다.
ㅁ. 리더가 처한 상황이 호의적이거나 비호의적인 경우에는 과업지향적 리더십이 적합하다.

05

워크샘플링법은 직무분석방법이다.

> **직무평가방법**
> • 서열법 : 직무의 상대적 가치에 따라 서열을 매기는 방법
> • 분류법 : 직무를 조사하여 직무 요소에 따라 미리 설정해둔 등급에 분류 및 배치하는 방법
> • 점수법 : 직무의 가치를 점수로 나타내어 평가하는 방법
> • 요소비교법 : 기준직무 선정 후, 각 직무와 기준직무의 평가요소를 비교함으로써 직무의 상대적 가치를 결정하는 방법

06

성장기에는 신제품을 인지시키기 위한 정보제공형 광고에서 소비자의 선호도를 높이기 위한 제품선호형 광고로 전환한다.

07

동일한 세분시장 내에서는 소비자들의 동질성이 극대화되도록 하여야 마케팅 믹스를 개발할 수 있다.

08

공급사슬관리(SCM)는 공급업체, 구매기업, 유통업체 그리고 물류회사들이 주문, 생산, 재고 수준과 제품 및 서비스의 배송에 대한 정보를 공유하도록 하여 제품과 서비스를 효율적으로 구매, 생산, 배송할 수 있도록 지원하는 시스템이다.

〔오답분석〕
② 적시생산시스템(JIT) : 모든 프로세스에 걸쳐 필요한 때 필요한 것을 필요한 만큼만 생산하는 생산시스템
③ 유연생산시스템(FMS) : 다양한 제품을 높은 생산성으로 유연하게 제조하는 것을 목적으로 생산을 자동화한 시스템
④ 컴퓨터통합생산(CIM) : 제조 – 개발 – 판매로 연결되는 과정을 일련의 정보시스템으로 통합한 생산관리시스템

09

재고 부족현상이 발생하게 되면 EOQ모형을 적용하기 어렵다. 하지만 실제 상황에서는 갑작스러운 수요 상승으로 인한 재고 부족이 나타날 수 있고 이러한 단점으로 인해 실제로는 추가적으로 여러 가지 요소들을 함께 고려해야 EOQ모형을 바르게 사용할 수 있다. 따라서 EOQ모형을 사용하기 위해서는 재고 부족현상은 발생하지 않고 주문 시 정확한 리드타임이 적용된다는 것을 가정하여 계산한다.

10

〔오답분석〕
② 0보다 크면 투자안을 선택하고 0보다 작으면 투자안을 기각한다.
③ 순현금흐름의 현재가치로부터 차감한 기법이다.
④ 순현가법과 내부수익률법 모두 현금흐름을 할인한다는 점에서 같은 맥락에 놓여 있다.

11

정답 ④

경영활동은 크게 기술활동, 상업활동, 재무활동, 보호활동, 회계활동, 관리활동으로 구분할 수 있다. 그중에 페이욜은 관리활동을 '계획, 조직, 지휘, 조정, 통제'로 구분하여 '관리 5요소론'을 정립하였으나, '분업'은 14가지 관리일반원칙에 해당하므로 관리 5요소론에 해당하지 않는다.

12

정답 ④

윔블던 효과는 국내 시장에서 외국 기업이 자국 기업보다 잘나가는 현상이다. 영국의 유명 테니스대회인 '윔블던 대회'가 외국 선수에게 문호를 개방한 이후 대회 자체의 명성은 높아졌지만, 영국인 우승자를 배출하는 것이 어려워진 것에 빗댄 것으로, 시장을 개방하고 나서 외국계 기업이나 자본이 자국 기업이나 자본을 누르고 경쟁에서 우위를 차지하는 현상을 말한다.

13

정답 ②

공정성이론은 조직구성원은 자신의 투입에 대한 결과의 비율을 동일한 직무 상황에 있는 준거인의 투입 대 결과의 비율과 비교해 자신의 행동을 결정하게 된다는 이론이다.

오답분석

① 기대이론 : 구성원 개인의 동기 강도를 성과에 대한 기대와 성과의 유의성에 의해 설명하는 이론
③ 욕구단계이론 : 인간의 욕구는 위계적으로 조직되어 있으며 하위 단계의 욕구 충족이 상위 계층 욕구의 발현을 위한 조건이 된다는 이론
④ 목표설정이론 : 의식적인 목표나 의도가 동기의 기초이며 행동의 지표가 된다고 보는 이론

14

정답 ④

평가센터법 안에서 다양한 방법의 평가기법들이 사용되기 때문에 표준화가 어렵고 상대적 비교도 어려우며, 시간과 비용이 많이 든다. 따라서 ④가 평가센터법에 대한 설명으로 옳지 않다.

15

정답 ④

최저임금제의 필요성
- 계약자유 원칙의 한계 보완 : 계약의 자유가 소유권과 결합하여 오히려 경제적 강자를 보호하고 경제적 약자를 지배하는 제도로 전환되는 한계를 보완
- 사회적 약자 보호 : 생존임금과 생활임금을 보장하여 저임금 노동자 등의 사회적 약자들을 보호
- 시장실패 보완 : 임금이 하락함에도 불구하고 노동공급은 줄어들지 않고 계속 증가하여, 임금이 계속 떨어지는 현상인 왜곡된 임금구조를 개선
- 유효수요 증대 : 저소득층의 한계소비성향을 높여 사회 전반적인 수요 증대

PART 3

최종점검 모의고사

최종점검 모의고사

01	02	03	04	05	06	07	08	09	10	11	12	13	14	15	16	17	18	19	20
④	④	③	③	③	③	③	①	③	②	①	①	③	③	③	③	③	②	①	②
21	22	23	24	25	26	27	28	29	30	31	32	33	34	35	36	37	38	39	40
④	④	④	④	④	②	④	②	③	②	①	③	③	①	②	③	④	④	①	③
41	42	43	44	45	46	47	48	49	50	51	52	53	54	55	56	57	58	59	60
③	④	③	②	②	④	①	①	②	②	①	③	④	①	③	④	①	②	①	④
61	62	63	64	65	66	67	68	69	70	71	72	73	74	75	76	77	78	79	80
②	④	③	①	②	①	④	③	①	③	②	②	④	①	②	①	③	②	①	④
81	82	83	84	85	86	87	88	89	90	91	92	93	94	95	96	97	98	99	100
④	①	①	④	①	②	②	④	④	①	②	③	③	④	①	①	①	④	④	①

01 정답 ④

'−려고 하여야'의 줄인 말은 '−려야'이므로, '떼려야 뗄 수'가 올바른 표기이다.

02 정답 ④

• 뿐 : '그것만이고 더는 없음'을 의미하는 보조사로 붙여 쓴다.
• 바 : '방법, 일'의 뜻을 의미하는 의존 명사로 띄어 쓴다.

오답분석
① 만난지도 → 만난 지도 / 3년 째다 → 3년째다
  • 지 : '어떤 일이 있었던 때로부터 지금까지의 동안'을 의미하는 의존 명사이므로 띄어 쓴다.
  • 째 : '계속된 그동안'을 의미하는 접미사이므로 붙여 쓴다.
② 공부 밖에 → 공부밖에 / 한 번 → 한번
  • 밖 : '그것 말고는'을 의미하는 조사이므로 붙여 쓴다.
  • 한번 : '기회 있는 어떤 때'를 의미하는 명사이므로 붙여 쓴다.
③ 나타 난 → 나타난 / 안된다는 → 안 된다는
  • 나다 : 명사나 명사성 어근 뒤에 붙어 그런 성질이 있음을 더하고 형용사를 만드는 접미사처럼 사용될 때는 붙여 쓴다.
  • 안 : 부정의 뜻인 '아니 되다'로 쓸 경우에는 띄어 쓴다.

03

어불성설(語不成說) : 말이 조금도 사리에 맞지 아니함을 이르는 말

[오답분석]

① 견마지로(犬馬之勞) : 윗사람에게 충성을 다하는 자신의 노력을 낮추어 이르는 말
② 부화뇌동(附和雷同) : 줏대 없이 남의 의견에 따라 움직임을 이르는 말
③ 언감생심(焉敢生心) : 전혀 그런 마음이 없었음을 이르는 말

04

정답 ③

보고서는 업무 진행 과정에서 쓰는 경우가 대부분이므로 무엇을 도출하고자 했는지 핵심 내용을 구체적으로 제시해야 한다. 내용의 중복을 피하고 산뜻하고 간결하게 작성하며, 복잡한 내용일 때에는 도표나 그림을 활용한다. 또한 보고서는 개인의 능력을 평가하는 기본요인이므로 제출하기 전에 최종점검을 해야 한다. 따라서 P사원이 작성해야 할 문서는 보고서이다.

05

정답 ③

문장은 되도록 간결체로 쓰는 것이 의미전달에 효과적이며, 행은 문장마다 바꾸는 것이 아니라 그 내용에 따라 적절하게 바꾸어 문서가 난잡하게 보이지 않도록 하여야 한다.

06

정답 ③

보기 문장의 '이'는 앞 문장의 내용을 가리키므로, 기업의 이익 추구가 사회 전체의 이익과 관련된 결과를 가져왔다는 내용이 앞에 와야 한다. 따라서 (다) 앞의 '가장 저렴한 가격으로 상품 공급'이 '사회 전체의 이익'과 연관되므로 보기는 (다)에 들어가는 것이 가장 적절하다.

07

정답 ③

먼저 보험료와 보험금의 산정 기준을 언급하는 (나) 문단이 오는 것이 적절하며, 다음으로 자신이 속한 위험 공동체의 위험에 상응하는 보험료를 내야 공정하다는 (다) 문단이 오는 것이 자연스럽다. 이후 '따라서' 공정한 보험은 내는 보험료와 보험금에 대한 기댓값이 일치해야 한다는 (라) 문단과 이러한 보험금에 대한 기댓값을 설명하는 (가) 문단이 차례로 오는 것이 가장 적절하다.

08

정답 ①

네 번째 문단에 따르면 P2P 대출은 공급자(투자)와 수요자(대출)가 금융기관의 개입 없이도 직접 자금을 주고받을 수 있다.

09

정답 ③

응모방법이 따로 있지 않고 응모요건 충족 시 자동으로 응모되며, 무작위 추첨이다.

10

정답 ②

단리 이자를 S라 할 때, S=(원금)×(이율)×(기간)이다.

따라서 이자는 $5,000,000 \times 0.018 \times \frac{6}{12} = 45,000$원이고, 수령할 총금액은 $5,000,000 + 45,000 = 5,045,000$원이다.

PART 3 최종점검 모의고사 • 55

11

정답 ①

현재 乙의 나이를 x세라고 하면, 甲의 나이는 $2x$세이다.

8년 후 甲과 乙의 나이는 각각 $(2x+8)$, $(x+8)$이 되므로 다음과 같은 식이 성립한다.

$(2x+8):(x+8)=6:4$

→ $6(x+8)=4(2x+8)$

∴ $x=8$

따라서 현재 甲의 나이는 $2×8=16$세, 乙의 나이는 8세이다.

12

정답 ①

두 사람이 함께 프로젝트를 완료하는 데 걸리는 기간을 x일이라고 하고 전체 일의 양을 1이라고 하자.

대리가 하루에 진행하는 업무의 양은 $\frac{1}{16}$, 사원이 하루에 진행하는 업무의 양은 $\frac{1}{48}$이므로 다음과 같은 식이 성립한다.

$\left(\frac{1}{16}+\frac{1}{48}\right)x=1$ → $x=12$

따라서 두 사람이 함께 프로젝트를 완료하는 데 걸리는 기간은 12일이다.

13

정답 ③

50원, 100원, 500원짜리 동전의 개수를 각각 x개, y개, z개라고 하자.

$x+y+z=14 \cdots$ ㉠

$50x+100y+500z=2,250$ → $x+2y+10z=45 \cdots$ ㉡

㉠과 ㉡을 연립하면 다음과 같다.

$y+9z=31 \cdots$ ㉢

이때 ㉠의 조건에 의해 ㉢을 만족하는 경우는 $y=4$, $z=3$이다.

따라서 50원짜리는 7개, 100원짜리는 4개, 500원짜리는 3개가 된다.

14

정답 ③

$80+150+65+x+5+5=320$

∴ $x=15$

따라서 통학 시간이 40분 이상 50분 미만인 학생은 15명이다.

15

정답 ③

2023년 3/4분기에도 감소하였다.

[오답분석]

① 조회 서비스 이용 실적은 817 → 849 → 886 → 1,081 → 1,100으로 매 분기 계속 증가하였다.

② 2023년 2/4분기 조회 서비스 이용 실적은 849천 건이고, 전 분기의 이용 실적은 817천 건이므로 $849-817=32$, 즉 3만 2천 건 증가하였다.

④ 모바일 뱅킹 서비스 이용 실적의 전 분기 대비 증가율이 가장 높은 분기는 21.8%인 2023년 4/4분기이다.

16

정답 ③

A와 B음식점 간 가장 큰 차이를 보이는 부문은 분위기이다(A : 약 4.5, B : 1).

17

2018년부터 공정자산총액과 부채총액의 차를 순서대로 나열하면 952, 1,067, 1,383, 1,127, 1,864, 1,908억 원이다. 따라서 2023년의 차가 가장 크다.

오답분석

① 2021년에는 자본총액이 전년 대비 감소했다.
② 직전 해에 비해 당기순이익이 가장 많이 증가한 해는 2022년이다.
④ 총액 규모가 가장 큰 것은 공정자산총액이다.

18

A국 GDP는 18,562십억 달러로 나머지 다섯 국가의 GDP합의 값인 4,730+3,495+2,650+2,488+1,404=14,767십억 달러보다 크다.

오답분석

ㄱ. B국은 C국보다 GDP와 GDP 대비 국가자산총액 모두 높다.
ㄷ. (국가자산총액)=[(GDP 대비 국가자산총액)×(GDP)]/100으로 F국과 D국의 국가자산총액을 구하면 다음과 같다.

- F국 : $\dfrac{828}{100} \times 1,404 ≒ 11,625$십억 달러
- D국 : $\dfrac{522}{100} \times 2,650 = 13,833$십억 달러

따라서 D국의 총액이 더 크다.

19

홀수 항은 ×(−3)을 하는 수열이고, 짝수 항은 ÷5를 적용하는 수열이다.
따라서 (　)=10÷5=2이다.

20

n을 자연수라고 하면 n항과 $(n+1)$항을 더한 값이 $(n+2)$항인 수열이다.
따라서 (　)=11+20=31이다.

21

창의적인 사고는 통상적인 것이 아니라 기발하거나, 신기하며 독창적이다. 또한 발산적 사고로서 아이디어가 많고, 다양하고, 독특한 것을 의미하며, 유용하고 가치가 있어야 한다.

22

(A) 중요성 : 매출 / 이익기여도, 지속성 / 파급성, 고객만족도 향상, 경쟁사와의 차별화 등
(B) 긴급성 : 달성의 긴급도, 달성에 필요한 시간 등
(C) 용이성 : 실시상의 난이도, 필요자원의 적정성 등

23

조직의 기능단위 수준에서 현 문제점을 분석하지 않고, 다른 문제와 해결방안을 연결하여 모색하는 전략적 사고를 해야 한다.

24

병과 정의 말이 서로 모순되므로 둘 중 한 명은 거짓을 말한다. 따라서 병과 정의 말이 거짓일 경우를 나누어 정리하면 다음과 같다.

ⅰ) 병이 거짓말을 할 경우

거짓인 병의 말에 따라 을은 윗마을에 사는 여자이며, 윗마을에 사는 여자는 거짓말만 하므로 을의 말은 거짓이 된다. 참인 정의 말에 따르면 병은 윗마을에 사는데, 거짓을 말하고 있으므로 병은 여자이다. 을과 병 모두 윗마을 사람이므로 나머지 갑과 정은 아랫마을 사람이 된다. 이때 갑과 정은 모두 진실을 말하고 있으므로 여자이다. 그러므로 갑, 을, 병, 정 모두 여자임을 알 수 있다.

ⅱ) 정이 거짓말을 할 경우

거짓인 정의 말에 따르면 을과 병은 아랫마을에 사는데, 병은 참을 말하고 있으므로 병은 여자이다. 참인 병의 말에 따르면 을은 아랫마을에 사는 남자이며, 아랫마을에 사는 남자는 거짓말만 하므로 을의 말은 거짓이 된다. 이때 을의 말이 거짓이 되면 을은 윗마을에 살게 되므로 서로 모순된다. 그러므로 성립하지 않는다.

따라서 병이 거짓말을 할 경우에 의해 ④가 반드시 참인 것을 알 수 있다.

25

주어진 조건에 따라 부서별 위치를 정리하면 다음과 같다.

구분	1층	2층	3층	4층	5층	6층
경우 1	해외사업부	인사교육부	기획부	디자인부	서비스개선부	연구 · 개발부
경우 2	해외사업부	인사교육부	기획부	서비스개선부	디자인부	연구 · 개발부

따라서 3층에 위치한 기획부의 직원은 출근 시 반드시 계단을 이용해야 하므로 ④는 항상 옳다.

[오답분석]
① 경우 1일 때 김대리는 출근 시 엘리베이터를 타고 4층에서 내린다.
② 경우 2일 때 디자인부의 김대리는 서비스개선부의 조대리보다 엘리베이터에서 나중에 내린다.
③ 커피숍과 같은 층에 위치한 부서는 해외사업부이다.

26

예금 업무를 보려는 사람들의 대기 순번과 공과금 업무를 보려는 사람들의 대기 순번은 별개로 카운트된다. A는 예금 업무이고, A보다 B가 늦게 발권하였으나 대기번호는 A보다 빠른 4번이므로 B는 공과금 업무를 보려고 한다는 사실을 알 수 있다. 그리고 1인당 업무 처리시간은 모두 동일하게 주어지므로 주어진 조건들을 정리하면 다음과 같다.

예금 창구		공과금 창구	
대기번호 2번	업무진행 중	대기번호 3번	업무진행 중
대기번호 3번	–	대기번호 4번	B
대기번호 4번	–	대기번호 5번	C
대기번호 5번	E	대기번호 6번	–
대기번호 6번	A	대기번호 7번	–
대기번호 –번	D	대기번호 8번	–

따라서 S은행의 대기자 중 업무를 보는 순서는 B – C – E – A – D이다.

27

알파벳 순서에 따라 숫자로 변환하면 다음과 같다.

a	b	c	d	e	f	g	h	i	j	k	l	m
1	2	3	4	5	6	7	8	9	10	11	12	13
n	o	p	q	r	s	t	u	v	w	x	y	z
14	15	16	17	18	19	20	21	22	23	24	25	26

intellectual의 품번을 규칙에 따라 정리하면 다음과 같다.
• 1단계 : 9, 14, 20, 5, 12, 12, 5, 3, 20, 21, 1, 12
• 2단계 : $9+14+20+5+12+12+5+3+20+21+1+12=134$
• 3단계 : $|(14+20+12+12+3+20+12)-(9+5+5+21+1)|=|93-41|=52$
• 4단계 : $(134+52)÷4+134=46.5+134=180.5$
• 5단계 : 180.5의 소수점 첫째 자리에서 버림하면 180이다.
따라서 제품의 품번은 180이다.

28

정답 ②

유사성의 원칙은 유사품은 인접한 장소에 보관한다는 것을 말한다. 한편, 같은 장소에 보관하는 것은 동일한 물품이다.

[오답분석]
① 물적자원관리 과정에서 첫 번째로 해야 할 일은 사용 물품과 보관 물품의 구분이며, 물품 활용의 편리성과 반복 작업 방지를 위해 필요한 작업이다.
③ 물품 분류가 끝났으면 적절하게 보관장소를 선정해야 하는데, 물품의 특성에 맞게 분류하여 보관하는 것이 바람직하다. 재질의 차이로 분류하는 방법도 옳은 방법이다.
④ 회전대응 보관 원칙에 대한 옳은 정의이다. 물품 보관 장소까지 선정이 끝나면 차례로 정리하면 된다. 여기서 회전대응 보관 원칙을 지켜야 물품활용도가 높아질 수 있다.

29

정답 ③

㉠은 속도, ㉡은 가치이다.

시간의 특성
• 시간은 매일 주어지는 기적이다.
• 시간은 똑같은 속도로 흐른다.
• 시간의 흐름은 멈추게 할 수 없다.
• 시간은 꾸거나 저축할 수 없다.
• 시간은 사용하기에 따라 가치가 달라진다.

30

정답 ②

예산관리는 활동이나 사업에 소요되는 비용을 산정하고, 예산을 편성하는 것뿐만 아니라 예산을 통제하는 것 모두를 포함한다고 할 수 있다. 즉, 예산을 수립하고 집행하는 모든 일을 예산관리라고 할 수 있다.

31

정답 ①

기본급은 180만 원이며, 시간외근무는 10시간이므로 시간외수당은 $1,800,000×\dfrac{10}{200}×1.5=135,000$원이다.

PART 3 최종점검 모의고사 • 59

32

정답 ③

대화 내용을 살펴보면 A과장은 패스트푸드점, B대리는 화장실, C주임은 은행, 귀하는 편의점을 이용한다. 이는 동시에 이루어지는 일이므로 가장 오래 걸리는 일의 시간만을 고려하면 된다. 은행이 30분으로 가장 오래 걸리므로 17:20에 모두 모이게 된다. 그러므로 17:00, 17:15에 출발하는 버스는 이용하지 못한다. 또한 17:30에 출발하는 버스는 잔여석이 부족하여 이용하지 못한다. 따라서 최종적으로 17:45에 출발하는 버스를 탈 수 있으므로 서울에 도착 예정시각은 19:45이다.

33

정답 ③

A와 D는 각각 문제해결능력과 의사소통능력에서 과락이므로 제외한다.
합격 점수 산출법에 따라 계산하면
• B : 39+21+22=82점
• C : 36+16.5+20=72.5점
• E : 54+24+19.6=97.6점
따라서 B와 E가 합격자이다.

34

정답 ①

B씨 가족 모두 주간권을 구입할 경우 받게 될 할인금액은 다음과 같다.
(54,000원×40%)+(54,000원×10%)+(46,000원×10%)+(43,000원×10%)=35,900원
B씨 가족 모두 야간권을 구입할 경우 받게 될 할인금액은 다음과 같다.
(45,000원×40%)+(45,000원×10%)+(39,000원×10%)+(36,000원×10%)=30,000원
∴ 35,900-30,000=5,900
따라서 B씨 가족이 모두 주간권을 구입할 때 받게 될 할인금액과 야간권을 구입할 때 받게 될 할인금액의 차이는 5,900원이다.

35

정답 ②

가중평균은 각각에 해당하는 가중치를 적용하여 더한 값을 가중치 총합으로 나눈 것이다. 4개의 기업의 가중치를 적용한 총점을 구하면 다음과 같다.

(단위 : 점)

구분	총점
A업체	(8×0.2)+(8×0.5)+(7×0.3)=7.7
B업체	(7×0.2)+(9×0.5)+(8×0.3)=8.3
C업체	(6×0.2)+(10×0.5)+(5×0.3)=7.7
D업체	(5×0.2)+(7×0.5)+(10×0.3)=7.5

가중치의 합은 0.2+0.5+0.3=1이므로 가중치를 적용한 총점과 가중평균 값은 같다. 따라서 총점이 가장 높은 B업체가 선정될 것이다.

36

정답 ③

면접에 참여하는 직원들의 휴가 일정은 다음과 같다.
• 마케팅팀 차장 : 6월 29일 ~ 7월 3일
• 인사팀 차장 : 7월 6 ~ 10일
• 인사팀 부장 : 7월 6 ~ 10일
• 인사팀 과장 : 7월 6 ~ 9일
• 총무팀 주임 : 7월 1 ~ 3일
따라서 선택지에 제시된 날짜 중에서 직원들의 휴가 일정이 잡히지 않은 유일한 날짜가 면접 가능 날짜가 되므로 정답은 7월 5일이다.

37

공식적 조직에 대한 설명이다. 비공식적 조직은 자연발생적으로 맺어진 조직으로 의사소통을 촉진시키고, 문제해결에 도움을 준다.

38

일반적으로 기획부의 업무는 제시된 표처럼 사업계획이나 경영점검 등 경영활동 전반에 걸친 기획 업무가 주를 이루며, 사옥 이전 관련 발생 비용 산출은 회계부, 대내외 홍보는 총무부에서 담당한다.

39

S기업의 사내 봉사 동아리이기 때문에 공식이 아닌 비공식 조직에 해당한다. 비공식 조직의 특징에는 인간관계에 따라 형성된 자발적인 조직, 내면적·비가시적, 비제도적, 감정적, 사적 목적 추구, 부분적 질서를 위해 활동 등이 있다.

[오답분석]
② 영리조직
③ 공식조직
④ 공식조직

40

이사원에게 현재 가장 긴급한 업무는 미팅 장소를 변경하는 것이다. 미리 안내했던 장소를 사용할 수 없으므로 11시에 사용 가능한 다른 회의실을 예약해야 한다. 그 후 바로 거래처 직원에게 미팅 장소가 변경된 점을 안내해야 하므로 ㄴ이 ㄷ보다 먼저 이루어져야 한다. 또한 거래처 직원과의 11시 미팅 이후에는 오후 2시에 예정된 김팀장과의 면담이 이루어져야 한다. 김팀장과의 면담 시간은 미룰 수 없으므로 이미 예정되었던 시간에 맞춰 면담을 진행한 후 부서장이 요청한 문서 작업 업무를 처리하는 것이 적절하다. 따라서 이사원은 ㄴ - ㄷ - ㄱ - ㄹ - ㅁ의 순서로 업무를 처리해야 한다.

41

①·②·④는 전력과제에서 도출할 수 있는 추진 방향이지만, 국제경쟁입찰의 과열 경쟁 심화와 컨소시엄 구성 시 민간기업과 업무배분, 이윤 추구성향 조율의 어려움 등은 문제점에 대한 언급이기 때문에 추진 방향으로 적절하지 않다.

42

인·적성검사 합격자의 조 구성은 은경씨가 하지만, 합격자에게 몇 조인지를 미리 공지하는지는 알 수 없다.

43

피터의 법칙(Peter's Principle)이란 무능력이 개인보다는 위계조직의 메커니즘에서 발생한다고 보는 이론으로, 무능력한 관리자를 빗대어 표현한다. 우리 사회에서 많이 볼 수 있는 무능력, 무책임으로 인해 우리는 많은 불편을 겪으며 막대한 비용을 지출하게 된다. 그렇지만 이러한 무능력은 사라지지 않고 있으며, 오히려 무능한 사람들이 계속 승진하고 성공하는 모순이 발생하고 있다. 대부분의 사람은 무능과 유능이 개인의 역량에 달려 있다고 생각하기 쉬우나, 로런스 피터(Laurence J. Peter)와 레이몬드 헐 (Raymond Hull)은 우리 사회의 무능이 개인보다는 위계조직의 메커니즘에서 발생한다고 주장하였다.

44

유대리가 처리해야 할 일의 순서는 다음과 같다.
음악회 주최 의원들과 점심 → 음악회 주최 의원들에게 일정표 전달(점심 이후) → △△조명에 조명 점검 협조 연락(오후) → 한여름 밤의 음악회 장소 점검(퇴근 전) → 김과장에게 상황 보고
따라서 가장 먼저 해야 할 일은 '음악회 주최 의원들과 점심'이다.

45

맥킨지 7S 모델을 소프트웨어적 요소와 하드웨어적 요소로 나누면 다음과 같다.
- 소프트웨어적 요소
  - 스타일(Style) : 조직구성원을 이끌어 나가는 관리자의 경영방식
  - 구성원(Staff) : 조직 내 인적 자원의 능력, 전문성, 동기 등
  - 스킬(Skills) : 조직구성원이 가지고 있는 핵심 역량
  - 공유가치(Shared Values) : 조직 이념, 비전 등 조직구성원이 함께 공유하는 가치관
- 하드웨어적 요소
  - 전략(Strategy) : 시장에서의 경쟁우위를 위해 회사가 개발한 계획
  - 구조(Structure) : 조직별 역할, 권한, 책임을 명시한 조직도
  - 시스템(Systems) : 조직의 관리체계, 운영절차, 제도 등 전략을 실행하기 위한 프로세스

46

데이터베이스 설계 단계의 순서는 요구조건 분석 – 개념적 설계 – 논리적 설계– 물리적 설계 – 구현 순이다.

47

ARP(Address Resolution Protocol)은 네트워크상에서 IP주소를 물리적 네트워크 주소인 MAC주소로 변환시켜주는 프로토콜이다.

48

직접 메모리 접근(DMA; Direct Memory Access)은 입·출력 장치(Input/Output)가 중앙처리장치(Central Processing Unit)를 우회하여 메모리 작업 속도를 높이기 위해 주 메모리와 직접 또는 주 메모리에서 데이터를 주고받을 수 있는 방법이다. 또한 프로세스는 DMAC(Direct Memory Access Controller)에 의해 관리된다.

49

UNIX는 DOS와 같이 사용자가 키보드를 통해 명령을 내리면 수행 후 결과를 보여주는 CUI환경의 운영체제이다.

50

중앙처리장치는 제어장치(CU), 연산장치(ALU), 주기억장치로 구성된다. 따라서 원시프로그램을 목적프로그램으로 번역하는 것은 컴파일러가 수행하는 기능이므로 중앙처리장치의 기능으로 적절하지 않다.

51

인쇄 영역에 포함된 도형, 차트 등의 개체는 기본적으로 인쇄가 된다.

52

유효성 검사에서 제한 대상을 목록으로 설정을 했을 경우, 드롭다운 목록의 너비는 데이터 유효성 설정이 있는 셀의 너비에 의해 결정된다.

53

삽입 상태가 아닌 수정 상태일 때만 [Space Bar]가 오른쪽으로 이동하면서 한 문자씩 삭제한다.

54
정답 ①

선택한 파일 / 폴더의 이름을 변경하는 기능은 [F2]이다.

55
정답 ③

Ctrl + I 는 텍스트를 기울임꼴로 만든다. 텍스트에 밑줄을 긋는 단축키는 Ctrl + U 이다.

56
정답 ④

RANK 함수에서 0은 내림차순, 1은 오름차순이다. 따라서 [F8]셀의 '=RANK(D8,D4:D8,0)' 함수의 결괏값은 4이다.

57
정답 ①

엑셀에서 기간을 구하는 함수는 DATEDIF(시작일, 종료일, 구분 "Y/M/D")로, 재직연수를 구해야 하므로 구분에는 연도로 나타내 주는 "Y"가 들어간다. 현재로부터 재직기간을 구하는 것이므로 현재의 날짜를 나타내는 TODAY( ) 함수를 사용해도 되고, 현재 날짜와 시간까지 나타내는 NOW( ) 함수를 사용해도 된다. 따라서 조건에 맞는 셀의 개수를 구하는 함수는 COUNTIF(범위,조건)이 고 8년 이상이라고 했으므로 조건에는 ">=8"이 들어가야 한다.

58
정답 ②

「=INDEX(범위,행,열)」는 해당하는 범위 안에서 지정한 행, 열의 위치에 있는 값을 출력한다.
따라서 [B2:D9]의 범위에서 2행 3열에 있는 값 23,200,000이 적절하다.

59
정답 ①

프로그램에서 대입 연산자 sum = sum+3;은 sum+=3;으로 표현하므로 같은 결과가 나타난다.
따라서 결괏값은 95+3=98이다.

60
정답 ④

#define 연산자는 두 개의 토큰을 하나의 토큰으로 결합해주는 선행처리기 연산자이며, 이 연산자는 함수 같은 매크로뿐 아니라 객체 같은 매크로의 대체 리스트에도 사용할 수 있다. 또한, 이 연산자를 사용하면 변수나 함수의 이름을 프로그램의 런타임에 정의할 수 있는데, XN(n)이라는 매크로 함수를 사용하여 변수의 이름을 저장한다. 따라서 XN(2)에는 20이 저장되어 있으므로 x2에 저장되어 있는 20을 출력한다.

61
정답 ②

제1금융권은 우리나라의 금융기관 중 예금은행을 지칭한다.

오답분석

① 통화금융정책의 사용권은 한국은행만이 가지고 있다.
③ 산업은행은 장기자금의 공급을 위해 설립된 기관이다.
④ 자금중개기능은 간접금융시장의 은행이 하는 것이며, 증권회사는 유가증권의 매매, 인수, 매출 등을 취급하며 자금을 전환시키 는 직접금융시장에 속한다.

PART 3

62

발행이율은 액면에 대한 연이율을 의미하며, 이표채는 이표가 첨부되어 있다. 또한 할인채는 할인율로 표시하며, 표면 이율, 표면금리라고 부르기도 한다.

63

정답 ③

통화스왑(Currency Swaps)은 두 거래 당사자가 계약일에 약정된 환율에 따라 해당통화를 일정 시점에서 상호 교환하는 외환거래이다.

[오답분석]

① 통화옵션(Money Option) : 미래의 특정 시점(만기일)에 특정 통화를 미리 약정한 가격(행사 가격)으로 사거나 팔 수 있는 권리가 부여된 파생상품이다.

② 금리스왑(Interest Rate Swap) : 금융시장에서 차입자의 기존부채 또는 신규부채에 대한 금리 위험성의 헤징이나 차입비용의 절감을 위해서 두 차입자가 각자의 차입조건을 상호 간에 교환하는 계약이다.

④ 외환스왑(Foreign Exchange Swap) : 거래방향이 서로 반대되는 현물환거래와 선물환거래 또는 선물환거래와 선물환거래가 동시에 이루어지는 거래이다.

64

정답 ①

정부는 과열된 경기를 가라앉히기 위해 다양한 방법의 긴축 정책을 펴게 된다. 그 가운데 하나인 타이트닝(Tightening)은 금리를 인상하는 방식으로 시장의 유동성을 줄이는 것으로, 자산의 매입 규모를 줄여 과열을 안정시키려는 테이퍼링(Tapering)과 구별된다.

65

정답 ②

레그테크(Regtech)는 규제를 뜻하는 레귤레이션(Regulation)과 기술을 의미하는 테크놀로지(Technology)의 합성어로, 금융회사로 하여금 내부통제와 법규 준수를 용이하게 하는 정보기술이다. 이는 인공지능과 블록체인, 빅데이터, 클라우드 컴퓨팅 분석 등을 통해 규제 대응을 실시간으로 자동화할 수 있다.

66

정답 ①

시중금리가 상승하면 채권의 현재가치가 하락하게 되고, 이에 따라 채권의 가격도 하락하게 된다.

67

정답 ③

[오답분석]

① 준비통화(Reserve Currency) : 금과 더불어 대외 지급을 위한 준비로서 각국이 보유하고 있는 통화로, 대표적인 준비통화는 현행 국제통화체제 하의 기축통화로 되어 있는 미국 달러지만, 그 밖에 유럽 유로화, 영국 파운드화, 일본 엔화 등의 통화도 일부 국가들이 준비통화로 충당한다.

② 결제통화(Currency of Settlement) : 국가 간 무역거래 시 결제에 사용되는 통화로, 세계 각국은 각각 자기 나라의 무역결제에 사용하는 통화를 지정하고 있는데, 현재는 기축통화인 미국 달러화가 가장 많이 사용된다.

④ 개입통화(Intervention Currency) : 외환시장의 안정과 환율의 적정선 유지를 위해 통화당국에 의해 매매되는 제3국 통화로, 국제통화기금(IMF)은 개입통화를 '가맹국이 외환시장에 관한 의무를 수행하기 위하여 매매할 용의가 있음을 국제통화기금에 표명한 통화'로 정의한다.

68

김치코인는 국내 기업이 발행하여 국내 가상자산 거래소에서 거래가 가능한 가상화폐를 뜻한다. 따라서 해외 가상자산 거래소에만 상장되어 있는 코인은 김치코인에 포함되지 않는다. 김치코인은 시가총액이 작고 가격이 높지 않아 시세 변동성이 매우 크다. 또한 외부 세력에 의해 시세 조종이 일어날 수 있으며 불투명한 재무구조 등의 문제로 투자 위험도가 높은 편이다.

오답분석

② 스캠코인(Scam Coin) : 'Scam(사기)'과 'Coin'의 조합어로, 사실과 다른 내용으로 투자자를 속이기 위해 만들어진 가상화폐를 말한다. 투자금 환급 등을 내세운 미신고 거래소나 유명인과의 친분을 앞세워 투자자들의 신뢰를 높인 뒤 투자금만 챙겨 사라지는 방식이 대표적이다.

③ 알트코인(Altcoin) : 'Alternative(대체, 대안)'와 'Coin'의 조합어로, 비트코인을 제외한 다른 가상화폐들을 가리킨다. 비트코인 가치가 지나치게 올랐다는 생각 때문에 알트코인이 대체 투자처로 주목받는다.

④ 스테이블코인(Stable Coin) : 가격 변동성이 최소화되도록 설계한 암호화폐를 가리킨다. 미국 달러 등 법정 화폐와 1대 1로 가치가 고정되어 있으며, 보통 1코인이 1달러의 가치를 갖는다. 대표적인 스테이블 코인으로는 테더(Tether, USDT) 코인이 있다.

69

횡선수표는 수표의 발행인 또는 소지인이 수표의 표면에 두 줄(2조)의 평행선을 그은 수표로, 은행 또는 지급인의 거래처에 대해서만 지급을 할 수 있고, 은행은 다른 은행 또는 자기의 거래처에서만 횡선수표를 취득할 수 있으므로, 수표가 도난・분실된 때에도 부정한 소지인이 받을 위험을 방지할 수가 있다.

70

환매조건부채권(RP; Repurchase Agreements)은 금융기관이 일정 기간 후 확정금리를 보태어 되사는 조건으로 발행하는 채권으로, 경과 기간에 따른 확정 이자를 지급한다.

오답분석

② MMF(Money Market Fund) : 머니마켓펀드

③ CP(Commercial Paper) : 기업어음

④ CD(Certificate of Deposit) : 양도성예금증서

71

BIS에서 발표한 바젤 III의 기준
- BIS 기준 자기자본비율을 8% 이상 유지
- 8%의 자기자본비율 중 보통주 자본비율은 4.5% 이상 유지
- 기본자본비율은 6% 이상 유지
- 위기 발생 가능성 대비를 위한 완충자본 확보

72

쇼루밍족은 전시장이라는 뜻의 '쇼룸(Showroom)'을 차용한 용어로 쇼루밍족에 맞춰 유통업계는 옴니채널 강화, 체험형 매장 확대 등 신(新)전략을 짜고 있다.

73

오답분석

ㄹ. 시뇨리지 효과(Seigniorage Effect) : 중앙은행이 화폐를 발행함으로써 얻는 이익 또는 국제통화를 보유한 국가가 누리는 경제적 이익

74

소비와 투자의 감소는 전반적인 가격하락을 초래하고, 가격하락은 생산위축을 유발시킨다. 따라서 생산위축으로 인해 고용감소와 임금하락이 발생한다.

75

케인스의 유동성선호설에서 자산은 화폐와 채권 두 가지만 존재하고, 수익률에 따라 전부화폐 또는 전부채권으로 보유한다고 가정한다. 따라서 각종 자산의 수익률을 포함하는 것은 아니다.

76

직접금융시장이란 자금의 수요자가 금융기관을 중개하지 않고 공급자와 자금을 직접 거래하는 시장으로 주식시장, 채권시장 등이 있다.

77

n개의 자산에 투자하게 되면 공분산의 수는 $\dfrac{n(n-1)}{2}$ 이 된다.

78

오답분석
① 시장가치 접근방법 : 각 자산의 시가총액 비율과 동일하게 포트폴리오를 구성하는 방법으로 자본자산가격결정모형(CAPM; Capital Asset Pricing Model) 이론에 부합되나 소규모 자금의 경우 포트폴리오 형성이 어려워 적용이 부적절하다.
③ 전술적 자산배분전략(TAA) : 시장의 변화방향을 예상하여 사전적으로 자산구성을 변동시켜 나가는 전략이다. 이는 저평가된 자산을 매수하고 고평가된 자산을 매도함으로써 펀드의 투자성과를 높이고자 하는 전략이다.
④ 포뮬러 플랜 : 주가가 하락하면 주식을 매수하고 주가가 상승하면 주식을 매도하는 역투자전략이다. 포뮬러 플랜에는 주식의 금액을 일정하게 유지하는 정액법과 자산에서 차지하고 있는 비율을 일정하게 유지하는 정률법 등이 있다.

79

주식의 기대수익률＝배당수익률＋EPS 장기성장률

80

전략적 자산분배의 실행단계는 먼저 투자자의 투자목적과 투자제약조건을 파악하여 이에 적합한 자산집단을 선택하게 된다. 다음으로 선택된 자산집단의 기대수익, 원금, 상관관계를 추정한 후 효율적인 최적자산의 구성이 이루어진다.

81

치킨게임(Chicken Game)이란 어느 한쪽이 양보하지 않을 경우 양쪽 모두 파국으로 치닫게 되는 극단적인 상황을 설명하는 게임이론으로 1950 ~ 1970년대 미국과 소련 사이의 극심한 군비경쟁을 꼬집는 의미로 사용되면서 국제정치학 용어로 정착되었다.

82

오답분석

② 분수효과 : 낙수효과와 반대되는 현상을 나타내는 말로, 저소득층의 소비 증대가 전체 경기를 부양시키는 현상을 말한다.
③ 풍선효과 : 어떤 부분에서 문제를 해결하면 또 다른 부분에서 새로운 문제가 발생하는 현상이다.
④ 기저효과 : 경제지표를 평가하는 과정에서 기준시점과 비교시점의 상대적인 수치에 따라 그 결과에 큰 차이가 나타나는 현상이다.

83

거미집 이론은 시장의 균형상태에서 외부의 충격·교란이 존재할 때 다시 균형으로 회복되는지의 여부를 시간개념을 도입·분석하고 시장균형의 안정조건을 분석하고자 하는 것이다. 또한, 생산자가 가격을 예상함에 있어서 정태적 기대형성을 한다.

84

목표에 의한 관리는 타당하고 실현성 있는 목표를 설정하기 어렵다는 단점이 있다.

85

계약형 마케팅 시스템에 대한 내용이므로 ①이 적절하지 않다.

86

빅 배스(Big Bath Accounting)란 목욕을 해서 때를 씻어낸다는 의미에서 유래된 것으로, 교체된 경영진들이 이전 경영진들의 재임기간에 발생한 잠재 손실을 그대로 떠안고 갈 경우 향후 책임 소재가 불분명해질 수 있기 때문에 이를 방지하기 위하여 많이 쓰인다.

오답분석

① 윈도 드레싱(Window Dressing) : 기관투자자들이 결산기에 투자수익률을 올리기 위해 주식을 집중적으로 사고파는 행위
③ 분식회계(Window Dressing Settlement) : 기업이 재정 상태나 경영 실적을 실제보다 좋게 보이게 할 목적으로 부당한 방법으로 자산이나 이익을 부풀려 계산하는 회계
④ 숏 커버링(Short Covering) : 매도한 주식을 다시 사는 환매수

87

프로젝트 조직은 태스크포스팀이라고도 하며 동태적 조직의 대표적인 형태이다. 따라서 프로젝트 조직은 인원구성상의 탄력성을 유지하며, 목표가 명확하므로 구성원의 프로젝트에 대한 적극적인 참여, 조직의 기동성과 환경적응성이 높다는 장점을 가진다.

88

직업생활의 질은 조직 내 여러 가지 작업환경 및 제도의 개선과 종업원이 가지는 성장·개발되고 있다는 느낌, 직무만족도, 직무에 대한 안정감, 노동의 인간화 등 주관적인 느낌을 말한다.

89

의사결정이란 기업의 소유자 또는 경영자가 기업 및 경영상태 전반에 대한 방향을 결정하는 일이다. 원래는 기업소유자의 기업정책에서 사용하던 말이였으나, 주식회사의 거대화에 비례하여 소유자로부터 경영자가 기능적으로 분리됨에 따라 소유자가 행하는 전략적 의사결정과 경영자가 내리는 경영적 의사결정의 구별이 필요하게 되었다. 실제로는 양자가 서로 짝이 되어 있는 것이지만, 현재의 경영학·경제학에서는 경영적 의사결정밖에 밝혀지지 않고 있다. 또한, 한 부서의 의사결정은 다른 부서와 밀접한 관련이 있다.

90

총괄생산계획의 도표적 접근방법은 생산할 제품의 품목 수가 적고, 생산공정이 단순한 생산계획에 그래프나 표를 이용하여 계획기간의 총생산비용을 최소로 하는 전략대안을 모색하는 기법이다.

91

제품수명주기는 도입기, 성장기, 성숙기 및 쇠퇴기의 4단계로, 신제품이 시장에 도입되어 쇠퇴할 때까지의 기간을 의미한다.

92

Off - JT는 직장 내 교육훈련 이외의 모든 교육훈련을 다 포함하므로 그 실시방법은 다양하다.

93

테일러는 조직적 태업의 근본적 문제가 표준작업량의 불명확성에 있는 것을 해결하기 위해 시간연구와 동작연구를 이용해 표준작업량을 설정하였다. 테일러의 과업관리(Task Management)의 목표는 '높은 임금, 낮은 노무비의 원리'로 집약된다.

94

협동조합은 모든 조합원의 1인 1표 의결권 행사를 원칙으로 하지만, 신세대협동조합(New Generation Cooperatives)의 경우 협동조합의 실적·이용 규모 등을 기준으로 의결권을 부여하여 조합 활동에 참여하지 않는 조합원들과 차이를 둔다. 이 경우에도 조합원이 납입한 출자금 규모에 비례하여 의결권을 주는 것이 아니므로 투자자가 조합을 소유하지 않는다.

[오답분석]
① 소비자협동조합 : 주로 회원이 사용하거나 혹은 그들에게 재판매하기 위한 재화나 서비스를 구매하기 위하여 조직된 최종소비자의 협동조합
② 농업협동조합 : 농업생활력의 증진과 농민의 지위 향상을 위해 설립된 협동조합
③ 노동자협동조합 : 노동자들이 법인을 소유하고 직접 경영에 참여하는 협동조합

95

[오답분석]
② 순투자 : 기업이 고정자산을 구매하거나, 유효수명이 당회계연도를 초과하는 기존의 고정자산 투자에 돈을 사용할 때 발생함
③ 재고투자 : 기업의 투자활동 중 재고품을 증가시키는 투자활동 또는 증가분
④ 민간투자 : 사기업에 의해서 이루어지는 투자로 사적투자라고도 함

96

경영이념이란 경영자가 기업을 영위하는 데 있어 지침이 되는 기본적인 의식으로 경영 신조·경영 철학이라고도 한다. 즉, 기업이 사회적 존재이유를 표시하고 경영활동을 방향 짓게 하는 기업의 신조를 말한다. 경영이념은 기업의 신조인 동시에 경영자의 이념이 기 때문에, 경영 목적의 달성을 위한 활동을 하기 위해 구체화할 수 있는 현실적 지침이 되는 것으로서, 구체적으로는 사시(社是)·사훈(社訓) 등으로 표현된다.

97

원형은 태스크포스나 위원회를 구성하는 사람 간의 커뮤니케이션을 하는 상호작용패턴을 보여준다. 또한, 수평적 네트워크로 권력의 집중이나 지위의 높고 낮음이 없는 조직에서 특정 문제해결을 위해 주로 나타난다.

98

인바스켓 훈련에서 참가자들은 관리자에게 자주 발생하는 일에 대한 메모, 보고서, 전화, 메시지 등과 같은 많은 업무용 자료를 받게 된다. 참가자는 이 자료에 포함된 정보에 따라 행동하도록 요구되며 각 사안에 대한 우선순위를 정하는 것이 필요하다.

99

재고자산 단위당 구입원가는 기업 측에서는 통제 불가능한 변수이므로 가정할 수가 없는 내용이다.

100

린 스타트업(Lean Startup)은 짧은 시간 동안 제품을 만들고 성과를 측정해 다음 제품 개선에 반영하는 것을 반복해 성공 확률을 높이는 경영 방법론의 일종이다. 일본 도요타자동차의 린 제조(Lean Manufacturing) 방식을 본 떠 미국 실리콘밸리의 벤처기업가 에릭 리스(Eric Ries)가 개발했다.

말은 망령되게 하지 말아야 한다.
기품을 지키되 사치하지 말 것이고, 지성을 갖추되 자랑하지 말라.

– 신사임당 –

신협중앙회 필기전형 OMR 답안카드

교시장

성 명

수 험 번 호

⑨	⑨	⑨	⑨	⑨	⑨	⑨	
⑧	⑧	⑧	⑧	⑧	⑧	⑧	
⑦	⑦	⑦	⑦	⑦	⑦	⑦	
⑥	⑥	⑥	⑥	⑥	⑥	⑥	
⑤	⑤	⑤	⑤	⑤	⑤	⑤	
④	④	④	④	④	④	④	
③	③	③	③	③	③	③	
②	②	②	②	②	②	②	
①	①	①	①	①	①	①	
⓪	⓪	⓪	⓪	⓪	⓪	⓪	

감독위원 확인

(인)

직무능력시험 / 직무상식시험

문번	1	2	3	4	문번	1	2	3	4	문번	1	2	3	4	문번	1	2	3	4	문번	1	2	3	4
1	①	②	③	④	21	①	②	③	④	41	①	②	③	④	61	①	②	③	④	81	①	②	③	④
2	①	②	③	④	22	①	②	③	④	42	①	②	③	④	62	①	②	③	④	82	①	②	③	④
3	①	②	③	④	23	①	②	③	④	43	①	②	③	④	63	①	②	③	④	83	①	②	③	④
4	①	②	③	④	24	①	②	③	④	44	①	②	③	④	64	①	②	③	④	84	①	②	③	④
5	①	②	③	④	25	①	②	③	④	45	①	②	③	④	65	①	②	③	④	85	①	②	③	④
6	①	②	③	④	26	①	②	③	④	46	①	②	③	④	66	①	②	③	④	86	①	②	③	④
7	①	②	③	④	27	①	②	③	④	47	①	②	③	④	67	①	②	③	④	87	①	②	③	④
8	①	②	③	④	28	①	②	③	④	48	①	②	③	④	68	①	②	③	④	88	①	②	③	④
9	①	②	③	④	29	①	②	③	④	49	①	②	③	④	69	①	②	③	④	89	①	②	③	④
10	①	②	③	④	30	①	②	③	④	50	①	②	③	④	70	①	②	③	④	90	①	②	③	④
11	①	②	③	④	31	①	②	③	④	51	①	②	③	④	71	①	②	③	④	91	①	②	③	④
12	①	②	③	④	32	①	②	③	④	52	①	②	③	④	72	①	②	③	④	92	①	②	③	④
13	①	②	③	④	33	①	②	③	④	53	①	②	③	④	73	①	②	③	④	93	①	②	③	④
14	①	②	③	④	34	①	②	③	④	54	①	②	③	④	74	①	②	③	④	94	①	②	③	④
15	①	②	③	④	35	①	②	③	④	55	①	②	③	④	75	①	②	③	④	95	①	②	③	④
16	①	②	③	④	36	①	②	③	④	56	①	②	③	④	76	①	②	③	④	96	①	②	③	④
17	①	②	③	④	37	①	②	③	④	57	①	②	③	④	77	①	②	③	④	97	①	②	③	④
18	①	②	③	④	38	①	②	③	④	58	①	②	③	④	78	①	②	③	④	98	①	②	③	④
19	①	②	③	④	39	①	②	③	④	59	①	②	③	④	79	①	②	③	④	99	①	②	③	④
20	①	②	③	④	40	①	②	③	④	60	①	②	③	④	80	①	②	③	④	100	①	②	③	④

※ 본 답안카드는 마킹연습용 모의 답안지입니다.

신협중앙회 필기전형 OMR 답안카드

직무능력시험

문번	1	2	3	4	문번	1	2	3	4
1	①	②	③	④	21	①	②	③	④
2	①	②	③	④	22	①	②	③	④
3	①	②	③	④	23	①	②	③	④
4	①	②	③	④	24	①	②	③	④
5	①	②	③	④	25	①	②	③	④
6	①	②	③	④	26	①	②	③	④
7	①	②	③	④	27	①	②	③	④
8	①	②	③	④	28	①	②	③	④
9	①	②	③	④	29	①	②	③	④
10	①	②	③	④	30	①	②	③	④
11	①	②	③	④	31	①	②	③	④
12	①	②	③	④	32	①	②	③	④
13	①	②	③	④	33	①	②	③	④
14	①	②	③	④	34	①	②	③	④
15	①	②	③	④	35	①	②	③	④
16	①	②	③	④	36	①	②	③	④
17	①	②	③	④	37	①	②	③	④
18	①	②	③	④	38	①	②	③	④
19	①	②	③	④	39	①	②	③	④
20	①	②	③	④	40	①	②	③	④

직무상식시험

문번	1	2	3	4	문번	1	2	3	4	문번	1	2	3	4
41	①	②	③	④	61	①	②	③	④	81	①	②	③	④
42	①	②	③	④	62	①	②	③	④	82	①	②	③	④
43	①	②	③	④	63	①	②	③	④	83	①	②	③	④
44	①	②	③	④	64	①	②	③	④	84	①	②	③	④
45	①	②	③	④	65	①	②	③	④	85	①	②	③	④
46	①	②	③	④	66	①	②	③	④	86	①	②	③	④
47	①	②	③	④	67	①	②	③	④	87	①	②	③	④
48	①	②	③	④	68	①	②	③	④	88	①	②	③	④
49	①	②	③	④	69	①	②	③	④	89	①	②	③	④
50	①	②	③	④	70	①	②	③	④	90	①	②	③	④
51	①	②	③	④	71	①	②	③	④	91	①	②	③	④
52	①	②	③	④	72	①	②	③	④	92	①	②	③	④
53	①	②	③	④	73	①	②	③	④	93	①	②	③	④
54	①	②	③	④	74	①	②	③	④	94	①	②	③	④
55	①	②	③	④	75	①	②	③	④	95	①	②	③	④
56	①	②	③	④	76	①	②	③	④	96	①	②	③	④
57	①	②	③	④	77	①	②	③	④	97	①	②	③	④
58	①	②	③	④	78	①	②	③	④	98	①	②	③	④
59	①	②	③	④	79	①	②	③	④	99	①	②	③	④
60	①	②	③	④	80	①	②	③	④	100	①	②	③	④

교사장

성 명

수 험 번 호

⓪	①	②	③	④	⑤	⑥	⑦	⑧	⑨
⓪	①	②	③	④	⑤	⑥	⑦	⑧	⑨
⓪	①	②	③	④	⑤	⑥	⑦	⑧	⑨
⓪	①	②	③	④	⑤	⑥	⑦	⑧	⑨
⓪	①	②	③	④	⑤	⑥	⑦	⑧	⑨
⓪	①	②	③	④	⑤	⑥	⑦	⑧	⑨
⓪	①	②	③	④	⑤	⑥	⑦	⑧	⑨

감독위원 확인

(인)

신협중앙회 필기전형 OMR 답안카드

〈절취선〉

교시

성 명

수험번호

⓪	⓪	⓪	⓪	⓪	⓪	⓪
①	①	①	①	①	①	①
②	②	②	②	②	②	②
③	③	③	③	③	③	③
④	④	④	④	④	④	④
⑤	⑤	⑤	⑤	⑤	⑤	⑤
⑥	⑥	⑥	⑥	⑥	⑥	⑥
⑦	⑦	⑦	⑦	⑦	⑦	⑦
⑧	⑧	⑧	⑧	⑧	⑧	⑧
⑨	⑨	⑨	⑨	⑨	⑨	⑨

감독위원 확인

㊞

직무능력시험

문번	1 2 3 4	문번	1 2 3 4	문번	1 2 3 4
1	① ② ③ ④	21	① ② ③ ④	41	① ② ③ ④
2	① ② ③ ④	22	① ② ③ ④	42	① ② ③ ④
3	① ② ③ ④	23	① ② ③ ④	43	① ② ③ ④
4	① ② ③ ④	24	① ② ③ ④	44	① ② ③ ④
5	① ② ③ ④	25	① ② ③ ④	45	① ② ③ ④
6	① ② ③ ④	26	① ② ③ ④	46	① ② ③ ④
7	① ② ③ ④	27	① ② ③ ④	47	① ② ③ ④
8	① ② ③ ④	28	① ② ③ ④	48	① ② ③ ④
9	① ② ③ ④	29	① ② ③ ④	49	① ② ③ ④
10	① ② ③ ④	30	① ② ③ ④	50	① ② ③ ④
11	① ② ③ ④	31	① ② ③ ④	51	① ② ③ ④
12	① ② ③ ④	32	① ② ③ ④	52	① ② ③ ④
13	① ② ③ ④	33	① ② ③ ④	53	① ② ③ ④
14	① ② ③ ④	34	① ② ③ ④	54	① ② ③ ④
15	① ② ③ ④	35	① ② ③ ④	55	① ② ③ ④
16	① ② ③ ④	36	① ② ③ ④	56	① ② ③ ④
17	① ② ③ ④	37	① ② ③ ④	57	① ② ③ ④
18	① ② ③ ④	38	① ② ③ ④	58	① ② ③ ④
19	① ② ③ ④	39	① ② ③ ④	59	① ② ③ ④
20	① ② ③ ④	40	① ② ③ ④	60	① ② ③ ④

직무상식시험

문번	1 2 3 4	문번	1 2 3 4
61	① ② ③ ④	81	① ② ③ ④
62	① ② ③ ④	82	① ② ③ ④
63	① ② ③ ④	83	① ② ③ ④
64	① ② ③ ④	84	① ② ③ ④
65	① ② ③ ④	85	① ② ③ ④
66	① ② ③ ④	86	① ② ③ ④
67	① ② ③ ④	87	① ② ③ ④
68	① ② ③ ④	88	① ② ③ ④
69	① ② ③ ④	89	① ② ③ ④
70	① ② ③ ④	90	① ② ③ ④
71	① ② ③ ④	91	① ② ③ ④
72	① ② ③ ④	92	① ② ③ ④
73	① ② ③ ④	93	① ② ③ ④
74	① ② ③ ④	94	① ② ③ ④
75	① ② ③ ④	95	① ② ③ ④
76	① ② ③ ④	96	① ② ③ ④
77	① ② ③ ④	97	① ② ③ ④
78	① ② ③ ④	98	① ② ③ ④
79	① ② ③ ④	99	① ② ③ ④
80	① ② ③ ④	100	① ② ③ ④

신협중앙회 필기전형 OMR 답안카드

직무능력시험 / 직무상식시험

문번	1	2	3	4	문번	1	2	3	4	문번	1	2	3	4	문번	1	2	3	4	문번	1	2	3	4
1	①	②	③	④	21	①	②	③	④	41	①	②	③	④	61	①	②	③	④	81	①	②	③	④
2	①	②	③	④	22	①	②	③	④	42	①	②	③	④	62	①	②	③	④	82	①	②	③	④
3	①	②	③	④	23	①	②	③	④	43	①	②	③	④	63	①	②	③	④	83	①	②	③	④
4	①	②	③	④	24	①	②	③	④	44	①	②	③	④	64	①	②	③	④	84	①	②	③	④
5	①	②	③	④	25	①	②	③	④	45	①	②	③	④	65	①	②	③	④	85	①	②	③	④
6	①	②	③	④	26	①	②	③	④	46	①	②	③	④	66	①	②	③	④	86	①	②	③	④
7	①	②	③	④	27	①	②	③	④	47	①	②	③	④	67	①	②	③	④	87	①	②	③	④
8	①	②	③	④	28	①	②	③	④	48	①	②	③	④	68	①	②	③	④	88	①	②	③	④
9	①	②	③	④	29	①	②	③	④	49	①	②	③	④	69	①	②	③	④	89	①	②	③	④
10	①	②	③	④	30	①	②	③	④	50	①	②	③	④	70	①	②	③	④	90	①	②	③	④
11	①	②	③	④	31	①	②	③	④	51	①	②	③	④	71	①	②	③	④	91	①	②	③	④
12	①	②	③	④	32	①	②	③	④	52	①	②	③	④	72	①	②	③	④	92	①	②	③	④
13	①	②	③	④	33	①	②	③	④	53	①	②	③	④	73	①	②	③	④	93	①	②	③	④
14	①	②	③	④	34	①	②	③	④	54	①	②	③	④	74	①	②	③	④	94	①	②	③	④
15	①	②	③	④	35	①	②	③	④	55	①	②	③	④	75	①	②	③	④	95	①	②	③	④
16	①	②	③	④	36	①	②	③	④	56	①	②	③	④	76	①	②	③	④	96	①	②	③	④
17	①	②	③	④	37	①	②	③	④	57	①	②	③	④	77	①	②	③	④	97	①	②	③	④
18	①	②	③	④	38	①	②	③	④	58	①	②	③	④	78	①	②	③	④	98	①	②	③	④
19	①	②	③	④	39	①	②	③	④	59	①	②	③	④	79	①	②	③	④	99	①	②	③	④
20	①	②	③	④	40	①	②	③	④	60	①	②	③	④	80	①	②	③	④	100	①	②	③	④

교시장

성 명

수 험 번 호

⓪	①	②	③	④	⑤	⑥	⑦	⑧	⑨
⓪	①	②	③	④	⑤	⑥	⑦	⑧	⑨
⓪	①	②	③	④	⑤	⑥	⑦	⑧	⑨
⓪	①	②	③	④	⑤	⑥	⑦	⑧	⑨
⓪	①	②	③	④	⑤	⑥	⑦	⑧	⑨
⓪	①	②	③	④	⑤	⑥	⑦	⑧	⑨
⓪	①	②	③	④	⑤	⑥	⑦	⑧	⑨

감독위원 확인

㊞

2025 최신판 시대에듀 신협중앙회 필기전형
최신기출유형 + 모의고사 4회 + 논술 + 무료NCS특강

개정4판1쇄 발행	2025년 02월 20일 (인쇄 2024년 10월 25일)
초 판 발 행	2020년 10월 20일 (인쇄 2020년 06월 30일)
발 행 인	박영일
책 임 편 집	이해욱
편 저	SDC(Sidae Data Center)
편 집 진 행	안희선 · 신주희
표지디자인	김지수
편집디자인	양혜련 · 채현주
발 행 처	(주)시대고시기획
출 판 등 록	제10-1521호
주 소	서울시 마포구 큰우물로 75 [도화동 538 성지 B/D] 9F
전 화	1600-3600
팩 스	02-701-8823
홈 페 이 지	www.sdedu.co.kr
I S B N	979-11-383-8058-4 (13320)
정 가	24,000원

신협중앙회

정답 및 해설

금융권 필기시험 "기본서" 시리즈

최신 기출유형을 반영한 NCS와 직무상식을 한 권에! 합격을 위한
Only Way!

금융권 필기시험 "봉투모의고사" 시리즈

실제 시험과 동일하게 구성된 모의고사로 마무리! 합격으로 가는
Last Spurt!

시대에듀가 합격을 준비하는
당신에게 제안합니다.

결심하셨다면 지금 당장 실행하십시오.
시대에듀와 함께라면 문제없습니다.

성공의 기회!
시대에듀를 잡으십시오.

NEXT STEP!

기회란 포착되어 활용되기 전에는 기회인지조차 알 수 없는 것이다. — 마크 트웨인 —